D1327004

LES
ŒUVRES
COMPLETES
DE
VOLTAIRE

18C

VOLTAIRE FOUNDATION
OXFORD
2008

ISBN 978 0 7294 0913 1

Voltaire Foundation Ltd
99 Banbury Road
Oxford OX2 6JX

A catalogue record for this book
is available from the British Library

OCV: le sigle des *Œuvres complètes de Voltaire*

www.voltaire.ox.ac.uk

PRINTED IN ENGLAND
AT THE ALDEN PRESS
OXFORD

Direction de l'édition

1968 · THEODORE BESTERMAN · 1974
1974 · W. H. BARBER · 1993
1989 · ULLA KÖLVING · 1998
1998 · HAYDN T. MASON · 2001
2000 · NICHOLAS CRONK ·

Sous le haut patronage de

L'ACADÉMIE FRANÇAISE

L'ACADÉMIE ROYALE DE LANGUE ET DE
LITTÉRATURE FRANÇAISES DE BELGIQUE

THE AMERICAN COUNCIL OF LEARNED SOCIETIES

LA BIBLIOTHÈQUE NATIONALE DE RUSSIE

THE BRITISH ACADEMY

L'INSTITUT ET MUSÉE VOLTAIRE

L'UNION ACADÉMIQUE INTERNATIONALE

Ouvrage publié avec le concours du

CENTRE NATIONAL DU LIVRE

Writings of 1738-1740 (III)

Writings for music
1720-1740

The publication of this volume
has been generously sponsored by
the British Academy

CONTENTS OF VOLUME 18

CONTENTS

ILLUSTRATIONS

ABBREVIATIONS

Arsenal	Bibliothèque de l'Arsenal, Paris
Bengesco	Georges Bengesco, *Voltaire: bibliographie de ses œuvres*, 4 vol. (Paris, 1882-1890)
BnC	*Catalogue général des livres imprimés de la Bibliothèque nationale: auteurs, tome 214, Voltaire*, ed. H. Frémont and others, 2 vol. (Paris, 1978)
BnF	Bibliothèque nationale de France, Paris
Bodley	Bodleian Library, Oxford
BV	M. P. Alekseev and T. N. Kopreeva, *Bibliothèque de Voltaire: catalogue des livres* (Moscow, 1961)
CN	*Corpus des notes marginales de Voltaire* (Berlin and Oxford, 1979-)
D	Voltaire, *Correspondence and related documents*, ed. Th. Besterman, in *Œuvres complètes de Voltaire*, vol.85-135 (Oxford, 1968-1977)
DP	Voltaire, *Dictionnaire philosophique*
EM	Voltaire, *Essai sur les mœurs*, 2nd edn, ed. R. Pomeau, 2 vol. (Paris, 1990)
GpbV	Voltaire's library, National Library of Russia, St Petersburg
ImV	Institut et musée Voltaire, Geneva
Kehl	*Œuvres complètes de Voltaire*, ed. J. A. N. de Caritat, marquis de Condorcet, J. J. M. Decroix and Nicolas Ruault, 70 vol. (Kehl, 1784-1789)
M	*Œuvres complètes de Voltaire*, ed. Louis Moland, 52 vol. (Paris, 1877-1885)
ms.fr.	manuscrits français (BnF)

n.a.fr.	nouvelles acquisitions françaises (BnF)
OCV	*Œuvres complètes de Voltaire* (Oxford, 1968-) [the present edition]
OH	Voltaire, *Œuvres historiques*, ed. R. Pomeau (Paris, 1957)
SVEC	*Studies on Voltaire and the eighteenth century*
Taylor	Taylor Institution, Oxford
Trapnell	William H. Trapnell, 'Survey and analysis of Voltaire's collective editions', *SVEC* 77 (1970), p.103-99
VF	Voltaire Foundation, Oxford
VST	René Pomeau, René Vaillot, Christiane Mervaud and others, *Voltaire en son temps*, 2nd edn, 2 vol. (Oxford, 1995)

KEY TO THE CRITICAL APPARATUS

The critical apparatus, printed at the foot of the page, gives variant readings from the manuscripts and editions discussed in the introductions to the texts.

Each variant consists of some or all of the following elements:

- The number of the text line or lines to which the variant relates.
- The sigla of the sources of the variant as given in the list of editions. Simple numbers, or numbers followed by letters, stand for separate editions of the work; letters followed by numbers are collections, w being reserved for collected editions of Voltaire's works, and T for collected editions of his theatre; an asterisk after the siglum indicates a specific copy of the edition, usually containing manuscript corrections.
- A colon, indicating the start of the variant; any editorial remarks after the colon are enclosed within square brackets.
- The text of the variant itself, preceded and followed by one or more words from the base text, to indicate its position.

The following signs and typographic conventions are employed:

- Angle brackets < > encompass deleted matter.
- Beta β stands for the base text.
- The forward arrow → means 'replaced by'.
- A superior V precedes text in Voltaire's hand.
- Up ↑ and down ↓ arrows precede text added above or below the line.
- A superior + indicates, when necessary, the end of material introduced by one of the above signs.
- A pair of slashes / / indicates the end of a paragraph or other section of text.

KEY TO BIBLIOGRAPHICAL DESCRIPTIONS

In bibliographical descriptions the following conventions are employed:

- Pi π refers to unsigned gatherings extra to the regular sequence of preliminary matter.
- Chi χ refers to unsigned gatherings extra to the regular sequence of the text.
- The dollar symbol $ means 'a typical gathering'.
- The plus-minus symbol $\pm$ indicates a cancel.

COLLECTIVE EDITIONS OF VOLTAIRE'S WORKS REFERRED TO IN THIS VOLUME

w38

Œuvres de Mr. de Voltaire. Amsterdam, Ledet [or] Desbordes, 1738-1756. 9 vol. (vol.5, 1744; vol.6, 1745; vol.7, 1749; vol.8, 1750; vol.9, 1756) 8°.

Volumes 1-4 at least were produced under Voltaire's supervision.

Bengesco 2120; BV3467 and p.1050; Trapnell 39A; BnC 7-13.

Geneva, ImV: A 1738/1 (vol.1-8). Oxford, Taylor: V1 1738 (vol.1-3); VF: micr. master 2 (vol.4). Paris, BnF: Ye 9211-14 (vol.1-4), Rés. Z Beuchot 4 (vol.1-4), Z 24563-66 (vol.1-4), Rés. Z Bengesco 468 (vol.1-4), Rés. Z Beuchot 7 (vol.6), Rés. Z Beuchot 6 bis (vol.6). St Petersburg, GpbV: 11-101 (vol.1-2, 4).

w43

Œuvres de Mr. de Voltaire. Amsterdam [or] Leipzig, Arkstée et Merkus, 1743-1745. 6 vol. (vol.5, 1744; vol.6, 1745) 8°.

Largely, perhaps entirely, a reissue of the sheets of w38.

Bengesco 2126; BV3468; Trapnell 43; BnC 14.

Geneva, ImV: A 1743/1 (vol.1-5). Oxford, Taylor: V1 1743 (vol.4); VF: micr. 26-31 (Cologne, Universitäts- und Stadtbibliothek: S23/5856, vol.1-5). Paris, BnF: Rés. Z Bengesco 469 (vol.6). St Petersburg, GpbV: 11-103 (vol.1-3).

w46

Œuvres diverses de Monsieur de Voltaire. Londres [Trévoux], Nourse, 1746. 6 vol. 12°.

There is some evidence that Voltaire may have participated in this edition. See *Lettres philosophiques*, ed. G. Lanson and A.-M. Rousseau, 2 vol. (Paris, 1964), vol.1, p.xviii.

COLLECTIVE EDITIONS

Bengesco 2127; Trapnell 46; BnC 25-26.
Oxford, VF: micr. 155-58 (Paris, BnF: Rés. Z Beuchot 8, vol.1-6). Paris, BnF: Rés. Z Beuchot 8 (vol.1-6).

W48D

Œuvres de Mr. de Voltaire. Dresde, Walther, 1748-1754. 10 vol. (vol.9, 1750; vol.10, 1754) 8°.

Produced with Voltaire's participation.

Bengesco 2129; BV3469; Trapnell 48D; BnC 28-35.

Geneva, ImV: A 1748/1 (vol.1-10), A 1748/2 (vol.1-10), A 1748/3 (vol.2-9). Oxford, Taylor: V1 1748 (vol.1-10). Paris, BnF: Rés. Z Beuchot 12 (vol.1-10). St Petersburg, GpbV: 11-102 (vol.1-10).

W48R

[Title unknown] Amsterdam, Compagnie [Rouen, Robert Machuel], 1748. 12 vol. 8°.

Voltaire found out about this edition in early June 1748 and worked quickly to have it suppressed (D3662, D3663, D3665-D3669, D3677, D3884), but it was reissued as part of w64R. See David Smith and others, 'Robert Machuel, imprimeur-libraire à Rouen, et ses éditions des œuvres de Voltaire', *Cahiers Voltaire* 6 (2007), p.35-57.

Bengesco 2128, 2136; Trapnell 48R, 64R; BnC 27, 145-48.[1]

W50

La Henriade et autres ouvrages. Londres, Société [Rouen, Robert Machuel], 1750-1752 (vol.1-9, 1750 or 1751; vol.10, 1752). 10 vol. 12°.

There is some evidence that Voltaire may have participated in this edition.

Bengesco 2130; Trapnell 50R; BnC 39.

Geneva, ImV: A 1751/1 (vol.1-9). Paris, BnF: Rés. Z Beuchot 9 (vol.6), Rés. Z Beuchot 16 (vol.10).

---

[1] Bengesco 2128, Trapnell 48R, and BnC 27 have been mistakenly identified as volume 1 of w48R.

xvi

w51

Œuvres de M. de Voltaire. [Paris, Lambert,] 1751. 11 vol. 12°.

Based on w48D, with additions and corrections. Produced with Voltaire's participation.

Bengesco 2131; Trapnell 51P; BnC 40-41.

Geneva, ImV: A 1751/2 (vol.1-10). Oxford, Taylor: V1 1751 (vol.1-11). Paris, Arsenal: 8 BL 34047 (vol.1-11); BnF: Rés. Z Beuchot 13 (vol.1-11), Z 28783-93 (vol.1-11).

w52

Œuvres de Mr. de Voltaire. Dresde, Walther, 1752-1770. 9 vol. (vol.1-7, 1752; vol.8, 1756; vol.9, 1770) 8°.

Based on w48D, with revisions. Produced with Voltaire's participation.

Bengesco 2132; BV3470; Trapnell 52, 70X; BnC 36-38.

Geneva, ImV: A 1752/1 (vol.1-8). Oxford, Taylor: V1 1752 (vol.7); VF: micr. 15-18 (Vienna, Österreichische Nationalbibliothek: *38 L 1, vol.1-8). Paris, BnF: Rés. Z Beuchot 14 (vol.1-7), Rés. Z Beuchot 30 (vol.9). St Petersburg, GpbV: 11-209 (vol.2).

T53

Le Théâtre de M. de Voltaire. Amsterdam, Richoff, 1753. 4 vol. 8°.

The first in a series of editions of Voltaire's theatre, produced without his participation.

Bengesco 307; BnC 618.

Paris, BnF: Yf 12337 (vol.4).

w56

Collection complette des œuvres de Mr. de Voltaire. [Geneva, Cramer,] 1756. 17 vol. 8°.

The first Cramer edition, produced under Voltaire's supervision.

Bengesco 2133; Trapnell 56, 57G; BnC 55-62.

Geneva, ImV: A 1756/1 (vol.1-17). Oxford, VF (vol.1-17). Paris, Arsenal: 8 BL 34048 (vol.1-10); BnF: Z 24576-92 (vol.1-17).

W57G1, W57G2 (W57G)

Collection complette des œuvres de Mr. de Voltaire. [Geneva, Cramer,] 1757. 10 vol. 8°.

W57G1 is revised edition of W56, produced with Voltaire's participation, and W57G2 a new edition of W57G1. Sets often combine volumes from each edition.

Bengesco 2134; BV3462; Trapnell 56, 57G; BnC 67-69.

Geneva, ImV: A 1757/1 (vol.1-10), A 1757/2 (vol.1-10). Oxford, Bodley: 27524 e 81a-j (vol.1-10); Taylor: V1 1757 (vol.1-9), V1 1757a (vol.2, 3, 6-8); VF (vol.1-10). Paris, BnF: Rés. Z Beuchot 21 (vol.1-7, 9-10), Rés. Z Beuchot 20 (vol.9.3). St Petersburg, GpbV: 11-13 (vol.1-10), 11-74 (vol.2-10).

W57P

Œuvres de M. de Voltaire. [Paris, Lambert,] 1757. 22 vol. 12°.

Based in part upon W56 and produced with Voltaire's participation.

Bengesco 2135; Trapnell 57P; BnC 45-54.

Geneva, ImV: A 1757/3 (vol.1-22). Oxford, VF (vol.1-22). Paris, BnF: Z 24642-63 (vol.1-22).

T62

Le Théâtre de M. de Voltaire. Amsterdam, Richoff, 1762-1763. 5 vol. 8°.

Bengesco 309; BnC 619.

Geneva, ImV: BC 1762/1 (vol.1-5). Oxford, Taylor: V3 A2 1762 (vol.1-5). Paris, BnF: Rés. Z Bengesco 123 (vol.1-5).

W64G

Collection complette des œuvres de Mr. de Voltaire. [Geneva, Cramer,] 1764. 10 vol. 8°.

A revised edition of W57G, produced with Voltaire's participation.

Bengesco 2133; Trapnell 64; BnC 89.

Geneva, ImV: 1761/1 (vol.1-3, 5, 6). Oxford, Taylor: V1 1764 (1-5) (vol.7-10.2); VF (vol.1-10.2). Paris, BnF: Rés. Z Beuchot 25 (vol.1), Z 24688 (vol.5).

W64R

Collection complète des œuvres de Monsieur de Voltaire. Amsterdam, Compagnie [Rouen, Pierre and Etienne-Vincent Machuel?], 1764. 18 vol. 12°.

An edition made up of volumes from w48r, w50, and other entirely new volumes. See D. Smith, 'Robert Machuel, imprimeur-libraire à Rouen', p.46-54.

Bengesco 2136; Trapnell 64r; BnC 145-48.

Paris, BnF: Rés. Z Beuchot 26 (vol.1.1-2, 3.2-18.2).

T64A

Le Théâtre de M. de Voltaire. Amsterdam, Richoff, 1764. 5 vol. 12°.

Geneva, ImV: BC 1764/1 (vol.1-5). London, British Library: 11735 aa 1 (vol.1-5).

T64G

Le Théâtre de Monsieur de Voltaire. Genève, Cramer [*sic*], 1764. 6 vol. 12°.

Paris, Richelieu: 8 Rf 14092 (vol.1-6).

T64P

Œuvres de théâtre de M. de Voltaire. Paris, Duchesne, 1764. 5 vol. 12°.

The first version of the Duchesne edition of Voltaire's theatre, reissued as T67.

Bengesco 311; BV3698; BnC 620-21.

Geneva, ImV: BC 1764/2 (vol.1-5). Paris, BnF: Yf 4255-56 (vol.4-5). St Petersburg, GpbV: 11-100 (vol.1-5).

T67

Œuvres de théâtre de M. de Voltaire. Paris, Duchesne, 1767. 7 vol. 12°.

A new issue of the sheets of T64P, with some cancels, revised sheets and new texts.

Bengesco 312; BnC 622-25.

Geneva, ImV: BC 1767/1 (vol.1-7). Oxford, Taylor: V3 A2 1767 (vol.3). Paris, BnF: Rés. Yf 3387-92 (vol.1-6).

T68

Le Théâtre de M. de Voltaire. Amsterdam, Richoff, 1768. 6 vol. 12°.

A new issue of the sheets of *Le Théâtre de M. de Voltaire* (Amsterdam, Richoff, 1766).

Bengesco 313; BnC 626.

Paris, BnF: Yf 4257-62 (vol.1-6).

W68

Collection complette des œuvres de M. de Voltaire. [Geneva, Cramer; Paris, Panckoucke,] 1768-1777. 30 or 45 vol. 4°.

Volumes 1-24 were produced by Cramer under Voltaire's supervision. Volumes 25-30 were probably printed in France for Panckoucke. Volumes 31-45 were added in 1796 by Jean-François Bastien.

Bengesco 2137; BV3465; Trapnell 68; BnC 141-44.

Geneva, ImV: A 1768/1 (vol.1-30), A 1768/2 (vol.1-45). Oxford, Taylor: V1 1768 (vol.1-45); VF (vol.1-45). Paris, BnF: Rés. m. Z 587 (vol.1-45), Rés. Z Beuchot 1882 (vol.1-30), Rés. Z 1246-74 (vol.1-30). St Petersburg, GpbV: 9-346 (vol.1-7, 10, 11, 13, 15-30), 10-39 (vol.1-24), 10-38 (vol.1-17, 19-24).

W70G

Collection complette des œuvres de Mr. de Voltaire. [Geneva, Cramer,] 1770. 10 vol. 8°.

A new edition of W64G with few changes.

Bengesco 2133; Trapnell 64, 70G; BnC 90-91.

Geneva, ImV: A 1770/1 (vol.2-10.1). Oxford, Taylor: V1 1770 G/1 (vol.1-10.2). Paris, BnF: Z 24742-54 (vol.1-10.2).

T70

Le Théâtre de M. de Voltaire. Amsterdam, Richoff, 1770. 6 vol. 12°.

Bengesco 313; BnC 627.

Geneva, ImV: BC 1770/1 (vol.1-6). Paris, BnF: Yf 4263-4268 (vol.1-6).

W70L

Collection complette des œuvres de Mr. de Voltaire. Lausanne, Grasset, 1770-1781. 57 vol. 8°.

Voltaire complained about this edition to d'Argental (D18119) and to Elie Bertrand (D18599), but some volumes, particularly the theatre, were produced with his participation.

Bengesco 2138; BV3466; Trapnell 70L; BnC 149.

Geneva, ImV: A 1770/2 (vol.1-48), A 1770/4 (vol.48-57). Oxford, Taylor: V1 1770L (vol.1-54). Paris, BnF: 16 Z 14521 (vol.1-6, 25), Rés. Z Bengesco 124 (vol.14-21). St Petersburg, GpbV: 10-18 (vol.1-48).

W71L

Collection complette des œuvres de Mr. de Voltaire. Genève [Liège, Plomteux], 1771-1777. 32 vol. 12°.

No evidence of Voltaire's participation.

Bengesco 2139; Trapnell 71; BnC 151.

Geneva, ImV: A 1771/1 (vol.1-10, 13-19, 21-31).

W72P

Œuvres de M. de V.... Neuchâtel [Paris, Panckoucke], 1772-1777. 34 or 40 vol. 8° and 12°.

Reproduces the text of w68. No evidence of Voltaire's participation.

xxi

Bengesco 2140; Trapnell 72P; BnC 153-57.

Geneva, ImV: A 1772/1 (vol.1-34). Paris, BnF: Z 24796 (vol.1), Z 24836-38 (vol.10-12), Z 24809-20 (vol.14-25), 8 M 25284 (vol.26), Z 24822-35 (vol.27-40).

W72X

Collection complette des œuvres de M. de Voltaire. [Geneva, Cramer?,] 1772. 10 vol. 8°.

A new edition of w70G, probably printed for Cramer. No evidence of Voltaire's participation.

Bengesco 2133; Trapnell 72X; BnC 92-110.

Oxford, Taylor: V1 1770 G/2 (vol.1, 10.1). Paris, BnF: 16 Z 15081 (vol.1-5.1, 5.3-10.2).

T73AL

Théâtre complet de Mr. de Voltaire. Amsterdam, Libraires associés, 1773. 10 vol. 12°.

Collection David Adams.

W75G

La Henriade, divers autres poèmes et toutes les pièces relatives à l'épopée. [Geneva, Cramer and Bardin,] 1775. 37 vol. (40 vol. with the *Pièces détachées*) 8°.

The *encadrée* edition, produced at least in part under Voltaire's supervision.

Bengesco 2141; BV3472; Trapnell 75G; BnC 158-61.

Geneva, ImV: A 1775/1 (vol.1-40). Oxford, Taylor: V1 1775 (vol.1-31, 33-40); VF (vol.1-40). Paris, BnF: Z 24839-78 (vol.1-40), Rés. Z Beuchot 32 (vol.1-40). St Petersburg, GpbV: 11-2 (vol.1-7, 9-30, 32-40), 10-16 (vol.1-30, 33-40).

W75X

Œuvres de M. de Voltaire. [Lyons?,] 1775. 37 vol. (40 vol. with the *Pièces détachées*) 8°.

An imitation of W75G. See Jeroom Vercruysse, *Les Editions encadrées des œuvres de Voltaire de 1775, SVEC* 168 (1977).

Bengesco 2141; BnC 162-63.

Geneva, ImV: A 1775/3 (vol.1-11, 14-28, 31-40). Oxford, Taylor: V1 1775 (18B, 19B) (vol.18-19); VF (vol.1-9, 14-27, 29-40). Paris, BnF: Z 24880-919 (vol.1-40).

K84

Œuvres complètes de Voltaire. [Kehl,] Société littéraire-typographique, 1784-1789. 70 vol. (only vol.70 bears the date 1789) 8°.

Bengesco 2142; Trapnell K; BnC 167-69, 175.

Geneva, ImV: A 1784/1 (vol.1-70). Oxford, VF (vol.1-10, 12, 13, 15-17, 20-43, 46-70). Paris, BnF: Rés. p. Z 2209 (vol.1-70).

K85

Œuvres complètes de Voltaire. [Kehl,] Société littéraire-typographique, 1785-1789. 70 vol. (only vol.70 bears the date 1789) 8°.

Bengesco 2142; Trapnell K; BnC 173-88.

Geneva, ImV: A 1785/2 (vol.1-70). Oxford, Taylor: V1 1785/2 (vol.1-70); VF (vol.1-70). Paris, BnF: Rés. Z 4450-519 (vol.1-70), Rés. p. Z 609 (vol.1-70).

K12

Œuvres complètes de Voltaire. [Kehl,] Société littéraire-typographique, 1785-1789. 92 vol. (only vol.70 bears the date 1789) 12°.

Bengesco 2142; Trapnell K; BnC 189-93.

Geneva, ImV: A 1785/3 (vol.1-92). Oxford, Taylor: V1 1785/1 (vol.1-92); VF (vol.1-92).

W17

Œuvres complètes de Voltaire. Paris, Lefèvre et Déterville, 1817-1820. 42 vol. (vol.1, 1818; vol.2-18, 1817; vol.19-41, 1818; vol.42, 1820) 8°.

Bengesco 2148; BnC 219.

Geneva, ImV: A 1817/2 (vol.1-41). Paris, BnF: Z 25427-68 (vol.1-42).

ACKNOWLEDGEMENTS

The *Œuvres complètes de Voltaire* rely on the competence and patience of the personnel of many research libraries around the world. We wish to thank them for their generous assistance, in particular the staff of the Bibliothèque nationale de France and the Bibliothèque de l'Arsenal, Paris; the Institut et musée Voltaire, Geneva; the Taylor Institution Library, Oxford; and the National Library of Russia, St Petersburg. We are particularly grateful to François Moureau for his comments on the proofs.

FOREWORD

Volume 18c is made up of two parts.

Part 1 continues from volumes 18a and 18b with writings of 1738 to 1740: the *Lettre à Monsieur Rameau*, the *Remarques sur deux épîtres d'Helvétius*, and the *Conseils de Voltaire à Helvétius sur la composition et sur le choix du sujet d'une épître morale*.

Part 2 contains Voltaire's early writings for music, beginning with the *Divertissement mis en musique, pour une fête donnée par Monsieur André à Madame la maréchale de Villars*, and including three opera libretti, *Tanis et Zélide, ou les rois pasteurs*, *Samson*, and *Pandore*.

Writings of 1738-1740

III

Lettre à Monsieur Rameau

Edition critique

par

Gerhardt Stenger

TABLE DES MATIÈRES

INTRODUCTION

Publiée anonymement en 1738, la *Lettre à Monsieur Rameau* ne fut pas rééditée du vivant de Voltaire. Elle réapparaît dans l'édition de Kehl, noyée dans la masse de la correspondance.[1] Mais la *Lettre à Monsieur Rameau* n'est pas une lettre à caractère privée, pas plus qu'elle n'a pour objet le compositeur Rameau ou sa musique (mis à part les compliments d'usage).[2] Profitant de la querelle qui opposait alors le musicien au père Castel, Voltaire y engage, par tierce personne interposée, une polémique contre l'éminent jésuite avec lequel il avait depuis peu un compte à régler.

Arrivé à Paris en 1723 à l'âge de quarante ans, Jean-Philippe Rameau n'était alors connu que comme auteur de quelques pièces de clavecin et d'un *Traité de l'harmonie réduite à ses principes naturels* (1722). Il fut accueilli avec bienveillance par le jésuite néo-cartésien Louis-Bertrand Castel qu'il initia bientôt à la composition et l'accompagnement.[3] Arrivé à Paris peu de temps avant Rameau, il y devint un collaborateur assidu des *Mémoires de Trévoux* où il publia plus de trois cents articles entre 1720 et 1746 avant d'être

---

[1] Conscient du caractère non-épistolaire de la *Lettre*, Theodore Besterman l'a reléguée dans un appendice de ses éditions de la *Correspondance* (*OCV*, t.89, D.app.50, p.505-508); dans la première édition sous forme de fac-similé (t.7, app.29, p.476-80).

[2] Voltaire et Rameau avaient collaboré entre 1733 et 1736 à l'opéra *Samson*; voir ci-dessous, p.191-218.

[3] Castel publia un compte rendu fort élogieux du *Traité* de Rameau dans les *Mémoires de Trévoux*, octobre et novembre 1722 (p.1713-43 et 1876-910). Sur les relations entre les deux hommes, voir Jean-Louis Jam, 'Castel et Rameau', *Etudes sur le dix-huitième siècle* 23 (1995), p.59-67. Pour ce qui suit, voir l'*Eloge historique du père Castel* dans les *Mémoires de Trévoux*, avril 1757, seconde partie, p.1100-18, et Anne-Marie Chouillet-Roche, 'Le clavecin oculaire du Père Castel', *Dix-huitième siècle* 8 (1976), p.142-47. La seule monographie sur Castel est celle de Donald S. Schier, *Louis-Bertrand Castel, anti-newtonian scientist* (Cedar Rapids, Iowa, 1941).

écarté par le père Berthier.[4] Esprit universel mais fantasque, persuadé de son génie, il publia en 1724 un *Traité de physique sur la pesanteur universelle des corps* qu'il prétendait être la 'clef du système de l'univers';[5] suivit en 1728 une *Mathématique universelle abrégée à l'usage et à la portée de tout le monde* qui lui valut d'être admis dans la Royal Society de Londres, tout anti-newtonien qu'il était.[6] Dès 1725 Castel propose, à partir d'une interprétation très personnelle des théories acoustiques du jésuite Athanasius Kircher, le projet ambitieux de réaliser un clavecin oculaire, appareil qui, en brassant des taches de couleur, devrait procurer à son utilisateur et aux personnes qui l'entoureraient un plaisir des yeux semblable à celui que la musique procure à l'oreille.[7] Encouragé par Montesquieu,[8] il publie en 1735 une série d'articles dans les *Mémoires de Trévoux* présentant de nouvelles expériences d'optique et d'acoustique. Maniant l'analogie parfois en dépit du bon sens, marginal dans le paysage tant musicologique que scientifique de son temps, Castel s'oppose avec une belle assurance à l'optique de Newton: 'si le système de M. Newton a lieu, tout le mien est renversé de fond en comble, il n'y a ni musique, ni harmonie, ni clavecin de couleurs: et tout ce que j'en ai dit jusqu'ici n'est qu'une belle chimère'.[9] Au passage, il égratigne son ancien ami Rameau au sujet de la basse fondamentale, élément capital de l'entreprise musico-scientifique

[4] Voir Jean Sgard et Françoise Weil, 'Les anecdotes inédites des *Mémoires de Trévoux* (1720-1744)', *Dix-huitième siècle* 8 (1976), p.193-204.

[5] *Eloge historique du père Castel*, p.1105.

[6] Voltaire possédait l'édition de 1758 (BV649). Il a marqué d'un signet le passage sur la mesure des angles (*CN*, t.2, p.379-80, 865). Voir ci-dessous, p.21, n.22.

[7] Voir *Clavecin pour les yeux, avec l'art de peindre les sons et toutes sortes de musique, lettre écrite de Paris le 20 février 1725 par le révérend père Castel* dans le *Mercure de France*, novembre 1725, p.2552-77. Les *Etudes sur le dix-huitième siècle* 23 (1995) ont consacré un numéro spécial à Castel et son clavecin oculaire.

[8] Castel fut d'abord le précepteur du fils de Montesquieu puis son professeur au collège Louis-le-Grand. Il joua un rôle important dans la réception bienveillante des *Considérations sur les causes de la grandeur des Romains et de leur décadence* par les jésuites. Voir Jean Ehrard, 'Une "amitié de trente ans": Castel et Montesquieu', *Etudes sur le dix-huitième siècle* 23 (1995), p.69-81.

[9] *Mémoires de Trévoux*, octobre 1735, p.2033.

6

ramiste dont il attribue la première idée sinon l'invention à Kircher.[10] Piqué au vif, Rameau, qui commence à acquérir sa notoriété de compositeur d'opéras, réagit dans une réponse acerbe adressée à Castel dans les mêmes *Mémoires de Trévoux*, à laquelle l'interpellé réplique vertement avec la suffisance exaspérante du savant imbu de son génie et son importance. 'Tout l'univers sait que Kircher est mon auteur favori', lance-t-il au passage à son antagoniste,[11] formule dont Voltaire se souviendra.[12]

Fin 1736, Voltaire commence de son côté à s'intéresser au théories scientifiques de Castel. Comme il travaille, depuis juillet, aux *Eléments de la philosophie de Newton*, il s'adresse au savant, qu'il croit acquis à la nouvelle physique anglaise, pour obtenir de lui des explications concernant l'exactitude des rapports des couleurs et des sons. 'Je lui écrivis, je lui demandai des éclaircissements que je n'eus point. Nous fûmes quelque temps en commerce, il me parla de son clavecin des couleurs', écrit-il à Maupertuis le 15 juin 1738 (D1519). Au mois de novembre 1736, Voltaire demande à Berger (D1197) puis à Thiriot (D1202) de lui procurer la dispute entre 'Orphée Ramau' et 'Euclide Castel' tandis qu'il s'adresse à Moussinot pour le *Traité de physique* du savant jésuite (D1213). En décembre, Voltaire doit quitter Cirey suite au scandale du *Mondain*. Arrivé en Hollande, il commence à faire imprimer la première partie des *Eléments* consacrée à l'optique. Dans un chapitre intitulé 'Du rapport des sept couleurs primitives avec les sept tons de la musique', il loue le 'philosophe ingénieux' et son clavecin oculaire tout en sachant que Castel rejetait l'optique de Newton.[13] Il lui envoie même le morceau sans se douter qu'au

---

[10] Dans les *Mémoires de Trévoux*, août 1735, p.1635-39. Sur l'incompréhension de Castel concernant la basse fondamentale de Rameau, voir Philippe Vendrix, 'Castel et la musique. Quelques aspects inédits', *Etudes sur le dix-huitième siècle* 23 (1995), p.129-37 (p.132).

[11] *Mémoires de Trévoux*, septembre 1736, p.2004.

[12] Voir p.22-23.

[13] Voir *OCV*, t.15, p.393-94. En 1754 encore, il recommandera à D'Alembert de ne pas oublier le clavecin dans l'*Encyclopédie* (D5832).

même moment, le jésuite imprimait contre lui 'les choses les plus insultantes et les plus cruelles'.[14] De retour à Cirey, Voltaire compose, entre juin et septembre 1737, son *Essai sur la nature du feu et sur sa propagation* qui lui donne à nouveau l'occasion de rencontrer ce 'fou de la géométrie' sur sa route. On peut dater de cette époque les notices relatives à Castel dans les carnets dont certaines passeront presque littéralement dans la *Lettre à Monsieur Rameau*.[15]

Pendant que Voltaire est à ses travaux de science, Rameau fait paraître, en 1737, sa *Génération harmonique* qui reçoit l'approbation de l'Académie des sciences mais est méchamment éreintée par l'abbé Desfontaines.[16] Rameau est à cette époque directeur de la musique particulière du fermier général Alexandre Jean-Joseph Le Riche de La Pouplinière et également maître de clavecin de Thérèse Boutinon Des Hayes, future épouse de son mécène. En réponse au journaliste, Thérèse Des Hayes publie un 'Extrait du livre de M. Rameau, intitulé *Génération harmonique*'[17] dont

---

[14] D1519. Dans '*Les Aveugles juges des couleurs*: interprétation et essai de datation', *SVEC* 215 (1982), p.96, n.5, Jacqueline Hellegouarc'h suppose non sans vraisemblance que Voltaire a été blessé par une phrase du compte rendu des *Essais de Théodicée* de Leibniz paru dans les *Mémoires de Trévoux* du mois de février 1737. Au philosophe allemand, 'homme modéré, homme intelligent et précautionné', Castel opposait 'les esprits outrés de notre siècle' comme 'un P... en Angleterre, un V... en France', accusés, quoique de manière feutrée, d'atteinte à la religion (p.221-22). Notons au passage que c'est dans ce compte rendu de la *Théodicée* que Castel inventa le mot *optimisme*. Voir l'article 'Optimisme, pessimisme' de Laurent Loty dans le *Dictionnaire européen des Lumières*, éd. M. Delon (Paris, 1997), p.794-97.

[15] Voir *OCV*, t.81, p.324-25 et ci-dessous, p.19-20, n.16, 18 et 19.

[16] Dans les *Observations sur les écrits modernes*, t.10, p.73-86. L'auteur termine son compte rendu par ces mots: 'Et vous spéculations harmoniques, principes *physico-mathématiques*, cessez de vouloir prendre part au plaisir des oreilles. Vous êtes néanmoins respectables dans votre curieuse inutilité, parce que la vérité la plus stérile est toujours digne de nos respects' (p.86).

[17] Dans *Le Pour et Contre*, t.13, p.34-48. Son texte est accompagné de la remarque suivante: 'Un extrait si clair et si précis fera changer de langage l'auteur des Observations. Et ce n'est pas la moindre gloire de M. Rameau, d'avoir formé une élève si capable de faire honneur à ses principes, que la manière seule dont elle les expose est une réfutation de la critique' (p.48).

Voltaire vante les mérites dans sa lettre à Thiriot du 3 novembre 1737 (D1383):

Je lus il y a un mois le petit extrait que Mlle Des Hayes avait fait de l'ouvrage de l'Euclide Orphée, et je dis à Mme Du Chastelet, je suis sûr qu'avant qu'il soit peu, Pollion épousera cette muse-là. Il y avait dans ces trois ou quatre pages une sorte de mérite si peu commune, et cela joint à tant de talents et de grâces fait en tout une personne si respectable qu'il était impossible de ne pas mettre tout son bonheur et toute sa gloire à l'épouser.

Comme on pouvait s'y attendre, Castel publie au mois de décembre un compte rendu passablement critique de la *Génération harmonique* dans les *Mémoires de Trévoux* qui va déclencher l'hostilité de Voltaire.[18] Ulcéré des attaques du jésuite à son égard et désireux d'effacer les pages flatteuses pour son ennemi parues dans les *Eléments de la philosophie de Newton*, il saute sur l'occasion de tourner en ridicule l'inventeur du clavecin oculaire.

Le 28 mars 1738, Voltaire informe Thiriot de l'existence d'une 'lettre à Ramau sur le révérend père Castel' sans avouer, suivant son habitude, qu'il en est l'auteur (D1474). La *Lettre* elle-même est expédiée le 10 avril, avec ce commentaire peu amène: 'Ce Castel-là est un chien enragé, c'est le fou des mathématiques, et le tracassier de la société'.[19] Lorsqu'elle est imprimée, sous forme d'une feuille de quatre pages in-8°, elle est datée du 21 juin; le même jour, Voltaire la renie dans une lettre à Thiriot: 'Mme Du Chastelet et moi nous serions cruellement mortifiés qu'on imputât à Cirey la lettre que vous nous avez envoyée sur le père Castel, et à laquelle nous n'avons d'autre part que de l'avoir lue' (D1527). La *Lettre à Monsieur Rameau* ne semble pas avoir bénéficié d'une diffusion importante. Ignorant probablement son existence – à moins qu'il

[18] *Génération harmonique, ou Traité de musique théorique et pratique, par M. Rameau*, décembre 1737, p.2142-67.

[19] D1480. On peut comparer ce jugement avec celui des *Mémoires de Trévoux* glissé dans leur *Eloge historique du père Castel*: 'Ce philosophe-géomètre, l'objet de nos éloges, a de temps en temps passé la ligne que lui traçait la géométrie, tant pour le fond des choses que pour la manière de les dire' (p.1105).

ne soupçonnât pas Voltaire d'en être l'auteur – Castel publie en août et octobre 1738 un compte rendu très favorable des *Eléments de la philosophie de Newton*,[20] reprochant cependant à son auteur de passer 'du frivole au solide'.[21] En 1748, Voltaire retire des *Eléments* le passage sur le clavecin oculaire de Castel; il est vrai que celui-ci avait fait paraître entre temps son *Optique des couleurs* (1740), ce 'fatras inutile' (D2195) que son auteur semble avoir composé 'aux petites-maisons' (D2187).

La *Lettre à Monsieur Rameau* n'a pas été reprise dans les œuvres complètes éditées du vivant de Voltaire. Elle réapparaît, avec des variantes, dans l'édition de Kehl où elle figure parmi la correspondance.

Manuscrit et éditions

Pour la description des éditions collectives, voir ci-dessus, p.xv-xxiv.

MS1

A M. Rameau. / sur le pere *castel* et son clavecin oculaire / mars 1738. /

Ce manuscrit de quatre pages, dont un angle est déchiré, a été fait d'après le texte imprimé (LR38) par les éditeurs de Kehl.

Genève, ImV: Th.B.BK9.

LR38

[*Titre de départ*] *LETTRE A Mr. RAMEAU.*

8°. sig. [A]²; pag. 4.

[1]-4 Lettre à Mr. Rameau.

A la page 2, lignes 20-21, on trouve la coquille 'la la Peinture'.

Bengesco 1922; BnC 5078.

Genève, ImV: CC 1 (16) (photocopie). Paris, BnF: Rés. Z Beuchot 1447.

---

[20] Voir *OCV*, t.15, p.84-85 et 87.
[21] Lettre de Voltaire à l'abbé d'Olivet du 20 octobre 1738 (D1631).

K84, K85

Tome 53 (tome 2 du *Recueil des lettres de M. de Voltaire*): 21-25 Lettre IX. A M. Rameau. Sur le père Castel et son clavecin oculaire. Mars.

K12

Tome 69 (tome 2 du *Recueil des lettres de M. de Voltaire*): 160-65 Lettre LXXI. A M. Rameau. Sur le père Castel et son clavecin oculaire. Mars.

Principes de cette édition

L'édition choisie comme texte de base est LR38, la seule édition que nous connaissons à avoir paru du vivant de Voltaire. Les variantes figurant dans l'apparat critique proviennent de MS1, K84, K85 et K12. Le sigle K désigne ces trois éditions.

Traitement du texte de base

On a respecté l'orthographe des noms propres, en rajoutant seulement un accent à Bellérophon. On a conservé les italiques du texte de base, et rajouté des italiques aux titres d'ouvrages. On a respecté la ponctuation, à deux exceptions près: le point qui suit les chiffres a été supprimé ou, le cas échéant, remplacé par une virgule; des guillemets ont été rajoutés autour du titre du chapitre 'Dieu a créé la nature et la nature a créé le monde' (et les petites capitales changées en minuscules). Les esperluettes ont été remplacées par *et*.

Par ailleurs, le texte de LR38 a fait l'objet d'une modernisation portant sur la graphie et l'accentuation. Les particularités du texte de base dans ces domaines étaient les suivantes:

I. Particularités de la graphie

1. Consonnes

– présence de la consonne *ç* dans: sçait, sçachez, sçavez.
– présence de la consonne *h* dans: méchanisme.
– emploi de la consonne *s* plutôt que *ts* dans: applaudissemens, évidens, Géans.
– emploi de la double consonne *ss* à la place de *c* dans: Clavessin.

2. Voyelles

– emploi de la voyelle nasale *ai* à la place de *e* dans: engrainées.

– emploi de la diphtongue *oi* pour *ai* dans: avoit, connois, connoissances, connoître, croiroit, croyoit, déconcerteroit, foibles, Irlandois, reconnoît, reconnoître.

– emploi de *i* à la place de *y* dans: Phisique, stile.

3. Abréviations

– Chapitre abrégé en chap.

– Livre abrégé en liv.

– Monsieur abrégé en Mr.

– Révérend père abrégé en R. P.

4. Le trait d'union

– est présent dans: Dom-Guichotte, très-different.

– est absent dans: lui même, sçavez vous.

5. Majuscules

Présence d'une majuscule aux mots suivants: Angle, Art, Auteur, Aveugles, Bel-esprit, Brochures, Chapitres, Chrétien, Clavessin, Commentateur, Concert, Contenant, Contenu, Division, Ecoles, Equation, Feu, Folie, Géant, Hommes, Juin, Lemmes, Lettre, Ligne, Livres, Maître, Mathématiques, Menuets, Messieurs, Methode, Monde, Musique, Nature, Opera, Ouvrages, Parterre, Parties, Pédant, Peinture, Phisicien, Phisique, Proposition, Public, Quantités, Reverend, Sarabandes, Scholies, Sciences, Sons, Sourds, Sphere, Système, Teinturier, Théorêmes, Tourbillons, Traités, Univers.

6. Graphies particulières

– *par tout*, *sur tout* paraissent en deux mots.

– *grâces à* paraît au pluriel.

II. Particularités d'accentuation

1. L'accent aigu

– est absent dans: Bellerophon, celebre, consequence, considéré, considerer, different, egaux, genereusement, géometrique, Methode, negligé, Opera, Pere, Reverend, témeraire, verité.

– est employé au lieu du grave dans: zéle.

2. L'accent grave

– est absent dans: celebre, déja, éleve, espece, Géometre, maniere, matieres, mysteres, regle, Sphere.

3. L'accent circonflexe

– est présent dans: ajoûte, assûrément, crû, pû, rassûrer, soûtenu, tômes, vû.

– est absent dans: graces.

– est employé au lieu du grave dans: Systême, Théorêmes.

4. Le tréma

– est présent dans: avouë, joüi, rouës.

LETTRE À MONSIEUR RAMEAU

Je vous félicite beaucoup, Monsieur, d'avoir fait de nouvelles découvertes dans votre art, après nous avoir fait entendre de nouvelles beautés. Vous joignez aux applaudissements du parterre de l'Opéra [1] les suffrages de l'Académie des sciences: [2] mais surtout vous avez joui d'un bonheur, que jamais, me semble, personne n'a   5 eu avant vous. Les autres auteurs sont commentés, d'ordinaire, des milliers d'années après leur mort, par quelque vilain pédant ennuyeux; vous l'avez été de votre vivant, et on sait que votre

a   MSI: A M. RAMEAU. *Sur le père Castel et son clavecin oculaire.* Mars 1738.
   K: LETTRE IX. A M. RAMEAU. *Sur le père Castel et son clavecin oculaire.* Mars. [*l'année '1738' est donnée en marge.*]
   5   MSI, K: d'un honneur que jamais, ce me semble [*'ce' a été ajouté au-dessus de la ligne sur le manuscrit.*]

[1] Allusion à *Castor et Pollux*, la deuxième tragédie lyrique de Rameau, sur un livret de Pierre-Joseph Bernard, dit Gentil-Bernard, créée à l'Académie royale de musique le 24 octobre 1737. Le sujet polémique du livret – l'amitié qu'éprouvent l'un envers l'autre Castor et Pollux, amitié universelle, surpassant l'amour et le pouvoir de droit divin – n'a pas échappé aux commentateurs de l'époque, et les gazettes ont abondamment commenté ces thèses, immédiatement perçues comme subversives. Voltaire, qui a lu les paroles de l'opéra, en a jugé de même: 'Il est plein de diamants brillants, cela étincelle de pensées et d'expressions fortes. Il y manque quelque petite chose que nous sentons bien tous, et que l'auteur sent aussi, mais c'est un ouvrage qui doit faire grand honneur à l'esprit de l'auteur' (à Thiriot, 3 novembre 1737, D1383).
[2] En 1737, la *Génération harmonique* de Rameau avait reçu l'approbation de l'Académie des sciences. Celle-ci, rapporte le *Journal des savants*, 'a jugé sur le rapport de MM. de Réaumur, de Mairan et l'abbé de Gamache, que les vues de M. Rameau dans ce traité appuyées du grand savoir qu'il montre dans son art, et de ce qu'il a déjà donné dans ses écrits sur l'harmonie, sont nouvelles et dignes de l'attention du public, et que par là l'art de la composition sera réduit à des règles moins arbitraires et plus mathématiques qu'il ne l'avait été jusqu'ici' (septembre 1737, p.573-74).

15

commentateur est quelque chose de très différent en toute manière, de l'espèce de ces messieurs.[3]   10
Voilà bien de la gloire. Mais le révérend père Castel a considéré que vous pourriez en prendre trop de vanité, et il a voulu, en bon chrétien, vous procurer des humiliations salutaires. Le zèle de votre salut lui tient si fort au cœur, que, sans trop considérer l'état de la question, il n'a songé qu'à vous abaisser, aimant mieux vous   15 sanctifier que vous instruire.

Le beau mot, *sans raison*, du Père Canaye,[4] l'a si fort touché, qu'il est devenu la règle de toutes ses actions et de tous ses livres; et il fait valoir si bien ce grand argument, que je m'étonne comment vous avez pu l'éluder.   20

Vous pouvez disputer contre nous, Monsieur, qui avons la pauvre habitude de ne reconnaître que des principes évidents, et de nous traîner de conséquence en conséquence; mais comment avez-vous pu disputer contre le révérend père Castel? En vérité, c'est combattre contre Bellérophon.[5] Songez, Monsieur, à votre témé-   25

20   MS1, K: vous aviez pu
23   MS1, K: en conséquence. ¶ Mais [*'en conséquence' a été rajouté plus tard sur le manuscrit.*]
25   MS1, K: combattre comme Bellérophon

[3] Allusion à l''Extrait du livre de M. Rameau, intitulé *Génération harmonique*' de Thérèse Des Hayes, publié dans *Le Pour et Contre* (voir Introduction, p.8).
[4] Allusion à une satire de Saint-Evremond, la *Conversation du Maréchal d'Hocquincourt avec le père Canaye* (vers 1669), qui raille un militaire balourd et un jésuite guerrier. Le maréchal y explique qu'après s'être voué à l'incrédulité dans sa jeunesse, il était revenu à la religion sans savoir pourquoi et sans y voir plus de raison. 'Tant mieux, monseigneur, reprit le Père d'un ton de nez fort dévot, tant mieux; ce ne sont point mouvements humains, cela vient de Dieu. Point de raison! C'est la vraie religion cela. Point de raison! Que Dieu vous a fait, monseigneur, une belle grâce! [...] bienheureux les pauvres d'esprit; ils ne pèchent point: la raison, c'est qu'ils n'ont point de raison. Point de raison, je ne saurais que vous dire, je ne sais pourquoi: les beaux mots! Ils devraient être écrits en lettres d'or. [...] En vérité cela est divin pour ceux qui ont le goût des choses du Ciel. Point de raison! que Dieu vous a fait, monseigneur, une belle grâce!' (*Libertins du dix-septième siècle*, éd. J. Prévot, 2 vol., Paris, 1998-2004, t.2, p.680).
[5] La leçon de la première édition, 'combattre contre Bellérophon', corrigée par

raire entreprise; vous vous êtes borné à calculer des sons, et à nous donner d'excellente musique pour nos oreilles; mais vous avez affaire à un homme qui fait de la musique pour les yeux. Il peint des menuets, de belles sarabandes. Tous les sourds de Paris sont invités au concert qu'il leur annonce depuis douze ans;[6] et il n'y a point de teinturier qui ne se promette un plaisir inexprimable à l'opéra des couleurs que doit représenter le révérend physicien avec son clavecin oculaire.[7] Les aveugles même y sont invités; (a) il les croit d'assez bons juges des couleurs, il doit le penser, car ils en jugent à peu près comme lui de votre musique.

30

35

(a) Le père Castel dans ses lettres au président de Montesquieu, dit, que les aveugles mêmes sauront juger de son clavecin.[8]

26 MS1, K: calculer les sons
27 MS1, K: oreilles, tandis que vous
29 MS1, K: menuets et de belles [*sur le manuscrit, le 's' de 'des' a été barré et 'belles' ajouté au-dessus de la ligne.*]
35 MS1, K: musique. Il a

les éditeurs de Kehl, est diamétralement opposée à l'idée que Voltaire veut exprimer réellement. Petit-fils de Sisyphe, Bellérophon réussit à dresser le cheval ailé Pégase, à tuer l'affreuse Chimère et à vaincre les Amazones. Son histoire, qui est contée dans l'*Iliade* (chant 6, vers 155-205), a inspiré une tragédie lyrique de Lully, sur un livret de Thomas Corneille (1679). Bellérophon apparaît comme vainqueur des chimères dans la correspondance de Voltaire à partir de 1765 (D12381, D12977, D14012, voir aussi D13649).

[6] Le clavecin oculaire fut annoncé dans le *Mercure de France* de novembre 1725. On lit sous la plume de Castel dans les *Mémoires de Trévoux*, décembre 1735, seconde partie: 'les sourds, par le moyen des couleurs, jouiront pleinement du plaisir de l'harmonie et de la musique. Il sera curieux de les voir se récrier aux mêmes endroits d'harmonie, où les aveugles se récrieront' (p.2732). Il est évident que les aveugles, contrairement à ce que Voltaire prétend dans la note ci-après, écouteront un vrai concert pendant que les sourds regarderont le concert donné par le clavecin oculaire.

[7] Allusion au *Teinturier parfait* de Delormois (Paris, 1716), cité à de nombreuses reprises par Castel (voir par exemple les *Mémoires de Trévoux*, août 1735, seconde partie, p.1661).

[8] Voir ci-dessus la note 6. Au mois de septembre 1735, Castel rapporta l'histoire d'un aveugle allemand qui distinguait les couleurs au toucher (p.1832).

Il a déjà mis les faibles mortels à portée de ses sublimes connaissances; il nous prépare par degrés à l'intelligence de cet art admirable. Avec quelle bonté, quelle condescendance pour le genre humain, daigne-t-il démontrer dans les lettres dont les Journaux de Trévoux sont dignement ornés, je dis démontrer 40 par lemmes, théorèmes, scholies, 1°. Que les hommes aiment le plaisir. 2°. Que la peinture est un plaisir. 3°. Que le jaune est différent du rouge, et cent autres questions épineuses de cette nature.[9]

Ne croyez pas, Monsieur, que pour s'être élevé à ces grandes 45 vérités, il ait négligé la musique ordinaire; au contraire, il veut que tout le monde l'apprenne facilement, et il propose à la fin de sa *Mathématique universelle*, un plan de toutes les parties de musique en 134 traités,[10] pour le soulagement de la mémoire: division certainement digne de ce livre rare, dans lequel il emploie 360 pages 50 avant de dire ce que c'est qu'un angle.[11]

Pour apprendre à connaître votre maître, sachez encore ce que vous avez ignoré jusques ici avec le public nonchalant,[12] qu'il a fait un nouveau système de physique,[13] qui assurément ne ressemble à

38   MS1, K: bonté, avec quelle
39   MS1, K: dans ses lettres
41-42   MS1, K: aiment les plaisirs
48   MS1, K: de la musique [*le manuscrit, déchiré, ne laisse voir que la première lettre du mot 'musique'.*]
51   MS1: avant que de

[9] Voir *Mémoires de Trévoux*, novembre 1735 et décembre 1735, seconde partie. Dès 1726, Castel envoya au *Mercure de France* une succession de *Propositions* et de *Démonstrations* enrichies de *Scholies* contenant une théorie mathématique du plaisir.

[10] La *Mathématique universelle* s'achève effectivement sur un plan général annonçant une *Symponurgie, ou composition de musique*, comportant en tout 134 branches.

[11] Inadvertance ou mauvaise foi de Voltaire: Castel définit les angles dès la page 257 de sa *Mathématique universelle* (voir ci-dessous, n.22).

[12] *Nonchalant*: 'Mou, paresseux, qui fait ses affaires avec lenteur, avec négligence' (*Dictionnaire de Trévoux*, 7 vol., Paris, 1752).

[13] Il s'agit du *Traité de physique sur la pesanteur universelle des corps* (Paris, 1724).

rien, et qui est unique comme lui. Ce système est en deux gros   55
tomes. Je connais un homme intrépide qui a osé approcher de ces
terribles mystères. Ce qu'il m'en a fait voir est incroyable; il m'a
montré, livre 5, chapitres 3, 4, et 5, que ce sont les hommes qui
entretiennent le mouvement dans l'univers, et tout le mécanisme de
la nature, et que s'il n'y avait point d'hommes, toute la machine se   60
déconcerterait;[14] il m'a fait voir de petits tourbillons de roues
engrenées les unes dans les autres,[15] ce qui fait un effet charmant, et
en quoi consiste tout le jeu des ressorts du monde. Quelle a été mon
admiration! quand j'ai vu page 309, seconde partie ce beau titre,
'Dieu a créé la nature et la nature a créé le monde'.[16]   65
Il ne pense jamais comme le vulgaire. Nous avions cru jusques
ici, sur le rapport de nos sens trompeurs, que le feu tend toujours à
s'élever en l'air, mais il emploie trois chapitres à prouver qu'il tend
en bas;[17] il combat généreusement une des plus belles démonstra-

---

61   MSI, K: tourbillons, des roues [*la virgule et le 's' à 'des' ont été rajoutés sur le manuscrit, d'abord conforme à* LR38.]
68   MSI, K: s'élever dans l'air

Voir le compte rendu de cet ouvrage dans le *Journal des savants*, juin 1724 (p.377 et 391-406) et les *Mémoires de Trévoux*, mars et avril 1724 (p.445-73 et 614-43).

[14] *Se déconcerter*: 'Perdre le concert. Des voix qui se déconcertent. Se déranger, en parlant d'un méchanisme' (Littré).

[15] Voir *Traité de physique*, t.1, p.62-79 et 261-326. Dans la *Lettre de Monsieur de Voltaire à Monsieur de Maupertuis* publiée dans la *Bibliothèque française* d'Amsterdam en 1739, Voltaire écrit: 'A la bonne heure que [...] le père Castel soit créateur d'un autre monde, rempli de petits tourbillons à roues endentées les unes dans les autres' (*OCV*, t.15, p.707-708). Castel a expressément rejeté le système cartésien des tourbillons auxquels il reprochait leur homogénéité; il a fait sien le système corrigé de Kircher (voir *Traité de physique*, t.2, p.420-23).

[16] Le titre exact de la proposition 6: *Dieu ayant créé la nature, la nature a produit le monde*, est correctement cité dans les carnets de Voltaire (*OCV*, t.81, p.324).

[17] Voir *Traité de physique*, t.2, p.24-41. Ce paradoxe fut également relevé par le *Journal des savants* (juin 1724, p.394-95). Dans son *Essai sur la nature du feu et de sa propagation*, Voltaire écrit: 'On donne pour constant, dans un nouveau *Traité de physique*, sur la pesanteur universelle (seconde partie, chap. 2) *que le feu tend toujours en bas*. J'en ai fait l'épreuve, en faisant rougir un fer, que je posai ensuite entre deux

tions de Newton; (*b*) il avoue qu'en effet il y a quelque vérité dans   70
cette démonstration; mais, semblable à un Irlandais célèbre dans les
écoles, il dit: *Hoc fateor verum contra sic argumentor.*[18] Il est vrai
qu'on lui a prouvé que son raisonnement contre la démonstration
de Newton, était un sophisme; mais, comme dit M. de Fontenelle,
les hommes se trompent, et les grands hommes avouent qu'ils se   75
sont trompés.[19] Vous voyez bien, Monsieur, qu'il ne manque au

(*b*) C'est la proposition dans laquelle Newton démontre, par la
méthode des fluxions, que tout corps vu en courbe quelconque, s'il
parcourt espaces égaux en temps égaux, tend vers un centre. *Et vice
versa.*[20]

76   MS1, K: manque rien au
n.*b*   MS1: corps mu en une courbe quelconque, s'il [*le papier est déchiré ici; il faut
sans doute compléter le mot 'parcourt'*] des espaces égaux, tend
       K: corps mu en une courbe quelconque, s'il parcourt des aires égales dans
des temps

---

fers entièrement semblables; au bout d'un demi-quart d'heure je retirai ces deux fers
semblables, je mis deux thermomètres construits sur les principes de M. de Réaumur,
à quatre pouces de chaque fer, les liqueurs montèrent également en temps égaux:
Ainsi il est démontré que le feu se communique également en tous sens, quand il ne
trouve point d'obstacle' (*OCV*, t.17, p.79-80).
[18] 'La chose est vraie, voici comme j'argumente contre' (*Lettres chinoises,
indiennes et tartares, M,* t.29, p.463). Le philosophe irlandais est sans doute Duns
Scot. La citation se retrouve dans les carnets (*OCV,* t.81, p.324) à propos du
père Regnault, précédant de peu le titre de la proposition 6 du *Traité de physique* de
Castel épinglé plus haut. Dans un autre endroit des carnets, la phrase latine est
attribuée à un Italien (*OCV,* t.81, p.374).
[19] Même citation dans les carnets (*OCV,* t.81, p.324), mais sans la référence à
Fontenelle.
[20] Voir *Traité de physique,* t.2, notamment p.533-37. Castel critique le passage des
Principia mathematica (livre 1, section 2) où Newton s'intéresse au mouvement d'un
corps soumis à des impulsions centripètes et démontre que la deuxième loi de Kepler
(aires égales balayées en des temps égaux) est compatible avec une action centripète.
La démonstration de Newton ne s'effectue cependant pas au moyen du calcul des
fluxions, totalement absent des *Principia,* mais repose sur des procédures géomé-
triques de passage à l'infini. Voltaire a expliqué cette démonstration dans les
Eléments de la philosophie de Newton (OCV, t.15, p.427-33).

révérend père qu'un petit aveu pour être un grand homme. Il porte partout la sagacité de son génie, sans jamais s'éloigner de sa sphère. Il parle de la folie, chapitre 7, livre 5, et il dit: *que les organes d'un fou sont une ligne courbe, et l'expression géométrique d'une équation.*[21] 80 Quelle intelligence! Ne croirait-on pas voir un homme opulent qui calcule son bien?

En effet, Monsieur, ne reconnaît-on pas à ses idées, à son style, un homme extrêmement versé dans ces matières. Savez-vous bien que dans sa *Mathématique universelle*, il dit, que ce que l'on appelle 85 le plus grand angle, est réellement le plus petit, et que l'angle aigu au contraire, est le plus grand?[22] c'est-à-dire, il prétend que le contenu est plus grand que le contenant. Chose merveilleuse comme bien d'autres!

Savez-vous bien qu'en parlant de l'évanouissement des quan- 90

---

77   K: être grand homme [*impossible de comparer le manuscrit, déchiré à cet endroit.*]

79   MSI, K: organes du cerveau d'un fou [*le manuscrit est déchiré là où nous supposons le mot 'fou'.*]

90   MSI, K: Savez-vous encore qu'en

---

[21] Pour Castel, l'esprit d'un fou est sain en lui-même, mais 'il raisonne conséquemment aux impressions des sens et des organes, qui sont viciés et malsains. ¶Il serait bien difficile de démontrer, soit physiquement, soit à plus forte raison mathématiquement qu'il y a un dérangement absolu dans la conformation de ces organes, et que le total des fibres d'un fol n'est pas une ligne courbe continue, et l'expression géométrique d'une équation, ou d'un rapport constant, ou si l'on veut constamment, c'est-à-dire proportionnellement, ou régulièrement variable' (*Traité de physique*, t.1, p.585-86).

[22] Voltaire a mal lu, ou mal compris, ou est de mauvaise foi. Voici ce qu'on peut lire sur les angles dans la *Mathématique universelle*: 'Un angle est plus ou moins grand, selon que le pli ou le détour l'est plus ou moins. ¶L'angle aigu ou pointu est formé par un grand pli: l'obtus ou émoussé est l'effet d'un petit pli. [...] tout angle est dit aigu, lorsqu'il est plus fermé que l'angle droit; et obtus, lorsqu'il est plus ouvert. ¶Dans sa notion correcte l'angle, est l'ouverture de deux lignes, l'ouverture d'un compas. Et plus le pli est grand, plus l'angle est petit. Le pli tombe sur l'extérieur, et l'angle sur l'intérieur' (p.257).

tités infiniment petites par la multiplication, il ajoute joliment, *qu'on ne s'élève souvent que pour donner du nez en terre?* [23] Il faut bien, Monsieur, que vous succombiez sous le géomètre et sous le bel-esprit. Le nouveau père Garasse qui attaque tout ce qui est bon, [24] n'a pas dû vous épargner. Il est encore tout glorieux des combats qu'il a rendus contre les Newton, les Leibnits, [25] les Reaumur, [26] les Maupertuis: c'est le Dom Guichotte des mathématiques, à cela près, que Dom Guichotte croyait toujours attaquer des géants, et que le révérend père se croit un géant lui-même. Ne le troublons point dans la bonne opinion qu'il a de lui; laissons en paix les mânes de ses ouvrages, ensevelis dans le *Journal de Trévoux*, qui, grâce à ses soins, s'est si bien soutenu dans la réputation que Boileau lui a donnée. [27] Il va écrire, peut-être, une nouvelle lettre pour rassurer l'univers sur votre musique, car il a

94   MS1, K: Ce nouveau
96   MS1, K: a soutenus contre
103   MS1, K: donnée, quoique depuis quelques années les mémoires modernes ne fassent point regretter les anciens. Il [*le manuscrit est déchiré là où nous supposons le mot 'modernes'.*]

[23] Allusion à la multiplication des fractions, une 'espèce de merveille' que Castel explique comme suit: 'si je multiplie $\frac{1}{4}$ par $\frac{1}{4}$ c'est-à-dire un quart par un quart, j'ai un seizième qui est plus petit qu'un quart. [...] C'est ainsi qu'on verra dans la suite un infiniment petit s'anéantir tout-à-fait par la multiplication. C'est comme celui qui, étant trop bas, ne s'élève souvent que pour donner du nez en terre. Il y a des situations où on ne s'agrandit en apparence que pour s'anéantir réellement. Un petit mérite dans un grand poste dégénère en un démérite parfait' (p.246-47).
[24] Allusion au livre du père François Garasse, *La Doctrine curieuse des beaux esprits de ce temps, ou prétendus tels* [...] *combattue et renversée* (Paris, 1623). Castel est à nouveau comparé à Garasse dans une lettre à Pierre Pictet (vers 17-20 septembre 1756): 'J'ai lu ce morceau du jésuite Castel, descendant de Garasse en droite ligne; disant des injures d'un ton assez comique' (D6759).
[25] Voir son compte rendu de la *Théodicée* dans les *Mémoires de Trévoux*, janvier, février, mars et juin 1737 (p.5-36, 197-241, 444-71 et 953-91).
[26] Voir son compte rendu des *Mémoires pour servir à l'histoire des insectes* dans les *Mémoires de Trévoux*, juin et juillet 1735 (p.1116-37 et 1237-62).
[27] Allusion au combat mené par Boileau contre la casuistique des jésuites dans sa douzième épître et dans ses onzième et douzième satires.

22

déjà écrit plusieurs brochures pour rassurer l'univers, pour 105
éclaircir l'univers.[28] Imitez l'univers, Monsieur, ne lui répondez
pas.

A Paris, ce 21 juin 1738.

105-106   MS1, K: l'univers, pour éclairer l'univers.
106-107   MS1, K: Monsieur, et ne lui répondez point.// [*le manuscrit est déchiré*
entre 'Monsieur' et 'répondez'.]

[28] Allusion à deux ouvrages de Castel: *Lettre philosophique pour rassurer l'univers*
contre les bruits populaires d'un dérangement dans le cours du soleil (Paris, 1736), et
Seconde lettre philosophique pour rassurer l'univers contre les critiques de la première [...]
(Paris, 1737). Voltaire y reviendra dans les *Lettres chinoises, indiennes et tartares* (*M*,
t.29, p.478). Voir le compte rendu des deux *Lettres philosophiques pour rassurer*
l'univers dans les *Mémoires de Trévoux* d'avril 1737 (p.692-706), attribué par
D. Schier à Castel lui-même (*Louis-Bertrand Castel, anti-newtonian scientist*,
Cedar Rapids, Iowa, 1941, p.38).

23

Remarques sur deux épîtres d'Helvétius

Critical edition

by

David Williams

CONTENTS

INTRODUCTION

1. *Composition*

In the summer of 1738, Helvétius started to submit two poems, the *Epître sur l'amour de l'étude* and *Sur l'orgueil et la paresse de l'esprit*, to Voltaire for his comments. Voltaire's annotations, or *remarques* as they have come to be known,[1] were composed over a three-year period and reflect his reactions to successive drafts.[2] The first indication of his interest in these poems occurs in a letter of 17 July 1738 inviting Helvétius to Cirey: 'Quand vous voudrez travailler à celui [l'ouvrage] que vous avez entrepris, l'ermitage de Cirey vous attend pour être votre Parnasse'.[3] By 2 August Helvétius had arrived: 'Nous avons ici un fermier général qui me paraît avoir la passion des belles-lettres' (D1570).

Helvétius stayed for only a few days and by 10 August was en route for Troyes.[4] Voltaire seems to have been annotating an early

---

[1] The term was first used by Neufchâteau in *Le Conservateur*, vol.2 (1800), p.261 (on Neufchâteau, see below p.34, n.27). The title *Remarques sur deux épîtres d'Helvétius* was first ascribed to Voltaire's annotations and corrections by Beuchot (*Œuvres de Voltaire*, 72 vol., Paris, 1829-1834, vol.37, p.578), and this bibliographical innovation was retained by Bengesco (vol.2, p.32) and Moland (*M*, vol.23, p.5).

[2] Bengesco comments: 'Toutes ces *Remarques* n'ont certainement pas été faites dans le même temps. Elles ont été extraites par les éditeurs des diverses leçons qu'Helvétius adressait à Voltaire, et que celui-ci lui renvoyait apostillées' (vol.2, p.33, n.2). See also Roland Desné, 'Remarques sur deux épîtres d'Helvétius', *Dictionnaire général de Voltaire*, ed. R. Trousson and J. Vercruysse (Paris, 2003), p.236-38; and Alberto Postigliola, 'Helvétius da Cirey al *De l'esprit*', *Rivista critica di storia della filosofia* 25 (1970), p.25-47; 26 (1971), p.141-61, 271-301.

[3] D1560. The allusion is oblique, but Theodore Besterman (D1560, n.1) and the editors of the *Correspondance générale d'Helvétius* (5 vol., Toronto and Oxford, 1981-2004, vol.1, p.8, n.3) agree that it relates to the *Epître sur l'amour de l'étude*.

[4] D1581. See R. Desné, 'Helvétius, fermier général', *Beiträge zur französischen Aufklärung und zur spanischen Literatur: Festgabe für Werner Krauss zum 70. Geburtstag* (Berlin, 1971), p.49-81 (p.54).

draft of *Sur l'orgueil et la paresse de l'esprit* in the weeks after Helvétius's departure: 'Quant à ce que vous me dites, mon cher ami, de ces rapports infinis du monde, dont Loke tire une preuve de l'existence de Dieu, je ne trouve point l'endroit où il le dit'.[5] There is no such proof in Locke's works of God's existence,[6] but the allusion to 'rapports' does echo the wording of the proposition in the preliminary title, *Que tout est rapport, que les philosophes se sont perdus dans le vague des idées absolues; qu'ils eussent mieux fait de travailler au bien de la société, que Locke nous a ouvert la route de la vérité, qui est celle du bonheur,* and subsequent allusions to 'rapports' in notes *a*, *b* and *h*.[7]

Voltaire's annotations to the first version of the *Epître sur l'amour de l'étude* were completed and sent to Helvétius in December: 'Je vous renvoie votre épître apostillée comme vous l'avez ordonné. [...] Puisque vous chantez l'étude avec tant d'esprit et de courage, ayez aussi le courage de limer cette production vingt fois; renvoyez-la moi, et que je vous la renvoie encore' (D1673). A passing allusion was made to Helvétius's 'lettres métaphysiques' on 19 January 1739,[8] but Helvétius would have to wait until he received Voltaire's letter of 25 February for a more detailed and fulsome reaction to this version of the *Epître sur l'amour de l'étude* (D1906):

Mon cher ami l'ami des muses, et de la vérité votre épître est pleine d'une hardiesse de raison bien au-dessus de votre âge, et plus encore de nos lâches et timides écrivains, qui riment pour leurs libraires, qui se resserrent sous le compas d'un censeur royal envieux, ou plus timide qu'eux. [...] Vous avez un génie mâle, et votre ouvrage étincelle

---

[5] D1521. Besterman had dated this letter tentatively June 1738. This has now been corrected to *c*.11 September by the editors of Helvétius's letters (*Correspondance générale d'Helvétius*, vol.1, p.11-12, letter 7, n.1).

[6] See *Correspondance générale d'Helvétius*, vol.1, p.12, letter 7, n.6.

[7] See below, p.54 and 56.

[8] D1891. Besterman places this letter in February, but the earlier dating is convincingly established in the *Correspondance générale d'Helvétius*, vol.1, p.18-19, letter 10, n.1.

d'imagination. J'aime mieux quelques-unes de vos sublimes fautes que les médiocres beautés dont on nous veut affadir.

Flattery is then followed by practical advice on the technicalities of poetic composition. Voltaire hoped that Helvétius would return to Cirey,[9] and in his letter of 14 March he anticipated a discussion with Helvétius about a second version of the *Epître sur l'amour de l'étude*: 'On me mande que vous venez bientôt à Cirey. Je remets à ce temps-là à vous parler des deux leçons de votre belle épître sur l'étude. Vous pouvez de ces deux desseins faire un excellent tableau avec peu de peine' (D1938). He pressed Helvétius again on 2 April to return to Cirey and to bring another copy of 'votre dernière épître' as the first copy had been mislaid: 'Mme Du Chastelet dit que c'est moi qui l'ai perdue, moi je dis que c'est elle. Nous cherchons depuis huit jours' (D1963). The reference is ambiguous, but is presumably to the *Epître sur l'amour de l'étude*.

On 29 April, Voltaire responded to Helvétius's promise of 'une nouvelle épître': 'Vraiment vous me donnez de violents désirs; mais songez à la correction, aux liaisons, à l'élégance continue; en un mot, évitez tous mes défauts. Vous me parlez de Milton; votre imagination sera peut-être aussi féconde que la sienne; je n'en doute même pas; mais elle sera aussi plus agréable et plus réglée'.[10] The uncertainty surrounding the precise identification of the 'nouvelle épître' continues with the brief reference on 6 July to 'votre ouvrage',[11] whose arrival was anticipated 'avec autant de vivacité que vous le faites' (D2040).

Helvétius does not appear to have written again to Voltaire until after his arrival in Montbar in September. On 3 October Voltaire acknowledged receipt of a 'charmante lettre', but lamented the absence of any verse: 'Pour Dieu donnez-moi au moins une épître!'

[9] See D1938, D1963. In May Voltaire proposed Châlons as an alternative place to meet (D2000).

[10] D1997. In this letter Voltaire expressed regret that Helvétius had not read what he had said about Milton in the *Essai sur la poésie épique* (see *OCV*, vol.3B, p.479-97).

[11] 'Sans doute l'*Epître sur l'amour de l'étude*', according to the editors of Helvétius's *Correspondance générale*, vol.1, p.38, letter 21, n.2.

(D2086). He expressed his impatience again on 5 January 1740: 'Mais pour Dieu envoyez-moi de meilleures étrennes. Je n'ai jamais tant travaillé que ce dernier mois, j'ai la tête fendue. Guérissez-moi par quelque belle épître!'[12] His flattering encouragement reached new heights on 24 January when he placed Helvétius's talent above that of Boileau (D2147):

> Ne les verrai-je point ces beaux vers que vous faites,
>   Ami charmant, sublime auteur?
> Le ciel vous anima de ces flammes secrètes,
> Que ne sentit jamais Boylau l'imitateur
> Dans ses tristes beautés si froidement parfaites.
> Il est des beaux esprits; il est plus d'un rimeur;
>   Il est rarement des poètes.
>   Le vrai poète est créateur.
> Peut-être je le fus, et maintenant vous l'êtes.

Flattery was matched with pressure, and Helvétius was urged not to slow down: 'Vous ne vous reposerez pas après le sixième jour; vous corrigerez, vous perfectionnerez votre ouvrage mon cher ami'. Two months later,[13] Voltaire returned to Helvétius 'le manuscrit que vous avez bien voulu me communiquer' (D2187). His brief comments shed little light on its identity. In May Helvétius visited Voltaire and Mme Du Châtelet in Brussels.[14]

By 27 October Voltaire had both the *Epître sur l'amour de l'étude* and *Sur l'orgueil et la paresse de l'esprit* (D2353):

Mon cher et jeune Apollon, mon poète philosophe, il y a six semaines que je suis plus errant que vous. Je comptais de jour en jour, repasser par Bruxelles, et y relire les deux pièces charmantes de poésie et de raison[15]

---

[12] D2130; see also D2146.

[13] On the precise dating of this letter, see the *Correspondance générale d'Helvétius*, vol.1, p.49, letter 30, n.1.

[14] D2218. See also D2251, D2259. He would visit them again in the spring of 1741. See *Correspondance générale d'Helvétius*, vol.1, p.52, letter 32, n.3 and D2488.

[15] 'L'une des pièces est certainement l'*Epître sur l'orgueil et la paresse de l'esprit*; l'autre est peut-être une nouvelle version de l'*Epître sur l'amour de l'étude*' (*Correspondance générale d'Helvétius*, vol.1, p.50, letter 31, n.1).

sur lesquelles je vous dois beaucoup de points d'admiration et aussi quelques points interrogeants. Il vous faut encore un peu de travail et je vous réponds que vous irez au sommet du temple de la gloire par un chemin tout nouveau.

On 7 January 1741, just after Voltaire's arrival in Brussels from Berlin, he informed Helvétius that he had shown 'votre épître corrigée' to Frederick II: 'J'ai eu le plaisir de voir qu'il a admiré les mêmes choses que moi, et qu'il a fait les mêmes critiques. Il manque peu de chose à cet ouvrage pour être parfait' (D2397). Particular reference to the king's reactions to the corrected *Sur l'orgueil et la paresse de l'esprit* is made on the poem itself: 'Je vous dirai en passant que le roi de Prusse en fut extasié; je ne vous dis pas cela pour vous faire honneur, mais pour lui en faire beaucoup'.[16] It can be assumed therefore that Voltaire was working on the annotations to the third version of *Sur l'orgueil et la paresse de l'esprit* between October 1740 and January 1741.

On 3 April Voltaire received another draft of one of Helvétius's *épîtres* (D2456):

J'ai reçu aujourd'hui mon cher ami votre diamant qui n'est pas encore parfaitement taillé mais qui sera très brillant.[17] Croyez-moi, commencez par achever la première épître, elle touche à la perfection et il manque beaucoup à la seconde. Votre première épître je vous le répète, sera un morceau admirable, sacrifiez tout pour la rendre digne de vous, donnez-moi la joie de voir quelque chose de complet sorti de vos mains. [...] Vous ne savez pas combien cette première épître sera belle, et moi je vous dis que les plus belles de Despreaux seront au-dessous.

It is usually assumed that Voltaire was urging Helvétius to finish *Sur l'amour de l'étude* before focusing on *Sur l'orgueil et la paresse de l'esprit*, but the reverse is equally plausible. Voltaire's most recent comments on *Sur l'orgueil et la paresse de l'esprit* (which may well

[16] See below, p.63, n.g.
[17] Probably the *Epître sur l'amour de l'étude* according to the editors of the *Correspondance générale d'Helvétius*, vol.1, p.56, letter 35, n.1.

have been started before the *Épître sur l'amour de l'étude*)[18] are entirely consistent with an *épître* deemed to be approaching perfection.

In his reply, which has not survived, Helvétius must have reacted to Voltaire's reference to Boileau with comments on the latter's lack of sublimity, and Voltaire, writing in defence of Boileau on 20 June, took the opportunity to offer further practical advice on the importance of harmony, clarity, ease of transition and precision. Ideas came easily – good writing was the real challenge: 'Je vous prêcherai donc éternellement cet art d'écrire que Despreaux a si bien connu et si bien enseigné, ce respect pour la langue, cette liaison, cette suite d'idées, cet air aisé avec lequel il conduit son lecteur, ce naturel qui est le fruit de l'art, et cette apparence de facilité qu'on ne doit qu'au travail' (D2501).

Voltaire's letter of 14 August 1741 marks the end of a remarkable three-year sequence of letters.[19] It contains no specific reference to either poem, but does suggest that Helvétius was continuing to respond positively to Voltaire's criticisms: 'Vous corrigez donc vos ouvrages, vous prenez donc la lime de Boylau pour polir des pensées de Corneille?' (D2529). In the case of *Sur l'orgueil et la paresse de l'esprit* Neufchâteau noted that Helvétius did not accept all Voltaire's criticisms, and eventually abandoned the poem, 'mais il en a gardé quelques vers excellents et quelques détails princi-paux, qu'il a placés depuis dans son poème du *Bonheur*'.[20]

---

[18] See above, p.27-28.

[19] Their correspondence would now lapse for seventeen years, not resuming again until 1758 towards the end of the controversy over *De l'esprit*. On the cause of the rupture in their friendship, see D. W. Smith, *Helvétius: a study in persecution* (Oxford, 1965), p.161-62.

[20] *Le Conservateur*, vol.2, p.280. At least one more version of *Sur l'orgueil et la paresse de l'esprit* exists, at the Bibliotheca Bodmeriana in Cologny, Geneva. In Helvétius's hand, it bears no trace of any notes by Voltaire. My thanks go to David Smith for drawing this manuscript and other useful documents to my attention. The composition of *Le Bonheur*, not published until 1772, started in 1744, the sixth canto being completed towards the end of Helvétius's life in 1771 (see D. W. Smith, *Bibliography of the writings of Helvétius*, Ferney-Voltaire, 2001, p.244-45). Lines

2. Aesthetics

The linguistic emphasis of Voltaire's comments on both poems are entirely consistent with the neo-classical aesthetic which characterises his literary criticism in general, and in particular his preoccupation with the style appropriate to the 'language of the gods', central to which was the exemplary achievement of Boileau.[21] This preoccupation is instantly recognisable, for example, in the essays on epic poetry, the *Temple du goût*, the comments on Frederick II's *Art de la guerre* and, most notably of all, in the *Commentaires sur Corneille*.

The comments and suggestions for improvement which Voltaire wrote on the manuscript of the *Epître sur l'amour de l'étude* reflect many of the principles set out in his letters and in the *Conseils de Voltaire à Helvétius*:[22] stylistic restraint, emphasis on linguistic precision, abhorrence of *lieux communs*, importance of *liaisons*, avoidance of tautologies and inappropriate imagery, the requirements of good taste, the dangers of apostrophe and declamation, and above all the need to write memorable poetic verse.

The comments on *Sur l'orgueil et la paresse de l'esprit* relate to three successive versions of the poem, each with a different title. In a note to Helvétius Voltaire first advised him to shorten the title which had been originally given to the poem, and which seemed to Voltaire to be far too long and obscure.[23] With regard to the substance of the poem itself, clarity of meaning comparable to that of prose,[24] liaisons, metaphorical restraint and avoidance of 'amas

---

from *Sur l'orgueil et la paresse de l'esprit* were incorporated into the second and fourth cantos. Smith also notes thematic similarities between the third canto and the *Epître sur l'amour de l'étude*. The fifth canto was dedicated to Voltaire.

[21] See the letter he wrote to Chaulieu in 1736 (D1070) and D. Williams, 'Voltaire and the language of the gods', *SVEC* 62 (1968), p.57-81.

[22] See below, p.69-82.

[23] See below, p.53.

[24] On Voltaire's use of the 'prose test' in the evaluation of poetry, see D. Williams, 'Voltaire and the language of the gods', p.60-63.

d'idées incompatibles' are all prioritised. At the same time, Voltaire found much to admire, no fewer than thirty-one of his comments expressing approval, often in the most flattering terms. At the end of the first version Voltaire even asked permission to quote two of the lines relating to Locke in *La Métaphysique de Newton*,[25] assuring Helvétius that the lines in question ('D'un bras il apaisa l'orgueil du platonisme, / De l'autre il rétrécit le champ du pyrrhonisme') were better than any of Boileau's *épîtres*.[26]

Voltaire's patient, painstaking and thoughtful annotations to the *Épître sur l'amour de l'étude* and *Sur l'orgueil et la paresse de l'esprit* over a considerable number of months, offer clear evidence of the great affection and esteem in which he held the young Helvétius, as well as being a remarkable expression of confidence in the latter's future success as a poet and as a philosopher.

3. *Publication*

Voltaire's comments on Helvétius's poems were not printed in either of their lifetimes. In 1800 Neufchâteau[27] published a transcription, with intercalated editorial commentary, of relevant lines from three drafts of *Sur l'orgueil et la paresse de l'esprit* in *Le Conservateur*, but appears not to have included the complete corpus of notes by Voltaire to which he had access.[28] The editor makes no specific reference to the *Épître sur l'amour de l'étude*:

[25] Amsterdam, Ledet, 1740. In fact, Voltaire did not make use of these 'deux vers admirables'. See *OCV*, vol.15.

[26] See below, p.58 and 67.

[27] Nicolas Louis François de Neufchâteau (1750-1828), author, playwright, poet and agricultural economist, rose to national prominence as a legislator and government official under Napoleon, by whom he was ennobled in 1808. His *Épître sur le mois d'Auguste* (1774) was dedicated to Voltaire, and this poem, together with the *Discours sur les dégoûts de la littérature*, first published in the *Almanach des muses* in 1777, formed the subject of correspondence with Voltaire in 1774 and 1777 (see D19104, D20842, D20924).

[28] In his preliminary comments to the third version, Neufchâteau refers to 'celles des notes de Voltaire qui sont dignes d'être connues' (*Le Conservateur*, vol.2, p.274-75), and the indication that a selection from Voltaire's notes has been made is

On nous a confié des essais poétiques de ce célèbre philosophe, entre autres une épître dont il a soumis à Voltaire trois leçons successives, avec les remarques critiques de l'auteur de *La Henriade*. C'est un monument curieux, qui mérite à tous égards qu'on en conserve quelques traces. Le jeune Helvétius copiait ses épîtres sur un des côtés du papier, et laissait une page blanche pour que Voltaire pût écrire ses observations à côté des vers même. [...] Nous ne croyons pas faire tort à la mémoire d'un grand homme, en reproduisant des essais que lui-même a jugés informes, puisqu'il n'en a gardé qu'un très petit nombre de vers dans son poème du *Bonheur*. Nous pouvons, sans nuire à sa gloire, copier les vers faibles que son illustre ami lui conseillait de corriger, et qu'il a changés quelquefois avec un grand succès. [...] D'après cette observation, qui peut-être était nécessaire, nous allons copier dans les trois leçons de l'épître, d'abord les vers d'Helvétius, ensuite des remarques faites en marge par Voltaire, celles qui peuvent présenter une leçon de goût, ou donner une idée des traits et des saillies qui échappaient à ce grand homme jusque dans ces brouillons rédigés à la hâte, et comme au courant de la plume. [29]

No further details are given about the manuscript in question. Voltaire's comments on the *Epître sur l'amour de l'étude* were first printed in 1814 in *Le Magasin encyclopédique*, [30] preceded by a brief introductory paragraph by the editor, A. L. Millin, [31] who informs the reader that he had been shown the poem by his 'estimable collègue, M. Vanpraet'. [32] Millin attached no value to the

---

reaffirmed in the concluding paragraph to his commentary: 'Nous avons cru utile de conserver les traces de sa première esquisse, avec des remarques choisies dans le nombre de celles que l'amitié et le bon goût avaient inspirées à Voltaire [...] et ce que nous en avons extrait peut être médité avec fruit par les gens de lettres' (p.280).

[29] *Le Conservateur*, vol.2, p.261, 262, 265.

[30] (Paris, 1814), vol.6, p.273-85. An offprint appeared in the following year, see Bengesco, vol.2, p.33, n.1.

[31] Aubin-Louis Millin de Grandmaison (1759-1818), natural historian and polymath, was also the author of the *Dictionnaire des beaux-arts* (Paris, 1806), and co-founder of the Société Linnéenne de Paris.

[32] *Le Magasin encyclopédique*, vol.6, p.273. Joseph Van Praet was 'conservateur des imprimés' at the Bibliothèque nationale. The manuscript on which Millin's text is based is almost certainly MS1 (see below, p.36-37).

poem itself, whose author was apparently unknown to him, but drew attention to Voltaire's comments:

La poésie n'en est pas très remarquable; mais les notes qui y sont jointes, toutes écrites de la main même de Voltaire, rendent ce morceau précieux. On y remarque son esprit, sa touche, sa vivacité, l'impatience que lui cause le mauvais goût, et c'est un véritable modèle de leçon pour un critique. Tout n'est pourtant pas à dédaigner dans cette petite pièce, et Voltaire y a trouvé des pensées spirituelles, des vers bien tournés. J'en ignore l'auteur; elle doit avoir été composée dans le temps où la liaison de Voltaire avec Mme Du Châtelet était très intime, avant 1750. Cet auteur devait être fort jeune; mais Voltaire en avait conçu des espérances, puisqu'il lui dit qu'il veut le préserver de ses défauts.

Millin reproduced the text of the *Epître sur l'amour de l'étude* in full, and a total of fifty comments are printed as footnotes without further editorial commentary.

The two poems and Voltaire's associated comments were first included in the *Œuvres complètes d'Helvétius* in 1818[33] and in Renouard's edition of Voltaire's collective works in 1821.

Manuscript and edition

Epître sur l'amour de l'etude

MS1

Epitre / Sur lamour de letude / A Madame / La Marquise du Chastelet / [*in a different hand:*] par un éleve de Voltaire avec des notes / du maître

---

[33] The editor notes that Millin failed to differentiate between the original and corrected versions of the *Epître sur l'amour de l'étude*: 'Les éditeurs du *Magasin encyclopédique* n'ont point distingué du texte primitif les corrections qu'Helvétius avait faites d'après les remarques de Voltaire. Nous avons évité de commettre cette faute; nous avons présenté, page 149, le véritable texte, et nous donnons ici ce même texte corrigé' (*Œuvres complètes d'Helvétius*, 3 vol., Paris, 1818, vol.3, p.156, n.1).

The text and annotations are preceded by a sheet (f.612) on which the title is written in an unknown, possibly early nineteenth-century, hand:

Epître sur l'amour de / l'Etude d'Helvetius, écrite / par lui-même, avec des / observations de la main / de Voltaire / Voyez les œuvres de Voltaire, / edition de Keil in 12. / livre 69, correspondance générale / livre 2 p.280 année 1738 /

The text of the *Epître sur l'amour de l'étude* appears to be written by a scribe, with corrections in Helvétius's hand. Thirteen of the fifteen leaves have Voltaire's annotations on the verso.

A facsimile of part of this manuscript is included in volume 3 of *Œuvres complètes d'Helvétius* (Paris, 1818) between pages 150 and 151.

Paris, BnF: n.a.fr. 5215, f.613-27.

Sur l'orgueil et la paresse de l'esprit

C

Le Conservateur, ou recueil de morceaux inédits d'histoire, de politique, de littérature et de philosophie, tirés des portefeuilles de N. François [de Neufchâteau]. Paris, Crapelet, An VIII [1800].

Volume 2: 261-80 Essais poétiques d'Helvétius, avec les remarques de Voltaire.

This is the first printed edition of Voltaire's comments on *Sur l'orgueil et la paresse de l'esprit*, edited by Nicolas Louis François de Neufchâteau.

Principles of this edition

The base text for the *Epître sur l'amour de l'étude* and Voltaire's associated comments is MS1. Since it is not possible to be sure which of Helvétius's corrections were made before Voltaire's annotations and which afterwards, they are all given as base text variants (β^H).

The base text for *Sur l'orgueil et la paresse de l'esprit* is C. Neufchâteau's editorial commentary has been retained, in italics, within square brackets, to help make sense of the extant passages of Helvétius's poem and Voltaire's notes. His interpolated titles ('Première manière de l'épître

37

intitulée: *Sur l'orgueil et la paresse de l'esprit*, 'Seconde manière de l'épître', 'Troisième manière de l'épître') however have been replaced by Helvétius's original titles within square brackets, which Neufchâteau drew together in an introductory passage (*Le Conservateur*, vol.2, p.261-62). The headings ('Helvétius', 'Voltaire') preceding each passage of verse or comment have also been dispensed with.

Treatment of the base texts

Épître sur l'amour de l'étude

The base text is made up of three elements: Helvétius's poem, in a neat hand; Voltaire's notes; and Helvétius's rather less neat corrections.

We have retained the original spelling of all three (including mistakes), except to normalise capitals, accents (adding them according to modern usage, but not correcting those already present), apostrophes, and hyphens. The punctuation has also been respected as far as possible, though full stops have been supplied at the end of each of Voltaire's notes. Voltaire's note calls missed out some letters of the alphabet; they have been reinstated. The note calls are also often written above and centred on the passage in question. We have inserted these in the most appropriate place within Helvétius's line of poetry.

Voltaire did not always underline consistently when quoting Helvétius in his notes. We have italicised Helvétius quotes as well as Latin sayings.

It is not possible to be sure at what stage Helvétius added his corrections. In most cases, they seem to have been made in response to Voltaire's comments, but it is clear that Voltaire's note *y* refers to the corrected line 73. In the absence of any certainty, all Helvétius corrections are given as variants to the base text (β^H).

Sur l'orgueil et la paresse de l'esprit

The base text has been treated in accordance with normal editorial principles: original punctuation has been respected, and the only modifications to the text needed to conform with modern usage relate to:

1. Consonants
- *t* was not used in: différens, suivans.

2. Vowels
- *oi* was used instead of *ai* in: aimerois, avoit, connoître, étoit, faudroit, menoit, ôterois, paroît, pourroit, seroit, voudrois.

3. Accents
- the circumflex accent was used in: systême.

4. Capitalisation
- initial capitals were attributed to: Mages, Traité.

5. Various
- the hyphen was used in: par-tout, très-beau, très-bien, très-joli, très-malheureux, très-noble.
- the ampersand was used in: &c.

ÉPÎTRE SUR L'AMOUR DE L'ÉTUDE
À MADAME LA MARQUISE DU CHASTELET

Oui de nos passions toute (*a*) l'activité
Est moins à redouter, que n'est (*b*) l'oisiveté;
Son calme (*c*) est plus affreux que ne sont leurs tempêtes;
Gardons-nous à son joug (*d*) de soumettre nos têtes.
Fuyons surtout l'ennui, (*e*) dont la sombre langueur   5
Est plus insupportable (*f*) encor que la douleur.
Toi qui détruit l'esprit, (*g*) en amortit la flame: (*h*)
Toi, la honte à la fois, et la rouille de l'âme: (*i*)

(*a*) *Toute* mot qui affaiblit le sens mot oiseux.

(*b*) *Que n'est,* allongement qui énerve la pensée. Pensée d'ailleurs trop commune et qui a besoin d'être relevée par l'expression. [1]
De plus *que n'est,* est trop près de *que ne sont;* banissez-les tous deux.

(*c*)-(*d*) *Son calme son joug.* Deux figures incompatibles l'une avec l'autre. Grand défaut dans l'art d'écrire.

(*e*) *Fuyons surtout l'ennuy. Surtout,* mot inutile, idée non moins inutile car qui ne veut fuir l'ennuy?

(*f*) *Plus insuportable.* Trop voisin de *moins à redouter.* Ces plus et ces moins trop souvent répétez, tuent la poésie.

(*g*) *Toy qui détruit l'esprit en amortit la flamme.* Il faut *qui détruis.* Ce *toy qui* gouverne la seconde personne.

(*h*) De plus il est superflu de parler de sa flamme amortie quand il est détruit.

(*i*) *La honte à la fois et la rouille.* Ces deux vices de l'âme ne sont point contraires l'un à l'autre. Ainsi *à la fois* est de trop. On diroit bien que l'ambition est à la fois la gloire et le malheur de l'âme.

b-1 β: [*adds between these lines in an unknown hand*] Par un élève de Voltaire avec des notes du maître

[1] See *Conseils de Voltaire à Helvétius,* huitième règle, p.81 below.

Toi qui verse en son sein ton assoupissement, (*j*)
Qui pour la dévorer suspend (*k*) son mouvement,　　　10
Etouffe (*l*) ses pensers et la tient (*m*) enchaînée:
O monstre en ta fureur semblable à l'arraignée, (*n*)
Qui de ses fils gluans (*o*) s'efforce d'entourer
L'insecte malheureux qu'elle veut dévorer; (*p*)
Contre tes vains efforts mon âme est affermie;　　　15
Dans les esprits oisifs porte ta létargie, (*q*)
Ou refoule en ton sein ton impuissant poison; (*r*)
J'ai sçu de tes venins préserver ma raison.
(*s*) Esprit vaste, et fécond, lumière vive et pure,
Qui dans l'épaisse nuit qui couvre la nature,　　　20
Prends pour guider tes pas le flambeau de Neuton:
Qui d'un vain préjugé dégageant ta raison,

Ces oppositions sont belles, mais entre rouille et honte, il n'y a point d'opposition.　　　5

(*j*) *Toy qui verse en son sein ton assoupissement.* Il faut *verses* et non verse, mais on ne verse point un assoupissement.

(*k*)-(*m*) *Suspends* et non suspend. Il ne faut point tant retourner sa pensée.

(*n*) On peut peindre l'arraignée, mais il ne faut pas la nommer. Rien n'est si bau que de ne pas apeler les choses par leur nom.

(*o*) Gluants forme une image plus désagréable que vraye.

(*p*) Je ne sçai si l'âme oisive, peut être comparée à une mouche dans une toile d'arraignée.

(*q*) *Dans les esprits oisifs porte ta létargie.* L'oisiveté est déjà létargie.

(*r*) *Refoule en ton sein.* Refoule n'est pas le mot propre. Elle peut reprendre ravaler, etc son poison, mais ces images sont dégoûtantes.

(*s*) Les vers à Emilie sont baux, mais ne sont pas liez au sujet. Il s'agit de travail, d'oisiveté. Il manque là un enchaînement d'idées. *Tantum series juncturaque pollet.*[2]

---

[2] 'Such is the power of order and connection' (Horace, *Ars poetica*, line 242).

Sçait d'un sophisme adroit dissiper les prestiges;
Aux yeux de ton génie, il n'est point de prodiges:
L'univers se dévoile à ta sagacité,   25
Et par toi le Français marche à la vérité.
Des lois qu'aux élémens le Tout-Puissant impose,
Achève à nos regards de découvrir la cause;
Vole au sein de Dieu même, et connois les ressorts,
Que sa main a forgés pour mouvoir tous les corps.   30
Ou plutôt dans sa course arrête ton génie:
Viens servir ton pais, viens sublime Emilie
Enseigner aux Français l'art de vivre avec eux:
Qu'ils te doivent encor le grand art d'être heureux;
Viens, dis-leur que tu sçus dés la plus tendre enfance   35
Au faste de ton rang préférer la science;
Que tes yeux ont toujours discerné chez les grands
De l'éclat du dehors le vuide du dedans.
Dis-leur que rien icy n'est à soy que soi-même,
Que le sage dans luy trouve le bien suprême,   40
Et que l'étude enfin peut seule dans un cœur, (*t*)
En l'ornant de vertus, enfanter le bonheur.
Et toi mortel divin, (*u*) dont l'univers s'honore,
Etre que l'on admire, et qu'on ignore encore:
Toi dont l'immensité te dérobe à nos yeux,   45

(*t*) Il faudroit que ces derniers vers fussent plus serrez, et aussi
plus raprochez du commencement du portrait d'Emilie.

(*u*) Pour Dieu point de mortel divin, le mot d'amy vaut bien
mieux, conservez la bauté des vers, et ôtez l'excès des louanges.

43 β^H: <toi mortel divin> ↑regardez ce mortel^+
44-45 β^H: [*adds between these lines*] ↑au-[dessus?] des <mortel> humains
comme au-dessous des dieux^+
45-58 β^H:
<Toi> ↓Luy^+ dont l'immensité t→le dérobe à nos yeux,
<Tiens le milieu Voltaire entre l'homme et les dieux.>
<Soleil levé sur nous verse> ↑Esprit vaste et fécond et dont^+ t→les influences:
F<ais>↑ont^+ germer à la fois les arts et les sciences.
<Telle on voit chaque année aux rayons du printemps

Tiens le milieu Voltaire entre l'homme et les dieux.
Soleil levé sur nous verse tes influences:
Fais germer à la fois les arts et les sciences.
Telle on voit chaque année aux rayons du printems
La terre se parer de nouveaux ornemens,   50
(*v*) Fouler dans les canaux des arbres et des fleurs
La sève qui produit leurs fruits et leurs couleurs.
J'ai vu des ennemis acharnés à te nuire:
Ne pouvant t'égaler, chercher à te détruire;
Des amis contre toi s'armer de tes bienfaits.   55
J'ay vu des envieux jaloux de tes succés,
T'attaquer sourdement, au lieu de te combattre;
J'ai vu leurs vains efforts t'ébranler sans t'abbatre;
Ainsi que le nageur renversé dans les flots,
Paroît quelques instans englouti sous les eaux;   60
Mais se rendans bientôt maître de sa surprise
Il nage, et sort vainqueur de l'onde qu'il maîtrise.
Qui peut armer ton cœur de tant de fermeté?
Et quel fut ton appuy dans ton adversité?
L'amour seul de l'étude. Au fort de cet orage   65

(*v*) Il manque icy deux vers.

---

†Qui réunit <ensemble> en luy <et> [*illegible* ...ple?] <et> avec [*illegible*]+
La terre se parer de nouveaux ornemens,
†Et fait de [*illegible* ...pais?] le temple d'Appollon+
Fouler dans les canaux des arbres et des fleurs
La sève qui produit leurs fruits et leurs couleurs.>
J'ai vu des ennemis acharnés à <te> †luy+ nuire:
Ne pouvant t→l'égaler, chercher à te → le détruire;
Des amis contre <toi> lui s'armer de t→ses bienfaits.
J'ay vu des envieux jaloux de t→ses succés,
T→L'attaquer sourdement, <au lieu> †craignant+ de t→le combattre;
J'ai vu leurs vains efforts t→l'ébranler sans t→l'abbatre;
60 β^H: <Paroît quelques instans> †Peut paroître un moment+
63-64 β^H:
Qui peut armer t→son cœur de tant de fermeté?
Et quel fut t→son appuy dans t→son adversité?

Ce fut lui qui sauva ta raison du naufrage.
C'est lui seul à présent qui l'arrache aux mortels
Et c'est luy seul à qui tu devras tes autels. (*w*)
Regardez Scipion (*x*) ce bouclier de Rome
Cet amy des vertus, luy qui fut trop grand homme   70
Pour n'être pas en butte à de jaloux complots;
L'étude en son exil assure son repos.
Si le chagrin parvient jusqu'à l'âme du sage, (*y*)
Du moins au fond du cœur il ne peut pénétrer:
L'étude est à sa porte et l'empêche d'entrer.   75
C'est un nom sur le sable, un vent souffle, et l'efface. (*z*)
(*aa*) Plaisir dans ta fortune, abri dans ta disgrâce;
Conviens-en Scipion, (*bb*) l'étude seule a pu

(*w*) Ne gâtez point ces baux vers par des autels.
(*x*) Scipion n'est pas amené. Il faudroit auparavant passer imperceptiblement de la carrière des sciences à celle des héros. La distance est grande. Il faut un pont qui joigne les deux rivages. [3]
(*y*) *L'âme de ce sage. Ce* fait languir et est dur. Il manque un vers.
(*z*)-(*aa*) Il manque là quelque chose. Tout cela est incohérent. *Fiat lux.*
(*bb*) *Conviens-en Scipion.* Convenez que cela est trop prosaïque, et que cela gâte ce bau vers, et très bau *Achever ton bonheur qu'ébaucha ta vertu.*

66-68   β^H:
†Ce fut luy qui sauva sa raison du naufrage.
Qui consacre son nom <luy dresse des a> qui l'arrache aux mortels
Et qui de son vivant luy dresse des autels
<Il soutint sa raison la sauva du naufrage>+
<Ce fut lui qui sauva ta raison du naufrage.>
†Il consacre son nom, il dresse ses autels+
<C'est lui seul à présent qui l'arrache aux mortels>
†Et l'arrache vivant [*illegible*] des mortels+
<Et c'est luy seul à qui tu devras tes autels.>
73   β^H: <jusqu'à l'âme du> †à l'âme de ce+

[3] See Voltaire's letter to Helvétius of 20 June 1741 (D2501) and Introduction, p.32, as well as *Conseils de Voltaire à Helvétius*, troisième règle, p.79-80 below.

Achever ton bonheur qu'ébaucha ta vertu.
(*cc*) Malheureux courtisan! âme rampante et vile   80
Des foiblesses des grands adulateur servile;
Pour toi ce sont (*dd*) des dieux, va donc les encenser.
Oze appeller vertu l'art de n'oser penser. (*ee*)
Sçais-tu ce que tu pers, sçais-tu que l'esclavage
Rétréssit ton esprit, énerve ton courage?   85
Eh bien ton bonheur dure autant que ta faveur;
Mais dis quelle ressource (*ff*) as-tu dans le malheur?
Nulle que la douleur: (*gg*) j'en sonde la blessure. (*hh*)
Tu crois la soutenir, esclave tu l'endure.
Funeste ambition! (*ii*) C'est en vain qu'un mortel   90
Cherche en toy son bonheur, fait fumer ton autel;
Ses mains t'offrent l'encens, (*jj*) son cœur est la victime[.]
Plus il marche aux grandeurs, et plus sa soif s'anime.
Il désiroit ce rang, il vient de l'obtenir,

(*cc*) Encor manque de liaison, et trop d'apostrophes coup sur coup. C'est un défaut dans lequel je tombe quelquefois, mais je ne veux pas que vous ayez mes défauts.

(*dd*) *Pour toy ce sont.* *Ce* n'est pas suportable. Ces idées communes ne sont pas bien amenées.

(*ee*) Bau vers qu'il faut mieux préparer.

(*ff*)-(*gg*) La douleur n'est point une ressource. Encor une fois il faut que ces lieux comuns[4] soient plus pressez, touchez d'une manière plus neuve. *Difficile est proprie communia dicere.*[5]

(*hh*) *Esclave* ne va point avec *blessure, sonder* jure avec *soutenir* et tout cela fait un tablau peu dessiné.

(*ii*) Encor un apostrophe.

(*jj*) Encor du lieu comun.

88   β^H: → les blessures
89   β^H: → l'endures

[4] See *Conseils de Voltaire à Helvétius*, cinquième règle, p.80 below.
[5] 'It is hard to treat in your own way what is common' (Horace, *Ars poetica*, line 128).

De sa passion naît un nouveau désir. (*kk*)   95
Un autre après le suit; (*ll*) jamais rien ne l'arrête;
Sa vaste ambition est un pin dont la tête (*mm*)
S'élève d'autant plus, qu'il semble en approcher. (*nn*)
Vas le bonheur n'est pas où tu vas le chercher.
(*oo*) Malheureux en effet, heureux en apparence,   100
Tu n'as d'autre bonheur que ta vaine espérance.
Que tes vœux soient remplis: la crainte aux yeux ouverts
Te présente aussitôt le miroir des revers.
Aux traits de tes rivaux tu demeures (*pp*) en butte:
Ton élévation te fait craindre ta chute;   105
Chargé de ta grandeur tu te plains de son poids
Et tu souffres déjà les maux que tu prévois. (*qq*)
Politiques profonds allez ourdir vos trames:
Enfantez des projets: lisez au fond des âmes:
Domptez vos passions, (*rr*) et maîtrisez vos vœux;   110
Au milieu des tourmens, (*ss*) criez je suis heureux; (*tt*)
Et de tous vos chagrins déguisant l'amertume,

(*kk*) Il manque une sillabe, mais il y a là trop de vers.

(*ll*) *Un autre après le suit.* Sans doute quand on suit on est *après*.
Mettez plus de force et de précision, élaguez baucoup.

(*mm*) Ces désirs qui *se suivent* jurent avec ce pin. *L'ambition est un pin* est une expression mauvaise.

(*nn*) La tête d'un pin ne s'élève pas d'autant plus qu'on en aproche, passe pour une montagne escarpée.

(*oo*) Lieux comuns encor. Gardez-vous-en.

(*pp*) *Tu demeures* terme trop faible qui fait languir le vers.

(*qq*) Cela a été trop souvent dit.

(*rr*)-(*ss*) *Domptez vos passions* n'est pas fait pour les politiques rongez de la passion de l'envie, de l'ambition, de l'avarice, de l'intrigue etc.

(*ss*) *Au milieu des tourments.* Quels tourments? vous n'en avez pas parlé.

(*tt*) Jamais politique n'a crié je suis heureux.

95   β^H: <passion> $^↑$[*illegible*]$^+$

Redoublez la douleur, dont le feu vous consume.
Voyez cette montagne, (*uu*) où paissent les troupeaux
Où la vigne avec pompe étale ses rameaux,   115
La source qui jallit y roule l'abondance. (*vv*)
Tout d'un calme profond présente l'apparence:
Ses coteaux sont fleuris, sa tête est dans les airs,
Et son superbe pied sert de voûte aux enfers.
C'est là qu'avec transports, les plus tendres bergères   120
Conduites par l'amour célèbrent ses mistères.
Ce bosquet fut témoin de leurs premiers soupirs
Ce bosquet est témoin de leurs premiers plaisirs.
Flore vient y cueillir les robes qu'elle étale. (*ww*)
C'est là qu'en doux parfums la volupté s'exhale,   125
Et c'est là qu'on entend d'autres gémissemens,
Que les soupirs poussés par les heureux amans.
Autels de leurs plaisirs, théâtre de l'yvresse,
Où les jeux de l'amour consacrent leur foiblesse.
Tel (*xx*) paroît au-dehors ce monstre audacieux   130
Qui roule le tonnerre en ses flancs caverneux.
Un phosphore pétri de souffre et de bitume
Par le souffle des vents avec fureur s'allume:
Ce feu d'autant plus vif, qu'il est plus comprimé
Dévore la prison qui te tient enfermé.   135

(*uu*) Encor des apostrophes, encor ce manque de jointure, encor du lieu comun.

(*vv*) Qu'a de comun l'abondance d'une prairie avec ces politiques? Gare l'églogue dans tout ce qui suit, *non erat his locus.*[6] Quatre vers suffiront mais il faut qu'ils disent baucoup en peu et il faut surtout des jointures.

(*ww*) Flore ne ceuille point des robes. Cela est trop fort.

(*xx*) Déclamation, sans but. C'est le plus grand des défauts.

126   β^H: <entend> ↑n'entend+
130   β^H: <monstre> ↑mont+

6 'For such things there is a place, but not just now' (Horace, *Ars poetica*, line 19).

(*yy*) Soit le plaisir des yeux, et l'yvresse de l'âme,
Doris porte la joye, où tu portes ta flame;
Voi l'amour à tes pieds, voi naître ses désirs:
Sur ton sein, sur ta bouche, il cueille ses plaisirs;
Ton orgueil est flatté du tribut de ses larmes: 140
Règne sur les mortels: tes titres sont tes charmes;
Embellis l'univers d'un seul de tes regards;
Un souris de Vénus fit éclore les arts. (*zz*)
Amour! (*aaa*) ô toi qui meurs le jour qui t'a vu naître! (*bbb*)
O toi qui pourrois seul déifier notre être! (*ccc*)   145
Etincelle ravie à la divinité:
Image de l'excés de sa félicité:
Le plus bel attribut de l'essence suprême.
Amour ennyvre l'homme et l'arrache (*ddd*) à luy-même.
Tes plaisirs sont (*eee*) les biens les seuls à désirer,   150
Si tes heureux transports pouvoient toujours durer;
Mais sont-ils échappés, en vain on les rappelle:

(*yy*) Il manque un vers.

(*zz*) Qu'est-ce que les arts ont à faire là? Tout ce morceau est
décousu. *Aegri somnia*. [7]

(*aaa*) Comment encor un apostrophe, point d'autre figure point
d'autre transition? le fouet.

(*bbb*)-(*ccc*) Ce n'est point en mourant si vite qu'il ressemble à la
divinité. Contradiction intolérable dans de très baux vers mal
amenez.

(*ddd*) Ce mot *arracher* ne signifie point transporter hors de soy-
même, il donne l'idée de la souffrance et non l'idée du plaisir.

(*eee*) *Sont*. Il faut *seroient*, mais il ne faut rien dire de cela, mais
éviter cette déclamation mille fois rebatue.

136 β^H: Soit→s
148-49 β^H: [*adds between these lines*] Amour qui ne peut [*illegible*] arracher
l'homme à luy-même
149-54 β^H: [*crossed out*]

[7] 'A sick man's dreams' (Horace, *Ars poetica*, line 7).

Le désir fuit, s'envole, et l'amour sur son aile.
C'est en vain qu'un instant sa faveur nous séduit:
Le transport l'accompagne, et le vuide le suit.   155
Doris (*fff*) à ton amant prodigue ta tendresse:
Prolonge si tu peux le temps de son yvresse.
L'ennui va te saisir au sortir de ses bras;
Tu cherches le bonheur, (*ggg*) et ne le connois pas.
Ce Dieu (*hhh*) que tu poursuis recueilli dans luy-même   160
Ne va point au-dehors chercher le bien suprême;
Il commande à ses vœux; il fuit également
Et l'agitation, et l'assoupissement.
Amy des voluptés sans en être l'esclave;
Il goûte leur faveur, et brise leur entrave; (*iii*)   165
Il jouit des plaisirs, et les perd sans douleurs.
Vois Daphné (*jjj*) dans nos champs se couronner de fleurs:
Elle aime à se parer d'une rose nouvelle;
Ne s'en trouve-t-il point, (*kkk*) Daphné n'est pas moins belle.
D'un œil indifférent le tranquile bonheur (*lll*)   170
Voit l'aveugle mortel esclave de l'erreur,
Courir au précipice, en cherchant sa demeure;

(*fff*) Encor apostrophe sans transition! Est-il possible?

(*ggg*) Chercher le bonheur et ne le pas connaître ne sont pas deux idées assez oposées. C'est parce qu'on ne le conaît pas bien qu'on le cherche. On cherche tous les jours un inconnu.

(*hhh*) *Ce Dieu.* On n'a jamais dit que le bonheur fût un dieu. Cette hardiesse suportable dans une ode n'est pas convenable à une épître. Il faut à chaque genre son stile.

(*iii*) Faveur n'est pas bien en opposition avec entrave. On ne dit point entrave au singulier.

(*jjj*) Eh bien autre apostrophe sans liaison! Ah!

(*kkk*) *Ne s'en trouve-t-il point.* Le stile de l'épître, tout familier qu'il est, n'admet point ces tours trop comuns. On dit sans s'avilir les plus petites choses.

(*lll*) Le bonheur est là personifié *ab abrupto*, sans aucun adoucissement. Ce sont des images incohérentes.

Yvre de passion l'invoquer (*mmm*) à toute heure:
Voler incessamment de désirs en désirs,
Et passer tour à tour des douleurs aux plaisirs;   175
Et tantôt il le voit constamment misérable,
Gémir sous le fardeau de l'ennuy qui l'accable.
Etude (*nnn*) contre luy prête-moy ton secours![8]
Amy de tous les temps, bonheur de tous les jours,
Aliment de l'esprit, trop heureuse (*ooo*) habitude   180
Venge-moy de l'amour, brise ma servitude;
Allume dans mon cœur un plus noble désir,
Et viens en mon printems, m'arracher au plaisir.
Je t'appelle, et déjà ton ardeur me dévore;
Tels ces flambeaux éteints, et qui fument encore,   185
A l'approche du feu s'embrasent de nouveau.
Leur flame se ranime, et leur jour (*ppp*) est plus beau.
Conserve dans mon cœur le désir qui m'enflame:
Sois mon soutien, ma joye, et l'âme de mon âme.
Etude par toy l'homme est libre dans les fers: (*qqq*)   190

(*mmm*) *Ivre de passion, l'invoquer*; il semble qu'on invoque sa passion. Et puis chercher sa demeure, courir au précipice, invoquer! lieux comuns mal assortis. Ces trois pages précédentes devroient être resserrées en vingt vers bien frapez, et ensuite on viendroit à l'étude qui est le but de l'épître.   5
(*nnn*) *Etude*. Toujours même défaut toujours un apostrophe qui n'est point amené.
(*ooo*) *Trop heureuse*, terme oiseux. Ce *trop* est de trop.
(*ppp*) On ne dit point tout cru le jour d'un flambau.
(*qqq*) Les vers n'y viennent pas, *non erat his locus*.

178   β^H: <contre luy> ↑en tous les tems+
179   β^H: <de tous les temps> ↑de la vertu+
183-84   β^H: [*two lines have been added and then heavily crossed out between these lines*]

[8] Voltaire was probably alluding to this line when he wrote to Helvétius on 5 January 1740: 'Vous l'avez bien dit, l'étude console de tout' (D2130).

Par toy l'homme est heureux au milieu des revers:
Avec toy l'homme a tout: (*rrr*) le reste est inutile, (*sss*)
Et sans toy ce même homme (*ttt*) est un roseau fragile, (*uuu*)
Jouet des passions, victime de l'ennuy:
C'est un lierre rampant, qui reste sans appuy. (*vvv*)   195

(*rrr*)-(*sss*) S'il a tout, l'émistiche qui suit est inutile.

(*ttt*) *Ce même homme* faible et traînant.

(*uuu*) *Rosau fragile*, image peu liée avec *avoir tout*.

(*vvv*) Trop de comparaisons entassées. Il ne faut prendre que la fleur d'une idée, il faut fuir le stile de déclamateur. Les vers qui ne disent pas plus, et mieux, et plus vite, que ce que diroit la prose, sont de mauvais vers.

Enfin, il faut venir à une conclusion qui manque à l'ouvrage, il faut un petit mot à la personne à qui il est adressé.[9] Le milieu a besoin d'être baucoup élagué. Le commencement doit être retouché, et il faut finir par quelques vers qui laissent des traces dans l'esprit du lecteur.[10]   5

---

[9] Voltaire refers to the dedication to Mme Du Châtelet on 4 December 1738 ('qu'un ouvrage qui lui est adressé soit digne de vous et d'elle', D1673) and on 25 February 1739 ('Madame Du Chastelet vous remerciera des éloges qu'elle mérite', D1906).

[10] See D1906 and *Conseils de Voltaire à Helvétius*, quatrième règle, p.80 below.

[QUE TOUT EST RAPPORT,[1] QUE LES PHILOSOPHES SE SONT PERDUS DANS LE VAGUE DES IDÉES ABSOLUES; QU'ILS EUSSENT MIEUX FAIT DE TRAVAILLER AU BIEN DE LA SOCIÉTÉ, QUE LOCKE NOUS A OUVERT LA ROUTE DE LA VÉRITÉ, QUI EST CELLE DU BONHEUR]

[*Voici à ce sujet la note que Voltaire adressait à son jeune élève:*]

Ce titre est un peu long, et ne paraît pas extrêmement clair. Le mot d'*idées absolues* ne donne pas une idée bien nette. D'ailleurs, en général, la chose n'est pas vraie.

Il y a un temps absolu, un espace absolu, etc. Locke les considère comme tels,[2] et vous êtes ici partisan de Locke.

Locke n'est point regardé comme un philosophe moral, qui ait abandonné l'étude des choses abstraites pour enseigner seulement la vertu.

La route de la vérité n'est pas toujours celle du bonheur. On peut être très malheureux et savoir mesurer des courbes: on peut être heureux et ignorant.

[*Les six premiers vers paraissaient à Voltaire un peu embrouillés; il dit à cette occasion:*]

Mettez les six premiers vers en prose, et demandez à quelqu'un s'il entendra cette prose. La poésie demande la même clarté *au moins*.[3]

---

[1] See Voltaire's letter to Helvétius of *c*.11 September 1738 (D1521) and Introduction, p.28.

[2] John Locke, *An Essay concerning human understanding*, ed. P. H. Nidditch (Oxford, 1975), p.166-96.

[3] 'Que le lecteur applique cette remarque à tous les vers qui lui feront de la peine, qu'il tourne les vers en prose, qu'il voie si les paroles de cette prose sont précises, si le sens est clair, s'il est vrai, s'il n'y a rien de trop ni de trop peu; et qu'il soit sûr que

[*Il nous a paru inutile de citer ce commencement. Maintenant nous allons transcrire les vers d'Helvétius et les remarques de Voltaire.*]

De la droite raison les rapports sont les guides. (*a*)
Ils ont sondé les mers, (*b*) ils ont percé les cieux.[4]   20
Les plus vastes esprits, sans leur secours heureux,
Sont entre les écueils des vaisseaux sans boussoles.
De là ces dogmes vains, si savamment frivoles,
De ces célèbres fous ingénieux romans. (*c*)
Mon œil, s'écriait l'un, perce au-delà des temps. (*d*)   25
Ecoutez-moi: je vais, sagement téméraire,
De la création dévoiler le mystère.

(*a*) *De la droite raison les rapports sont les guides.* Diriez-vous dans un discours, les rapports sont les guides de la raison? Vous diriez: Ce n'est que par comparaison que l'esprit peut juger; c'est en 30 examinant les rapports des choses que l'on parvient à les connaître; mais les rapports en général, et les rapports qui sont des guides, font un sens confus. Ce qu'on examine peut-il être un guide?

(*b*) Des rapports qui ont sondé des mers!

(*c*) Ceci me paraît bien écrit.   35

(*d*) Quoi! tout d'un coup passer de cette exposition qu'il faut examiner les rapports, aux systèmes sur la formation de l'univers! Il faudrait vingt liaisons pour amener cela; c'est un saut épouvantable; voilà le principe de continuité bien violé.

N'est-il pas tout naturel de commencer votre ouvrage par dire 40 en beaux vers qu'il y a des choses qui ne sont pas à la portée de l'homme? Ce tour vous menait tout droit à ces différents systèmes

---

tout vers qui n'a pas la netteté et la précision de la prose la plus exacte ne vaut rien. Les vers, pour être bons, doivent avoir tout le mérite d'une prose parfaite, en s'élevant au-dessus d'elle par le rythme, la cadence, la mélodie et par la sage hardiesse des figures' (*Commentaires sur Corneille*, *OCV*, vol.55, p.833). On the criterion of 'l'exactitude de la prose' in poetic composition, see also D1906; *Conseils de Voltaire à Helvétius*, troisième règle, p.79-80; D19381; Introduction, p.33; D. Williams, 'Voltaire and the language of the gods', *SVEC*, vol.62 (1968), p.60-61.

[4] See Introduction, p.28.

sur la création, sans parler des rapports, qui n'ont aucun rapport à ces belles rêveries des philosophes.

[*Helvétius disait ensuite en parlant du système inventé par les mages:*]   45

> Un dieu, tel autrefois qu'une araignée immense,
> Dévida l'univers de sa propre substance,
> Alluma les soleils, fila l'air et les cieux,
> Prit sa place au milieu de ces orbes de feux, etc.

Les Indiens ont inventé la comparaison de l'araignée; mais outre   50
qu'une araignée immense fait en vers un fort vilain tableau, comment est-ce qu'une araignée qui dévide peut allumer un soleil! Quand on s'asservit à une métaphore, il faut la suivre. Jamais araignée n'alluma rien; elle file et tapisse; elle ne dévide pas même.   55

> Les mages, dit Burnet, sont des visionnaires
> Dont le faible Persan adopte les chimères.

On croit que des mages vous allez passer aux Egyptiens, aux Grecs, etc. Vous sautez à Burnet, le saut est périlleux.
    Le reste du système ridicule de Burnet me paraît bien exprimé. [5]   60

> Ainsi sous de grands mots la superbe sagesse,
> A ses propres regards dérobant sa faiblesse,
> Etayant son orgueil de dogmes imposteurs,
> Disputa si longtemps pour le choix des erreurs. (*e*)
> Ainsi l'orgueil s'égare en de vagues pensées: 65
> Ainsi notre univers, par ses mains insensées,
> Tant de fois tour à tour détruit, réédifié,
> N'est encore qu'un temple à l'erreur dédié. (*f*)

---

[5] 'Burnet et Woodwart n'ont écrit que des folies raisonnées sur le déluge universel' (*Dialogue de Pégase et du vieillard*, *M*, vol.10, p.206, n.3). See also *Eléments de la philosophie de Newton*, *OCV*, vol.15, p.474, lines 15-24. On Voltaire's views on Thomas Burnet's sacred theory of the earth as expounded in *Telluris theoria sacra* (London, 1681), and in particular Burnet's conjectures on the biblical story of the Flood, see *Eléments de la philosophie de Newton*, p.473, n.1; *Des singularités de la nature*, *M*, vol.27, p.1; *Questions sur l'Encyclopédie*, article 'Déluge universel', *M*, vol.18, p.327-31.

> Heureux si l'homme encor moins souple à l'imposture,
> Maître de s'égarer au champ de la nature,   70
> Par-delà ses confins n'eût puisé ses erreurs! (*g*)

(*e*) Très beau, et l'imitation de Corneille en cet endroit est un coup de maître.

(*f*) Me paraît excellent.

(*g*) Ce *puisé* ne me paraît pas propre; j'aimerais mieux *cherché*. Ce   75
qui précède est beau.

> Un autre peint de Dieu les attributs, l'essence,
> Remet tout au destin, dit son pouvoir, son nom,
> Croit donner une idée, et ne forme qu'un son.

Ce dernier vers est très beau; mais prenez garde qu'il appartient à   80
tous les rêveurs dont il est question. Il faut pour qu'une idée soit
parfaitement belle, qu'elle soit tellement à sa place qu'elle ne puisse
pas être ailleurs.

> Sans les rapports, enfin, (*h*) la raison qui s'égare,
> Prend souvent pour idée un son vain ou bizarre; (*i*)   85
> Et ce ne fut jamais que dans l'obscurité,
> Que l'Erreur s'écria: Je suis la Vérité.

(*h*) Il semble par *ces rapports enfin*, que vous ayez parlé une heure
des rapports; mais vous n'en avez pas dit un seul mot. Je vois bien
qu'en faisant votre épître, vous pensiez que tous ces philosophes   90
prétendus n'avaient point examiné les rapports et la chaîne des
choses de ce monde, qu'ils n'avaient point raisonné par analyse,
que ce défaut était la source de leurs erreurs. Mais comment le
lecteur devinera-t-il que ce soit là votre pensée?

(*i*) Ce *son vain ou bizarre* n'a nulle analogie à l'*obscurité*, et cela   95
forme des métaphores incohérentes. C'est le défaut de la plupart
des poètes anglais. Jamais les Romains n'y ont tombé, jamais ni
Boileau ni Racine ne se sont permis cet amas d'idées incompatibles.

> Pourquoi donc le malheur
> Est-il chez les humains le seul législateur?   100

Ce n'est point le malheur qui est le législateur des humains, c'est l'amour-propre. On dit bien que le malheur instruit, mais alors il est précepteur et non législateur.

> Pourquoi créer le nom de vertus absolues?

Vertus absolues ne s'entend point du tout. Tout cet endroit 105 manque encore de liaison et de clarté; et sans ces deux qualités nécessaires, il n'y a jamais de beauté.

> Locke étudia l'homme. Il le prend au berceau,
> L'observe en ses progrès, le suit jusqu'au tombeau,
> Cherche par quel agent nos âmes sont guidées, 110
> Si les sens ne sont point les germes des idées.
> Le mensonge jamais, sous l'appui d'un grand nom,
> Ne put en imposer aux yeux de sa raison.

L'endroit de Locke est bien. Aussi les idées en sont-elles liées, les mots sont propres, et cela serait beau en prose. 115

> Malbranche plein d'esprit et de subtilité,
> Partout étincelant de brillantes chimères,
> Croit en vain échapper à ses regards sévères.
> Dans ses détours obscurs Locke le joint, le suit;
> Il raisonne, il combat; le système est détruit. 120

L'endroit de Malebranche, bien écrit, parce qu'il est sagement écrit.

> Locke vit les efforts de l'orgueil impuissant,
> Rendit l'homme moins vain, et l'homme en fut plus grand.

Ce n'est pas grande merveille que l'homme moins vain soit plus grand, cela ne rend pas la belle devise de Locke: *Scientiam minuit,* 125 *ut certiorem faceret.* Il diminua la science pour augmenter sa certitude. [6]

---

[6] This view of Locke's philosophy is echoed in a letter written to Willem Jacob 's Gravesande on 1 August 1741: 'Loke a resserré l'empire de la science pour l'affermir' (D2519).

Du chemin des erreurs Locke nous arracha,
Dans le sentier du vrai devant nous il marcha.

Ce dernier vers est beau. 130

D'un bras, il abaissa l'orgueil du platonisme;
De l'autre, il rétrécit le champ du pyrrhonisme. [7]

Voilà deux vers admirables et que je retiendrai par cœur toute ma vie. Je vous demande même la permission de les citer dans une nouvelle édition des *Eléments de Newton*, à laquelle j'ajoute un petit 135 traité de ce que pensait Newton en métaphysique. [8]

Ces deux vers-là valent mieux qu'une épître de Boileau.

---

[7] Voltaire quotes these lines in a letter to Formont on 10 August 1741: 'Il y a un jeune Helvetius qui a bien du génie; il fait de temps en temps des vers admirables. En parlant de Locke, par exemple, il dit:

D'un bras il abaissa l'orgueil du platonisme,
De l'autre il rétrécit le champ du pyrrhonisme.

Je le prêche continuellement d'écarter les torrents de fumée dont il offusque le beau feu qui l'anime. Il peut, s'il veut, devenir un grand homme. Il est déjà quelque chose de mieux, bon enfant, vertueux et simple' (D2525).

[8] See Introduction, p.34.

[QUE C'EST PAR LES EFFETS QUE L'ON DOIT REMONTER AUX CAUSES, EN PHYSIQUE, MÉTAPHYSIQUE ET MORALE]

[*Helvétius avait corrigé son épître. En voici le commencement*:]

Quel funeste pouvoir, quelle invisible chaîne,
Loin de la vérité retient l'homme et l'enchaîne?
Est-il esclave né des mensonges divers?
Non, sans doute, et lui-même il peut briser ses fers;　　　5
Il peut, sourd à l'erreur, écouter la sagesse,
S'il connaît ses tyrans, l'orgueil et la paresse.

[*Voltaire y applaudit ainsi*:]

Ce commencement me paraît bien; il est clair, il est exprimé comme
il faut. Peut-être le dernier vers est-il un peu brusque.　　　10

Zoroastre prétend dévoiler les secrets
Au sein de la nature enfoncés à jamais.
Le premier en Egypte, il attesta les mages
Que Dieu lui révélait la science des sages.

Je n'aime point Zoroastre au présent. Il me semble que ce *prétend* ne　　　15
convient qu'à un auteur qu'on lit tous les jours.

D'ailleurs Zoroastre n'est pas connu en Egypte, mais en Asie.
Il n'attesta point les mages, il les fonda.

Amant du merveilleux, faible, ignorant, crédule,
Le mage crut longtemps ce conte ridicule;　　　20
Et Zoroastre ainsi par l'orgueil inspiré,
Egara tout un peuple après s'être égaré.
Je ne viens point tracer à la raison humaine
La suite des erreurs où son orgueil l'entraîne;
Mais lui montrer encor qu'en des siècles savants,　　　25
Burnet substitua sa fable à ces romans.

Les quatre premiers vers sont beaux; mais je dois vous redire que le
saut de Zoroastre, fondateur d'une religion et d'une philosophie,[1] à
Burnet dont on se moque,[2] est un saut périlleux, et c'est aller d'un
océan dans un crachat.   30
    Burnet parle du déluge, etc. On se soucie fort peu de tout cela.
J'aimerais bien mieux mettre en beaux vers le sentiment de tous les
philosophes grecs sur l'éternité de la matière, et dire quelque chose
d'Epicure.

> Heureux si l'homme encor moins souple à l'imposture,   35
> Maître de s'égarer au champ de la nature,
> Par-delà tous les cieux n'eût poursuivi l'erreur!
> Mais d'un fougueux esprit qui peut calmer l'ardeur;
> Qui peut le retenir dans les bornes prescrites?
> L'univers est borné, l'orgueil est sans limites.   40

[*Voltaire a souligné ces vers et les trouve très beaux.*]

> Que n'ose point l'orgueil? Il passe jusqu'à Dieu.
> L'un dit qu'il est partout sans être en aucun lieu,
> Dans un long argument qu'à l'école il propose,
> Prétend que rien n'est Dieu, mais qu'il est chaque chose,   45
> Et le pédant ainsi, tyran de la raison,
> Croit donner une idée, et ne forme qu'un son.

[*Voltaire ici met*: A merveille! *Ensuite Helvétius fait le portrait de la
paresse.*]

> Elle seule s'admire en sa propre ignorance,   50
> Par un faux ridicule avilit la science,
> Et parée au-dehors d'un dédain affecté,
> Dans son dépit jaloux prêche l'oisiveté.

---

[1] Voltaire's negative view of the 'abominable fatras' attributed to Zoroaster was
mitigated by a measure of respect for the latter's advocacy of caution in the face of
uncertain evidence and his propagation of virtuous principles. See *Questions sur
l'Encyclopédie*, article 'Zoroastre' (*M*, vol.20, p.616-20) and *Le Philosophe ignorant*
(*OCV*, vol.62, p.89-90).
[2] See above, p.55, n.5.

> Loin des travaux, dit-elle, au sein de la mollesse,
> Vivez et soyez tous ignorants par sagesse.   55
> Votre esprit n'est point fait pour pénétrer, pour voir.
> C'est assez s'il apprend qu'il ne peut rien savoir.

Les deux premiers vers sont à la Molière, les deux suivants à la Boileau, les quatre derniers à la Helvétius, et très beaux.

> Sachons que s'il nous faut consentir d'ignorer   60
> Les secrets où l'esprit ne saurait pénétrer,
> Que la nature aussi, trop semblable à Protée,
> N'ouvrit jamais son sein qu'aux yeux d'un Aristée.

Il y a là deux *que* pour un. Prenez garde aux *que* et aux *qui*. Ces maudits *qui* énervent tout. D'ailleurs, Protée et Aristée viennent là   65 trop abrupto. Cela serait bon si cette seconde partie de la période avait quelque rapport avec la première. On pourrait dire: Sachons que si la nature est un Protée qui se cache aux paresseux, elle se découvre aux Aristées. Sans cette attention à toutes vos périodes, vous n'écrirez jamais clairement. Et sans la clarté, il n'y a jamais de   70 beauté. Souvenez-vous du vers de Despréaux:

> Ma pensée au grand jour toujours s'offre et s'expose.[3]

[*Voltaire, à la fin de l'épître, ajoute pour dernière note:*]

Cette fin tourne trop court, est trop négligée. En remaniant cet ouvrage, vous pouvez le rendre excellent.   75

---

[3] 'Ma pensée au grand jour partout s'offre et s'expose' (Boileau, *Epître* 9, line 59).

[SUR L'ORGUEIL ET LA PARESSE DE L'ESPRIT]

[Voici presque en entier la troisième manière de l'épître d'Helvétius, dont Voltaire fit tant de cas qu'il la montra au roi de Prusse. Nous laisserons au bas des pages celles des notes de Voltaire qui sont dignes d'être connues, ou qui font ressortir les encouragements qu'il donnait au jeune poète.]

    Quel funeste pouvoir, quelle invisible chaîne,   5
Loin de la vérité, retient l'homme ou l'entraîne?
Esclave infortuné des mensonges divers,
Doit-il subir leur joug, peut-il briser leurs fers? (*a*)
Peut-il, sourd à l'erreur, écouter la sagesse?
Oui, s'il fuit deux tyrans: l'orgueil et la paresse.   10
L'un, Icare insensé, veut s'élever aux cieux,
S'asseoir, loin des mortels, sur le trône des dieux,
D'où l'univers entier se découvre à sa vue.
Il le veut, il s'élance, et se perd dans la nue. (*b*)
L'autre, tyran moins fier, sybarite hébété,   15
Conduit par l'ignorance à l'imbécillité,
Ne désire, ne veut, n'agit qu'avec faiblesse.
Si d'un pas chancelant il marche à la sagesse,
Trop lâche, il se rebute à son premier effort,
Au sein des voluptés il tombe et se rendort. (*c*)   20
De l'univers captif si l'erreur est la reine,
Jadis ces deux tyrans en ont forgé la chaîne.
    C'est par le fol orgueil qu'autrefois emportés,
De sublimes esprits amants des vérités,
Nés pour vaincre l'erreur, pour éclairer le monde,   25
Le couvrirent encor d'une nuit plus profonde.
Un Persan le premier prétendit dans les cieux,

(*a*) Très bien.

(*b*) Bien, ces six vers.

(*c*) Les deux vers auxquels vous avez substitué ces deux-ci étaient bien, et ceux-ci sont mieux.

Avoir enfin ravi tous les secrets des dieux. (*d*)
Le premier en Asie il assembla des mages,
Enseigna follement la science des sages;   30
Raconta quel pouvoir préside aux éléments,
Quel bras leur imprima les premiers mouvements.
Le grand Dieu, disait-il, sur son aile rapide,
Fendait superbement les vastes mers du vide,
Une fleur y flottait de toute éternité,   35
Dieu l'aperçoit, en fait une divinité:
Elle a pour nom Brama, la bonté pour essence;
L'ordre et le mouvement sont fils de sa puissance.
[...] (*e*)
Du sédiment des eaux sa main pétrit la terre; (*f*)   40
Les nuages épais, ces prisons du tonnerre,
Sur les ailes des vents s'élèvent dans les airs.
Le brûlant équateur ceint le vaste univers. (*g*)

(*d*) Bien.

(*e*) [*Ici étaient des vers sur lesquels Voltaire disait:*] Je retrancherais ces quatre vers, on ne se soucie pas de savoir à fond le système de Zoroastre, qui peut-être n'est rien de tout cela.

> Loin d'épuiser une matière,
> Il n'en faut prendre que la fleur. [1]

Il ne faut peindre que ce qui mérite de l'être, *et quae desperat tractata nitescere posse relinquit.* [2]

(*f*) Bon.

(*g*) Vers admirable. Je vous dirai en passant que le roi de Prusse en fut extasié; je ne vous dis pas cela pour vous faire honneur, mais pour lui en faire beaucoup. [3]

Ce vers, il est vrai, appartient à tous les systèmes, mais on peut très bien lui conserver ici sa place en disant que c'est un effet du système de   5

---

[1] 'Loin d'épuiser une matière, / On n'en doit prendre que la fleur' (La Fontaine, *Fables*, book 6, Epilogue, lines 3-4).
[2] 'And what he fears he cannot make attractive with his touch he abandons' (Horace, *Ars poetica*, lines 149-50).
[3] See Voltaire's letter to Helvétius of 7 January 1741 (D2397) and Introduction, p.31.

Vénus du premier jour ouvre alors la barrière,
Les soleils allumés commencent leur carrière,   45
Donnent aux vastes cieux leur forme et leurs couleurs,
Aux forêts la verdure, aux campagnes les fleurs. (*h*)
    Amant du merveilleux, faible, ignorant, crédule,
Le mage crut longtemps ce conte ridicule,
Et Zoroastre ainsi par l'orgueil inspiré,   50
Egara tout un peuple après s'être égaré. (*i*)
Ce fut en ce moment que l'aveugle système,
Sur son front attacha son premier diadème, (*j*)
Qu'il se fit nommer roi de cent peuples divers,
Et qu'il osa donner des dieux à l'univers.   55
    De la Perse depuis chassé par la mollesse,
Il traversa les mers, s'établit dans la Grèce.
Un sage, à son abord, briga le fol honneur
D'enrichir son pays d'une nouvelle erreur.
Hésiode conta qu'autrefois la nuit sombre   60
Couvrit l'Erèbe entier des voiles de son ombre,
Dans les stériles flancs du chaos ténébreux,
Perça l'œuf d'où sortit l'Amour, maître des dieux.
[...] (*k*)
Thétis creuse le lit des ondes mugissantes,   65
Et Tithée au-dessus des vagues écumantes,
Lève un superbe front couronné par les airs;
Le flambeau de l'Amour anime l'univers.
    Ainsi donc un esprit plein d'une vaine ivresse,
Donne à l'orgueil le nom de sublime sagesse;   70
Ainsi les nations, jouets des imposteurs,
Se disputent encor sur le choix des erreurs,

Zoroastre; et si ce vers convient à tous les systèmes, ne convient-il pas
aussi à celui-ci?
(*h*) Beau.
(*i*) Beau.
(*j*) Cela est nouveau et très noble.
(*k*) [*Ici étaient encore plusieurs vers sur lesquels Voltaire disait:*] J'ôterais
tout cela. Plus vous resserrerez votre ouvrage, plus il aura de force.

Applaudissent toujours aux plus folles pensées;
Ainsi notre univers par des mains insensées,
Tant de fois tour à tour détruit, réédifié,   75
Ne fut jamais qu'un temple à l'erreur dédié. (*l*)
    Heureux si quelquefois rebelle à l'imposture,
Maître de s'égarer au champ de la nature,
L'homme au-delà des cieux n'eut poursuivi l'erreur!
Mais d'un superbe esprit, qui modéra l'ardeur?   80
Qui put le retenir dans les bornes prescrites?
L'univers est borné, l'orgueil est sans limites. (*m*)
Aux régions de l'âme il a déjà percé;
Sur l'aile de l'orgueil Platon s'est élancé.
Du pouvoir de penser il prive la matière. (*n*)   85
Notre âme, enseignait-il, n'est point une lumière,
Qui naît, qui s'affaiblit, qui croît avec le corps;
Mais l'âme inétendue en meut tous les ressorts,
Elle est indivisible, elle est donc immortelle.
L'âme fut tour à tour une vive étincelle,   90
Un atome subtil, un souffle aérien:
Chacun en discourut, mais aucun n'en sut rien. (*o*)
Ainsi toujours le ciel aux yeux même du sage,
Cacha ces vérités dans un sombre nuage.
    Enfin l'orgueil osa s'élever jusqu'à Dieu.   95
Dieu remplit l'univers et n'est en aucun lieu;
Rien n'est Dieu, me dit l'un, mais il est chaque chose.
A la crédulité ce faux prophète impose
L'indispensable loi d'étouffer la raison,
Et de prendre toujours pour idée un vain nom.   100
Un autre peint son Dieu comme une mer immense,
Berceau vaste, où le monde a reçu la naissance.
[...]
En mensonges ainsi la vanité féconde,
Fit ces différents dieux, ces divers plans du monde.   105

(*l*) Très beau.
(*m*) Vers admirable.
(*n*) On ne peut mieux.
(*o*) Vers très joli.

Chaque école autrefois eut sa divinité,
Et le seul dieu commun était la vanité.
Quelquefois, en fuyant l'orgueil et son ivresse,
L'homme est pris aux filets que lui tend sa paresse.
La paresse épaissit dans son lâche repos   110
L'ombre dont l'ignorance entoura nos berceaux.
Le vrai sur les mortels darde en vain sa lumière,
Le doigt de l'indolence a fermé leur paupière. (*p*)
La paresse jamais n'est féconde en erreurs,
Mais souvent elle est souple au joug des imposteurs.   115
L'orgueil comme un coursier qui part de la barrière,
Fait sous son pied rapide étinceler la pierre,
S'écarte de la borne, et les naseaux ouverts,
Le frein entre les dents, s'emporte en des déserts.
La paresse au contraire au milieu de l'arène,   120
Comme un lâche coursier sans force, sans haleine,
Marche, tombe, se roule, et sans le disputer,
Voit le prix, l'abandonne à qui veut l'emporter.
Elle tient à la cour école d'ignorance,
Du trône de l'estime arrache la science,   125
Et parée au-dehors d'un dédain affecté,
Dans son dépit jaloux prêche l'oisiveté.
Loin des travaux, dit-elle, au sein de la mollesse,
Vivez et soyez tous ignorants par sagesse;
Votre esprit n'est point fait pour pénétrer, pour voir;   130
C'est assez, s'il apprend qu'il ne peut rien savoir. (*q*)
De ce dogme naquit le subtil pyrrhonisme,
Son front est entouré des bandeaux du sophisme;
L'astre du vrai, dit-il, ne peut nous éclairer:
Qui s'y veut élever est prêt à s'égarer.   135
Il porte la ruine au temple du système,
S'y dresse de ses mains un trophée à lui-même;
Mais ce nouveau Samson tombe et s'ensevelit

(*p*) Vers charmant.
(*q*) Voilà qui est très bien, cela est net, précis, et dans le vrai style de
l'épître.

Sous les vastes débris du temple qu'il détruit. (*r*)
    Ecoutez ce marquis, nourri dans la mollesse,   140
Ivre de pharaon, de vin et de tendresse,
Au sortir d'un souper où le brûlant désir
Vient d'éteindre ses feux sur l'autel du plaisir.
Ce galant précepteur du peuple du beau monde,
Indigne d'admirer les écrivains qu'il fronde,   145
Dit aux sots assemblés: Je suis pyrrhonien,
Veut follement que l'homme ou sache tout ou rien...
    Si Socrate autrefois consentit d'ignorer
Les secrets qu'un mortel ne saurait pénétrer,
Dans leur abîme au moins il tenta de descendre.   150
S'il ne put le sonder, il osa l'entreprendre.
    Que Locke soit ton guide, et qu'en tes premiers ans,
Il affermisse au moins tes pas encor tremblants. (*s*)
Si Locke n'atteint point au bout de la carrière,
Du moins sa main puissante en ouvrit la barrière.   155
A travers les brouillards des superstitions,
Lui seul des vérités aperçut les rayons.
D'un bras il abaissa l'orgueil du platonisme,
De l'autre il rétrécit le champ du pyrrhonisme. [4]
Locke enfin évita la paresse et l'orgueil.   160
Fuyons également et l'un et l'autre écueil.
Le vrai n'est point un don, c'est une récompense,
C'est un prix du travail, perdu par l'indolence!
Qu'il est peu de mortels par ce prix excités,
Qui descendent encore au puits des vérités! (*t*)   165
Le plaisir en défend l'entrée à la jeunesse;
L'opiniâtreté la cache à la vieillesse. (*u*)

(*r*) La moitié de cette page me paraît parfaite.
(*s*) Page encore excellente.
(*t*) Je ne sais si *puits* n'est pas un peu trop commun; du reste cela est
excellent.
(*u*) On ne peut mieux.

[4] See above, p.58, n.7 and 8.

Le prince, le prélat, l'amant, l'ambitieux,
Au jour des vérités tous ont fermé les yeux.
Et le ciel cependant pour s'avancer vers elles,   170
Nous laisse encor des pieds, s'il nous coupa les ailes;
Jusqu'au temple du vrai, loin du mensonge impur, (*v*)
La sagesse à pas lents peut marcher d'un pied sûr.

[*Les notes de Voltaire sur cette troisième manière, roulaient presque en entier
sur des retranchements à faire. Il finissait ainsi:*]   175

Vous voyez bien, mon cher ami, qu'il n'y a plus que quelques
rameaux à élaguer dans ce bel arbre. Croyez-moi, resserrez
beaucoup ces rêveries de nos anciens philosophes; c'est moins
par là que par des peintures modernes que l'on réussit. Je vous le dis
encore, vous pouvez aisément faire de cette épître un ouvrage qui   180
sera unique en notre langue, et qui suffirait seul pour vous faire une
très grande réputation. Je vous embrasse, et je serais jaloux de vous
si je n'en étais enchanté.

[*Helvétius n'a point suivi le conseil de Voltaire concernant cette épître. Il l'a
abandonnée; mais il en a gardé quelques vers excellents et quelques détails*   185
*principaux, qu'il a placés depuis dans son poème du 'Bonheur', où le lecteur
peut les chercher.*[5] *L'auteur les a fort embellis. On voit que son génie était
mûri par l'âge, et qu'il pouvait se distinguer dans la poésie didactique, s'il s'y
fût consacré. Nous avons cru utile de conserver les traces de sa première
esquisse, avec des remarques choisies dans le nombre de celles que l'amitié et le*   190
*bon goût avaient inspirées à Voltaire. Ce genre de correspondance entre deux
hommes si fameux, est fait pour piquer vivement la curiosité, et ce que nous en
avons extrait peut être médité avec fruit par les gens de lettres.*]

(*v*) Je voudrais quelque chose de mieux que *et le ciel*. Je voudrais aussi
finir par quelque vers frappant.[6] Votre épître en est pleine. Je n'aime pas
ce mensonge *impur*; vous sentez que ce n'est qu'une épithète; je crois vous
avoir dit là-dessus mon scrupule.

---

[5] See above, p.32-33, n.20.
[6] See *Conseils de Voltaire à Helvétius*, quatrième règle, p.80 below.

Conseils de Voltaire à Helvétius sur la composition et sur le choix du sujet d'une épître morale

Critical edition

by

David Williams

CONTENTS

INTRODUCTION

Voltaire's long-standing interest in the art of composing didactic verse had been re-ignited in 1733 with his discovery of Pope's *Essay on man*, and over the next five years he became increasingly preoccupied with the problems confronting exponents of the genre. In 1736 he analysed at length three of Jean-Baptiste Rousseau's *épîtres* in the *Utile Examen des trois dernières épîtres du sieur Rousseau*.[1] On 20 December 1737 he sent a long letter to crown prince Frederick on the rules governing prose and the rules governing poetry.[2] In March 1738 he published the first two *épîtres morales* of what was to become the *Discours en vers sur l'homme* under the title *Epîtres sur le bonheur*, followed by a third in late April or early May, and a fourth in August.[3]

Between August 1738, when Helvétius stayed with Voltaire at Cirey,[4] and August 1741, when relations between them broke down,[5] Voltaire was also commenting on the manuscripts of Helvétius's *Epître sur l'amour de l'étude* and *Sur l'orgueil et la*

---

[1] *OCV*, vol.16, p.341-52.

[2] D1407. See also Voltaire's letters to Frederick of 22 and 23 January 1738 for other interesting examples of critical commentary on Frederick's attempts at writing *épîtres* (D1430, D1432). In the spring of 1751 the king would send Voltaire his 600 line poem *L'Art de la guerre* for annotation. He subsequently rewrote the whole poem in the light of Voltaire's comments; see Theodore Besterman, 'Voltaire's commentary on Frederick's *L'Art de la guerre*', *OCV*, vol.32B, p.97-216.

[3] *OCV*, vol.17, p.389-536. See also *VST*, vol.1, p.338-39. Voltaire would dedicate the fourth *Discours en vers sur l'homme*, 'De la modération en tout', to Helvétius (D2086), as well as the shorter *Epître à Monsieur Helvétius* (*OCV*, vol.18A, p.296-97).

[4] Roland Desné, 'Helvétius, fermier général', *Beiträge zur französischen Aufklärung und zur spanischen Literatur: Festgabe für Werner Krauss zum 70. Geburtstag* (Berlin, 1971), p.49-81 (p.54).

[5] On the reasons for the rupture in their friendship, see D. W. Smith, *Helvétius: a study in persecution* (Oxford, 1965), p.161-62.

paresse de l'esprit.[6] With Voltaire's help Helvétius would also complete an *Épître sur les arts* and make a start on *Le Bonheur.*[7] It was against this background of sustained critical commentary on Helvétius's verse, as well as that of others, and also of the evolution of his own *Discours en vers sur l'homme*, that Voltaire set out for Helvétius his rules on poetic composition in the form of the *Conseils de Voltaire à Helvétius sur la composition et sur le choix du sujet d'une épître morale.*[8]

The precise date of composition of the *Conseils de Voltaire à Helvétius* remains uncertain. Beuchot and Moland print the date 1738 without further explanation, but the reglementary tone of part of Voltaire's letter to Helvétius, written on 25 February 1739, expressing his views on the latter's *Épître sur l'amour de l'étude*, offers some evidence that Voltaire had not yet drafted his poetic rules (D1906):

Voulez-vous une petite règle infaillible pour les vers? La voici; quand une pensée est juste est noble, il n'y a encore rien de fait, il faut voir si la manière dont vous l'exprimez en vers serait belle en prose, et si votre vers dépouillé de la rime et de la césure, vous paraît alors, chargé d'un mot superflu, s'il y a dans la construction le moindre défaut, si une conjonction est oubliée, enfin si le mot le plus propre, n'est pas employé, ou s'il n'est pas à sa place, concluez alors que l'or de cette pensée n'est pas bien enchâssé. Soyez sûr que des vers qui auront l'un de ces défauts ne se retiendront jamais par cœur, ne se feront point relire, et il n'y a de bons vers que ceux qu'on relit, et qu'on retient malgré soi.

Composition of the *Conseils de Voltaire à Helvétius* might well have taken place therefore in late February or early March 1739.

The instructions on the composition of didactic verse which constitute the text of the *Conseils de Voltaire à Helvétius* form part of a substantial corpus of Voltairean literary and aesthetic commentary, judgement and advice extending from the 1727

---

[6] See above, *Remarques sur deux épîtres d'Helvétius*, p.25-68.
[7] D. W. Smith, *Helvétius: a study in persecution*, p.161.
[8] This title was not ascribed to Voltaire's poetic rules until 1798. See below, p.76.

Essay upon the epick poetry of the European nations, from Homer down to Milton to the 1764 *Commentaires sur Corneille* and beyond. Voltaire took his responsibilities towards aspiring poets seriously and his advice was much in demand.[9] Much of what Voltaire has to say in the *Conseils de Voltaire à Helvétius* concerning the choice of appropriate subject matter, imagery, thematic structure, style, linguistic precision, taste and originality are fully representative of the neo-classical position he adopted on these issues elsewhere, and reflect the influence of seventeenth-century French aesthetic theorists, especially Boileau.[10]

With the *Conseils de Voltaire à Helvétius* Voltaire's advice to poets acquires a concern with the more concrete, tangible issues of aesthetic practice, and reflects the way in which he would seek to establish a practical guide for poets, particularly with respect to the use of language. The close examination of language, and especially of the ways in which poetic language achieves its unique effect upon the reader, lies at the heart of Voltaire's poetic theory, whether in the context of the epic, the theatre or the *épître morale*. From his comments to Helvétius on 20 June 1741, responding to the latter's reservations about Boileau, Voltaire defined Boileau's greatness as a poet in terms of linguistic achievement and recommended Boileau as the model to follow in the process of transforming the raw material of everyday language into the language of the gods[11] – a process to which, as he emphasised frequently in his letters to Helvétius, the poet must give priority (D2501):

[9] 'Toute sa vie, inlassablement, il a accueilli les apprentis-poètes et les a guidés: auditions, conseils oraux, corrections écrites ne lui coûtaient guère', Raymond Naves, *Le Goût de Voltaire* (Paris, 1938), p.453.

[10] See R. Naves, *Le Goût de Voltaire*, p.89-96; D. Williams, *Voltaire: literary critic*, *SVEC* 48 (1966), p.96-126; 'Voltaire and the language of the gods', *SVEC* 62 (1968), p.57-81; Warren Ramsey, 'Voltaire and *l'art de peindre*', *SVEC* 26 (1963), p.1365-77 (p.1367, 1375-76); Sylvain Menant, *L'Esthétique de Voltaire* (Paris, 1995).

[11] Voltaire first used this term in a letter to La Chaussée in 1736, citing the latter's *Epître de Clio* (D1070).

Vous ne trouvez point Boylau assez fort; il n'a rien de sublime, son imagination n'est point brillante, j'en conviens avec vous. [...] Vous êtes philosophe, vous voyez tout en grand, votre pinceau est fort et hardi. La nature en tout cela vous a mis, je vous le dis avec la plus grande sincérité, fort au-dessus de Despreaux. Mais ces talents-là, quelques grands qu'ils soient ne seront rien sans les siens. Vous avez d'autant plus besoin de son exactitude, que la grandeur de vos idées souffre moins la gêne et l'esclavage. Il ne vous coûte point de penser, mais il coûte infiniment d'écrire. Je vous prêcherai donc éternellement cet art d'écrire que Despreaux a si bien connu et si bien enseigné, ce respect pour la langue, cette liaison, cette suite d'idées, cet air aisé avec lequel il conduit son lecteur, ce naturel qui est le fruit de l'art, et cette apparence de facilité qu'on ne doit qu'au travail. Un mot mis hors de sa place gâte la plus belle pensée. [12] Les idées de Boylau je l'avoue encore ne sont jamais grandes, mais elles ne sont jamais défigurées. Enfin pour être au-dessus de lui il faut commencer par écrire aussi nettement et aussi correctement que lui. [13]

The text embodies a practical set of principles whose purpose was precisely to enable Helvétius to emulate and even surpass Boileau. On 14 August 1741, in the last letter he would write to Helvétius for almost two decades, Voltaire praised his 'cher confrère en Apollon' for having accepted his advice and criticism: 'Vous corrigez donc vos ouvrages, vous prenez donc la lime de Boylau pour polir des pensées à la Corneille? Voilà l'unique façon d'être un grand homme' (D2529).

---

[12] See the commentary to D2501 for the way in which Voltaire echoes here Boileau's *Art poétique*.

[13] It is interesting to compare what Helvétius thought of Voltaire's *épîtres*: 'Voltaire est grand peintre, peint exactement et brillamment, sans être grand inventeur: il ne fait jamais de grandes et belles masses de peintures; mais il doit amuser dans les détails, où il est extrêmement varié. Quoiqu'il n'aille point au fait dans ses épîtres, comme il y parle toujours du bonheur, l'esprit n'est point dépaysé; et ce n'est que devant les gens d'un esprit juste qu'il ne paraît pas aller à son sujet. Il est clair, assez naturel, précis, brillant et harmonieux. Il choisit bien ses sujets. Il ne prend à la vérité que la superficie de la mine; ce qui fait que ses fonds, quoique bien choisis, ne sont pas riches dans l'exécution' (*Pensées sur l'art poétique extraites des manuscrits d'Helvétius, De l'Art poétique; épître d'Horace aux Pisons*, trad. Lefebvre-Laroche, Paris, 1798, p.103-104).

Publication

The *Conseils de Voltaire à Helvétius* were not published in Voltaire's lifetime, and no manuscript of this text has survived. It first appeared in print in 1798 in an edition and translation of Horace's *Ars poetica* by abbé Louis Lefebvre de La Roche, Helvétius's literary executor, together with two other texts relating to the art of poetry.[14] According to Keim, 'Lefebvre La Roche les trouva certainement dans les papiers que lui avait légués Helvétius'.[15] In this first edition the twelve rules assembled under the title *Conseils de Voltaire à Helvétius sur la composition et sur le choix du sujet d'une épître morale* are preceded by an *Avertissement* by La Roche:

Helvétius commença sa carrière littéraire par se livrer entièrement à la poésie jusqu'à l'âge de vingt-deux ans. Les pensées qu'on vient de lire[16] prouvent qu'il avait profondément médité ce bel art et qu'il aurait pu parmi nos poètes obtenir le même rang qu'il a parmi nos philosophes. On voit dans la correspondance de Voltaire quelle opinion ce grand homme avait du talent de son jeune ami, avec quelle estime affectueuse il l'encourage dans ses premiers essais. Quand Helvétius eut quitté le commerce des muses pour s'occuper uniquement de méditations philosophiques, il oublia dans son portefeuille beaucoup d'esquisses d'ouvrages en vers, entre autres des épîtres morales corrigées et couvertes de notes de la main de Voltaire.[17] Ces notes sont des louanges encourageantes, ou des critiques raisonnées, ou des conseils pleins de goût qu'on ne trouve point dans les poétiques, et dont les seuls grands maîtres de l'art possèdent le secret. Pour l'utilité des jeunes gens j'en

---

[14] The text of La Roche's translation of Horace's *Ars poetica* is prefaced by a *Discours préliminaire* (p.v-xxxv), and followed by two essays entitled *Réflexions sur les préceptes généraux de l'Art poétique* (p.66-100) and *Pensées sur l'Art poétique, extraites des manuscrits d'Helvétius* (p.101-109).

[15] Albert Keim, *Helvétius, sa vie et son œuvre* (Paris, 1907), p.60, n.1.

[16] The reference is to the preceding essay, the *Pensées sur l'Art poétique, extraites des manuscrits d'Helvétius*.

[17] For Voltaire's comments on two of these poems, *Epître sur l'amour de l'étude* and *Sur l'orgueil et la paresse de l'esprit*, see the *Remarques sur deux épîtres d'Helvétius*, p.25-68 above.

extrairai les règles qu'il indiquait à Helvétius pour la composition de ses épîtres.[18]

The *Conseils de Voltaire à Helvétius* were reprinted in 1806 in a volume of miscellaneous literary texts, *Les Quatre Saisons du Parnasse*, edited by F. J. M. Fayolle and were printed for the first time in an edition of Voltaire's collective works by Lefèvre and Déterville in 1818.

Editions

For the descriptions of collective editions, see above, p.xv-xxiv.

AP98

De l'Art poétique; épître d'Horace aux Pisons, traduite par le c[itoyen] Lefebvre-Laroche. Paris, P. Didot l'aîné, An VI [1798].

110-15 Conseils de Voltaire à Helvétius sur la composition et sur le choix du sujet d'une épître morale.

Bengesco 1571; BnC 4401.

Paris, BnF: Rés YC 6158.

QSP (1806)

Les Quatre Saisons du Parnasse, ou choix de poésies légères depuis le commencement du dix-neuvième siècle. Paris, Mondelet, Pelicier and Dubois, 1805-1809. 16 vol.

Volume 2: 139-43 Conseils de Voltaire à Helvétius sur la composition et sur le choix du sujet d'une épître morale.

A reprint of AP98, issued soon after La Roche's death in 1806, with one minor textual difference in the troisième règle ('d'un objet à un autre' rather than 'd'un objet à l'autre'). A brief editorial note is appended: 'Ce morceau a été conservé par M. Le Fèvre de La Roche, mort en juillet 1806, ami d'Helvétius' (p.143).

Paris, BnF: Ye 11473.

---

[18] *De l'Art poétique; épître d'Horace aux Pisons,* p.110.

W17 (1818)

Volume 29: 44-47 Conseils de Voltaire à Helvétius sur la composition et sur le choix d'une épître morale.

There is an error in the title ('le choix d'une épître morale' rather than 'le choix du sujet d'une épître morale') and a minor textual discrepancy in the Sixième règle ('les réflexions' instead of 'ses réflexions'). The note appended to the text of QSP is reprinted (p.44).

Principles of this edition

There is no extant manuscript or authorised printed edition of the *Conseils de Voltaire à Helvétius*. The base text is therefore that of the first printed edition (AP98). There are only minor differences between this and the second (QSP) and third edition (W17). The form in which the text is printed is that given to it by La Roche, as is the title.

Treatment of the base text

The base text has been treated in accordance with normal editorial principles: original punctuation has been respected, and the only modifications to the text needed to conform with modern usage relate to:

1. Vowels

– *o* was used instead of *a* in: conviendroit.

2. Accents

– The acute accent was not used in: desirez.
– The grave accent was not used in: célebres, déja, espece, familieres, maniere, pieces, premiere, succedent.
– The circumflex was not used in: entrainer.

3. Various

– the hyphen was used in: sur-tout.

77

CONSEILS DE VOLTAIRE À HELVÉTIUS SUR LA COMPOSITION ET SUR LE CHOIX DU SUJET D'UNE ÉPÎTRE MORALE

Première règle

Le sujet d'une épître doit intéresser le cœur et éclairer l'esprit. Une vérité qui n'est pas lieu commun, qui touche au bonheur des hommes, qui fournit des images propres à émouvoir, est le meilleur choix qu'on puisse faire. S'il y trouve des peintures qui éveillent et flattent l'imagination, des maximes, des préceptes qu'on puisse 5
présenter de la manière la plus séduisante, c'est le moyen d'éclairer l'esprit en l'amusant.

Seconde règle

Les idées doivent être rangées dans l'ordre le plus naturel, de façon qu'elles se succèdent sans effort, et qu'une pensée serve toujours à développer l'autre; c'est épargner de la peine au lecteur, soutenir 10
son attention, et ménager sa curiosité. Les peintures y doivent être tellement variées, que l'imagination soit toujours surprise et charmée. [1]

Troisième règle

Il faut que les liaisons soient courtes, claires, et fassent aisément passer d'un objet à l'autre. [2] Elles sont souvent difficiles à trouver; 15

---

[1] Voltaire frequently warned aspiring poets of the dangers of 'monotonie', often citing the work of Boileau as the model to follow. See for example D1679, D3031, and *Conseils à Monsieur Racine sur son poème de La Religion* (*M*, vol.23, p.173-84).

[2] The importance of 'liaisons' and 'élégance continue' was emphasised in Voltaire's letter to Helvétius of 29 April 1739 (D1997) in connection with the *Épître sur l'amour de l'étude* (see above, p.29). It was in this letter that Voltaire encouraged Helvétius to outshine Milton.

on ne les rencontre pas du premier coup: en général on doit beaucoup se méfier de son premier jet. Pour éviter de sacrifier des vers, des morceaux qui ont coûté du travail, peut-être conviendrait-il mieux de commencer par mettre sa première façon en prose.   20

Quatrième règle

Se hâter d'aller à la fin de son sujet, y entraîner son lecteur par la route la plus courte; ne peindre d'un objet que ce qui est nécessaire à votre dessein principal; ne pas trop s'appesantir sur les détails quand les masses suffisent pour faire les impressions que vous désirez produire;[3] finir toujours, s'il est possible, par quelque   25 morceau brillant et d'effet.

Cinquième règle

Ne pas établir la vérité qu'on veut prouver par des lieux communs de pensées triviales, d'images trop familières, et de maximes rebattues. Le détail des preuves doit être aussi soigneusement travaillé que toutes les autres parties de l'ouvrage. On peut   30 toujours être neuf par la nouveauté des tours et la correction du style.

Sixième règle

Tourner autant que l'on peut en sentiment ses réflexions sur les folies ou les malheurs des hommes. Il n'est point de meilleure manière d'embellir un ouvrage didactique et de le rendre inté-   35

---

[3] The dangers of poetic intemperance was raised with Helvétius in connection with the *Epître sur l'amour de l'étude* and *Sur l'orgueil et la paresse de l'esprit*: 'vous n'avez à craindre que votre abondance. Vous avez trop de sang, trop de substance; il faut vous saigner, et jeûner' (D2456).

ressant, alors que chaque partie, traitée comme il convient à l'effet de l'ensemble, est soignée de façon qu'on imagine avoir atteint le mieux possible.

Septième règle

Quant aux peintures, leur effet dépend de la grandeur, de l'éclat, et de la manière neuve de faire voir un objet, et d'y faire remarquer ce que l'œil inattentif n'y voit pas. Peindre des objets inconnus à beaucoup de monde, c'est manquer son but. Peu de personnes peuvent les saisir ou les sentir, à moins qu'ils ne soient si vastes qu'on ne puisse s'empêcher de les voir.

Huitième règle

Quant à l'expression, il faut avoir grande attention au mot et au tour le plus propre. [4] Il n'y en a qu'une pour bien rendre une idée; il la faut nette et forte: choisir des verbes de mouvement; avoir attention de varier ses tours; conserver l'harmonie; ne prendre que des syllabes pleines, et ne pas faire de trop fortes inversions; avoir encore égard à la liaison du mot et du tour; travailler chacune des parties de toutes les forces de son esprit, en l'y appliquant successivement.

Neuvième règle

Dans les arts du génie, surtout en poésie, le meilleur moyen d'y être habile est, dans les premières pièces qu'on fait, de les recommencer jusqu'à ce qu'elles soient parfaites. On en tire l'avantage de se bien pénétrer de son sujet, et de l'envisager sous ses formes les plus heureuses, et d'apprendre toutes les règles de la perfection, dont on

---

[4] 'N'offrez que des images vraies, et servez-vous toujours du mot propre' (D1906).

ne déchoit guère après quand elles sont tournées en principes
habituels.

Dixième règle

Il faut encore examiner si un sujet est susceptible d'invention, et ne   60
pas l'en croire dépourvu parce qu'il n'aura pas cédé au premier
effort. Dans une épître souvent elle n'a pas lieu; mais c'est la
première partie dans le poème épique et la tragédie.

Onzième règle

Le choix du sujet dans les ouvrages est bien important. Plusieurs
mémoires et plaidoyers d'avocats célèbres sont des chefs-d'œuvre.   65
On ne les lit plus; ils n'intéressent personne. En poésie didactique,
il faut prouver d'une manière neuve des choses non seulement que
les hommes ont intérêt à savoir, mais il est bien plus heureux
d'avoir à leur prouver ce qu'ils pensent déjà, c'est-à-dire ce qui est
bon au plus grand nombre.   70

Douzième règle

On est sûr d'avoir rencontré le meilleur ordre possible quand les
pensées se prêtent un jour successif. Il doit produire deux effets:
l'auteur n'est jamais obligé de revenir sur ses pas; et le lecteur, en se
fortifiant dans la première idée, apprend toujours quelque chose de
nouveau, ce qui est une espèce d'intérêt.   75

Writings for music
1720-1740

Divertissement mis en musique, pour une fête donnée par Monsieur André à Madame la maréchale de Villars

Edition critique

par

Roger J. V. Cotte

TABLE DES MATIÈRES

INTRODUCTION

Voltaire aurait rencontré Mme de Villars, la future dédicataire de ce texte, à l'issue d'une représentation d'*Œdipe*, vers fin 1718.[1] Jeanne Angélique Roque de Varengeville avait épousé Claude Louis Hector, maréchal de Villars, en 1702. Il était de plus de vingt ans son aîné. A en croire Saint-Simon, il n'en avait pas moins fait 'un riche mariage', et elle était 'belle et de fort grand air'. Toujours d'après Saint-Simon, 'il ne pouvait s'éloigner de sa femme [...] dont il était également amoureux et jaloux'.[2] Voltaire avait voué au maréchal une profonde admiration. Celui-ci est le seul contemporain cité dans *La Henriade*.[3] A l'un comme à l'autre des époux, ou aux deux réunis, Voltaire dédia plusieurs pièces de vers, dont la présente.[4] Les relations durèrent au moins, de manière suivie, jusqu'en 1723,[5] époque à laquelle la maréchale usa de son influence

---

* L'introduction et les notes ont été augmentées et mises à jour par Alice Breathe.

[1] '[Le jeune homme] ne s'embarrassait point que sa pièce réussît ou non: il badinait sur le théâtre, et s'avisa de porter la queue du grand prêtre, dans une scène où ce même grand prêtre faisait un effet très tragique. Mme la maréchale de Villars, qui était dans la première loge, demanda quel était ce jeune homme qui faisait cette plaisanterie, apparemment pour faire tomber la pièce: on lui dit que c'était l'auteur. Elle le fit venir dans la loge; et depuis ce temps il fut attaché à monsieur le maréchal et à madame jusqu'à la fin de leur vie' (*Commentaire historique sur les œuvres de l'auteur de 'La Henriade'*, M, t.1, p.72-73).

[2] Saint-Simon, *Mémoires*, éd. Yves Coirault, 8 vol. (Paris, 1983), vol.2, p.156, 321, 314.

[3] *OCV*, t.2, p.531, 542. Voir aussi D103.

[4] *Epître à Madame la maréchale de Villars*, 'Divinité que le ciel fit pour plaire' (*OCV*, t.1B, p.419-20); *A Madame la maréchale de Villars*, 'On fait des nœuds avec indifférence' (*OCV*, t.1B, p.420); *Lettre au nom de Madame la maréchale de Villars à Madame de Saint-Germain*, 'A vous de qui les sentiments' (*OCV*, t.1B, p.428-32); *Epître à Monsieur le maréchal de Villars*, 'Je me flattais de l'espérance' (*OCV*, t.1B, p.452-55); *A Madame la maréchale de Villars* [*en lui envoyant 'La Henriade'*], 'Alors que vous m'aimiez, mes vers furent aimables' (*OCV*, t.5, p.611).

[5] Selon Theodore Besterman, Voltaire aurait séjourné à Villars, aujourd'hui Vaux-le-Vicomte, en juillet et août 1719 (D85, D86), en juin 1721 (D92), en juin 1722

pour que fût tolérée l'impression de l'édition Viret de *La Henriade*.[6]

L'identité de M. André, l'organisateur de la fête, nous permet de mieux cerner la date du *Divertissement pour Madame de Villars*. Jean André avait fait fortune grâce au système de Law. En 1716, à l'age de 22 ans, il avait été taxé quatre cent vingt mille livres.[7] Il avait épousé Marguerite Leclerc, femme de chambre de la duchesse d'Orléans, la même année.[8] Il devint seigneur en 1719 en achetant la terre de Montgeron et passa un contrat de mariage avec les Villars-Brancas pour sa fille en mai 1720:

L'extrême folie d'une part, et l'énorme cupidité de l'autre, firent en ce temps-ci le plus étrange contrat de mariage qui se soit peut-être jamais vu. [...] Le contrat en fut dressé et signé entre le marquis d'Oise, âgé lors de trente-trois ans, fils et frère cadet des ducs de Villars-Brancas, avec la fille d'André, fameux Mississipien, qui y avait gagné des monts d'or, laquelle n'avait que trois ans, à condition de célébrer le mariage dès qu'elle en aurait douze. Les conditions furent cent mille écus, actuellement payés, vingt mille livres par an jusqu'au jour du mariage, un bien immense par millions lors de la consommation, et profusions en attendant aux ducs de Brancas père et fils. [...] Mais l'affaire avorta avant la fin de la bouillie de la future épouse, par la culbute de Law. Les Brancas, qui s'en étaient doutés, le père et les deux fils, s'étaient bien fait payer d'avance.[9]

Le système de Law commença à s'écrouler en décembre 1719 et son inventeur dut quitter la France en décembre 1720. En 1742, Mme de Graffigny décrira celui qu'elle surnomme 'André Système' comme ayant 'tant gagné au système qu'il était le plus riche de tous les agioteurs, comme à présent presque le plus pauvre'.[10] Ce n'est

---

(D108, D111), en juillet/août 1723 (D159, D160) et de nouveau en octobre 1723 (D165, D167, D169).

[6] *OCV*, t.2, p.47; D168.

[7] Saint-Simon, *Mémoires*, t.7, p.1448.

[8] Voir ci-dessous, p.93, n.1.

[9] Saint-Simon, *Mémoires*, t.7, p.650.

[10] *Correspondance de Madame de Graffigny*, éd. J. A. Dainard et autres (Oxford, 1985-), t.3, p.459, t.4, p.15.

pourtant qu'en février 1751 qu'André, à la grande indignation de Voltaire qui le traite d''échappé du système', tente de réclamer une dette contractée à peu près au moment de la fête pour Mme de Villars (D4372, D4397). Plusieurs années après la mort d'André, Voltaire donnera son nom à l'héros de *L'Homme aux quarante écus* (1768) qui tourne en ridicule certaines théories fiscales proposant de n'imposer que les propriétaires terriens, tel le M. André fictif, et non les spéculateurs, tel le véritable M. André. Le conte se termine par un bon souper chez M. André qui 'finit par une chanson très jolie qu'un des convives fit pour les dames'.[11]

On peut donc raisonnablement dater la fête que Jean André donna à Mme de Villars de 1719 ou 1720, lorsque Voltaire '[n'entend] parler que de millions. On dit que tout ce qui était à son aise est dans la misère et tout ce qui était dans la mendicité nage dans l'opulence [...] Law est-il un dieu, un fripon, ou un charlatan qui s'empoisonne de la drogue qu'il distribue à tout le monde?'[12] Le *Divertissement pour Madame de Villars* présente certaines ressemblances avec l'*Epître à Madame la maréchale de Villars* et la *Lettre au nom de Madame la maréchale de Villars à Madame de Saint-Germain* qui dateraient de la même époque.[13]

On ne connaît rien de la partition. S'agissait-il d'une musique originale ou d'une suite de vaudevilles, procédé souvent utilisé par Voltaire, n'hésitant pas, à l'occasion, et jusque dans sa vieillesse, à rivaliser avec les faiseurs d'opéras-comiques?[14] La forme suggérée par le poème rappelle un peu celle de la cantate de chambre (Rameau, Campra, Clérambault, Bernier et autres), mais, toutefois, le plan aussi bien que la coupe des vers en seraient irréguliers

---

[11] *OCV*, t.66, p.409.

[12] D84 que Th. Besterman date de *c.* juillet 1719. Voir aussi D83 et D86.

[13] Voir ci-dessous p.93, n.2, p.95, n.6 et 7.

[14] Cf. par exemple *La Fête de Bélesbat* (*OCV*, t.3A, p.141-86), *Charlot* (*M*, t.6, p.339-88), *Les Deux Tonneaux* (*OCV*, t.66, p.641-94), *Le Baron d'Otrante* (*OCV*, t.66, p.695-732).

et originaux. [15] On pourrait aussi penser que des ballets ont pu alterner avec ces chants, de manière à amplifier ce court 'divertissement' qui, ainsi, répondrait à la définition donnée par Jean-Jacques Rousseau dans son *Dictionnaire de musique*: 'recueil de danses et de chansons'.

Manuscrits et éditions

Deux sources manuscrites distinctes qui ne nous sont pas parvenues ont pu fournir le texte du *Divertissement pour Madame de Villars* dans l'édition de Kehl et dans un appendice aux *Mémoires du maréchal de Villars* édités par le marquis Melchior de Vogüé.

Le 30 juillet 1781, Decroix écrit à Ruault qu'il lui envoie des poésies trouvées dans les manuscrits de Longchamp pour être incluses à la suite de *La Henriade* ou de *La Pucelle*. [16] Il s'agit d'un 'Fragment d'un divertissement pour le mariage du roi', un 'Divertissement pour Madame de Villars' et une 'cantate'. Decroix estime que 'ces trois morceaux peuvent être de Voltaire, mais ils sont bien mal copiés et incomplets'. Seul le *Divertissement pour Madame de Villars* fut publié dans l'édition de Kehl. [17]

Bien que le *Divertissement pour Madame de Villars* ait été reproduit dans diverses œuvres complètes en 1785, 1791, 1833 et 1877, ainsi que dans des recueils des *Poèmes et discours en vers de Voltaire*, en 1808, et des *Poésies de Voltaire*, en 1823, le marquis de Vogüé le croyait inédit lorsqu'il le publia à partir d'un manuscrit en 1904: 'Nous avons trouvé des pièces de vers de Voltaire, que nous croyons inédites, dans un charmant volume manuscrit, ayant appartenu à la duchesse de Boufflers et appartenant aujourd'hui au prince Auguste d'Arenberg; nous pensons qu'on les lira avec

[15] La cantate de chambre de l'époque, en France, comporte généralement trois récitatifs et trois airs (ou ensembles) alternés.

[16] BnF, n.a.fr. 13139, f.222r.

[17] Le *Divertissement pour le mariage du roi Louis XV* (*OCV*, t.3A, p.123-40) et la *Cantate* (*M*, t.32, p.396-98) ne seront imprimés qu'en 1820.

intérêt.'[18] La plupart des variantes sont minimes: 'une voix seule' au lieu de 'récitatif', 'deux voix' au lieu de 'duo', absence d'indications des airs; quelques lourdeurs: 'D'elle et de son mari' (vers 14), 'dans ce jour' (vers 23); un mot absent: 'font le prix' (vers 30). Les principales variantes se trouvent dans le titre (*Divertissement pour une fête qu'André donna à Madame la maréchale de Villars*) et l'absence des vers 35a à 40.

Pour la description des éditions collectives, voir ci-dessus, p.xv-xxiv.

к84, к85

Tome 12: [379]-80 Divertissement mis en musique, pour une fête donnée par M. André à madame la maréchale de Villars.

к12

Tome 12: [430]-32 Divertissement mis en musique, pour une fête donnée par M. André à madame la maréchale de Villars.

Principes de cette édition

Notre texte de base est к84; nous avons collationné к12. L'orthographe et la ponctuation du texte de base ont été respectées. Nous avons seulement remplacé l'esperluette par 'et', changé 'sanglans' en 'sanglants', et ôté la majuscule à 'nymphe'.

---

[18] *Mémoires du maréchal de Villars publiés d'après le manuscrit original pour la Société de l'histoire de France et accompagnés de correspondances inédites*, éd. Melchior de Vogüé, 6 vol. (Paris, 1884-1904), t.6, p.212.

DIVERTISSEMENT MIS EN MUSIQUE, POUR UNE FÊTE DONNÉE PAR MONSIEUR ANDRÉ À MADAME LA MARÉCHALE DE VILLARS[1]

RÉCITATIF

Quel éclat vient frapper mes yeux?
Est-ce Mars et Vénus qui viennent en ces lieux?[2]
Les Grâces et Bellone y marchent sur leur trace:
C'est ce héros semblable au dieu de Thrace;[3]
C'est lui qui dont l'heureuse audace   5
Arracha le tonnerre à l'aigle des Césars,[4]
Brisa les plus fermes remparts,
Rassura nos Etats, et fit trembler la terre;
C'est lui qui répandant la crainte et les bienfaits,

---

4   K12: C'est Villars, ce

---

[1] Les *Mémoires du maréchal de Villars* intitulent ce poème *Divertissement pour une fête qu'André donna à Madame la maréchale de Villars* (voir ci-dessus, p.90-91) et fournissent la note suivante: 'Sans doute le riche financier que Saint-Simon appelle "fameux mississipien" en racontant le scandaleux contrat de mariage qu'il signa pour sa fille, âgée de trois ans, avec le frère cadet du duc de Villars-Brancas (édition de 1874, vol.17, p.68 [éd. Y. Coirault, t.7, p.650]). Sa femme était femme de chambre de la duchesse d'Orléans et lui-même était beau-frère de Leclair, huissier de cette princesse, qui écrivait en 1720: "Personne ne connaît mieux M. André que moi" (*Briefe der Her̄z[ogin] E[lisabeth] C[harlotte von] Orléans*, éd. [Wilhelm Ludwig] Holland, [6 vol., Stuttgart, 1867-1881, t.5,] n° 1157)'.
[2] Cf. La Motte et Destouches, *Issé* (Hercule): 'Mais quel éclat frappe nos yeux?' / C'est Jupiter qui descend en ces lieux' (Prologue, fin de la scène 2). Le maréchal de Villars et sa femme sont également identifiés à Mars et Vénus dans l'*Epître à Madame la maréchale de Villars* et la *Lettre au nom de Madame la maréchale de Villars à Madame de Saint-Germain* (*OCV*, t.1B, p.419, vers 3-4; p.432, vers 67).
[3] Arès.
[4] Cf. *La Henriade*, chant 7, vers 395-96: 'Regardez, dans Denain, l'audacieux Villars / Disputant le tonnerre à l'aigle des Césars' (*OCV*, t.2, p.531).

A mêlé sur son front l'olive de la paix   10
Aux lauriers sanglants de la guerre.[5]

UNE VOIX SEULE

Air.

Voici cet objet charmant
Qui ternirait l'éclat de la fille de l'onde:
Entre elle et son époux le destin tout-puissant
Semble avoir partagé la conquête du monde: 15
L'un a dompté les plus fameux vainqueurs,
Et l'autre a soumis tous les cœurs.

DUO

Que les fleurs parent nos têtes:
Que les plus aimables fêtes
Soient l'ornement de leur cour.   20
Fuyez nuit obscure,
Que les feux de l'amour
Allument dans ce séjour
Une clarté plus pure
Que le flambeau du jour.   25

UNE VOIX SEULE

Air.

Régnez, nymphe charmante,
Régnez parmi les ris;
Ne voyez point avec mépris
L'hommage que l'on vous présente,
Vos attraits en font tout le prix.   30

26   K12: Régnez, nymphes charmantes,

[5] La victoire de Villars à Denain en 1712 amena les traités de paix d'Utrecht et de Rastadt.

De vos yeux l'aimable pouvoir[6]
De la paix de nos cœurs a troublé l'innocence:
Nous vous aimons sans espérance;
Nous jouissons du moins du bonheur de vous voir; [7]
C'est notre unique récompense.   35

DEUX VOIX

Régnez, nymphe charmante,
Régnez parmi les ris;
Ne voyez point avec mépris
L'hommage que l'on vous présente,
Vos attraits en font tout le prix.   40

40   K12: [après ce vers ajoute] Fin.

[6] L'*Epître à Madame la maréchale de Villars* et la *Lettre au nom de Madame la maréchale de Villars à Madame de Saint-Germain* évoquent également les 'beaux yeux' de Mme de Villars (*OCV*, t.1B, p.419, vers 8, p.430, vers 22). Dans une lettre à Mme de Mimeure datant de *c.* juin 1719, Voltaire prétend cependant: 'On a su me déterrer dans mon ermitage pour me prier d'aller à Villars, mais on ne m'y fera point perdre mon repos. [...] Je ne crains plus même les yeux de personne' (D82).

[7] Cf. *Epître à Madame la maréchale de Villars*: 'N'importe: c'est assez pour moi de votre vue' (*OCV*, t.1B, p.420, vers 16).

Tanis et Zélide, ou les rois pasteurs

Critical edition

by

Gillian Pink

and

Roger J. V. Cotte

CONTENTS

INTRODUCTION

The opera *Tanis et Zélide, ou les rois pasteurs* tells the story of the shepherd Tanis, the son of Isis and Osiris, who saves the people of Egypt and his beloved, Zélide, from the machinations of the evil priest Otoès and his acolytes. It was neither printed nor performed before its publication in the Kehl edition. References in the correspondence are scant and those few that exist do not actually refer to the piece by name. *Tanis et Zélide* was largely unknown to Voltaire's close contemporaries – to the extent that Wagnière declared: 'Je ne puis assurer positivement que [la pièce] soit de M. de V. mais toutes les corrections qui étaient sur le seul exemplaire qu'on a trouvé étaient de sa main. Cet exemplaire n'était point parmi ses manuscrits à Ferney, et jamais je n'en avais entendu parler à M. de V.'[1] Thus, although Voltaire's authorship has never been disputed (and there is no reason for doing so now), the shortage of materials relating to the work makes it difficult either to identify the spark that prompted him to write this early attempt at the operatic genre, or to trace its writing in any detail.

1. *Composition*

When, in the spring of 1733, Voltaire began work on *Tanis et Zélide*, he had just finished rewriting *Eriphyle* and composing *Adélaïde Du Guesclin*, which he did not intend to have performed

---

* Sadly Roger Cotte died as he was beginning work on this edition. The annotation and substantial work on the variants are by Gillian Pink, who also wrote the introduction.

[1] Wagnière's comments on the Kehl edition (GpbV, 4-247), cited in Andrew Brown, 'Calendar of Voltaire manuscripts other than correspondence', *SVEC* 77 (1970), p.11-101 (p.51).

until the following year.[2] Although busy at the time organising the printing of a number of works (the *Lettres philosophiques*, *Eriphyle* and a revised version of the *Histoire de Charles XII*) and slowly preparing his substantial *Siècle de Louis XIV*, Voltaire was also, in the month of March, actively involved in *L'Empire de l'amour*, an opera-ballet by Paradis de Moncrif, and corresponding with Cideville about a second.[3] The first indication that Voltaire was thinking of experimenting in opera himself is to be found in a letter probably dating from 2 April 1733. 'Voltaire va faire aussi un opéra' (D586): the sentence is nonchalantly slid in between comments on Cideville's latest project and a few words about *Adélaïde Du Guesclin*. He had still not progressed beyond the thinking stage later in the month, however, as he wrote, again to Cideville: 'Savez-vous bien que j'ai en tête un opéra, et que nous nous y amuserions ensemble pendant qu'on imprimerait Charles douze et Eriphile?' (D602). He had long been planning to visit his friend in Rouen and this retreat would provide him with the circumstances conducive to writing what phrases from his letters suggest he saw as an enjoyable pursuit (D602 and D608). A few weeks later the writing of it was well underway, as is attested by a letter from Formont to Cideville on 25 April, only two or three weeks since the opera had been 'en tête', where Formont comments: 'Il fait un opéra Egyptien dont il m'a déjà lu quelques vers fort lyriques' (D603).

A month later, Voltaire mentions what is probably *Tanis et Zélide* again, this time in a letter to Thiriot: 'Pour me délasser je fais un opéra. A tout cela vous direz que je suis fou, et il pourrait bien en être quelque chose, mais je m'amuse, et qui s'amuse me paraît fort sage'.[4] At the beginning of June, Voltaire was still working on the opera, though he had returned also to more serious work,

[2] See D584 and D608, *c.*1 April and *c.*10 May 1733.
[3] On Moncrif's opera, see, for example, D587, D588, D597, D599 and D603. For references to Cideville's work, in which Daphnis and Chloe seem to have been characters, see D459, D479 and D602.
[4] D608, *c.*10 May 1733.

including his tragedy and what is likely to have been the *Lettres philosophiques*, as we learn from another letter to Formont: 'Mais je suis entre Adélaïde de Guesclin, le seigneur Osiris et Newton'.[5] He was apparently hesitant to reveal the title of the piece to his protégé Michel Linant, for the latter writes in a letter to Cideville: 'il retouche Adélaïde et achève un opéra dont je ne saurai le titre qu'après que les deux derniers actes seront faits, c'est-à-dire que je serai au fait de cela dans quelques jours' (D619). By the middle of the month, Linant reports further that 'Il y a trois actes de son opéra mis au net et écrits à ravir' (D621). Around the beginning of July, a piece on Pascal for the *Lettres philosophiques* had somewhat delayed work on *Tanis et Zélide* and Voltaire wonders in a letter to Cideville: 'Je ne sais s'il ne vaut pas mieux faire un bon opéra, bien mis en musique que d'avoir raison contre Pascal', but promises to send a copy as soon as it is 'au net', a promise he makes to Thiriot also on 24 July (D626 and D635).

It could be that the title of the opera referred to the Egyptian gods in an early version. In addition to the phrase to Formont cited above, Le Blanc's correspondence hints that this may have been the case. In a letter to the Président Bouhier, he writes: 'Voltaire aussitôt qu'il a eu fait sa tragédie s'est mis après un opéra qu'il vient aussi de finir. C'est *Isis et Osiris*. Il en compose actuellement la musique'.[6] Though he clarifies a few weeks later, in response to Bouhier's surprise: 'Vous avez pris un peu trop à la lettre ce que je vous ai dit sur son opéra, il a prétendu mettre quelques vers en musique, mais en effet c'est aux petits musiciens qu'il l'a donné pour l'y mettre. Ces deux qu'on appelle ainsi à cause de leur taille sont Rébelle et Francœur'.[7] Nothing seems to have come of this attempt to complete the text with music. The final reference to the

---

[5] D617, *c.*1 June 1733.
[6] Hélène Monod-Cassidy, *Un Voyageur-philosophe au dix-huitième siècle: l'abbé Jean-Bernard Le Blanc* (Cambridge, MA, 1941), p.177, 5 June 1733.
[7] *Un Voyageur-philosophe au dix-huitième siècle*, p.180, 26 June 1733.

composition of *Tanis et Zélide* is in a letter from Mme Du Châtelet to Jacques de Sade some months later, where she writes enthusiastically: 'Mais il n'en a pas l'imagination moins vive et moins brillante, il n'en a pas moins fait deux opéras, dont il en a donné un à Rameau, qui sera joué avant qu'il soit six mois'.[8]

How did it happen that this opera sank without trace? La Harpe is scathing in his remarks about *Tanis et Zélide*,[9] and although Voltaire may also have felt it was not his best piece, it is possible that the answer lies rather in its contemporaneity with *Samson*. *Samson* was the work for which Rameau's collaboration had been secured, and so initial enthusiasm over this project would have overshadowed *Tanis et Zélide*.

Despite the absence of any direct mention of the opera in the later correspondence, the fact remains that Voltaire probably did return to it, long after 1733. The work was clearly on his mind in 1758 (D8006; see below, p.103-104) and, to judge from the title page of MS2, Voltaire returned to it again later in life. Several features of this title page point to MS2 being a later version substantially revised by Voltaire. The first is the note 'mis en trois actes et adapté à la nouvelle musique', which presupposes the opera to have existed previously with a different number of acts – precisely the case of MS1 and its close relative, the Kehl edition. The 'new music' mentioned is almost certainly not from 1733, since the Italian operatic composer Antonio Sacchini (1730-1786) had

---

[8] D689, December 1733. The other opera, *Samson*, was set to music by Rameau and was supposed to be performed, though this in fact never came about (see below, p.191-218).

[9] La Harpe, who believed the opera to be a late work, cites these two lines from the *Temple du goût*: 'Que la froide et triste vieillesse / N'est faite que pour le bon sens' (*OCV*, vol.9, p.185, variant to lines 18-73), and comments: 'il est clair que l'auteur de cet opéra n'avait plus même le bon sens de la vieillesse'. He adds in a note: 'Ses éditeurs posthumes paraissent croire, d'après sa correspondance, où Osiris est nommé, qu'il y travaillait vers 1732. Il se peut qu'il y ait pensé; mais il n'est pas présumable qu'il ait pu écrire si mal dans le temps de sa force' (*Commentaire sur le théâtre de Voltaire*, Paris, 1814, p.467).

written or was expected to write it, as was probably also the case with *Pandore*.[10] Finally, a note in pencil ascribes some of the writing in the manuscript to 'Florian', presumably Voltaire's nephew, Philippe Antoine de Claris, marquis de Florian, who is not mentioned in the correspondence before 1753, twenty years after the initial writing of *Tanis et Zélide* (D5600).[11] Florian's involvement with a manuscript could suggest that he had a hand in arranging its setting to music by Sacchini, since no trace of any such negotiation appears in Voltaire's correspondence. The music to *Tanis et Zélide*, if ever written, has not come down to us. Palissot comments: 'Il paraît que cette pièce ne trouva pas de musiciens'.[12] A number of notations in MS2, such as 'duo' and 'air', absent in other versions, nevertheless offer hints of its musical structure.

In spite of the low profile of *Tanis et Zélide*, there are some indications that the work was not altogether as unknown as Wagnière's comment concerning authorship might lead us to believe. An oblique allusion in a 1758 letter to Bernard Joseph Saurin suggests that the latter was familiar, if not with the details of *Tanis et Zélide*, then at least with its plot and characters (D8006):

Ah ah vous êtes donc de notre tripot, et vous faites de beaux vers monsieur le philosophe. Je vous en félicite et vous en remercie. Les prêtres d'Isis n'ont pas beau jeu avec vous, l'archevêque de Memphis vous lâchera un mandement et les jésuites de Tanis vous demanderont une rétractation. [...]

Non seulement l'article en question est imprimé dans la seconde édition des Crammer, mais il a excité la bile des vieux pasteurs de Lausane.[13] Un prêtre, plus prêtre que ceux de Memphis a écrit un libelle à cette occasion, les ministres se sont assemblés, ils ont censuré les trois

---

[10] See below, p.122 and 354.

[11] For a discussion of the handwriting on MS2, see p.122-23 below.

[12] *Œuvres de Voltaire*, 55 vol. (Paris, 1792-1802), vol.9, p.177, note.

[13] The article to which Voltaire is referring is an entry to the 'Catalogue des écrivains' in his *Siècle de Louis XIV*, concerning Joseph Saurin, the father of Bernard Joseph. The printed addition to this article of a letter in defence of Saurin *père*, signed by three Lausanne pastors, was the source of their unhappiness. See *OH*, p.1206, n.1 (p.1732-33).

bons et honnêtes pasteurs que j'avais fait signer en votre faveur. Je les ai tous fait taire. Les avoiers de Berne ont fait sentir leur indignation à l'auteur du libelle contre la mémoire de votre illustre père, et nous sommes demeurés, votre honneur et moi, maîtres du champ de bataille. Au reste je suis devenu laboureur, vigneron et berger. Cela vaut cent fois mieux que d'être à Paris homme de lettres.

In this relatively short extract appear as many as six references to *Tanis et Zélide* (prêtres d'Isis, l'archevêque de Memphis, jésuites de Tanis, berger and so on). The extended metaphor of the characters of the opera for contemporaries reveal nothing about the opera. What this letter does show is that twenty-five years after writing the piece, not only was it present in Voltaire's mind, but sufficiently so in Saurin's that Voltaire could write allusively and expect to be understood. It may have been around this time that Voltaire reworked *Tanis et Zélide* into the form given in MS2, but apart from the knowledge that it was in his thoughts, there is nothing further to support that hypothesis.

In addition to the two known manuscripts, it is possible to point to at least one other, if not two, now apparently lost. The first of these is the one from which the Kehl edition derives; Decroix refers to it in an editorial note in La Harpe's *Commentaire sur le théâtre de Voltaire*, in which he defends Voltaire's text against La Harpe's criticisms:

Au reste, il est bon d'observer que Voltaire n'avait pas mis la dernière main à cet opéra de Tanis et Zélide, quoiqu'il l'eût commencé, à ce qu'il paraît, très anciennement. La seule copie qu'on en ait trouvée, et sur laquelle il a été imprimé, présentait beaucoup de fautes et de lacunes. On l'a donné tel qu'il était: le commentateur ne l'ignorait pas; et cela devait, ce nous semble, lui faire tempérer un peu la rigueur de ses jugements. [14]

Beuchot also refers to a manuscript in two notes to the opera, to indicate variants to the Kehl edition (see p.157, n.4 and p.160, n.1 below). While it is just conceivable that in these two places the Kehl editors introduced misreadings or would-be corrections, it

[14] *Commentaire sur le théâtre de Voltaire*, p.468-69.

seems more likely, given the nature of the variants, that the manuscript Beuchot had before him was not the one on which the Kehl edition was based. It is possible, however, that the lacunae mentioned by Decroix are those same six lines which Beuchot believed to be missing, for reasons of rhyme.

The fact that there were probably two manuscripts so similar to one another makes one wonder whether they might have been the two copies Voltaire promised to Cideville and Thiriot in July 1733 (D626 and D635). The differences between MS1 and the Kehl text are considerably greater than the recorded differences between the Kehl and Beuchot manuscripts, and it is obvious that MS1 represents the opera at a different stage of development. The question of whether or not it predates the missing manuscripts is not so easily answered, however. The eight variants which MS1 and MS2 present in common relative to the base text (Kehl) [15] suggest that MS1 may be an intermediary version, situated somewhere between the missing manuscripts and MS2. Even certain MS1 variants not shared with MS2 support the hypothesis of its being more developed than the Kehl text; for example, the three occurrences of the word 'canevas', which show that Voltaire was actively thinking of how text and music would be eventually integrated (see p.154, n.2). Other features of MS1 however, particularly insertions and other corrections made on the page, show it being changed to match the Kehl text, which suggests that it may in fact be an earlier version. On the strength of these corrections, which are textually more significant than the variants in common with MS2, it must be concluded that MS1 predates the manuscripts on which the Kehl and Beuchot editions were based. [16] As for the variants shared by MS1 and MS2, they are of a minor nature and are conceivably points about which Voltaire may have

[15] These variants occur at I.i.1, II.i.24a, II.iii.69a-b, II.v.77a, II.v.84, II.vi.121a, III.iii.55, III.iii.75 and IV.v.82.

[16] MS1 contains corrections which bring it closer to the Kehl version at the following lines: I.ii.71, II.i.9, II.iii.67, II.iv.74-75, II.v.89, II.vi.124, III.ii.18-19, III.ii.22-24, III.ii.24a-25, IV.vii.135-136, IV.vii.137-138, V.i.25 and V.ii.68.

vacillated, making small changes in the missing manuscripts, but later returning to an earlier version in eight places. There is thus at present no known evidence which could permit us to deduce anything of the development *Tanis et Zélide* underwent between the version represented by the Kehl printing and MS2, the dating of which is uncertain in any case. The results of the changes to the opera from a literary point of view are discussed below (p.113-19).

2. *Sources*

In the *Avertissement* to the opera, Strabo is cited as its source of inspiration. Indeed his *Geographica* XVII.ii.3 contains a passage that describes priests whose power extended over the very lives of their kings. Nonetheless, the people in question are Ethiopians, not Egyptians, which means that Voltaire's sources concerning Egyptian 'rois pasteurs' must lie elsewhere. The fact that he read something about them is attested by his notebooks, in which we read: 'Probabilités que les juifs n'ont jamais demeuré en Egipte mais qu'ils étaient une colonie arabe asservie, habitant la frontière d'Egypte, entre le lac Sirbon et Tanis' and: 'Les rois pasteurs qui ont régné cinq cent ans ont sans doute été des Arabes'.[17] (His interest in the shepherd kings would surface again many years later when, in 1776, he included two long notes on them in the article 'Genèse' in *La Bible enfin expliquée*.)[18]

Voltaire must have come across references to the Hyksos, the 'shepherd kings' of Egypt, in the writings of Manetho, Josephus, and Herodotus, or indeed in the *Histoire ancienne des Egyptiens* by Charles Rollin, which he owned.[19] According to Manetho and

[17] *OCV*, vol.82, p.494 and 497. The notes in question are taken from the third Paris notebook, which Besterman considers may have been 'transcribed by [Wagnière] from older notebooks, with a few additions and alterations by Voltaire' (*OCV*, vol.81, p.30). The passages could therefore predate the composition of *Tanis et Zélide*.

[18] *M*, vol.30, p.65-66.

[19] 10 vol. (Paris, 1731-1737, BV3008). The Hyksos are mentioned in the first volume (p.98), which would have been in print well before Voltaire began writing *Tanis et Zélide*.

Josephus (who cites the former), the Hyksos were a fierce and cruel people who invaded Egypt from the East, establishing their capital at Memphis, and ruling the land for 511 years, after which time the Egyptians succeeded in driving them out. Josephus explains that 'Hyksos' is formed from 'hyk', meaning 'king' in what he calls the 'sacred tongue', and 'sos', meaning 'shepherd' in the vulgar tongue,[20] whence perhaps the alternative title to *Tanis et Zélide*, *Les Rois pasteurs*. Interestingly, in the opera, the role most resembling that of the Hyksos is filled by Otoès and his magi, while Voltaire's shepherds correspond more closely to the native Egyptian people.

Manetho and Josephus warn their readers against the inaccuracy of Herodotus's account, but it cannot be excluded as a possible influence on Voltaire. Herodotus reads: 'Thus they reckon that for a hundred and six years Egypt was in great misery and the temples so long shut were never opened. So much do the people hate the memory of these two kings [Cheops and Chepren] that they do not greatly wish to name them, and call the pyramids after the shepherd Philitis, who then pastured his flocks in this place'.[21] The vaguely preserved story presented here bears some resemblance to the premise of *Tanis et Zélide* insofar as there is a genuine pastoral slant, and the shepherds in question are not invaders, but of the people. The extent to which Voltaire actually drew on any of these sources, however, seems small, and it is important to note that the god of the Hyksos was Seth, not Isis and Osiris, a point central to Voltaire's plot, and specifically mentioned in the *Avertissement*. What appear in these sources as broad historical accounts of early Egyptian populations, Voltaire transforms, perhaps inspired by the

[20] Manetho, *Aegyptiaca*, fragment 42, 1.75-79.2; Josephus, *Against Apion*, I.14.
[21] Herodotus, trans. A. D. Godley, 4 vol. (Cambridge, MA and London, 1981), vol.1, book 2, ch.128, p.431. According to Henry George Tomkins, Philitis is Herodotus's deformation of Salatis, a name with which Voltaire would have been familiar from reading Manetho. See H. G. Tomkins, 'Notes on the Hyksôs or Shepherd Kings of Egypt', *The Journal of the Anthropological Institute of Great Britain and Ireland* (1890), p.183-99 (p.184).

unexpected semantic juxtaposition in the term 'shepherd kings', into a drama, part pastoral love story, part politico-supernatural battle between good and evil.

There may be yet other sources for the opera, and one at least that would account for the importance placed on Isis and Osiris in *Tanis et Zélide*. Two years before Voltaire began to write his opera, Jean Terrasson published the novel *Sethos*.[22] Voltaire owned the work, but had apparently not yet read it on 8 August 1731, when he concluded a letter to Formont by saying: 'J'ai fait mieux que vous à l'égard de Séthos; je ne l'ai point lu' (D422). As Besterman makes clear in a note to this letter, Voltaire did eventually read *Sethos*, and his first impressions were deeply unfavourable. In addition to the scurrilous 1731 *Epigramme sur l'abbé Terrasson* referred to in the note, in October of the same year, writing still to Formont, Voltaire heaps more scorn onto the novel: 'le Sethos de l'abbé Terrasson prouve que des géomètres peuvent écrire de très méchants livres', and again in December he includes *Sethos* in a list of similarly derided works: 'L'antéchrist est venu, mon cher monsieur; c'est lui qui a fait la vérité de la religion prouvée par les faits, Marie Alacoque, Séthos, Œdipe en prose rimée et non rimée' (D435 and D445). Voltaire was nevertheless to concede thirty years later that Terrasson had lived and died a 'philosophe', and added: 'Il y a de beaux morceaux dans son *Séthos*'.[23]

We cannot know exactly when Voltaire did read *Sethos*, nor when he reversed to some degree his initial negative opinion of author and work. There are nonetheless numerous points of similarity between the novel and *Tanis et Zélide* and these points are sufficiently diverse that, when taken together, they strongly suggest that the reading took place in the nearly two-year interval between Voltaire's letters to Formont and his beginning work on the opera.

[22] *Sethos, histoire ou vie tirée des monuments et anecdotes de l'ancienne Égypte*, 3 vol. (Paris, 1731, BV3263).

[23] 'Catalogue des écrivains', *Siècle de Louis XIV* (*OH*, p.1210).

First, *Sethos* contains a novelistic retelling of the only acknowledged inspiration for *Tanis et Zélide*: Strabo's story of the all-powerful Ethiopian priests. In Terrasson's text, the king of Sogno, a city in the region of the Congo, tells Sethos-Cherès, the protagonist: 'nous sommes ici guidés par des sacrificateurs et par des devins qui savent tous les secrets de nos moquisies; et qui me menacent moi et mes peuples des malheurs les plus terribles pour peu que nous résistions à leurs conseils'.[24] The narrator then goes on to refer to a passage in Diodorus Siculus's *Library of history* that closely parallels Strabo's account:

Diodore raconte que les prêtres de Meroé dans l'Ethiopie dépêchaient quand il leur plaisait un courrier au roi pour lui ordonner de mourir. [...] Ergamenès [...] fut le premier qui osa s'élever contre cette superstition. Ayant pris, dit cet historien, une résolution vraiment digne d'un roi, il s'en vint avec son armée attaquer la forteresse où était autrefois le temple d'or des Ethiopiens. Il y fit égorger tous les prêtres et institua un culte nouveau plus conforme à l'idée que les hommes doivent avoir des dieux.[25]

Like Tanis, Terrasson's hero proceeds to liberate the African kingdom from the tyrannical priests.

The coincidence of the reference to Strabo and the anecdote from Diodorus would be insufficient reason for supposing that *Sethos* provided inspiration for Voltaire's opera, were it not for a host of other unrelated details, each of little significance in itself but telling when assembled in one pre-existing work. Terrasson, in his preface, mentions the 'shepherd kings' when giving the historical background to his tale, and the name of the city Tanis appears within a few lines of the phrase 'rois pasteurs' in the text.[26] This city moreover features prominently in the final episode of the novel, and is the city of the princess Mnevie, the only woman with whom Sethos-Cherès falls in love and considers marrying. Thus, the name 'Tanis', which Voltaire takes for his *jeune premier*, could

[24] *Sethos*, vol.2, book 7, p.172.
[25] *Sethos*, vol.2, book 7, p.174-75. See also Diodorus Siculus, book 3, ch.6, section 1-3.
[26] *Sethos*, vol.1, book 1, p.4.

subconsciously have been associated in his mind with love as a consequence of reading *Sethos*.[27]

The novel could be at the origin of another idea found in Voltaire's *Avertissement* as well. The sentence 'C'est une opinion reçue que ces mages opéraient des prodiges terribles, soit par la connaissance des secrets de la nature, soit par un art qui a péri avec eux, soit par un commerce avec des êtres surnaturels' is reminiscent of a similar passage in *Sethos*, where a man who is believed to have accidentally murdered his own brother is judged by the priests of Memphis:

le prêtre lisait plusieurs circonstances particulières de la vie du mort, qu'il ne savait d'ailleurs que de la déposition du coupable, et qui souvent l'étonnaient beaucoup. C'était par des pratiques de cette espèce, mises en usage avec beaucoup de ménagement, que les prêtres de l'Egypte s'étaient acquis la réputation d'avoir des connaissances secrètes et des révélations célestes.[28]

Later in Terrasson's story, these same priests and priestesses also stage an elaborate theatrical production for the princess Mnevie. These oneiric, seemingly magical scenes in which the truth is revealed and the future foretold may also have contributed to the supernatural powers of Voltaire's mages, even though the priests of Memphis in Sethos are benevolent advocates of truth and justice, quite the reverse of the evil priests in *Tanis et Zélide*.[29]

Not only does this extended theatrical representation, with its chorus and clouds, resemble aspects of the *mise en scène* of *Tanis et Zélide* (II.ii.65b and variants from MS2 in the Appendix, p.177-88), but the novel contains a description of the temple complex of the priests of Memphis which contains a pantheon (the temple proper) with a statue of Isis, a chorus and music, all of which resemble the

---

[27] Forty years later, the name of the city Tanis would return to Voltaire as he wrote *Le Taureau blanc*, which begins: 'La jeune princesse Amaside, fille d'Amasis roi de Tanis en Egypte, se promenait sur le chemin de Péluse avec les dames de sa suite' (*OCV*, 74A, p.64).

[28] *Sethos*, vol.1, book 4, p.331.

[29] See *Sethos*, vol.3, book 10, p.765-79.

setting of act 2.[30] In a similar vein, various phrases, particularly relating to the gods, recall the praises sung in Voltaire's opera, especially in its final scene. In addition to two instances of the phrase 'dieux bienfaisants',[31] a phrase which occurs in I.i.1 and IV.vii.131 of *Tanis et Zélide*, the following verse is sung or chanted by the 'chœur des peuples égyptiens':

> Dieux, dont l'Egypte osait se nommer la patrie,
> Dans nos malheurs votre gloire est flétrie.
> Sur nous, et sur nos rois vos fils, vos successeurs,
> De votre règne heureux répandez les douceurs.[32]

The similarities with certain passages from Voltaire's libretto are clear, for instance the end of the opera as conceived later in MS2 (see Appendix, p.187-88) or, more succinctly, V.iii.76-81:

> Il n'appartient qu'aux dieux de rétablir les rois.
> Sur ces débris sanglants, sur ces vastes ruines,
> Célébrons les faveurs divines.

In these passages, characters from both works bemoan the fact that Egypt has fallen upon less than glorious times through usurpers' cruel or incompetent leadership. In both cases, the solution is the establishment of (or the return to) faith in Isis and Osiris, and the restoration to the throne of Egypt's rightful royal family.

Tanis and Sethos-Cherès both have strong connections to the gods. Whereas Tanis is revealed to be the son of Osiris and Isis themselves, in *Sethos*, there are repeated parallels drawn between the divine family of Osiris, Isis and Horus and the royal family of Memphis: Sethos's father Osoroth, his mother Nephté and himself.[33] Although there is no divine intervention in *Sethos* as in *Tanis et Zélide*, the coryphaeus and the chorus in the temple proclaim, on the subject of Sethos-Cherès: 'Il sort du sein même

---

[30] *Sethos*, vol.1, book 4, p.398-404.
[31] *Sethos*, vol.2, book 7, p.202 and vol.3, book 10, p.770.
[32] *Sethos*, vol.3, book 10, p.769.
[33] *Sethos*, vol.1, book 1, p.26 and 39.

des dieux', and later, 'C'est des dieux qu'on a vu naître les héros des nations',[34] statements which, though meant only figuratively in his case, describe Tanis with complete accuracy.

Both *Sethos* and *Tanis et Zélide* belong to the literary tradition of the hero of unknown and apparently humble background and parentage who is accepted as a potential spouse by a princess, and subsequently discovered to be noble. More significantly, though, both plots contain some element of religious mission resulting in the conversion of peoples to the cult of Isis and Osiris: Tanis introduces them as the new gods of Egypt, while Sethos-Cherès travels around the coast of Africa, spreading civilisation and just religious principles as he goes. In fact, the establishment in Egypt of the cult of Isis and Osiris is so very foreign to all other sources likely to have been read by Voltaire that Sethos-Cherès's quasi-missionary *tour d'Afrique* seems a very plausible source of inspiration.

Another possible source of inspiration for *Tanis et Zélide* is Quinault's opera *Isis*, which happened to be playing in Paris the month before Voltaire began work on his own (D577) and more than compensates for *Sethos*'s lack of supernatural elements. Consciously or not, Voltaire echoes Junon's invocation in *Isis* (III.viii):

> Sors, barbare Erinnis, sors du fond des enfers,
> Viens, prends soin de servir ma vengeance fatale.

in lines spoken by Otoès in V.ii.52-55:

> Art terrible et divin, déployez vos prodiges;
> Confondez ces nouveaux prestiges!
> Sortez des gouffres des enfers,
> Du brûlant Phlégéton, flammes étincelantes!

The 'tourbillons de flammes' that appear immediately after this line in Voltaire's work seem to echo Io's exclamation in *Isis* IV.iii: 'Quel déluge de feux vient sur moi se répandre'. And the conclusion of *Tanis et Zélide* is strikingly like that of *Isis*, where

---

[34] *Sethos*, vol.3, book 10, p.770 and 772.

the nymph Io is transformed into the immortal Isis in V.ii. The action has moved to Egypt and Jupiter and Junon proclaim:

> Dieux, recevez Isis au rang des immortels.
> Peuples voisins du Nil, dressez-lui des autels

Whether or not Voltaire attended the 1733 performance with Mlle Lemaure in the role of Io, he had almost certainly read the text and *Isis* likely combined with *Sethos* to provide him with some key elements from which to create his own opera.

3. 'Tanis et Zélide' as a literary work

Voltaire's ambivalence towards the operatic genre is already well attested elsewhere. [35] Perhaps the passage most representative of his attitude is from the 1730 preface to *Œdipe*: [36]

> L'opéra est un spectacle aussi bizarre que magnifique, où les yeux et les oreilles sont plus satisfaits que l'esprit, où l'asservissement à la musique rend nécessaire les fautes les plus ridicules, où il faut chanter des ariettes dans la destruction d'une ville, et danser autour d'un tombeau [...] On tolère ces extravagances, on les aime même, parce qu'on est là dans le pays des fées; et pourvu qu'il y ait du spectacle, de belles danses, une belle musique, quelques scènes intéressantes, on est content. Il serait aussi ridicule d'exiger d'*Alceste* l'unité d'action, de lieu et de temps, que de vouloir introduire des danses et des démons dans *Cinna* ou dans *Rodogune*.

Indeed, in *Tanis et Zélide*, Voltaire deploys a whole panoply of special effects, transforming what begins as a pastoral idyll into a fantastic spectacle. The rewriting in MS 2 in fact increases the use of

---

[35] See Ewa Mayer, 'La Variété générique dans *Tanis et Zélide* et *Les Scythes* de Voltaire', *Revue Voltaire* 6 (2006), p.145-153; Michèle Mat-Hasquin, 'Voltaire et l'opéra: théorie et pratique', *Studi Francesi* 25 (1981), p.238-47; Ronald Ridgway, 'Voltaire's operas', *SVEC* 189 (1980), p.119-51 (p.124-25); Raymond Trousson, 'Trois opéras de Voltaire', *Bulletin de l'Institut Voltaire de Belgique* 6 (1962), p.41-45, (p.41-42).
[36] *Œdipe*, *OCV*, vol.1A, p.172-73.

effects in act 3 (formerly act 5), including the overflowing of the Nile, perhaps owing to technical advances in theatrical effects over the time-span between the two versions. From this point of view, *Tanis et Zélide* fits into a sub-genre of 'destruction' operas identified by Laura Naudeix, which, she has argued, have the merit of being both spectacular and cathartic: 'La destruction finale donne au spectateur le sentiment paradoxal d'une plénitude, née de la sensation d'achèvement, et du plaisir un peu trouble d'assister à une déroute si impressionnante'.[37] Voltaire may well have been outwardly dismissive about such things, but, as Raymond Trousson and Ewa Mayer have suggested, these extravagant outer trappings served him as a means of promoting his ideological messages to a wider audience.

On one level, *Tanis et Zélide* is a fairly banal love story with melodramatic accents played out amongst standard, two-dimensional characters.[38] As others have pointed out, however, Voltaire's aim was to present to the public not so much a love story as a thinly veiled attack on the church.[39] The opera paints a black portrait of scheming priests who subjugate a peasant people, playing on superstition to strengthen the people's fear of evil deities, ultimately to cement their own power through cruel practices. This is a theme Voltaire had chosen to illustrate before and to which he would return again. The Philistine priests in *Samson*, though their role is less prominent, are similarly bloodthirsty and intolerant. And as La Harpe rightly observes, the

[37] Laura Naudeix, *Dramaturgie de la tragédie en musique (1673-1764)* (Paris, 2004), p.433.

[38] Although Palissot judges the work quite favourably: 'Si l'on en excepte un très petit nombre, les opéras que l'on représentait alors, étaient, pour les paroles, ce qu'on peut imaginer de plus médiocre. Tanis, sans être un ouvrage très remarquable, valait cependant beaucoup mieux. Le style a de la noblesse, le sujet pouvait fournir du spectacle, mais le nom de Voltaire n'avait pas marqué en ce genre; lui-même n'y attachait pas beaucoup d'importance, et, comme nous l'avons dit, il se devait à de plus grands objets' (*Œuvres de Voltaire*, 55 vol., Paris, 1792, vol.9, p.177, note).

[39] See Mat-Hasquin, 'Voltaire et l'opéra: théorie et pratique'; Ridgway, 'Voltaire's operas'; and Trousson, 'Trois opéras de Voltaire'.

priests of Memphis have many points in common with those in *Les Guèbres*.[40] The following imprecation from the high priest of Pluto in *Les Guèbres* well illustrates the resemblance:

> Frémissez; infidèles.
> César vient, il sait tout, il punit les rebelles.
> D'une secte proscrite indignes partisans,
> De complots ténébreux coupables artisans,
> Qui deviez devant moi, le front dans la poussière,
> Abaisser en tremblant votre insolence altière,
> Qui parlez de pitié, de justice et de lois,
> Quand le courroux des dieux parle ici par ma voix;
> Qui méprisez mon rang, qui bravez ma puissance;
> Vous appelez la foudre: et c'est moi qui la lance.[41]

Although the words above could essentially be interchanged with passages from *Tanis et Zélide*, the thunderbolt here is figurative, where in the earlier opera it would have been a cue for theatrical effects. In *Samson*, virtually contemporaneous with *Tanis et Zélide*, we find another invocation in the same tone:

> Mars terrible,
> Mars invincible,
> Protège nos climats.
> Prépare
> A ce barbare
> Les fers et le trépas.[42]

Using such characters as a counter-example, Voltaire seeks to show that real religion should not be confused with the tyrannical obscurantism that often springs from corruption. The opera condemns the dishonesty, violence and self-serving behaviour for which religion so often serves as pretext.

Most striking in *Tanis et Zélide*, and complementing the attack on religious corruption, is the strong emphasis on peace that runs

---

[40] *Commentaire sur le théâtre de Voltaire*, p.461.
[41] *Les Guèbres*, III.v.257-266 (*OCV*, vol.66, p.557).
[42] *Samson*, III.i.12-17 (see below, p.283).

all the way through. The words 'paix' or 'paisible' appear in numerous passages, usually sung by the chorus extolling the shepherds' life in the country, for example: 'L'aimable liberté règne dans ces beaux lieux' (II.i.15), and the following verse:[43]

> Demeurez, régnez sur nos rivages;
> Connaissez la paix et les beaux jours.
> La nature a mis dans nos bocages
> Les vrais biens ignorés dans les cours.

In spite of the conflictual nature of the plot and the need to overthrow the priests with violence, the mentions of peace cannot be reduced to mere convention or lip-service. Voltaire twice has Zélide step in to prevent a quarrel between Tanis and his rival Phanor (I.iv.110-112 and II.vi.130 and 153). Finally, when explaining the stance of the shepherds, Tanis expresses a pacifist attitude unusual in a conquering hero (I.iii.84-86):

> Nous ne ravageons point la terre;
> Nous défendons nos champs quand ils sont menacés.
> Nous détestons l'horrible guerre.

This sentiment complements the central theme, which is the replacing of tyranny and violence by love and true religious feeling.

The considerable differences between the Kehl and MS1 states of the opera and MS2 not only offer clues about its composition, but are revealing when it comes to Voltaire's choices in the creation of a literary work. Most notable is the change from five acts to three. Voltaire operated the same transformation in L'Orphelin de la Chine. Having composed his premier jet, he writes to d'Argental in 1754: 'Nos magots de la Chine n'ont pas réussi. J'en ai fait cinq. Cela est à glace, allongé, ennuyeux. Il ne faut pas faire un Versailles de Trianon. Chaque chose a ses proportions. [...] Il vaut mieux certainement donner quelque chose de bon en trois actes que d'en donner cinq insipides pour se conformer à l'usage' (D5899). In the

---

[43] I.ii.32-35. See also I.ii.62-63, II.vii.157-160, II.viii.165-168, 173-176, III.ii.32-34, and V.iii.82-94.

end, d'Argental persuaded Voltaire to return to a five-act structure in *L'Orphelin de la Chine*, but it could be that his thoughts concerning its reworking into three acts caused him to take up *Tanis et Zélide* at some point over the years that followed in an attempt to reach a version that satisfied him.[44] The first point worth noting is that the three-act version is actually not much shorter than its five-act incarnation. The fact of putting *Tanis et Zélide* into three acts therefore had less to do with length than with appropriate structure. Some sections are cut, but almost as much text is added, and MS2 contains fuller stage directions. Possibly, after a hiatus of many years, Voltaire realised that his own vision of the action was not necessarily obvious to an outsider coming to the text for the first time, and included more stage directions for this reason. For example, in the variant to III.iii.84-94a, the words 'Que vois-je! / Quel heureux présage!' are explained in MS2 by the indication '*une flamme sort de l'autel d'Osiris et marche devant Tanis*'. Other changes also contribute to a clearer and more believable plot: the variant to III.iii.54 provides a more detailed account of how and why Zélide was abducted by Phanor and his men; in act 4, Phanor is much less present in the temple, and at one point, a *mage* announces a hand-to-hand combat between Tanis and Phanor occurring off-stage. More time is thus allowed to elapse between the moment Phanor leaves the stage and Tanis's triumphal entry. In MS2, Phanor is a far more odious character altogether. Instead of expressing dismay over Zélide's imprisonment, rushing off for reinforcements and doing battle with the priests as he does in MS1 and Kehl, he aims to appease his anger with Tanis's blood, having made a pact with the priests that Zélide will be his once he has slaughtered his rival.

It is interesting to see Voltaire modify in MS2 aspects of the opera

---

[44] In the mid to late 1750s, Sacchini was in Naples and had only just begun his career as operatic composer, so whenever it was that Voltaire undertook the actual rewriting of his opera, MS2, with its reference to Sacchini, dates in all likelihood from a later period.

which have drawn criticism from commentators and editors. La Harpe's dislike of the phrase 'l'amour [...] règne avec caprice' (see p.149, n.5) may in fact have been shared by the author, since the exchange that includes it was cut from the later version. Although in most places where Beuchot believed lines to be missing, large-scale changes make it impossible to tell whether Voltaire aimed to correct these lacunae, in one case, four lines do replace three, thus solving the problem of the absent rhyme (see variant to II.ii.47-49). Finally and most significantly, La Harpe's objection that all suspense is destroyed when, early in act 5, Tanis reveals his divine parentage, does not apply to the version of the opera supplied by MS2, since his divine aura is attenuated and his status is lowered from that of son of the gods to mere 'favori des dieux' (see below, Appendix, p.188, line 49). In line with this, the scene in the Kehl version in which the gods reassure the two prisoners is cut in MS2. Voltaire may have decided to humanise Tanis in order to increase the audience's sympathy for the hero, no doubt foreseeing criticisms of the sort that would be made by La Harpe.

The later version, on the other hand, contains new material in the penultimate scene, where, after his victory, Tanis exhorts all present to worship his gods. They in turn voice a version of the refrain originally sung by the chorus, thus transforming it into a grander, more moving blessing. Tanis has, from amongst all French eighteenth-century opera heroes, been singled out as best exemplifying the type of hero whose mission it is to save the world from the forces of evil.[45] Even shorn of his divinity, Tanis remains, like his analogue in *Samson*, a hero with a strong personal relation to just gods and opposed to the power-hungry priests with perverted ideals.

Further structural and stylistic changes serve to make *Tanis et Zélide* more effective as a work of theatre. In MS2 not only are there more special effects, but more space is given over to the final conflict between Tanis and Otoès. Tanis's arrival in the temple is

---

[45] Naudeix, *Dramaturgie de la tragédie en musique*, p.47.

also more dramatic in the later version. Rather than running in and pleading with the priests to respect his love and free Zélide, as he does in early versions, Tanis follows their own logic, declaring Zélide free since he has brought Tanis's head – a reference to the pact between the priests and Phanor – thus allowing his identity briefly to remain a mystery to his interlocutor:

OTOÈS

Jeune homme, et qui donc êtes-vous?

TANIS

Vous devez le juger à mon amour extrême;
Pour vous livrer Tanis il faut être lui-même[46]

Other features specific to MS2 improve similarly on the earlier versions. The variant to I.v.130-46 provides MS2 with the equivalent of II.vi, in which Zélide confirms for Phanor that she loves Tanis. The later text shows Voltaire making full use of the operatic tools at his disposal, as he makes a departure from dialogue and arranges a short duet between Zélide and Phanor, in which they simultaneously sing different lines. This form emphasises the conflict in their words and attitudes as well as creating musical interest in the scene. One final example of a change made with a view to the opera's effect in performance can be found in Voltaire's decision to transpose the order of the shepherds' marching chorus and Zélide's soliloquy in act 1. He must have judged the fanfare of the shepherds a more fitting and rousing end to an act than the aria in which Zélide raises and resolves doubts about the nature of her feelings for Tanis. Despite the lack of any discussion of *Tanis et Zélide* in Voltaire's correspondence, then, the existence alone of MS2 does allow for insight into his views and choices concerning the opera, even if it cannot be known when exactly the changes were made.

---

[46] Variant to IV.iii.79. See Appendix, p.183, lines 4-6.

4. Possible influence of 'Tanis et Zélide'

It is the suggestions of some sort of limited dissemination (see p.103-105, above) that make it possible at least to consider whether *Tanis et Zélide* could have had some small influence within the operatic tradition of the eighteenth century. As Voltaire may originally have been intrigued by the idea of 'shepherd kings', so may Metastasio have been struck by 'Les Rois pasteurs', before writing *Il Re pastore* (later set to music by Mozart amongst others) in 1751. Although there are some superficial plot similarities between Metastasio's and Voltaire's libretti (a shepherd who turns out to be a prince, a prince or princess who would rather live amongst the shepherds than rule the land), *Il Re pastore* is in fact a more complex exploration of love and the responsibilities of kinghood than *Tanis et Zélide*, and lacks its spectacular side, so that the greatest similarity between the two works lies in their titles. [47] It is altogether possible that Metastasio had read about the Hyksos independently of Voltaire, or simply imagined the title himself; however, a line in Voltaire's correspondence allows for the possibility that Metastasio did borrow the title from him. In April 1759, eight years after the writing of *Il Re pastore*, Arthur Murphy wrote to Voltaire: 'It was finely said by you (I have read the story and take it upon trust) when it was objected to the celebrated abbé Metastasio, as a reproach, that he had frequent transfusions of thought from your writings, "Ah! le cher voleur! il m'a bien embelli"' (D8278).

It has also been suggested that *Tanis et Zélide* may have been a source for Schikaneder's libretto for Mozart's *Die Zauberflöte*. In his *Kulturgeschichte der Oper*, Joseph Gregor writes, in the context of the origins of *Die Zauberflöte*: 'Einzig entscheidend ist und bleibt der Mythos des Theaters. Sein Repertoire besass längst Voltaires

---

[47] Another minor source for Metastasio may have been Torquato Tasso's *Aminta* (1573).

"Tanis und Zélide" mit des Feuer- und Wasserprobe eines liebenden Paares und der Vernichtung seiner finsteren Gegner'.[48] The Kehl edition had certainly been in print for a number of years when Schikaneder and Mozart set to writing their opera. The hypothesis nevertheless appears a tenuous one: *Sethos*, a much more widely acknowledged source of *Die Zauberflöte*, has 'Feuer- und Wasserprobe' more similar to those of *Zauberflöte* than does *Tanis et Zélide*, and of the three works in question, the sinister priests are a feature unique to Voltaire's, as the priests in both Terrasson's and Schikaneder's work in the end turn out to be benevolent and enlightened.[49]

Interestingly, R. S. Ridgway has observed a number of similarities between *Tanis et Zélide* and Verdi's *Aïda*: 'a temple scene; a captive princess; nostalgia for a primitive, idyllic existence; the theme of jealousy; and especially the condemnation of the hero by vindictive priests. The terms used by Amneris to describe the letter in the first scene of the final act of *Aïda* – "inexorable ministers of death" and "infamous tigers thirsting for blood" – have a familiar ring.'[50]

---

[48] 'The only significant thing is and remains the myth of the theatre. The repertoire already contained Voltaire's *Tanis et Zélide* with its trials by fire and water for the pair of lovers and the annihilation of the sinister priest' (Joseph Gregor, *Kulturgeschichte der Oper*, Vienna, 1941, p.328).

[49] On *Sethos* as inspiration for *Die Zauberflöte*, see for example the preliminary note in Mozart, *The Magic Flute* (trans. Edward J. Dent; London, [n.d.]), also Gregor, *Kulturgeschichte der Oper*, p.236. For the sequence in *Sethos* describing the initiation by fire and water, see vol.1, book 3, p.220-23; in *Die Zauberflöte*, act 2, scene 28. The only occurrence of fire and water in *Tanis et Zélide* is in V.ii, where the elements appear as weapons in the struggle between Otoès and Tanis, rather than as trials to be traversed by the hero.

[50] Ridgway, 'Voltaire's operas', p.130. The scenario on which Ghislanzoni's libretto for *Aïda* is based was drawn up by the French Egyptologist Auguste Mariette.

5. Manuscripts and edition

Manuscripts

MS 1

Original. / Tanis et Zélide, / ou / Les Rois pasteurs. / Tragédie, / pour être mise en musique.

The foliation of the manuscript runs from 3 to 33. Folios 29 and 30 should appear between folios 18 and 19 (as the catchwords confirm). The manuscript appears to be written in two different hands. The title page (which includes the text of the Avertissement) and the list of characters seem to have be written carefully, despite two corrections. The handwriting of the opera itself is much hastier and in act 1 alone the copyist, in error or absent-mindedness, writes 'Enide' and 'Néide' for 'Zélide', slips which were subsequently corrected. The text of this manuscript is close to the version given in Kehl, though variants are sufficient in number that it can be certain that this manuscript was neither the one used in preparing the Kehl edition, nor the one apparently consulted by Beuchot (see p.104-105 above).

Fernand Caussy, *Inventaire des manuscrits de la bibliothèque de Voltaire conservée à la Bibliothèque impériale publique de Saint-Pétersbourg* (Paris, 1913), p.59.

Oxford, VF: micr. 70. St Petersburg, GpbV: 5-240 (vol.13).

MS 2

Les rois Pasteurs / opera / en trois actes de Voltaire / mis en trois actes et / adapté a la nouvelle / musique. / Cet ouvrage m'a été donné en don / par m^r de Voltaire, qui l'avait / ainsi arrangé pour Sacchiny.

The manuscript is bound in a volume (p.1-37) in which it is followed by another manuscript, of *Pandore* (see below, p.354).

The writing on the flyleaf is in a different hand from the main manuscript, and a comment in pencil in yet another hand indicates the origins of some of the corrections to the manuscript: 'P.3s. De la main de Florian. / Corrections de la main de Voltaire / pag. 2. 5. 6. 9. 18. 21. 29. 33. 35. 37.' The recto pages are numbered in pencil in the same hand as the pencil writing on the flyleaf. The libretto itself is in a clear, legible hand, and contains few corrections, though two unnumbered leaves in a different hand, resembling the main writing on the flyleaf, are inserted between pages 34 and 35 and present a long variant to pages 33 and 34 (see Appendix, p.184-85, variant to lines 1-23).

The corrections to the manuscript are in a different hand from that of the main copyist. Although the corrections do appear similar to Voltaire's hand, it is likely that they were made, along with the inserted sheets, by the person who wrote in ink on the flyleaf. Most notable is the very distinctive *p* which appears throughout. Those corrections which correspond to the pages listed on the flyleaf as having been corrected by Voltaire (and one other: 'nos' in act 5 – see Appendix, p.187, line 41) have been underlined (and sometimes crossed out) in pencil, possibly by the same person who identified them as Voltaire's writing and made the note on the flyleaf.

It is not clear what Florian's contribution is meant to have been, since it seems unlikely to be the main copying. 'P.3s' could conceivably refer to a small correction to 'poursuivie' on p.3 (see p.130 below, variant to lines 18a-27) or the two inserted leaves. Although '3s' could be read as '35', which would correspond to the leaves' place in the manuscript, what is transcribed here as '3s' looks very different from the '35' which appears below it in the same hand. If it was indeed Florian who copied the two leaves, then it is almost certainly he who made the other corrections and wrote in ink on the flyleaf.

Paris, Archives de l'Académie française: 1 G 85.

Edition

For the descriptions of collective editions, see above, p.xv-xxiv.

K84

Volume 9: [231] Tanis et Zélide ou Les Rois pasteurs, tragédie. Pour être mise en musique; [232] blank; [233] Avertissement; [234] Personnages; [235]-73 Les Rois pasteurs, tragédie-opéra.

6. Principles of this edition

The base text is K84, which was the first printing of *Tanis et Zélide*. Variants are drawn from MS1 and MS2 with longer variants from MS2 being placed in an appendix (p.177-88).

Treatment of the base text

The punctuation of the base text has been respected, with the exception of the full stops that follow act and scene titles and speakers' names, which have been omitted. Obvious grammatical and typographical errors have been corrected: 'vu' to 'vus' in 'Vous nous avez vus' (I.iv.98), and 'SCENE IV' to 'SCENE VI' in act I. The following aspects of spelling and accentuation have been modernised in accordance with present-day usage:

I. Consonants

– a double *l* is present in: fidelle.
– *s* is absent for the *rime pour l'œil* in: voi.
– *t* is absent in: bienfaisans, charmans, combattans, commandemens, élémens, emportemens, impuissans, instrumens, menaçans, momens, monumens, précédens, puissans, rians, sanglans, sentimens, sermens, torrens, touchans.

II. Vowels

– *y* is present instead of *î* in: abymes.

III. Accents

– the acute is present instead of the grave in: protégent, sacrilége.
– the grave is absent in: fidelle.
– the circumflex is absent in: ame.
– the dieresis is absent in: inoui.

IV. Capitalisation

– Initial capitals were attributed to: Berger (but also berger), Dieux (but also dieux), Discorde, Ciel (but also ciel), Amour (but also amour).

TANIS ET ZÉLIDE,
OU
LES ROIS PASTEURS,
TRAGÉDIE

Pour être mise en musique

a-e   MS2: Les rois Pasteurs opera en trois actes de Voltaire mis en trois actes et adapté a la nouvelle musique. Cet ouvrage m'a été donné en don par m^r de Voltaire, qui l'avait ainsi arrangé pour Sacchiny. ⌐P.3s. De la main de Florian. Corrections de la main de Voltaire pag. 2. 5. 6. 9. 18. 20. 29. 33. 35. 37.$^+$

AVERTISSEMENT

Strabon rapporte que dans le temps de la plus haute antiquité, il y avait en Egypte des mages si puissants, qu'ils disposaient de la vie des rois. C'est une opinion reçue que ces mages opéraient des prodiges terribles, soit par la connaissance des secrets de la nature, et par un art qui a péri avec eux, soit par un commerce avec des 5 êtres surnaturels.

On sait que les pasteurs étaient abhorrés dans le pays où ces mages dominaient; et qu'enfin les pasteurs régnèrent en Egypte.

Cet établissement des rois pasteurs, les prodiges des mages confondus, leur pouvoir anéanti, et le commencement du culte 10 d'Osiris et d'Isis sont le fondement de cet ouvrage.

---

a-11   MS2: [*absent*]
1   MS1: dans les temps
5   MS1: un <art qui a péri avec eux> commerce
8-9   MS1: Egypte. Cet

PERSONNAGES

ZÉLIDE, fille d'un roi de Memphis.

TANIS, } bergers.
CLÉOFIS, }

PANOPE, confidente de Zélide.

OTOÈS, chef des mages de Memphis.   5

PHANOR, guerrier de Memphis.

MAGES.

ISIS et OSIRIS.

BERGERS, BERGÈRES, PEUPLE.

CHŒURS.   10

a   MS1: ACTEURS
a-10   MS2: [absent]

128

LES ROIS PASTEURS, TRAGÉDIE-OPÉRA

ACTE PREMIER

SCÈNE PREMIÈRE
ZÉLIDE, PANOPE

ZÉLIDE

Dieux bienfaisants, qu'en ce bois on adore,
Protégez-moi toujours contre mes oppresseurs!
Les mages de Memphis me poursuivent encore;
Et de simples bergers sont mes seuls défenseurs.
C'est ici que Tanis a repoussé la rage   5
 De nos implacables vainqueurs.
Je n'ai d'autres plaisirs dans mes cruels malheurs
 Que de parler de son courage.

PANOPE

Oubliez-vous Phanor?

ZÉLIDE

A mon père attaché,

a-b   MS1: [*absent*]
b   MS2: [*absent*]
c-d   MS2: [*adds between these lines*] Le Théâtre représente un Boccage.
1   MS1, MS2: qu'en ces bois
3   MS1: poursuivant
5   MS2:
        Dieux bienfaisants, qu'en ces bois on adore
        protégéz-moi toûjours contre mes oppresseurs.
        Tanis a Repoussé la rage
6   MS2: de <nos implacables> [*addition underlined and crossed out in pencil:*]
†<ces magiciens>+ vainqueurs

Il a suivi mon sort; je connais sa vaillance.   10

PANOPE

Ah! que vous le voyez avec indifférence!

ZÉLIDE

Il a fait son devoir; mon cœur en est touché.

PANOPE

Des mages de Memphis il brava la colère.
Depuis que ces tyrans ont détrôné les rois,
Depuis qu'ils ont versé le sang de votre père,   15
Il s'éleva contre eux, il défendit vos droits.
Il a conduit vos pas: il vous aime: il espère
Vous mériter par ses exploits.

ZÉLIDE

Malgré tous ses efforts, errante, poursuivie,
Je périssais près de ces lieux: 20

10   MS2: suivi mes pas, je
13   MS2: Des [*addition underlined and crossed out in pencil*:] [↑]<pretres dez
enfers>⁺ il
16   MS2: Phanor à déffendu vos droits;
18a-27   MS2:

ZELIDE

air

L'estime et la Reconnoissance
sont le juste prix des bienfaits;
mon cœur les Ressent pour jamais,
L'amour n'est pas en ma jouissance.
fugitive, errante en ces lieux,   5
par mes ennemis poursuivie,
Tanis seul à sauvé ma vie:
que tanis est grand à mes yeux!

PANOPE

mais de simples bergers prés de vous réunis
pourront-ils des tirans braver la violence?   10

130

Lui-même allait tomber sous un joug odieux.
Nous devons à Tanis la liberté, la vie.
Que Tanis est grand à mes yeux!

PANOPE

L'estime et la reconnaissance
Sont le juste prix des bienfaits;   25
Mais de simples bergers pourront-ils à jamais
Des tyrans de Memphis braver la violence?
Votre trône est tombé; vous n'avez plus d'amis.
Quelle est encor votre espérance?

ZÉLIDE

Au seul bras de Tanis je dois ma délivrance.   30
J'espère tout du généreux Tanis.

SCÈNE II

ZÉLIDE, PANOPE, LES BERGERS *armés de lances*
entrent avec les bergères qui portent des houlettes et des
instruments de musique champêtre.

CHŒUR DES BERGERS

Demeurez, régnez sur nos rivages;
Connaissez la paix et les beaux jours.
La nature a mis dans nos bocages
Les vrais biens ignorés dans les cours.   35

29a   MS1: [┬]Zelide⁺ <Enide>
31a-b   MS1: SCENE 2e / LES BERGERS *armeʒ de*
31b-e   MS2: *Les Bergers armés de lances entrent avec les bergeres qui portent des*
houlettes et des instruments de musique Champètre. / ZELIDE, PANOPE, BERGERS,
BERGERES / CHŒUR DE BERGERS

UNE BERGÈRE

Sans éclat et sans envie,
Satisfaits de notre sort,
Nous jouissons de la vie;
Nous ne craignons point la mort.

L'innocence et le courage,   40
L'amitié, le tendre amour,
Sont la gloire et l'avantage
De ce fortuné séjour.
(*On danse.*)

UN BERGER

On peut nous charmer,
Jamais nous abattre: 45
Nous savons combattre,
Nous savons aimer.

CHŒUR

Demeurez, régnez sur ces rivages;
Connaissez la paix et les beaux jours.
La nature a mis dans nos bocages   50
Les vrais biens ignorés dans les cours.

ZÉLIDE

Pasteurs, heureux pasteurs, aussi doux qu'invincibles,
Vous qui bravez la mort, vous qui bravez les fers
De nos pontifes inflexibles,
Que j'aime vos riants déserts!   55
Que ce séjour me plaît! que Memphis est sauvage!

43a   MS1: *Danse*
43b-47   MS2: [*absent*]
47a   MS2: CHŒUR DE BERGERS
54   MS2: nos <pontifes> [*addition underlined and crossed out in pencil:*]
↑<mages>⁺infléxibles,

Comment avez-vous pu dans ce bois enchanté,
Près des murs de Memphis, et près de l'esclavage,
Conserver votre liberté?
Comment avez-vous pu vivre toujours sans maîtres,   60
Dans ces paisibles lieux?

LES BERGERS

Nous avons conservé les mœurs de nos ancêtres;
Nous bravons les tyrans, et nous aimons nos dieux.

ZÉLIDE

Que de grandeur, ô ciel! dans la simple innocence!
Respectables mortels! ciel heureux! jours sereins!   65

LES BERGERS

C'est ainsi qu'autrefois vivaient tous les humains.

ZÉLIDE

Mais Tanis parmi vous a-t-il quelque puissance?

LES BERGERS

Dans notre heureuse égalité
Tanis a sur nos cœurs la douce autorité
Que ses vertus et sa vaillance   70
N'ont que trop bien mérité.

---

63   MS2: aimons <les> [*addition underlined and crossed out in pencil:*] [┌]<nos>^{┘+}
dieux
67a   MS2: UN BERGER
69   MS2: douce <Egalité> [*underlined in pencil:*] [┌]autorité^{┘+}
71   MS1: trop [┌]bien^{┘+} mérité
71-71a   MS2: [*adds between these lines*]
CHŒUR et *Danse.*
Demeurés, regnez sur nos rivages,
connaissés la paix et les beaux jours,
la nature à mis dans nos boccages
les vrais biens ignorés dans les cours.

133

SCÈNE III
ZÉLIDE, TANIS, LE CHŒUR

TANIS

Est-il possible, ô dieux! Phanor ose entreprendre
D'exposer vos beaux jours à nos fiers ennemis!
Qu'iriez-vous faire, hélas! aux remparts de Memphis?
Quel sort y pouvez-vous attendre?   75
Nos campagnes, nos bois et nos cœurs sont à vous.
Faudra-t-il qu'un peuple perfide,
Que des mages sanglants une cour homicide
L'emportent sur des biens si doux?

ZÉLIDE

Quoi! Phanor après sa défaite   80
Aux rivages du Nil ose-t-il retourner?
Ah! s'il me faut quitter cette aimable retraite,
Tanis veut-il m'abandonner?

TANIS

Nous ne ravageons point la terre;
Nous défendons nos champs quand ils sont menacés.   85
Nous détestons l'horrible guerre:

71b MS2: ZELIDE TANIS LES BERGERS
83a-91 MS2:

TANIS

air.

nous ne ravageons point la terre,
nous ne sortons point de nos bois,
nous détestons l'horrible guerre
mais vous savés changer nos loix.
partons, je suis prêt à vous suivre,   5
c'était peu de vous Secourir
pour vous seule je voulais vivre
pour vous venger je veux mourir.

Mais vous changez nos lois dès que vous paraissez.
Au bout de l'univers je suis prêt à vous suivre.
  C'était peu de vous secourir;
  C'est pour vous qu'il est doux de vivre,   90
Et c'est en vous vengeant qu'il est doux de mourir.

SCÈNE IV

ZÉLIDE, TANIS, PHANOR, LE CHŒUR, SUITE DE PHANOR

PHANOR

L'ennemi vient à nous, et pense nous surprendre.
  C'est à vous de me seconder,
Tanis, et vous, bergers. Allez, allez défendre   95
  Vos passages qu'il faut garder.

TANIS

Nous n'avons pas besoin de votre ordre suprême;
  Vous nous avez vus dans ces lieux
Délivrer la princesse, et vous sauver vous-même;
Et nous ne connaissons de maître que ses yeux.   100

PHANOR

  Je commande en son nom.

TANIS

  Que votre orgueil contemple
  Et notre zèle et nos exploits;
  Cessez de nous donner des lois,
  Et recevez de nous l'exemple.   105

91b-c MS2: ZELIDE, TANIS, PHANOR. BERGERS, EGIPTIENS. [*underlined in pencil:*] †DE LA SUITE DE PHANOR.+

PHANOR

Tanis, en d'autres temps votre témérité
Tiendrait un différent langage.

TANIS

En tout temps mon courage
Méprise et dompte la fierté.

ZÉLIDE

Arrêtez: quel transport à mes yeux vous divise;   110
Ma fortune vous est soumise:
Tout est perdu pour moi si vous n'êtes unis.

TANIS

C'est assez; pardonnez: je vole, et j'obéis.

SCÈNE V

ZÉLIDE, PHANOR

PHANOR

Non, je ne puis souffrir l'indigne déférence
Dont vous l'honorez à mes yeux.   115
La seule égalité m'offense.
L'injurieuse préférence

109a   MS1: ↑ZELIDE⁺ <NEÏDE>
113-13a   MS2: [adds between these lines] (Il sort avec les bergers.)
113b   MS2: ZELIDE, PHANOR, EGIPTIENS [1]
114   MS2: l'indigne préference
117   MS2: [absent]

---

[1] 'Egiptiens' has been added on the same line as 'Zelide, Phanor' in the same hand
as the other corrections. It is not underlined in pencil, which probably means that it
was not noticed as a correction by the person who listed the corrections on the
flysheet.

136

Est un affront trop odieux.

ZÉLIDE

Il combat pour vous-même; est-ce à vous de vous plaindre?
Vous deviez plus d'égards aux exploits de Tanis.   120
Il faut ménager, il faut craindre
Les grands cœurs qui nous ont servis.

PHANOR

Poursuivez, achevez ingrate,
Faites tomber sur moi notre commun malheur.
Elevez jusqu'à vous un barbare, un pasteur.   125
Oubliez...

ZÉLIDE

Osez-vous?...

PHANOR

Oui, je vois qu'il s'en flatte;
Oui, vous encouragez sa téméraire ardeur.
Votre faiblesse éclate
Dans vos yeux et dans votre cœur.

ZÉLIDE

Pourquoi soupçonnez-vous que je puisse descendre   130
Jusqu'à souffrir qu'il vive sous ma loi?
Vos soupçons menaçants suffiraient pour m'apprendre
Qu'il n'est pas indigne de moi.

PHANOR

O ciel! qu'avec raison de ce fatal rivage
Je voulais partir aujourd'hui!   135

118   MS2: c'est un affront trop odieux.
126-26b   MS2: [adds between these lines] Duo.
127   MS2: Oui, vous l'aimés, ingratte,
130-46   MS2: [see Appendix, p.177-78]

137

Pouvez-vous à ce point outrager mon courage?

ZÉLIDE

Si l'égaler à vous c'est vous faire un outrage,
Surpassez son grand cœur en servant mieux que lui.

CHŒUR DES PASTEURS, *derrière la scène.*

Aux armes, aux armes:
Marchons, signalons-nous.   140

PHANOR

Eh bien, je vais périr pour vos perfides charmes;
Je vais chercher la mort, et j'en chéris les coups.
Vous seule causez mes alarmes:
Je n'ai point d'ennemis plus funestes que vous.

(*Il sort.*)

LE CHŒUR

Aux armes, aux armes: 145
Marchons, signalons-nous.

SCÈNE VI

ZÉLIDE, *seule.*

Ah! je mérite sa colère.
Je n'osais m'avouer mes secrets sentiments;
Je vois par ses emportements
Combien Tanis a su me plaire;   150
Je sens combien je l'aime à son nouveau danger.

146a   MS1: [*absent*]
146b   MS2: ZELIDE PANOPE / ZELIDE / air.
148   MS2: sans m'avouer mes sentiments,
151-59a MS2: [*see Appendix, p.178-79*]

Je brûle de le partager.
Que de vertu! que de vaillance!
 Dieux! pour sa récompense
 Est-ce trop que mon cœur?
Faut-il que ma gloire s'offense
 D'une si juste ardeur?
 Non, pour sa récompense
 Je lui dois tout mon cœur.

Fin du premier acte.

155

ACTE II

SCÈNE PREMIÈRE

LE PRÊTRE D'ISIS, TANIS, CLÉOFIS, CHŒUR DE BERGERS ET DE BERGÈRES

LE CHŒUR DES BERGERS

Victoire, victoire!
Nos cruels ennemis
Sont tombés sous les coups du généreux Tanis.

LE CHŒUR DES BERGÈRES

Périsse leur mémoire!
Plaisirs, ne soyez plus bannis.   5

ENSEMBLE

Triomphe! victoire!

a-b   MS2: [*adds between these lines*] *Le théatre représente un Boccage dont tous les arbres sont chargés de guirlandes de fleurs. Le fonds de la scène est occupé par une rotonde souteniie par des Colonnes. Au milieu est un autel, et sur cet autel, les statuës d'isis et d'osiris se tenant par la main. plusieurs prêtres d'isis environnent l'autel, les bergères remplissent les deux Cotés, les troupes arrivent dans le fonds, conduites par tanis et Cléofis.*

b   MS1: [*absent*]

c-d   MS2: TANIS, CLÉOFIS, LES BERGERS ARMÉS, LES PRÊTRES D'ISIS, LES BERGERES

3a   MS1, MS2: [MS1: LES] BERGERES

5a   MS2: TOUS ENSEMBLE

6-6a   MS2: [*adds between these lines*]
        nos cruels ennemis
        sont tombés sous les coups du Généreux Tanis.
(*les troupes avancent, occupent le fonds du théatre et se mêlent avec les bergeres sur les deux Cotés.*)

LE PRÊTRE D'ISIS

Tendre Isis, Osiris, premiers dieux des mortels,
Pourquoi ne régnez-vous qu'en ces heureux bocages?
Ne punirez-vous point ces implacables mages,
Ces ennemis de vos autels?   10
Aux portes de Memphis nous bravons leur puissance:
Mais est-ce assez pour nous de ne pas succomber?
        Quand les verrons-nous tomber
        Sous les coups de votre vengeance?

CHŒUR DES BERGERS

L'aimable liberté règne dans ces beaux lieux;   15
Quels autres biens demandez-vous aux dieux?

CHŒUR DES BERGÈRES

Doux bergers, si craints dans les alarmes,
Ne soyez soumis que par nos charmes.

UNE BERGÈRE

    Que ces fleurs nouvelles
    Ornent nos pasteurs: 20

9   MS1: ces <effroyables> ⸢implacables⁺ mages
14-14a   MS2: [adds between these lines]
            CHŒUR DES BERGERES (<[illegible]>)
        Tendre isis, exhaucés nos vœux:
        que nos bergers, si craints dans les allarmes,
        ne soient jamais soumis que par nos charmes,
        et que vous et l'amour régnent seuls dans ces lieux!
15-18a   MS2:
        Osiris, exaucés nos vœux:
        protégez nous toûjours dans les allarmes,
        n'ayons jamais de maitres que leurs charmes,
        et que la liberté règne dans ces beaux lieux!
(on brûle de l'encens, chaque Bergere désarme un berger et le couronne de fleurs.)
            CHŒUR DES BERGÈRES
18   MS1: nos armes.

141

C'est aux belles
A couronner les vainqueurs.

LE CHŒUR DES BERGÈRES

Doux bergers, si craints dans les alarmes,
Ne soyez soumis que par nos charmes.
(*Danses.*)

UNE BERGÈRE

De Vénus oiseaux charmants,   25
Vous n'êtes pas si fidèles.
Des plus tendres tourterelles
Les transports sont moins touchants.

L'aigle impétueux et rapide
Porte au haut des cieux,   30
D'un vol moins intrépide,
Le brillant tonnerre des dieux.

LE CHŒUR DES BERGÈRES

Doux bergers, si craints dans les alarmes,
Ne soyez soumis que par nos charmes.

LE PRÊTRE D'ISIS

Venez, bergers, il en est temps: 35

21-24   MS2:

    c'est toûjours aux belles
    à couronner les vainqueurs.
    quittés ces inutilles armes,
    il n'est plus ici de dangers,
    de la paix goutés tous les charmes,
    Guerriers redevenés bergers.   5

24a   MS1, MS2: (*On danse.*)
29-30   MS2:

    L'aigle fin et rapide
    porte du plus haut des cieux

32   MS2: le tonnerre des Dieux.
32a-38   MS2: [*see Appendix, p.179*]

Consacrez à nos dieux les nobles monuments
De la valeur et de la gloire.

LE CHŒUR

Triomphe! victoire!

SCÈNE II

TANIS, CLÉOFIS

CLÉOFIS

Quoi! vous ne suivez point leurs pas?

TANIS

Demeure, ne me quitte pas.   40
Tu connais ma secrète flamme:
Connais le trouble affreux qui déchire mon âme.

CLÉOFIS

Redoutez-vous Phanor?

TANIS

                            Dans mes troubles cruels,
Tout m'alarme auprès de Zélide.
Ami, le plus fier des mortels   45
Devient l'amant le plus timide.
Je crains ce que j'adore, et tout me fait trembler.
Mes yeux sont éblouis: j'hésite, je chancelle;

38a   MS1: *SCÈNE*
43a   MS1: <CLÉOFIS> ⌐TANIS⌐
45   MS2: ah! mon cher Cléofis, le plus fier des mortels
47-49   MS2:
                            air.
          mon ami, tout me fait trembler,
          en la voïant, j'hésitte, je chancelle,
          mon cœur parle toûjours près d'elle
          et ma voix n'ose lui parler.

Mon cœur parle à ses yeux, ma voix n'ose parler.[1]
Je nourris en secret le feu qui me dévore;   50
Et lorsque le sommeil vient calmer ma douleur,
Les dieux la redoublent encore.

Osiris m'apparaît précédé des éclairs.
Dans le sein de la nuit profonde,
Autour de lui la foudre gronde;   55
Neptune soulève son onde;
Les noirs abîmes sont ouverts.
Qu'ai-je donc fait aux dieux? quelle menace horrible!

CLÉOFIS

Osiris vous protège: il a conduit vos pas.
C'est lui qui vous rend invincible;   60
Il vous avertissait: il ne menaçait pas.

TANIS

Osiris! tu connais comme on aime.
Isis au céleste séjour,
La seule Isis fait ton bonheur suprême.
Dieux qui savez aimer, favorisez l'amour!   65
(*Pendant que Tanis fait cette prière aux dieux, Isis et Osiris*
descendent dans un nuage brillant.)[2]

51   MS2:
        et lorsque du sommeil je goute la douceur
            loin de soulager ma douleur
62   MS2: tû sais comme
65a-b   MS2: [*underlined in pencil:*] ⌊(*des sons harmonieux sortent de la statue.*)⁺

---

[1] Beuchot inserted a blank line after this, where he believed a line to be missing
(*M*, vol.3, p.54).
[2] Voltaire would later comment, in the article 'Ciel des anciens' of the
Dictionnaire philosophique: 'Les dieux descendent toujours dans des nuages d'or
chez Homère; c'est de là que les peintres les peignent encore aujourd'hui assis sur
une nuée' (*OCV*, vol.35, p.589).

SCÈNE III

ISIS ET OSIRIS, *dans le nuage,* TANIS, CLÉOFIS

ISIS ET OSIRIS

L'amour te conduira dans la cité barbare
Où les mages donnent la loi:
Soutiens le sort affreux que l'amour t'y prépare,
Et vois le trépas sans effroi.

SCÈNE IV

TANIS, CLÉOFIS

TANIS

De quel trouble nouveau je sens mon âme atteinte!　　70

CLÉOFIS

De quelle horreur je suis surpris!

TANIS

Pour braver les dangers, et voir la mort sans crainte,
Mon cœur n'attendait pas l'oracle d'Osiris;
Mais pour mes tendres feux, quel funeste présage!
Quel oracle pour un amant!　　75
O dieux, dont Zélide est l'image,
Peut-on vous déplaire en l'aimant?

65c-d   MS1, MS2: [*absent*]
67   MS1: <foy> ⁺loy⁺
69a-b   MS1, MS2: [*absent*]
74-75   MS1: <mes tendres feux recoivent ce présage>
　　　　<non contre ce danger mon cœur est sans courage>
　　　　<je cède a ce nouveau tourmen> →β

SCÈNE V[3]

TANIS, ZÉLIDE

TANIS

Princesse, dans mes yeux vous lisez mon offense;
Mon crime éclate devant vous.
Je crains la céleste vengeance;   8c
Mais je crains plus votre courroux.

ZÉLIDE

J'ignore à quels desseins votre cœur s'abandonne.
Je vois en vous mon défenseur.
S'il est un crime au fond de votre cœur,
Je sens que le mien vous pardonne.   8ş

TANIS

Un berger vous adore, et vous lui pardonnez!
Ah! je tremblais à vous le dire.
J'ai bravé les fronts couronnés,
Et leur éclat, et leur empire.
Mon orgueil me trompait; j'écoutai trop sa voix.   9c
Cet orgueil s'abaisse; il commence,
Depuis le jour que je vous vois,
A sentir qu'entre nous il est trop de distance.

77a   MSI, MS2: Scène 3
77b-c   MS2: TANIS, ZELIDE, CLÉOFIS / (*Zelide est entrée avant les deux derniers vers.*)
84   MSI, MS2: ah s'il est quelque crime
89   MSI: <grandeur> ⊺éclat⁺

---

[3] This scene is summed up by Flaubert simply as 'Etonnement'. See *Le Théâtre de Voltaire, SVEC* 50-51 (1967), vol.2, p.718.

ZÉLIDE

Il n'en est point, Tanis, et s'il en eût été,
L'amour l'aurait fait disparaître.   95
Ce n'est pas des grandeurs où les dieux m'ont fait naître
Que mon cœur est le plus flatté.

TANIS

L'amant que votre cœur préfère
Devient le premier des humains.
Vous voir, vous adorer, vous plaire,   100
Est le plus brillant des destins.
Mais quand vous m'êtes propice,
    Le ciel paraît en courroux;
    J'aurais cru que sa justice
    Pensait toujours comme vous.   105

ZÉLIDE

Non, je ne puis douter que le ciel ne vous aime.

TANIS

Je viens d'entendre ici son oracle suprême:
L'amour doit dans Memphis me punir à vos yeux.

ZÉLIDE

Vous punir? vous, Tanis! quelle horrible injustice!
    Ah! que plutôt Memphis périsse!   110
    Evitons ces murs odieux,
Evitons cette ville impie et meurtrière.
Je renonce à Memphis, je demeure en ces lieux;
Vos lois seront mes lois, vos dieux seront mes dieux;
Tanis me tiendra lieu de la nature entière: 115
    Je n'y vois plus rien que nous deux.

113   MS2: J'abandonne <à> memphis,

147

TANIS ET ZÉLIDE
Osiris que l'amour engage,
Toujours aimé d'Isis, et toujours amoureux,
Nous serons fidèles, heureux,
Dans cet obscur bocage,   12
Comme vous l'êtes dans les cieux.

SCÈNE VI

ZÉLIDE, TANIS, PHANOR

PHANOR
Zélide, inhumaine, cruelle![4]
C'est ainsi que je suis trahi!
J'avais tout fait pour vous; l'amour m'en a puni.
Sous les lois d'un pasteur un vil amour vous range!   12
Ah! si vous ne craignez dans vos indignes fers
Les reproches de l'univers,
Craignez au moins que je me venge.

TANIS
Vous venger! et de qui?

ZÉLIDE
Calmez ce vain courroux: 13
Je ne crains l'univers ni vous.
Je dois avouer que je l'aime.
Prétendez-vous forcer un cœur
Qui ne dépend que de lui-même?

121a   MS1, MS2: SCÈNE 4
121b-176a   MS2: [*see Appendix, p.180*]
124   MS1: <Dieux offensez vous mavez trop puni> →β

[4] Beuchot inserted a blank line after this, where he believed a line to be missing (*M*, vol.3, p.56).

Etes-vous mon tyran plus que mon défenseur?   135
Pardonnez à l'amour: il règne avec caprice;[5]
    Il enchaîne à son choix
    Les cœurs des bergers et des rois.
Un berger tel que lui n'a rien dont je rougisse.

PHANOR

Ah! je rougis pour vous de votre aveuglement.   140
    Mais frémissez du tourment qui m'accable;
    Vous avez fait du plus fidèle amant
    L'ennemi le plus implacable.

    L'asile où l'on trahit ma foi
Ne vous défendra pas de ma rage inflexible.   145
Nous verrons si l'amant dont vous suivez la loi
    Paraîtra toujours invincible,
Comme il le fut toujours en combattant sous moi.

TANIS

Vous pouvez l'éprouver, et dès ce moment même.
    Quel plus beau champ pour la valeur?   150
Il est doux de combattre aux yeux de ce qu'on aime:
    Ne différez pas mon bonheur.

PHANOR

C'en est trop, et mon bras...

ZÉLIDE, l'arrêtant.

                    Barbare que vous êtes,
Percez plutôt ce cœur plein de trouble et d'ennui.

TANIS

Vous daignez arrêter ses fureurs indiscrètes   155
Moins par crainte pour moi que par pitié pour lui.

---

[5] 'L'amour règne avec caprice: voilà un amour héroïque bien décemment caractérisé!' (La Harpe, *Commentaire sur le théâtre de Voltaire*, p.468).

149

SCÈNE VII
ZÉLIDE, TANIS, PHANOR, CHŒUR DE BERGERS

LES BERGERS

Suspendez, suspendez la fureur inhumaine
Qui vous trouble à nos yeux:
La discorde et la haine
N'habitent point ces lieux.   16c

ZÉLIDE

Phanor, connaissez l'injustice
D'un amour barbare et jaloux.

PHANOR

Si vous aimez Tanis, il faut que je périsse:
Je suis moins barbare que vous.

SCENE VIII
ZÉLIDE, TANIS, CHŒUR DE BERGERS.

LE CHŒUR

O discorde terrible,   165
Fille affreuse du tendre amour,
Respectez ce beau séjour;
Qu'il soit à jamais paisible.

TANIS

Laissez mon rival furieux
Exhaler en vain sa rage;   170
Zélide est mon partage:
J'aurai pour moi tous les dieux.

156a   MS1: SCÈNE 5e
164a-b   MS1: il sort

LE CHŒUR

O discorde terrible,
Fille affreuse du tendre amour,
Respecte ce beau séjour;   175
Qu'il soit à jamais paisible.

Fin du second acte.

ACTE III

(Le théâtre représente le temple d'Isis et d'Osiris. Les statues de ces dieux sont sur l'autel: elles se donnent la main pour marquer l'union de ces deux divinités.)

SCENE PREMIÈRE

TANIS *seul.*

Temple d'Isis où règne la nature,
Beaux lieux sans ornement, images de nos mœurs,
Vous allez couronner une ardeur aussi pure
Que nos offrandes et nos cœurs.
Ni l'amour de Phanor, ni l'éclat des grandeurs   5
N'ont séduit la belle Zélide. [1]

Zélide est semblable à nos dieux.
Comme eux sa bonté préfère
Le cœur le plus sincère:
Le reste des mortels est égal à ses yeux.   10

Moments charmants, moments délicieux,
Hâtez-vous d'embellir ce beau jour qui m'éclaire;
Hâtez-vous de combler mes vœux.

Temple d'Isis où règne la nature,
Beaux lieux sans ornement, images de nos mœurs,   15
Vous allez couronner une ardeur aussi pure
Que nos offrandes et nos cœurs.

a-17   MS2: [*absent*]
14-17   MS1: Temple d'Isis etc.

[1] Beuchot inserted a blank line after this, where he believed a line to be missing (*M*, vol.3, p.59).

SCENE II

TANIS, LE CHŒUR DES BERGERS

LE CHŒUR

Jamais l'amour n'a remporté
Une victoire plus brillante.

TANIS

Je dois attendre ici la beauté qui m'enchante: 20
Que ces moments sont lents à mon cœur agité!

LE CHŒUR

Zélide a dédaigné la grandeur éclatante:
Zélide est comme nous, elle est simple et constante;
Et ses vertus égalent sa beauté.

17a-b   MS2: [*here II.v is equivalent to* β *III.ii*] SCÈNE 5 / TANIS, LE
CHŒUR DES BERGERS ET DES BERGERES, LES PRÊTRES *qui préparent*
l'autel d'osiris dans le fonds du théâtre.
18   MS2: L'amour ne remporta jamais
18-19   MS1:
<amis qui partagez le succez qui menchante>
<rédoublez ma félicité> →β
19a-34a   MS2:
Zelide, pour être Constante
quitte un empire sans regrets.
TANIS
Zelide est semblable à nos dieux,
à leur exemple elle préfère
un Cœur soumis, tendre et sincère   5
le reste est ègal à ses yeux.
(*Les Bergers forment des Danses, tandis que les prêtres allument le feu sacré,*
couronnent l'autel de guirlandes, et préparent les Cérémonies de L'hyménée.)
UNE BERGÈRE
21a   MS1: CHŒUR DES BERGERES
22-24   MS1:
<Rien na pû de ton amante>
<Ebranler la fidélité> →β

GRAND CHŒUR

Jamais l'amour n'a remporté   25
Une victoire plus brillante.

UN BERGER

Dans le prochain bocage orné par ses appas
La pompe de l'hymen, et son bonheur s'apprête;
    Nos bergers parent sa tête
Des fleurs qui naissent sous ses pas.   30

Phanor avec les siens a quitté nos asiles;
    La discorde fuit pour jamais.
L'hymen, le tendre amour, et les dieux, et la paix
    Nous assurent des jours tranquilles.
(*Danses.*)
      Dans ce fortuné séjour,   35
    Les timbales et les musettes,
    Les sceptres des rois, les houlettes
Sont unis des mains de l'amour.

24a   MS1:
      <elle est comme nous, elle est simple et constante>
      <et ses vertus égalent sa beauté.>
28   MS1: et ton bonheur
33   MS1: dieux de la
35-39   MS1: [*marginal note*] Canevas[2]
38-49b   MS2:
            sont réunis par L'amour.
            pour être aimé d'une belle,
            on n'a pas besoin de rang,
            et parmi nous, le plus grand
            est toûjours le plus fidelle.   5
                   CHŒUR
            L'amour ne remporta jamais
            une victoire plus brillante,

[2] 'Canevas' indicates that the text is here meant to be subordinate to the melody, and that these words can serve as a model for others which may be sung in their place.

UNE BERGÈRE

Bientôt, selon l'usage établi parmi nous,
Les pasteurs consacrés aux dieux de nos ancêtres,   40
    Au son de leurs flûtes champêtres,
Vont amener Zélide à son heureux époux.

TANIS

Viens, vole, cher objet, c'est l'amour qui t'appelle.
Nos chiffres sont tracés sur de jeunes ormeaux:
Le temps les verra croître, et les rendra plus beaux,   45
Sans pouvoir ajouter à mon amour fidèle.

Ces gazons sont plus verts; une grâce nouvelle
    Anime le chant des oiseaux.
Viens, vole, cher objet, c'est l'amour qui t'appelle.

SCÈNE III

TANIS, LES BERGERS, CLÉOFIS

CLÉOFIS

O perfidie! ô crime! ô douleur éternelle!   50

TANIS ET LE CHŒUR

Ciel! quels maux nous annoncez-vous?

CLÉOFIS

Des soldats de Memphis, et ton rival jaloux...
Ceux qui n'auraient osé combattre contre nous...

Zelide, pour être constante,
quitte un empire sans regrets.
SCÈNE 6
LES MÊMES. CLÉOFIS
49a   MS2: [*here II.vi is equivalent to* β *III.iii*]
49c   MS1: [*absent*]
50   MS2: crime! oserai-je le dire...

TANIS

Eh bien?

CLÉOFIS

Ils ont trahi notre simple innocence!
Ils t'enlèvent Zélide!

TANIS

O fureur! ô vengeance!   55

LE CHŒUR

Ils l'enlèvent, ô dieux!

TANIS

Courons, amis, punissons cet outrage.

CLÉOFIS

Sur un vaisseau caché près du rivage
Ils ont fendu les flots impétueux. [3]
Sur la foi des serments nous demeurions tranquilles: 60
C'est la première fois qu'ils ont été trahis!

Dans le sein de ces doux asiles,

54   MS2: èh bien?

CLÉOFIS
Lorsque Zelide à daigné les instruire
qu'elle renonçait à memphis,
contre elle à l'instant réunis
et du traitre Phanor servant la violence
55   MS1, MS2: ils enlèvent
55a-b   MS1: TANIS ET LE CHŒUR
55b   MS1: [absent]
57   MS1: Courons.
     MS2: Courons, punissons

[3] Voltaire may have been influenced by *Sethos* here again, as the novel also
contains an abduction by boat. See vol.3, book 9, p.520-31.

Elle invoquait les dieux, elle appelait Tanis:
Nous ne répondions à ses cris
Que par des sanglots inutiles.   65

TANIS

Grands dieux! voilà les maux que vous m'aviez promis![4]
Je les verrai ces murs malheureux et coupables:
Ces implacables dieux, ces mages inhumains,
    Ces mages affreux dont les mains
    Versent le sang des misérables.   70
Amis, c'est là qu'il faut mourir.
On ne peut vous dompter: on ose vous trahir.
    Détruisons cette ville impie.
    Amis, c'est à votre valeur
    De punir cette perfidie;   75
    Amis, c'est à votre valeur
    De servir ma juste fureur.

LE CHŒUR

Nous allons tous chercher la mort ou la vengeance.
Nous marchons sous son étendard.

CLÉOFIS

    Vengeons l'amour, vengeons l'innocence;   80
    Mais craignons d'arriver trop tard.
Il faut franchir ce mont inaccessible,
Et Memphis à nos yeux est un autre univers.

66   MS2: m'aviez prédits,
75   MS1, MS2: punir la perfidie,
80   MS1: l'amour, ↑et+ vengeons

[4] The Moland edition has 'prédits', with the following note from Beuchot:
'L'édition de Kehl porte *promis*. C'est d'après un manuscrit que j'ai mis *prédits*' (*M*,
vol.3, p.61). Neither of the known manuscripts has both this feature and the one
noted by Beuchot at IV.i.23 (see p.160).

TANIS

L'amour ne voit rien d'impossible;
Tous les chemins lui sont ouverts: 85
Il traverse la terre et l'onde;
Il pénètre au sein des enfers;
Il franchit les bornes du monde.
Croyez-en les transports de mon cœur outragé.
Memphis me verra mort, ou me verra vengé. 90

Que vois-je? quel heureux présage?
Nos dieux tournent sur moi les plus tendres regards!
Dieux, dont la bonté m'encourage,
Je suis l'amour et vous: tout m'anime, je pars.

Fin du troisième acte.

84-94a MS2:

Air.
L'amour ne voit rien d'invincible,
à ses éfforts tout est possible,
tous les Chemins lui sont ouverts;
il franchit les bornes du monde,
il traverse la flamme et l'onde, 5
il pénètre au sein des enfers.
(*Une flamme sort de l'autel d'osiris et marche devant Tanis.*)
que vois-je! quel heureux présage!
une flamme èclaire mes pas,
Dieux dont la bonté m'encourage
je cours m'exposer au trépas.
(*Il sort, les bergers le suivent.*) //
86 MS1: traverse la flamme et

158

ACTE IV

(*Le théâtre représente le temple des mages de Memphis. On voit à droite et à gauche des pyramides et des obélisques: les chapiteaux des colonnes du temple sont chargés des représentations de tous les monstres de l'Egypte.*)

SCÈNE PREMIÈRE

OTOÈS CHEF DES MAGES, CHŒUR DE MAGES

OTOÈS

Ministres de mes lois que ma vengeance anime,
    Phanor a réparé son crime.
Puisse du sang des rois le dangereux parti,
Qui menaçait l'autel, et que l'autel opprime,
    Tomber anéanti!   5

Consultons de notre art les secrets formidables:
    Voyons par quels terribles coups
    Il faut confondre les coupables
Qu'un sacrilège orgueil anima contre nous.

CHŒUR DES MAGES

    O magique puissance,   10
    Sois toujours dans nos mains
    L'instrument de la vengeance;
    Fais trembler les faibles humains!

a   MS2: ACTE TROISIÈME
c-d   MS2: obélisques, [*written and underlined in pencil:*] ⸢dans le fonds on voit le nil.⁺ les Chapiteaux des colonnes sont chargés
g   MS1: [*absent*]
    MS2: OTOÈS, LES MAGES
h   MS1: OTOÈS, CHEF DES MAGES
10-13   MS1: O magique puissance, etc.

OTOÈS

Que nos secrets impénétrables
D'une profonde nuit soient à jamais voilés: 1 5
Plus ils sont inconnus, plus ils sont vénérables
A nos esclaves aveuglés.

LE CHŒUR

O magique puissance,
Sois toujours dans nos mains
L'instrument de la vengeance;   2 (
Fais trembler les faibles humains!

OTOÈS

Commençons nos mystères sombres,
Inconnus aux mortels. [1]
Du fatal avenir je vais percer les ombres,
Et chercher du destin les décrets éternels.   2 5
(*Symphonie terrible.*)
(*On peut exprimer par une danse figurée la sombre horreur de
ces mystères.*)
Que vois-je? quel danger! quelle horreur nous menace!

23-25   MS1:
        <Inconnus aux mortels.>
        o fatal avenir, inconnu aux mortels <[*two illegible words*]>
        de ton obscurité, je vais percer les ombres,
        je vais voir dans ton sein les destins éternels.
25c   MS2: *mistères. tandis qu'otoës chante l'air suivant.*)
26-27   MS2:
                        Air.
        Divinités des noirs abimes,
        Dieux du malheur et des forfaits,

---

[1] Moland has 'Cachés aux profanes mortels'. A footnote from Beuchot explains:
'On lit dans l'édition de Kehl: Inconnus aux mortels. Cette correction est encore
faite d'après le manuscrit dont j'ai parlé à la note de la page 61' (*M*, vol.3, p.64).
Neither of the known manuscripts fits this description.

Un berger, un simple berger
Des rois que j'ai détruits vient rétablir la race!
Il dresse un autel étranger!...
Un dieu vengeur l'amène!... Un dieu vengeur nous chasse!　30

CHŒUR DES MAGES

Que tout l'enfer armé prévienne cette audace!

OTOÈS

Otons toute espérance aux vils séditieux.
Du sang des rois, de ce sang si funeste
Zélide est le seul reste;
Il faut l'immoler à leurs yeux.　35

LE CHŒUR

Soyons inexorables;
N'épargnons pas le sang:
Que la beauté, l'âge et le rang,
Nous rendent plus impitoyables.[2]

apprenés moi tous vos secrets,
et je doublerai vos victimes.
quoi!... vous refusés d'obeir!　5
j'attens envain votre réponse,
ah! tremblés que je ne prononce,
ce nom qui vous fait tous pâlir,
frémissez... mais, ô dieux, quel danger nous menace?
quoi! Tanis, un simple berger,　10
35a-41　MS2　qu'on amène Zelide, et que ce sacrifice.......
35a　MS1: CHŒUR.

[2] 'Nous connaissons bien des chœurs de démons à l'opéra; mais celui-ci est dans un goût particulier: il est tout-à-fait *révolutionnaire*, c'est-à-dire atroce et plat. Il ressemble parfaitement aux *chants patriotiques du 10 août et du 2 septembre*, et c'est là qu'il pouvait être merveilleusement placé' (La Harpe, *Commentaire sur le théâtre de Voltaire*, p.468-69). Decroix comments in a note 'Cette comparaison pourrait être juste, sans que, pour cela, le chœur de Tanis fût mauvais; peut-être même est-elle un éloge plutôt qu'une satire; chaque objet doit avoir sa véritable couleur, et l'on ne

OTOÈS

Qu'on amène Zélide: il faut tout préparer   40
Pour ce terrible sacrifice.

SCÈNE II

OTOÈS, LES MAGES, PHANOR, ET SA SUITE

PHANOR

Je viens vous demander le prix de mon service;
Vous me l'avez promis, et je dois l'espérer.
Je ramène les miens sous votre obéissance;
Zélide est en mes mains, nos troubles sont finis;   45
Et Zélide est l'unique prix
Que je veux pour ma récompense.

OTOÈS

Qu'osez-vous demander?

PHANOR

                Aux pieds de vos autels
C'est à vous de former cette auguste alliance.

41b MS2: LES MAGES, PHANOR.
43-45 MS2:
            et vous même l'avés promis;
            j'ai ramené les miens sous votre obéissance,
            Zelide est en vos mains, nos troubles sont finis,
45 MS1: en vos mains
48 MS1: pieds des autels

---

saurait peindre les démons trop méchants et trop atroces. Quant à la platitude, nous ne savons trop si elle peut aisément s'accorder avec l'atrocité'. While some resemblance can be seen to the fourth verse of the *Marseillaise*, the parallel with the words of the shepherds at the end of I.v is perhaps more obvious: 'Aux armes, aux armes: / Marchons, signalons-nous' (see p.138).

OTOÈS

Venez la disputer à nos dieux immortels. 50

PHANOR

Ciel! Qu'est-ce que j'entends! je tremble, je frissonne.

OTOÈS

Après vos complots criminels,
C'est beaucoup si l'on vous pardonne.
(*Il rentre dans le temple avec les mages.*)

SCÈNE III

PHANOR, SUITE

PHANOR

O crime! ô projet infernal!
J'entrevois les horreurs que ce temple prépare! 55
C'est moi, c'est mon amour barbare
Qui va porter le coup fatal.

Vengez-moi, vengez-vous: prévenez le supplice

50-53a MS2:

Zelide est aux dieux immortels;
pour en faire votre Conquête,
il est un seul moyen, allés vaincre Tanis,
à nos pieds apportés sa tête,
et Zelide en sera le prix. 5
PHANOR
La gloire du combat m'empêche de m'en plaindre;
quand Zélide est à moi, je veux bien consentir
à m'assurer sa main qu'on ne peut me ravir.
dans le sang de Tanis mon Courroux và s'éteindre,
mais que vos serments soient remplis, 10
oû pour d'autres que lui, Phanor serait à Craindre.
(*Il sort.*)

53c MS1: PHANOR ET SA SUITTE
53c-71 MS2: [*see Appendix, p.181-82*]

Qui nous est à tous destiné.
Qu'attendez-vous de leur justice? 60
Ces monstres teints de sang n'ont jamais pardonné.
Quel appareil horrible à mes yeux se découvre![3]
Zélide dans les fers! un glaive sur l'autel!
(*Zélide paraît enchaînée dans le fond du temple; il continue.*)
Rassemblons nos amis; secondez mon courage;
Partagez ma honte et ma rage; 65
Suivez mon désespoir mortel.

(*Ils sortent.*)

SCÈNE IV

OTOÈS, LES MAGES, ZÉLIDE

ZÉLIDE

Achevez, monstres inflexibles:
Frappez, ministre cruel;
Hâtez les vengeances du ciel
Par vos sacrilèges horribles. 70
Qu'est devenu Tanis? Ciel! qu'est-ce que je vois?

SCÈNE V

OTOÈS, LES MAGES, ZÉLIDE, TANIS

TANIS, *accourant à l'autel.*

Arrêtez, arrêtez, ministres du carnage;

63a   MS1: *temple et il*
66a   MS1: *il sort avec les siens.*
71a-b MS1: [*absent*]
71a-c MS2: SCÈNE 6 / LES MAGES, ZELIDE, TANIS PEUPLE / TANIS

---

[3] Beuchot inserted a blank line after this, where he believed a line to be missing (*M*, vol.3, p.65).

De ce temple sanglant j'apprends quelle est la loi.
La mort doit être mon partage;
Zélide a mon cœur et ma foi.   75
Un époux en ces lieux peut s'offrir en victime.
Respectez l'amour qui m'anime;
Que tous vos coups tombent sur moi.

ZÉLIDE

O prodige d'amour! ô comble de l'effroi!
Tanis pour moi se sacrifie!   80
(*à Tanis*)
Voici le seul moment de ma funeste vie
Où je puis désirer de n'être point à toi.
(*aux mages*)
Il n'est point mon époux; c'est en vain qu'il réclame
Des droits si chers, un nom si doux.

TANIS

Ah! ne trahissez pas mon espoir et ma flamme: 85
Que j'emporte au tombeau le bonheur d'être à vous!

73-78   MS2:

          et respectés du moins vos loix,
       du vainqueur de tanis Zelide est le partage,
          vous en avés fait le serment.
       à le remplir, mages, que l'on s'apprète,
          de tanis, j'apporte la tête,   5
          Zelide est libre en ce moment.
79   MS2: [*see Appendix, p.183*]
80a MS2:
                    TANIS
          vous avés mon Cœur et ma foi,
          je peux bien vous donner ma vie.
                    ZELIDE
81   MS2: seul instant de
82   MS1, MS2: je peux désirer
86   MS2: Laissés moi mourir votre Epoux.

ZÉLIDE ET TANIS *ensemble.*
Sauvez la moitié de moi-même;
Frappez, ne différez pas.
Pardonnez à ce que j'aime:
C'est à moi qu'on doit le trépas.

9(

SCÈNE VI

OTOÈS, LES ACTEURS PRÉCÉDENTS, PHANOR

OTOÈS

Notre indigne ennemi lui-même se déclare;
C'est lui qu'ont amené les dieux et les enfers.

TANIS

Je suis ton ennemi, n'en doute point, barbare.

OTOÈS

Qu'on le charge de fers;
Commençons par ce sacrifice.
Téméraire, tu périras;
Mais ton juste supplice
Ne la sauvera pas.

95

86a   MS2: ENSEMBLE
90b   MS1: OTOÈS ET LES ACTEURS PRÉCÉDENTS
        MS2: [*absent*]
92   MS2: [*absent*]
93-93a   MS2: [*adds between these lines*]
        mais il faut te hâter de me ravir le jour,
        bientôt de nos bergers la redoutable armée
        sera sous les remparts de ta ville alarmée,
        seul je l'ai devancée, et conduit par L'amour
        je suis venû m'offrir pour sauver ma Zelide.   5
93a   MS1: PHANOR
94   MS2: fers (*on l'enchaine*) sous le glaive homicide
95-96   MS2:
                    téméraire tû périras
                    nous recevons ton sacrifice,

166

Prenez ce fer sacré. Dieux! quel affreux prodige!
Ce fer tombe en éclats... ces murs sont teints de sang!...   100
Ton dieu m'impose en vain par ce nouveau prestige:
Il reste encor des traits pour te percer le flanc.

ZÉLIDE

Peuples, un dieu prend sa défense.

PHANOR à sa suite, arrivant sur la scène.

Amis, suivez mes pas, et vengeons l'innocence.

OTOÈS aux mages.

Soldats qui me servez, terrassez l'insolence.   105
    Vous, gardez ces deux criminels;
Vous, marchez, combattez, et vengez les autels.
(Les combattants entrent dans le temple, qui se referme.)

SCÈNE VII

TANIS, ZÉLIDE, GARDES

TANIS

O prodige inutile! ô douloureuses peines!

---

99   MS2: sacré ... (*un mage vient pour immoler Tanis, le couteau se brise dans ses mains*) [*in a different hand and later underlined in pencil:*] *et les fers de tanis et de la princesse tombent d'eux memes.*) / Dieux!
103a   MS1: PHANOR *à sa suite.*
103a-104   MS2: [*absent*]
104a-105   MS2:

OTOËS

Soldats qui me servez, assurés ma vengeance
immollés ces pervers à mes coups échappés.
106-38a   MS2: [*absent*]
108   MS1: o miracle inutile

Phanor combat pour vous, et je suis dans les chaînes!
Tous les miens m'ont suivi, mais leurs secours sont lents: 110
Je n'ai pour vous que des vœux impuissants.

CHŒUR, *derrière la scène.*

Cédez, tombez, mourez, sacrilèges coupables:
Nos traits sont inévitables.

ZÉLIDE

Entendez-vous les cris des combattants?

TANIS

Quel son harmonieux se mêle au bruit des armes!   115
Quel mélange inouï de douceurs et d'alarmes![4]
(*On entend une symphonie douce.*)

CHŒUR, *derrière la scène.*

Des dieux équitables
Prennent soin de vos beaux jours;
Des dieux favorables
Protègent vos tendres amours.   120

TANIS

Je reconnais la voix de nos dieux secourables:
Ces dieux de l'innocence arment pour vous leurs bras.

CHŒUR DES COMBATTANTS

Tombez, tyrans; mourez, coupables;[5]
Tombez dans la nuit du trépas.

---

[4] Beuchot inserted a blank line after this, where he believed a line to be missing (*M*, vol.3, p.68).
[5] Cf. *Samson*, IV.v.131, 135 (p.306, 307 below); *Pandore*, IV.v.34-35 (p.397 below).

ZÉLIDE

Je frémis!

TANIS

Non, ne craignez pas. 125
Si mes dieux ont parlé, j'espère en leur clémence;
J'en crois leurs bienfaits et mon cœur.
Ils ont conduit mes pas dans ce séjour d'horreur.
Ils font éclater leur puissance;
Ils étendent leur bras vengeur. 130

ZÉLIDE ET TANIS

Dieux bienfaisants, achevez votre ouvrage;
Délivrez l'innocent qui n'espère qu'en vous.
Lancez vos traits, écrasez sous vos coups
Le barbare qui vous outrage.
(*Les gardes emmènent Zélide et Tanis.*)

ZÉLIDE

On vous redoute encore, on nous sépare, hélas! 135
La mort approche, on nous sépare.

TANIS

Qu'ils tremblent à la voix du ciel qui se déclare.
C'est à nous d'espérer jusqu'au sein du trépas.

Fin du quatrième acte.

135-36 MS1: <on nous sépare, [*illegible*] tout est fini pour nous!> →β
137-38 MS1: <non rien ne peut motter lespoire et le courage> →β

ACTE V

SCÈNE PREMIÈRE

ZÉLIDE, TANIS

ZÉLIDE

La mort en ces lieux nous rassemble;
Le sacrifice est prêt; nous périrons ensemble.

TANIS

Zélide, calmez vos terreurs.

ZÉLIDE

Nos cruels tyrans sont vainqueurs:
A peine on voit de loin paraître nos pasteurs;   5
Et Phanor a perdu la vie.

TANIS

Il méritait la mort; il vous avait trahie.

ZÉLIDE

Vous êtes seul et désarmé,
Et votre cœur est sans alarmes!

TANIS

Je vous aime, je suis aimé: 10
L'amour et les dieux sont mes armes.

ZÉLIDE

Tanis! mon cher Tanis, sans vous, sans nos amours,
Je braverais la mort qui me menace.

a-94a   MS2: [see Appendix, p.184-88]
5   MS1: paraître vos pasteurs.

Mais ces mages sanglants sont maîtres de vos jours;
Nous sommes enchaînés: vous êtes sans secours. 15

TANIS

Nos chaînes vont tomber: tout va changer de face.

ZÉLIDE

Quoi! les dieux à ce point voudraient nous protéger!
Fuyons ces lieux...

TANIS

Moi? fuir, quand je puis vous venger!

ZÉLIDE

N'abusez point de la faveur céleste;
Dérobez-vous à ces mages sanglants: 20
Tout l'enfer est soumis à leur pouvoir funeste;
La nature obéit à leurs commandements.

TANIS

Elle obéit à moi.

ZÉLIDE

Ciel! qu'est-ce que j'entends?

TANIS

D'Isis et d'Osiris les destins m'ont fait naître.

ZÉLIDE

Ah! vous êtes du sang des dieux! 25
Vous savez assez qu'à mes yeux
Vous seul étiez digne d'en être.

16-16a   MSI: [adds between these lines] (leurs fers tombent.)
17   MSI: point daignent nous
25   MSI: <ah vous êtes de sang des Dieux>→β

TANIS

Ils daignaient m'éprouver par les plus rudes coups:
Ils n'ont voulu me reconnaître
Qu'après m'avoir enfin rendu digne de vous. 30

Lorsque ces tyrans sanguinaires
Nous séparaient par un barbare effort,
J'ai revu mes dieux tutélaires;
Ils m'ont appris ma gloire, ils ont changé mon sort;
Ils ont mis dans mes mains le tonnerre et la mort. [1] 35
Vous allez remonter au rang de vos ancêtres;
L'Egypte va changer et de dieux et de maîtres.

ZÉLIDE

Un si grand changement est digne de vos mains.
Mais je vois avancer ces mages inflexibles,
Hélas! je vous aime, et je crains... 40

TANIS

Ils trembleront bientôt, ces tyrans si terribles.

SCÈNE II

TANIS, ZÉLIDE, OTOÈS, LES MAGES, LE PEUPLE

OTOÈS

Peuples, prosternez-vous: terre entière, adorez
Les éternels arrêts de nos dieux redoutables.
Monstres de l'Egypte, accourez:
Connaissez ma voix, dévorez 45
Ces audacieux coupables,
Au fer de l'autel échappés.

---

[1] 'Vous jugez que, d'après cette assurance qui nous arrive dès la première scène
du cinquième acte, nous sommes aussi *sans alarmes* jusqu'à la fin, et tout aussi
tranquilles que lui' (La Harpe, *Commentaire sur le théâtre de Voltaire*, p.464).

TANIS

Osiris, mon père, frappez;
Lancez du haut des cieux vos traits inévitables.
(*Des flèches lancées par des mains invisibles percent les*
monstres qui se sont répandus sur la scène.)

LES MAGES

O Ciel! se peut-il concevoir   50
Qu'on égale notre pouvoir!

OTOÈS

Art terrible et divin, déployez vos prodiges;
Confondez ces nouveaux prestiges!
Sortez des gouffres des enfers,
Du brûlant Phlégéton, flammes étincelantes![2]   55
(*On voit s'élever des tourbillons de flammes.*)

TANIS

Cieux, à ma voix soyez ouverts!
Torrents suspendus dans les airs,
Venez, et détruisez ces flammes impuissantes!
(*Des cascades d'eau sortent des obélisques du temple, et*
éteignent les flammes.)

CHŒUR DU PEUPLE

O ciel! dans ce combat quel dieu sera vainqueur?

OTOÈS

Vous osez en douter! Que la voix du tonnerre   60

49a   MSI: *mains invincibles percent*
58   MSI: Retournez détruisez

---

[2] The fiery river Phlegethon, one of the affluents of the Acheron in Greek
mythology.

Gronde et décide en ma faveur!
Eclairs, brillez seuls sur la terre!
Eléments, faites-vous la guerre,
Confondez-vous avec horreur!

TANIS

Les dieux t'ont exaucé, mais c'est pour ton supplice.   65
Voici l'instant de leur justice:
L'enfer va succomber, et ton pouvoir finit.
Le ciel s'est enflammé, le tonnerre étincelle.
Tremble, c'est ta voix qui l'appelle:
Il tombe, il frappe, il te punit.   70

CHŒUR DU PEUPLE

Ah! les dieux de Tanis sont nos dieux légitimes.
(*Le tonnerre tombe; l'autel et les mages sont renversés.*)[3]

TANIS

Autels sanglants, prêtres chargés de crimes,
Soyez détruits, soyez précipités
Dans les éternels abîmes
Du Ténare dont vous sortez.   75

66   MS1: de sa justice
68   MS1: <pouvoir> ┆tonnerre⁺

[3] 'Otoès enfin, le grand pontife, a recours au tonnerre; mais c'est le plus mauvais parti qu'il pouvait prendre; car Tanis ordonne au tonnerre de consumer tous les mages, qui sont brûlés aussitôt sans qu'il en reste un seul' (La Harpe, *Commentaire sur le théâtre de Voltaire*, p.465).

SCÈNE III et dernière

LES ACTEURS PRÉCÉDENTS, LES BERGERS

TANIS *aux bergers qui paraissent armés sur la scène.*
Vous qui venez venger Zélide,
Le ciel a prévenu vos cœurs et vos exploits.
Sa justice en ces lieux réside;
Il n'appartient qu'aux dieux de rétablir les rois.

Sur ces débris sanglants, sur ces vastes ruines,   80
Célébrons les faveurs divines. [4]
(*Danses.*)

LE CHŒUR
Régnez tous deux dans une paix profonde,
Toujours unis et toujours vertueux.
Fille des rois, enfant des dieux,
Imitez-les, soyez l'amour du monde.   85

TANIS
Le calme succède à la guerre.
De nouveaux cieux, une nouvelle terre
Semblent formés en ce beau jour.
Sur les pas des vertus les plaisirs vont paraître:
Tout est l'ouvrage de l'amour. [5]   90
(*Danses.*)

75a-c   MSI: (*Les bergers armez paraissent sur la scène et tanis continüe.*)
81a   MSI: (*On danse.*) / canevas
90a-b   MSI: [*adds between these lines*] Canevas

[4] Beuchot inserted a blank line after this, where he believed a line to be missing (*M*, vol.3, p.72).
[5] Beuchot inserted a blank line after this, where he believed a line to be missing (*M*, vol.3, p.72).

LE CHŒUR *répète.*
Régnez tous deux dans une paix profonde,
Toujours unis et toujours vertueux.
Fille des rois, enfant des dieux,
Imitez-les, soyez l'amour du monde.[6]

Fin du cinquième et dernier acte.

91-94   MSI: Régnez tous deux.//

[6] 'Chacun célèbre sa joie. Chœurs, danse et personne ne s'inquiète de Phanor. On ne sait pas ce qu'il est devenu' (Flaubert, *Le Théâtre de Voltaire*, vol.2, p.722). In fact Zélide does mention, in passing, Phanor's death, which occurs off-stage (V.i.6).

APPENDIX

Longer variants in MS2

1. *Variant to* I.v.130-46

ZELIDE

[*underlined in pencil:*] ⌐je ne suis point ingratte⁺
qui de vous deux se flatte?
quand votre orgueil éclatte
dans vos yeux et dans votre Cœur.

ENSEMBLE

{ oui vous l'aimés ingratte   5
{ je ne suis point ingratte
{ votre faiblesse èclatte
{ et votre orgeuil èclatte
{ dans vos yeux et dans votre Cœur.
{ dans vos yeux et dans votre Cœur   10

PHANOR

vous souffrés qu'il soupire,
et qu'il ose vous dire
qu'il vit sous votre loi.

ZELIDE

Les soupçons qu'il inspire
Suffiraient pour m'instruire   15
qu'il est digne de moi.

PHANOR

après un tel outrage,
sur ce fatal rivage
je n'ai plus qu'a périr.

ZELIDE

si c'est vous faire outrage,   20
c'est à votre Courage
à m'en faire rougir.

(Il sort avec sa suitte.)

2. *Variant to I.vi.151-59a*

je tremble à son nouveau danger,
que ne puis-je le partager!
l'image d'un glaive homicide
glace d'effroi mon tendre Cœur;
cher Tanis, revenés vainqueur,   5
vous l'êtes déja de Zélide.

SCÈNE 7

ZELIDE, PANOPE, LES BERGERS *armés marchent
par Bataillons sous la Conduitte de* TANIS

CHŒUR DES BERGERS

aux armes, aux armes
marchons, signalons-nous;
Tanis, vous guiderés nos coups,
nous vous suivrons dans les allarmes,   10
certains de vaincre auprès de vous.

TANIS

amis, vous volons à la gloire,
les lauriers croitront sous nos pas;
en combattant pour ses appas,
qui peut douter de la victoire?   15

CHŒUR

aux armes, aux armes,
marchons, signalons-nous.
Tanis, vous guiderés nos coups,

178

nous vous suivrons dans les allarmes,
certains de vaincre auprès de vous.   20
(*Les troupes défilent devant la Princesse, et s'éloignent en chantant,
jusquà ce que l'éloignement les empêche d'être entendus.*)

3. *Variant to II.i.32a-38*

CHŒUR

que ces fleurs nouvelles
ornent nos pasteurs
c'est toûjours aux belles
à couronner les vainqueurs.

TANIS

Vous avés combattû pour la belle Zelide,   5
allés donc lui porter ces drapeaux tout sanglants,
consacrés à ses pieds les nobles monuments
de votre valeur intrépide.

LES BERGERS

allons lui raconter les exploits de Tanis
tout doit retentir de sa gloire.   10
(*Tous les bergers reprenent leurs armes, et sortent en chantant.*)

CHŒUR

Triomphe, Victoire
nos cruels ennemis
sont tombés sous les coups du généreux tanis.

LES BERGÈRES *qui les suivent.*

Périsse à jamais leur mémoire
plaisirs ne soyés plus bannis.   15
(*Tout le monde sort hors tanis et Cléofis.*)

4. *Variant to II.vi.121b-176a*

TANIS ZELIDE, BERGERS ET BERGÈRES *qui*
remplissent le théatre.

ZELIDE

Vaillants bergers, vous par qui je respire,
n'exposés plus vos jours en défendant mes droits,
je renonce à memphis, je renonce à l'empire
pour vivre à jamais dans vos Bois.
air. 5
Oui, je veux devenir bergere,
avec tanis habiter ce séjour,
sans autre soin que de lui plaire,
sans autre bien que mon amour.
exercer le pouvoir suprême 10
toûche peu mon sensible cœur,
je préfère pour mon bonheur
d'obéir à l'objet que j'aime.

TANIS

je succombe à L'excès de mon Ravissement.

ZELIDE

Pontifes d'osiris, préparés L'himenée 15
qui doit m'unir à mon amant;
aux soldats de Phanor je vais dans ce moment,
rendre la foi qu'ils m'ont donnée.
[*underlined in pencil:*] ⌐ne vous montrés point à leurs yeux,+
Tanis, demeurés dans ces lieux, 20
j'y reviendrai bientot à la face des Dieux.
vous soumettre, <à votre sort unir> ma destinée.

180

5. *Variant to IV.iii.53c-71*

OTOËS, LES MAGES

OTOËS

enfin nos cruels ennemis
l'un par l'autre vont se détruire:
Phanor comme Tanis est suspect à mes yeux,
quelque soit le vainqueur, il faudra qu'en ces lieux
l'adresse oû la force l'attire,   5
et nous nous baignerons dans son sang odieux.

LE CHŒUR

Et nous nous baignerons dans son sang odieux.

OTOËS

soyons inéxorables,
n'épargnons pas le sang,
que la beauté, l'age et le rang   10
nous rendent plus impitoyables.

CHŒUR DES MAGES

Soyons, soyons inéxorables,
n'épargnons pas le sang,
que la beauté, l'age, et le rang
nous rendent plus impitoyables.   15

SCÈNE 4

LES MÊMES, UN MAGE

LE MAGE

Seigneur, en ce moment aux portes de memphis
Phanor a rencontré Tanis.
[*underlined in pencil*:] †en notre faveur tout conspire;†
ils sont aux mains.

OTOËS

que la princesse expire,   20
qu'on la traine à l'autel, il faut tout preparer
pour ce terrible sacrifice.
Dieu des enfers, sois-nous propice,
tû vois par quels forfaits nous savons t'honorer.

SCÈNE 5

LES MAGES, ZELIDE (*enchainée*)

OTOËS

Zelide, il faut mourir, en vain notre Clémence   25
voudroit oublier votre offense;
L'enfer est irrité, l'enfer plus fort que nous
d'accorder une vengeance
égale à son courroux.

ZELIDE

achevez, monstres infléxibles,   30
frappés, ministre cruel,
hatés les vengeances du Ciel,
par vos sacriléges horribles.
et toi qui m'avait sû charmer,
que jamais ton cœur ne m'oublie!   35
je ne regrette de la vie
que le doux plaisir de t'aimer
achevez [*illegible*]
qu'est devenû Tanis? Ciel! qu'es-ce que je vois?

6. *Variant to IV.iii.79*

ZELIDE

ô prodige d'amour!

OTOËS

quoi! serait-il possible
que Phanor eut vaincû...

ZELIDE

Tanis est invincible.

TANIS

Phanor est tombé sous ses coups.

OTOËS

jeune homme, et qui donc êtes vous?

TANIS

Vous de<vie[?]>⁻⁺vé⁺s le juger à mon amour extrême;   5
pour vous livrer Tanis il faut être lui même,
et je veux mériter de mourir son Epoux.
Duo.

ZELIDE

Non, tû ne mourras point, mages, tranchés ma vie,
que tous vos coups tombent sur moy.

TANIS

n'immolés que moi seul, et respectés sa vie,   10
un serment vous en fait la loi.

ZELIDE

ô comble d'amour et d'effroi,

7. *Variant to act 5*

TANIS

ô puissant osiris, frappés,
manifestés votre puissance.
(*Comme les soldats d'otoës savancent le Glaive levé sur Tanis, une pluie de feu les arrête et les fait fuir.*)

1-23 [*the following lines appear on two leaves in what is almost certainly the same hand as the main writing (in ink) on the flyleaf*]
ministres des enfers, assurés ma vengeance; [1]
peuple prosternés vous, terre entière, adorés
les eternels arrets de nos dieux redoutables;
monstres de l'égipte, accouréz,
connaissés ma voix, dévorés   5
ces audacieux coupables
au fer de l'autel échappés.
(*Les flots du nil, <[illegible]> que l'on doit voir dans le fonds du theatre, se soulevent et vomissent des monstres horribles.*)

TANIS

ô puissant osiris, frappés,
lancés du haut des cieux vos traits inévitables.
(*Des fleches lancées par des mains invisibles percent les monstres et les repoussent dans le nil.*)

LES MAGES

ô ciel! Se peut-il concevoir   10
qu'on égale notre pouvoir!

OTOËS

art terrible et divin, déploiés vos prodiges,
confondés ces nouveaux <[illegible]> prestiges,
Sortés du gouffre des enfers,

[1] Although this page begins without any indication of speaker, these lines are doubtless meant to be spoken by Otoès. The first few lines are clearly related to the variant to lines 104a-105 of act 4, scene 6, where the similarities between MS2 and β are suspended until act 5. Zélide's line 'Peuples, un dieu prend sa défense' (IV.vi.103) provides the rhyme with 'vengeance' here. The variant provided on the inserted leaves is similar to β V.ii.42-64.

LES MAGES

ô Ciel! se peut-il concevoir
qu'on ègale notre pouvoir?

OTOËS

Art terrible et divin, déploiés vos prodiges,   5
confondés ces nouveaux prestiges;
noirs abimes, soiés ouverts,

du brulant phlégéton flammes étincellantes.   15
(*Des tourbillons de flamme sortent de terre,* [†]*et*⁺ *remplissent le fonds du theatre.*)
TANIS
au nom d'isis que les cieux soient ouverts.
torrents suspendus dans les airs,
retombés, détruisés ces flammes impuissantes.
(*Les cataractes du ciel répandent des torrents qui éteignent les flammes.*)
CHŒUR DU PEUPLE
ô ciel! dans ce combat, quel dieu sera vainqueur?
OTOËS
vous osés en douter! que la voix du tonnerre   20
gronde et décide en ma faveur.
éclairés, brillés seuls sur la terre,
élements, faites vous la guerre,
confondés vous avec horreur.
(*Les ténébres couvrent le theatre et l'on entend sous la terre le chœur des dieux
infernaux.*)
CHŒUR DES DIEUX INFERNAUX
tremblés, tremblés, sacriléges coupables,   25
des dieux redoutables
contre vous arment leurs bras.
(*Un nuage d'or remplit le haut du theatre et l'on entend dans ce nuage le chœur des
divinités celestes.*)
CHŒUR DES DIEUX DU CIEL
rassurez vous, mortels aimables,
des dieux équitables
viennent vous sauver du trépas.   30
CHŒUR DES DIEUX INFERNAUX
des dieux redoutables,
contre vous arment leurs bras.
des dieux implacables
vous préparent le trepas.

du phlégéton flammes étincellantes
sortez des cavernes brulantes,
accourrés à ma voix, puissants dieux des enfers,
unissés vous contre un perfide.

TANIS

Osiris, dieu de L'univers
descends du haut des cieux pour déffendre Zelide.

(*On voit s'eléver des tourbillons de flammes, et les divinités infernales sortent des enfers en Chantant le cœur suivant. au même instant un nüage d'or remplit le theâtre, et l'on entend dans ce nuage le Chœur des divinités Celestes.*)

CHŒUR DES DIEUX INFERNAUX

Tremblés, sacriléges Coupables
des Dieux redoutables
contre vous arment leurs bras.

CHŒUR DES DIEUX DU CIEL

Rassurés vous, mortels aimables,
des Dieux équitables
viennent vous sauver du Trépas.

<CHŒUR DES DIEUX INFERNAUX>

<des dieux redoutables>
<contre vous arment leurs bras,>
<des dieux implacables>
<vous préparent le trépas.>

CHŒUR CÉLESTE

des Dieux équitables
viennent vous sauver du trépas
des Dieux favorables
pour vous, ici, portent leurs pas.

(*Le nuage* [*addition underlined in pencil:*] ↑*d'or*+ *s'ouvre, osiris et jsis paraissent dans une gloire, environnés de Genies et de demi Dieux.*)

ISIS ET OSIRIS

Voici L'instant de la justice.
dans ce temple sanglant je n'ai conduit Tanis
que pour y voir l'affreux supplice   30
de ses barbares ennemis.
Dieux des méchants, mages chargés <d'arm> [*underlined in pencil:*] ⌐de crimes,⁺
soiés détruits, soyés precipités
dans les èternels abimes
du Ténare dont vous sortés.   35
(*le tonnerre foudroie les mages, leur autel,* ⌐*et*⁺ *les Dieux infernaux sont
engloutis avec eux.*)

<CHŒUR DU PEUPLE>

<Ah! les dieux de tanis sont nos dieux véritables.>
<divinités des noirs abimes>
<dieux du malheur et des forfaits>
<révelés moi tous vos secrets>
<et je doublerai vos victimes.>   40
(*mille* [*tonnerres?*] *sortent du nuage, foudroient les mages et leur autel, le
temple Croule avec fracas.*

CHŒUR DU PEUPLE

ah! les dieux de Tanis sont <les> [*addition underlined in pencil:*] ⌐nos⁺ dieux véritables;
qu'ils nous soient toûjours favorables!

TANIS

Peuple, adorés les à jamais;
d'isis et d'osiris que le culte Commence;
et ce n'est que par leurs bienfaits   45
qu'ils vous prouveront leur puissance.

ISIS ET OSIRIS

Toûjours unis, et toûjours vertueux,
regnés au bord du nil dans une paix profonde;
Vous la fille des rois, vous, favori des Dieux
imitez les, soyés l'amour du monde.   50
(*Isis et osiris remontent au Ciel, et l'on voit s'elever un temple magnifique
où sont leurs statuës. les Bergers armés y entrent conduits par Cléofis.*)

187

SCÈNE DERNIÈRE
TANIS, ZELIDE, CLÉOFIS, PEUPLE BERGERS

CLÉOFIS

Ah! cher Tanis. enfin je te Revois.

TANIS (*aux bergers*)

Vous qui venés venger Zelide,
le ciel à prevenu vos cœurs et vos Exploits;
Sa justice en ses lieux réside;
[*written and underlined in pencil:*] ⌐et va faire regner les loix⁺
<il n'appartient qu'aux Dieux de rétablir les Rois.>   55

CHŒUR

Le calme succède à la guerre,
de nouveaux Cieux, une nouvelle terre
semblent formés en ce beau jour,
   tous les plaisirs vont reparaitre
   toutes les vertus vont renaitre   60
   et c'est l'ouvrage de l'amour.

Fin.
Ballet Général des Bergers et des Egyptiens.

Samson

Critical edition

by

Russell Goulbourne

CONTENTS

INTRODUCTION

1. *Composition and collaboration*

Voltaire seems to have been keen to try his hand at writing an opera in the early 1730s.[1] In the preface to his 1730 edition of *Œdipe*, he refers to opera, not unambiguously, as 'un spectacle aussi bizarre que magnifique'.[2] He is, it seems, at once repelled by opera and irresistibly drawn to it. Following the success of *Zaïre*, first performed at the Comédie-Française in August 1732,[3] word spreads that 'Voltaire va faire aussi un opéra', as Formont tells Cideville on 2 April 1733 (D586), a rumour confirmed shortly afterwards by Voltaire himself in a letter to Thiriot of *c.*10 May, in

* I am indebted to Roger Cotte, whose preliminary work on *Samson* provided the starting point for my own research. For their assistance during the preparation of this edition, I am particularly grateful to Neil Cockburn, Silvio Corsini (Bibliothèque cantonale et universitaire, Lausanne), Pascal Denécheau (Institut de recherches sur le patrimoine musical en France, Paris), Jocelyne Deschaux (Bibliothèque municipale, Toulouse), Béatrice Ferrier, Gilles Gudin de Vallerin (Bibliothèque municipale, Montpellier), Frédéric Mongin (Bibliothèque municipale, Reims), David Pavelich (Joseph Regenstein Library, University of Chicago), Gilles Plante, Michèle Poulizac (Bibliothèque municipale, Rennes), Dominique Quéro, Nathalie Rollet-Bricklin (Bibliothèque Sainte-Geneviève, Paris) and Rémy-Michel Trotier.

[1] On Voltaire and opera, see R. S. Ridgway, 'Voltaire's operas', *SVEC* 189 (1980), p.119-51; M. Mat-Hasquin, 'Voltaire et l'opéra: théorie et pratique', *L'Opéra au dix-huitième siècle* (Aix-en-Provence, 1982), p.527-46; and D. J. Fletcher, 'Voltaire et l'opéra', *L'Opéra au dix-huitième siècle*, p.547-58.

[2] *OCV*, vol.1A, p.272. This anticipates Voltaire's reference in his *Réponse à Monsieur de La Lindelle*, which prefaces *Mérope*, to 'le beau monstre de l'opéra' (*OCV*, vol.17, p.243). See also his evocation of the Académie royale de musique in *Le Mondain*: 'Il faut se rendre à ce palais magnifique, / Où les beaux vers, la danse, la musique, / L'art de tromper les yeux par les couleurs, / L'art plus heureux de séduire les cœurs, / De cent plaisirs font un plaisir unique' (*OCV*, vol.16, p.301).

[3] See *OCV*, vol.8, p.282-83. It is also in 1732 that Voltaire writes his *Vers pour Mademoiselle Sallé*, a quatrain to figure beneath a portrait of the famous dancer (*OCV*, vol.9, p.474).

which he also mentions his ongoing work on *Adélaïde Du Guesclin*: 'Pour me délasser je fais un opéra. A tout cela vous direz que je suis fou, et il pourrait bien en être quelque chose, mais je m'amuse, et qui s'amuse me paraît fort sage' (D608). The work in question was *Tanis et Zélide*.[4] But that was not Voltaire's only opera in 1733. The origins of *Samson* can be traced back in part to the first performance at the Palais Royal on 1 October 1733 of Pellegrin and Rameau's *Hippolyte et Aricie*, which Voltaire attended, as he tells Cideville the following day (D661):

J'assistai hier à la première représentation de l'opéra d'Aricie et d'Hippolyte. Les paroles sont de l'abbé Pellegrin, et dignes de l'abbé Pellegrin. La musique est d'un nommé Rameau, homme qui a le malheur de savoir plus de musique que Lully. C'est un pédant en musique. Il est exact, et ennuyeux.

Hippolyte et Aricie caused a huge controversy: as Voisenon notes, 'cela fit une religion nouvelle; il eut autant d'ennemis et d'enthousiastes que d'hérésiarques'.[5] Voltaire's reaction to the work is in many respects unsurprising. If he refers to 'un nommé Rameau'

[4] See above, p.97-188. See also Voltaire's letter to Cideville of 1 July 1733, in which he complains that working on the twenty-fifth of the *Lettres philosophiques* has prevented him from revising *Adélaïde Du Guesclin* and finishing his opera, referring presumably to *Tanis et Zélide* (D626). According to Catherine Kintzler, however, this is a reference to *Samson*: 'Rameau et Voltaire: les enjeux théoriques d'une collaboration orageuse', *Revue de musicologie* 67 (1981), p.139-68 (p.140-41). For an earlier reconstruction of the genesis of *Samson*, see Cuthbert Girdlestone, 'Voltaire, Rameau et Samson', *Recherches sur la musique française classique* 6 (1966), p.133-43, as well as his *La Tragédie en musique (1673-1750) considérée comme genre littéraire* (Geneva, 1972), p.274-79. See also the accounts in Rémy-Michel Trotier, 'Rapports de la musique au texte dans *Samson* de Voltaire et Rameau: prolégomènes à l'exercice de reconstitution-reconstruction' (*mémoire de maîtrise*, Paris IV, 2006), p.13-34, and Béatrice Ferrier, 'La Bible à l'épreuve de la scène: la métamorphose du sacré dans l'histoire de Samson (1702-1816)' (doctoral thesis, Lyon III, 2007), *passim*.

[5] Abbé de Voisenon, *Anecdotes littéraires* (Paris, 1880), p.17. On the controversy and subsequent revisions to *Hippolyte et Aricie*, see Graham Sadler, 'Rameau, Pellegrin and the Opéra: the revisions of *Hippolyte et Aricie* during its first season', *The Musical times* 124 (1983), p.533-37. On Voltaire's negative attitude to Pellegrin, see below, p.197-98, 225.

(and this is the earliest reference to Rameau in Voltaire's surviving correspondence), it is because Rameau made a late entry into the world of opera: *Hippolyte et Aricie*, his first *tragédie lyrique*, was premiered shortly after the composer's fiftieth birthday (and by which time Pellegrin was 70);[6] and if he refers to Rameau as 'un pédant en musique', it is perhaps because Rameau's reputation up to this point rested essentially on his theoretical works, notably his *Traité de l'harmonie*, published in 1722.[7] But Voltaire was also quick to spot the potential of the middle-aged newcomer, and as early as the following month he was working on an opera intended precisely for Rameau, one based on the biblical story of Samson, as Formont tells Cideville on 20 November (D682):

Notre ami fait un nouvel opéra intitulé Samson pour Rameau pour lequel il s'est rengoué après avoir été si dégoûté. L'opéra de Rameau a beaucoup repris faveur et comme ce qui plaît dans son opéra sont les trio, chœurs, airs de caractère etc., il ne mettra dans son opéra que très peu de récitatif, et tâchera de ménager au musicien les occasions d'exercer la sorte de talent qu'il a.

Voltaire's newly found enthusiasm for Rameau is based on a clear view of what he thinks best characterises the composer's art.

---

[6] Six years before *Hippolyte et Aricie*, in 1727, Rameau had sought to collaborate with the librettist Houdar de La Motte, but this came to nothing: see Rameau's letter to La Motte, printed in the *Mercure de France* in March 1765 (p.36-40). In response to this publication, Mongeot sends the *Mercure* a copy of the letter that Rameau wrote to him on 29 May 1744, in response to his request for advice about making a career in opera, in which Rameau remarks: 'J'ai suivi le spectacle depuis l'âge de douze ans: je n'ai travaillé pour l'Opéra qu'à cinquante ans, encore ne m'en croyais-je pas capable: j'ai hasardé, j'ai eu du bonheur, j'ai continué' (*Mercure de France*, June 1765, p.55).

[7] For a clear account of Rameau's harmonic theory, see Raphaëlle Legrand, *Rameau et le pouvoir de l'harmonie* (Paris, 2007). Four years after his reaction to *Hippolyte et Aricie*, Voltaire is still struck by Rameau's dual career as a theoretician and a composer, referring to him as 'Euclide Orphée' in a letter to Thiriot of 3 November 1737 (D1383); he uses the nickname again in a letter to Thiriot of 18 May 1738 (D1505). Elsewhere he refers to Rameau simply as 'Orphée' (see, for example, D709 and D719); more often he refers to him as 'Orphée Rameau' (see, for example, D946, D952, D966, D969, D987, D1125, D1141, D1383, D1471 and D1480).

Ironically, however, it is perhaps this very view that will make the collaboration between the two men so difficult.[8]

November 1733 marks the beginning of the first phase of Voltaire's work on *Samson*, a phase which will last until late 1734. It starts well. Despite falling ill, Voltaire apparently manages to complete a first draft of the libretto by early December, according to his letter to Cideville of 5 December: 'Savez-vous bien que pendant ma maladie j'ai fait l'opéra de Samson pour Rameau? Je vous promets de vous envoyer celui-là, car j'ai l'amour-propre d'en être content, au moins pour la singularité dont il est' (D686). And writing to Jacques de Sade in December, Mme Du Châtelet observes (D689):

Il y a trois semaines qu'il est malade lui-même et qu'il n'a pas sorti. Mais il n'en a pas l'imagination moins vive et moins brillante, il n'en a pas moins fait deux opéras [*Tanis et Zélide* and *Samson*], dont il en a donné un [*Samson*] à Rameau, qui sera joué avant qu'il soit six mois. On vous aura sûrement mandé ce que c'est que Rameau et les différentes opinions qui divisent le public sur sa musique. Les uns la trouvent divine et au-dessus de Lully, les autres la trouvent fort travaillée, mais point agréable et point diversifiée. Je suis, je l'avoue, des derniers.

Rameau is clearly causing controversy, and Voltaire, it seems, is keen to take advantage of the interest in him. Voltaire's confidence in *Samson*, notable in particular for its 'singularité', is matched by Mme Du Châtelet's optimism about its future, as she predicts that it will be performed early in 1734.

Despite Mme Du Châtelet's claim in December 1733 that Voltaire has completed *Samson* and sent it to Rameau, it emerges the following spring that the work is still in a state of flux and progress seems to be delayed by Voltaire's other commitments.[9] Cideville prompts Voltaire in a letter of 3 April 1734, telling him of 'l'impatience que j'ai de voir Samson', before adding (D717):

---

[8] See below, p.219-20.
[9] Including, for instance, his work on *Adélaïde Du Guesclin*, first performed at the Comédie-Française on 18 January 1734. See *OCV*, vol.10, p.27-29.

C'est, dit-on, quelque chose de bien neuf sur un théâtre qui semblait épuisé. On s'ennuyait depuis longtemps de la monotonie des opéras, des beaux sentiments et des diableries. L'un n'était plus merveilleux, on s'accoutumait au diable, et l'autre était affadissant. Vous prenez un ton nouveau, tant il est vrai que les choses ne manquent pas mais les génies pour les mettre en œuvre. Vous avez deviné Rameau, vous l'allez mettre dans tout son jour. Il avait besoin d'un homme tel que vous pour le faire paraître. Peut-être avions-nous besoin de lui pour vous tenter de ce genre d'écrire, ainsi Quinault et Lully se rencontrèrent.

What impresses Cideville above all, it seems, is Voltaire's bold choice of subject-matter: a biblical narrative, not a mythological one; and there is already a suggestion that Voltaire's work will appeal to more than simply 'beaux sentiments', by which Cideville is presumably referring to love. Seemingly spurred on by Cideville's letter, Voltaire writes to Rameau shortly afterwards, on c.15 April, and tries to explain why *Samson* is still unfinished (D719):

Le mariage de M. le duc de Richelieu a fait tort à Samson; mais comptez, mon très cher Orphée, que dès que j'aurai fini cette comédie,[10] je serai tout entier à l'opéra. Mon mariage avec vous m'est bien aussi cher que celui que je viens de faire. Nos enfants ne sont pas ducs et pairs; mais grâce à vos soins et à votre talent, ils seront immortels. Les applaudissements du public valent mieux qu'un rang à la cour.[11]

[10] Voltaire seems to be alluding to the part he has played in arranging the duc de Richelieu's marriage to Mlle de Guise in 1734: see his letter to Cideville of 31 March 1734, in which he observes: 'J'avais mis dans ma tête il y a longtemps de marier M. le duc de Richelieu à Mlle de Guise. J'ai conduit cette affaire, comme une intrigue de comédie' (D715); see also his poems on the occasion (*OCV*, vol.14, p.507-13).

[11] Very few letters from Voltaire to Rameau survive, and none from Rameau to Voltaire, a fact which may be explained by a reference in a letter from Rameau's son, Claude-François, to Decroix on 4 March 1786: 'Quand M. de Voltaire et mon père ont travaillé ensemble, ils se conduisaient l'un et l'autre verbalement. J'ai cependant quelquefois porté des petits billets de mon père à M. de Voltaire analogues aux différents ouvrages qu'ils faisaient ensemble, mais je crois qu'après être lus ils étaient brûlés. Je doute aussi que l'on en ait trouvé de mon père chez M. de Voltaire quoique cependant ils en aient reçu réciproquement dans lesquels ils se chamaillaient un peu attendu qu'ils étaient très vifs l'un et l'autre et que souvent ils voulaient avoir raison

And shortly afterwards, on *c.*5 May, Voltaire writes to Berger, asking him when he should send the text of *Samson* to the prince de Carignan, Rameau's patron at this point,[12] on whose support he hopes he can rely (D732):

Je n'ai fait cet ouvrage par aucun autre motif que par celui de contribuer de fort loin à la gloire de M. Rameau et de servir à ses talents, comme celui qui fournit la toile et le chevalet contribue à la gloire du peintre. Mais, quoique je ne joue qu'un rôle subalterne dans cette affaire, cependant je voudrais bien n'avoir aucune difficulté à essuyer et pouvoir compter personnellement sur la protection de M. le prince de Carignan, soit pour la manière dont cet opéra sera exécuté, soit pour l'examen des paroles.

That work is still ongoing is also suggested by Voltaire's letter to Cideville on 8 May: ensconced in Cirey, with Paris gripped by the scandal caused by the *Lettres philosophiques*, Voltaire notes: 'A présent que je vais être tranquille dans une retraite ignorée de tout le monde, nous nous enverrons sûrement des Samsons et des pièces fugitives en quantité'.[13] In the meantime, however, as the *Lettres philosophiques* were being publicly burned in front of the Palais de Justice, Rameau was working on another project: the final

---

tous les deux', quoted in Herbert Schneider, 'Rameau et sa famille: nouveaux documents', *Recherches sur la musique française classique* 23 (1985), p.94-130 (p.103).

[12] Critics have tended to argue that Rameau was already associated with La Pouplinière and indeed that their association may date back as far as 1726: see, for example, Georges Cucuel, *La Pouplinière et la musique de chambre au dix-huitième siècle* (Paris, 1913), p.57-58, and Cuthbert Girdlestone, *Jean-Philippe Rameau: his life and work*, 2nd ed. (New York, 1969), p.11-13. The evidence of Voltaire's correspondence, however, suggests that Rameau came under the protection of the prince de Carignan in late 1733 and that he penetrated La Pouplinière's circle of friends no earlier than the second half of 1735: see Graham Sadler, 'Patrons and pasquinades: Rameau in the 1730s', *Journal of the Royal Musical Association* 113 (1988), p.314-37. The prince de Carignan, who lived at the Hôtel de Soissons (now the Archives nationales) in Paris, was a powerful figure at the Académie royale de musique, where his role as a patron seems to have extended to matters of artistic policy. Significantly, in 1733-1735, whenever Voltaire writes to Berger, the prince de Carignan's secretary, he mentions Rameau or *Samson* or both, clearly with the intention of his messages or advice being passed on to the composer.

[13] D736. See also Voltaire's letter to Cideville of *c.*23 May (D748).

divertissement for a pastoral by Alexis Piron, *Les Courses de Tempé*, first performed at the Comédie-Française on 30 August 1734.

But that is not to say that Rameau has lost interest in *Samson*. On the contrary, the composer is demanding the work, according to a letter from Voltaire to d'Argental, written in response to the latter's comments on a draft of the libretto (D786):

J'avais ô adorable ami entièrement abandonné mon héros à mâchoire d'âne, sur le peu de cas que vous faites de cet Hercule grossier et du bizarre poème qui porte son nom. Mais Rameau crie, Rameau dit que je lui coupe la gorge, que je le traite en philistin, que si l'abbé Pellegrin avait fait un Samson pour lui, il n'en démordrait pas. [14] Il veut qu'on le joue, il me demande un prologue. Vous me paraissez vous-même un peu raccommodé avec mon Samsonet. Allons donc, je vais faire le petit Pellegrin, et mettre l'éternel sur le théâtre de l'opéra, et nous aurons de beaux psaumes pour ariettes. On m'a condamné comme fort mauvais chrétien cet été. Je vais être un dévot faiseur d'opéra cet hiver, mais j'ai bien peur que ce ne soit une pénitence publique. Excommunié, brûlé, et sifflé, n'en est-ce point trop pour une année?

Unlike Rameau, however, Voltaire appears to be reluctant to resume work on *Samson* for a number of reasons. He is seemingly scornful of the subject-matter, dismissing Samson as a Herculean 'héros à mâchoire d'âne', thus anticipating two criticisms that he will level at the biblical narrative in a number of his later philosophical works: that the Bible offers a clumsy rehashing of ancient mythology, since the story of Samson is, according to chapter 8 of the *Examen important de milord Bolingbroke*, a 'grossière imitation de la fable d'Hercule'; [15] and that the story of

---

[14] Ironically, in 1733 Pellegrin, also the author of canticles (1702), appears to have written a tragedy (now lost) about Samson: according to the *Journal de la cour et de Paris* on 17 August 1733, '[l'abbé Pellegrin] retire du fond de son cabinet trois pièces qui étaient tristement ensevelies sous la poussière et dont les vers commençaient à s'emparer: *Antiphone, Samson* et *Le Pastor fido*' (*Journal de la cour et de Paris*, ed. H. Duranton, Saint-Etienne, 1981, p.136).

[15] *OCV*, vol.62, p.197 (this text reappears in chapter 18 of *Dieu et les hommes*, *OCV*, vol.69, p.355). See also the 'Quatrième diatribe' in *La Défense de mon oncle*

Samson in particular is ridiculously implausible, including the account in Judges 15 of Samson slaying a thousand men with a dead ass's jawbone, from which God then made water pour forth: as Voltaire notes in the *Catéchisme de l'honnête homme*, 'toute l'histoire de Samson et de ses amours, et de ses cheveux, et de son lion, et de ses trois cents renards, semble plus faite pour amuser l'imagination que pour édifier l'esprit'. [16] Furthermore, he seems to have some nagging uncertainty about lyrical theatre. To write an opera in 1734 is, he says, to 'faire le petit Pellegrin', and that is not exactly to make a name for oneself, since Pellegrin was a hack writer who earned a living by writing poems on commission. [17] More particularly, Pellegrin was the librettist for Montéclair's *Jephté*, a biblical opera which had been premiered at the Académie royale de musique on 28 February 1732, and on which Voltaire had commented crisply shortly afterwards, in a letter to Cideville of 7 March 1732: 'On a donné pour la première fois Jephté qui me parut détestable' (D465). The following day, he writes to Cideville again, evoking first the success of the première of *Eriphyle* the previous evening, [18] and then the fate of *Jephté* (D466):

(*OCV*, vol.64, p.263) and *La Bible enfin expliquée* (*M*, vol.30, p.145-46), as well as both the Pierpont Morgan and the Piccini notebooks (*OCV*, vol.81, p.175; vol.82, p.524). Voltaire will include Hercules in his prologue to *Samson*: see Appendix I, p.319-22.

[16] *M*, vol.24, p.527. For satirical references to the ass's jawbone, see canto 2 of *La Pucelle* (*OCV*, vol.7, p.286), the *Sermon des cinquante* (*M*, vol.24, p.446), *La Philosophie de l'histoire* (*OCV*, vol.59, p.229), *Les Questions de Zapata* (*OCV*, vol.62, p.393), *Le Taureau blanc*, ch.8 (*OCV*, vol.74A, p.118-19), *La Bible enfin expliquée* (*M*, vol.30, p.146) and the *Questions sur l'Encyclopédie* articles 'Abraham' (*OCV*, vol.38, p.56), 'Bethsamès' (*OCV*, vol.39, p.359), 'Intolérance', 'Juif' (*M*, vol.19, p.493, 530), 'Miracles' and 'Samson' (*M*, vol.20, p.82, 396-99).

[17] As late as December 1774, nearly thirty years after Pellegrin's death, Voltaire compares himself to the late poet when the marquise Du Deffand asks him to write *noëls*, a form for which Pellegrin was particularly well known in his lifetime; Voltaire describes the request in a letter to her of 2 December as 'une rude commission' (D19209; see also D19211, D19216, D19225, D19244).

[18] See *OCV*, vol.5, p.321-25.

Je suis fâché en bon chrétien que le sacré n'ait pas le même succès que le profane, et que Jephté et l'arche du Seigneur soient mal reçus à l'opéra, lorsqu'un grand prêtre de Jupiter et une putain d'Argos réussissent à la comédie. Mais j'aime encore mieux voir les mœurs du public dépravées que si c'était son goût. Je demande très humblement pardon à l'ancien testament s'il m'a ennuyé à l'opéra.[19]

Voltaire's reaction to *Jephté* in March 1732 seems to anticipate his attitude to *Samson* in September 1734: since he found *Jephté* boring, he possibly fears that audiences will be similarly unimpressed by his own attempt to 'mettre l'éternel sur le théâtre de l'opéra'. But more importantly still, having reacted to the fate of *Jephté* in 1732 'en bon chrétien', as he wittily puts it, in 1734 he has just been condemned, on account of the *Lettres philosophiques*, as a 'fort mauvais chrétien', and it is precisely this condemnation that seems to have made Voltaire wary of pursuing his biblical opera, at least at that point in time. And with some justification, it seems, since, by as early as August 1734, word was already spreading about *Samson*. A letter dated 9 August in the *Anecdotes ou lettres secrètes sur divers sujets de littérature et de politique* observes:

La musique du nouvel opéra de Samson de Voltaire est finie. On ne dit pas grand bien des paroles; on m'en a rapporté quelques-unes qui déshonoreraient même l'abbé Pellegrin. Ce n'est pas là le plus grand mal: l'examinateur y trouvera de ces défauts qu'on ne peut passer; le profane y est confondu avec le sacré, de sorte que l'Ecriture Sainte s'y trouve si absolument défigurée, qu'on prétend qu'il faudra refondre entièrement ce poème.[20]

---

[19] See also Voltaire's letter to Cideville of 2 May 1732: 'On bâille à Jephté, mais on y va' (D482). Cf. Vauvenargues's view of *Jephté* in his posthumously published *Réflexions et maximes*: 'La musique de Montéclair est sublime dans le fameux chœur de *Jephté*, mais les paroles de l'abbé Pellegrin ne sont que belles' (*Œuvres complètes*, ed. J.-P. Jackson, Paris, 2000, p.370).

[20] *Anecdotes ou lettres secrètes sur divers sujets de littérature et de politique*, 5 vol. ([Amsterdam], 1734-1736), vol.2, p.407. On this innovative journal, which was probably edited by Bruzen de La Martinière, see Jean Sgard's entry in his *Dictionnaire des journaux, 1600-1789*, 2 vol. (Oxford, 1991), vol.1, p.129-30.

It would appear that it is in this dual context of Rameau's eagerness for the libretto and Voltaire's anxiety about its reception in late summer and early autumn 1734 that the poet writes to the composer.[21] He tries to explain why he is reluctant to press ahead with work on the libretto, flattering Rameau by saying that he is not up to the task: whereas Rameau's music is 'admirable', Voltaire says, he himself entirely lacks 'le talent des vers lyriques', adding that 'c'est une harmonie particulière que j'ai peur de n'avoir point saisie'; and he also claims that 'mon poème de Samson est plutôt une faible esquisse d'une tragédie dans le goût des anciens avec des chœurs qu'un opéra avec des fêtes'. But his supposed incompetence is clearly not the real reason. Crucially, he is already troubled by his (unnamed) enemies' reactions to the work, who claim that 'il y a des impiétés dans Samson', and he also fears the general public's response to it:

On s'accommodera peut-être mal d'une héroïne d'opéra qui n'est point amoureuse, cependant que mes calomniateurs disent que mon ouvrage est impie, le parterre le trouvera peut-être trop sage et trop sévère, il se rebutera de voir l'amour traité seulement de séduction sur un théâtre où il est toujours consacré comme une vertu.[22]

But Voltaire eventually gives in, observing: 'Vos lettres réitérées me pressent avec tant d'instance et vous êtes tellement persuadé qu'il y va de votre intérêt de donner votre opéra cet hiver qu'il faut bien que je vous sacrifie toutes mes répugnances'; and he declares: 'Faites représenter votre opéra dès que vous le pourrez'. If the opera is to succeed, Voltaire goes on, it needs to be concealed from critics so that it will make a splash when first performed:

[21] D690. The date of this letter is unknown. Besterman dates it to *c.* December 1733, but Sgard proposes May 1734 ('Le premier *Samson* de Voltaire', *L'Opéra au dix-huitième siècle*, p.513-25, p.514); and Ferrier goes further still, arguing that the letter must have been written in September 1734, by which time rumours would already have been spreading about the censor's impending judgement ('La Bible à l'épreuve de la scène', p.682).

[22] Cf. Cideville's poem addressed to Voltaire in a letter in September 1734, in which he alludes to *Samson*, 'que le parterre vous demande' (D785).

'Conservez l'ouvrage pour le public dans toute sa nouveauté'; it also needs powerful supporters, and so Voltaire appeals directly to Rameau to use his connections:

Obtenez la permission de M. le prince de Carignan. Il vous la doit puisqu'il vous protège et qu'il connaît le mérite, et c'est à vous à nous donner sous ses auspices des opéras que l'Italie puisse nous envier. M. Berger, qui est auprès de lui, se fera je crois un mérite de vous être utile.[23]

And it is to Berger that Voltaire himself writes, apparently not long after writing to Rameau, striking a note of caution (D709):

J'ai fait une grande sottise de composer un opéra; mais l'envie de travailler pour un homme comme M. Rameau, m'avait emporté. Je ne songeais qu'à son génie et je ne m'apercevais pas que le mien (si tant est que j'en aie un) n'est point fait du tout pour le genre lyrique; aussi je lui mandais, il y a quelque temps, que j'aurais plutôt fait un poème épique que je n'aurais rempli des canevas. Ce n'est pas assurément que je méprise ce genre d'ouvrage. Il n'y en a aucun de méprisable;[24] mais c'est un talent qui, je crois, me manque entièrement. Peut-être qu'avec de la tranquillité d'esprit, des soins et les conseils de mes amis, je pourrai parvenir à faire

---

[23] The other biographical detail about Rameau that this letter reveals is his avarice, when Voltaire observes, possibly in response to a request from Rameau himself: 'Je voudrais pouvoir vous abandonner toute la rétribution de cet opéra et je vous croirais encore bien mal payé, mais ayant destiné la moitié de ce qui devait m'en revenir à un homme de lettres qui est dans le besoin, je vous prie de partager avec lui.' Voltaire's stance in this letter anticipates his ironic attitude towards the takings from the performance of *Le Temple de la gloire* at the Opéra in 1746: see D3417. Rameau's avarice was well known at the time: writing to the marquis de Caumont on 8 June 1739, for example, Dubuisson notes: 'Depuis les *Indes galantes*, il [Rameau] s'est expliqué qu'il ne travaillerait plus que sur des poèmes dont les auteurs lui abandonnerait la rétribution, et vous sentez bien que cette avarice le réduira communément à ce qu'il y a de plus misérable en ce genre' (*Lettres du commissaire Dubuisson au marquis de Caumont, 1735-1741*, ed. A. Rouxel, Paris, 1882, p.569). The 'homme de lettres' to whom Voltaire alludes in his letter is possibly La Marre, to whom he might also allude in D952 (see below, p.207). On Voltaire's dealings with La Marre, see *OCV*, vol.18B, p.3-10.

[24] This anticipates Voltaire's 1738 preface to *L'Enfant prodigue*, in which he observes: 'Tous les genres sont bons, hors le genre ennuyeux' (*OCV*, vol.16, p.97).

quelque chose de moins indigne des talents de notre Orphée; mais je prévois qu'il faudra remettre l'exécution de cet opéra à l'hiver prochain. Il n'en vaudra que mieux et n'en sera que plus désiré du public. Notre grand musicien, qui a, sans doute, des ennemis en proportion de son mérite, ne doit pas être fâché que ses rivaux passent avant lui. Le point n'est pas d'être joué bientôt; mais de réussir. Il vaut mieux être applaudi tard que d'être sifflé de bonne heure.[25]

Voltaire's concerns seem not to have been shared by Rameau, however. On 14 September 1734, in a letter to the marquis de Céreste, Mme Du Châtelet wittily reports that *Samson* has been submitted to the Sorbonne,[26] presumably by Rameau:

Il n'est pas encore bien sûr que nous ayons *Samson* cet hiver; la Sorbonne l'examine, on dit que l'on y attribue les miracles de Moïse à Samson et que le feu du ciel qui désola la contrée des philistins tomba premièrement sur la gauche, au lieu que dans l'opéra on le fait commencer par la droite, ce qui, comme vous sentez bien, est une grande hérésie; de plus il n'ébranle qu'une colonne pour faire tomber le temple de Dagon, et dans l'Ecriture il en ébranla deux; vous sentez bien que cela ne peut pas passer dans un état bien policé.[27]

And the following month, as Mme Du Châtelet tells Maupertuis in a letter of 23 October, Rameau organises a rehearsal of *Samson* at the home of Louis Fagon, *intendant des finances*, presumably in his château at Voré, in the Perche, which Mme Du Châtelet attended:

[25] The date of this letter is unknown: Besterman dates it to *c.*1 February; Ferrier re-dates it to November 1734 ('La Bible à l'épreuve de la scène', p.683).

[26] Victor Hallays-Dabot explains that 'quand des œuvres dramatiques soulevaient des questions religieuses, l'archevêque déléguait un docteur en Sorbonne, qui examinait l'ouvrage à ce point de vue particulier' (*Histoire de la censure théâtrale en France*, Paris, 1862, p.59).

[27] D784. The dating of this letter has been challenged by Thomas R. Green, who argues that it was actually written in 1735, since Mme Du Châtelet refers earlier in the letter to Mme Pellissier, who was in fact absent from the Opéra between 1734 and 1735 ('Early Rameau sources: studies in the origins and dating of the operas and other early works', PhD thesis, 3 vol., Brandeis University, 1992, vol.2, p.564). For her part, Ferrier tentatively suggests that the letter might even date from 14 September 1736 ('La Bible à l'épreuve de la scène', p.684, n.1).

'Rameau m'a fait la galanterie de me faire avertir d'une répétition de Samson, qui s'est faite chez M. Fagon. C'est à vous à qui je la dois, et en vérité ma reconnaissance est proportionnée au plaisir qu'elle m'a fait et c'est beaucoup dire. Il y a une ouverture, une chaconne, des airs de violon, un troisième et un cinquième acte admirables'.[28]

But just five days after this letter, in an entry dated 28 October 1734, Piganiol de La Force reports the judgement passed on the libretto by Jacques Hardion, Louis XV's deputy keeper of printed books:

Voilà assurément du grand et du beau pour l'Opéra, mais c'est dommage que cela soit placé dans un sujet où la vérité doit être si scrupuleusement et si absolument observée qu'il n'est pas permis de l'altérer le moins du monde, aussi doute-t-on que ces auteurs ne trouvent très facilement les moyens d'obtenir la permission de le mettre au théâtre; l'abbé Hardion à qui l'examen des paroles a été déféré a écrit à M. Rouillé,[29] qui l'en avait

---

[28] D797. Fagon's private performances often involved the painter Oudry, as Louis Gougenot's *Vie de Monsieur Oudry* reveals: 'Quoique M. Oudry fût ennemi des grandes dissipations, il était cependant très gai dans la société, quand il faisait tant que de s'y livrer. Lorsque M. Fagon l'emmenait à sa terre de Voré, il savait, par des impromptus et des fêtes presque sans apprêt, distraire la compagnie de ces amusements périodiques qui n'entraînent avec eux que trop souvent l'ennui. Il disposait des salles, tantôt dans les bois, tantôt dans les bosquets de Voré, qu'il ornait de pampres et de fleurs. Il le faisait avec tant d'intelligence que l'art semblait n'y avoir aucune part. On y donnait des concerts, des bals, des collations; on y représentait même de petites comédies, et M. Oudry, qui jouait passablement de la guitare, s'y chargeait ordinairement d'un rôle burlesque dans lequel il pouvait faire usage de cet instrument' (*Mémoires inédits sur la vie et les ouvrages des membres de l'Académie Royale de peinture et de sculpture*, Paris, 1854, vol.2, p.379). See also Piganiol de La Force's account, dated 28 October 1734, which implies that the opera was performed on other private stages too: 'On parle beaucoup de la beauté du poème et de La musique de *Samson*. Il a été exécuté dans quelques maisons où il a été jugé un des plus beaux ouvrages dans ce genre qui ait jamais été mis sur le théâtre de l'Opéra' (BnF, n.a.fr. 20076, f.385, quoted in *Répertoire des nouvelles à la main*, ed. François Moureau, Oxford, 1999, p.163; also quoted in F. Moureau, 'Dans les coulisses de *Samson*: Voltaire et le nouvelliste', in *Voltaire en Europe: hommage à Christiane Mervaud*, ed. M. Delon and C. Seth, Oxford, 2000, p.321-39, 326).

[29] Antoine-Louis de Rouillé was at this time *directeur de la librairie*.

chargé que ces sortes de sujets n'étaient point faits pour ce spectacle et, si on voulait encore permettre celui-ci, que ce devait être sans conséquence et comme on permettait certaines chansons au Pont-Neuf.[30]

And a letter dated 14 November 1734 in the *Anecdotes ou lettres secrètes sur divers sujets de littérature et de politique* confirms that the libretto has been turned down by the censors: 'Le *Samson* de ce poète [Voltaire] ne sera point joué, à cause de la licence de l'auteur qui a bouleversé ce sujet sacré, pour en faire une espèce de roman accommodé au goût du théâtre: on a pris à cette occasion le parti de ne plus admettre sur le théâtre aucun sujet tiré de l'Ecriture Sainte.'[31]

The work's rejection by the censors marks the end of Voltaire's first phase of work on *Samson*. Indeed, for the next few months he seems to forget about his opera altogether.[32] But the success on 23 August 1735 of Rameau's *Les Indes galantes*, to a libretto by Fuzelier and d'Orneval, seemingly prompts Voltaire to return to *Samson*. On *c.*15 August, shortly before the first performance of

---

[30] BnF, n.a.fr. 20076, f.385, quoted in F. Moureau, 'Dans les coulisses de *Samson*', p.327; this manuscript also transcribes Samson's 'Profonds abîmes de la terre' (V.i.1-17). The choice of Hardion is explained by the fact that, as Victor Hallays-Dabot points out (*Histoire de la censure théâtrale en France*, p.59), authors sometimes obtained a censor other than the police censor, who at this stage was Cherrier, a post to be occupied from 1735 by Crébillon *père*. One implication of Voltaire's letter to Thiriot of 3 November 1735 is that Rameau was responsible for selecting Hardion (D935). Ironically, shortly after the censor's judgement, Voltaire writes to Cideville on 5 November 1734, telling him that he has sent the text of *Samson* to d'Argental so that he, Cideville, can see it (D802).

[31] *Anecdotes ou lettres secrètes sur divers sujets de littérature et de politique*, vol.2, p.661. Cf. the less reliable account given by Duvernet: 'Ce fut encore vers ce même temps [*c.*1730] que Voltaire fit l'opéra de *Samson*, l'un de plus insignes personnages d'entre les Juifs nos ancêtres en J.-C. Rameau le mit en musique. Le lieutenant-général Héraut n'en voulut pas permettre la représentation' (*Vie de Voltaire*, Geneva, 1786, p.79-80).

[32] However, see Voltaire's letter to Berger of *c.*1 January 1735: 'Vous voyez sans doute M. Rameau. Je vous supplie de l'assurer qu'il n'a point d'ami ni d'admirateur plus zélé que moi et que si dans ma solitude et dans ma vie philosophique je retrouve quelque étincelle de génie, ce sera pour le mettre avec le sien' (D821).

Les Indes galantes, he writes to Thiriot, eager for news of the production, and in particular for news of the dancer Mlle Sallé, who had returned from England just two months earlier: 'Le ballet de Rameau se joue-t-il? La Sallé y danse-t-elle?' (D899). And subsequently, on 11 September, Voltaire writes Thiriot a letter which suggests that his confidence in Rameau's talent is unshaken (D911):

On dit que dans les Indes l'opéra de Rameau pourrait réussir. Je crois que la profusion de ces doubles croches peut révolter les lullistes. Mais à la longue il faudra bien que le goût de Rameau devienne le goût dominant de la nation, à mesure qu'elle sera plus savante. Les oreilles se forment petit à petit. Trois ou quatre générations changent les organes d'une nation. Lully nous a donné le sens de l'ouïe que nous n'avions point. Mais les Rameaux le perfectionneront.

Buoyed up by the success of *Les Indes galantes*, Voltaire begins his second phase of work on *Samson*, which will last until March 1736, while acknowledging at the outset the possibility that his opera might never be performed, as he indicates in his letter to Thiriot of 13 October 1735: 'Si je croyais qu'on pût représenter le Samson, je le travaillerais encore. Mais il faut s'attendre que ce sera aussi extraordinaire en son genre, que la musique de notre ami l'est dans le sien' (D928). Nevertheless, by the beginning of November he is eager to overcome the setback caused by Hardion's censorship of the libretto, as his letter to Thiriot of 3 November suggests (D935):

Si ceux qui sont à la tête des spectacles aiment assez les beaux-arts pour protéger notre grand musicien Rameau, il faudra qu'il donne son Samson. [33] Je lui ferai tous les vers qu'il y voudra. Mais il aurait besoin

---

[33] One implication of this sentence is that the prince de Carignan's support for Rameau might now be weakening and, consequently, that La Pouplinière's might be increasing. Significantly, from this point on Voltaire increasingly uses Thiriot as a go-between between him and Rameau, assuming that his friend, living at La Pouplinière's mansion on the Rue Neuve des Petits-Champs in Paris, will come into frequent enough contact there with Rameau to be able to pass on messages.

d'un peu de protection. Que dites-vous d'un nommé Hardion à qui on avait donné Samson à examiner, et qui a fait tout ce qu'il a pu pour empêcher qu'on ne le jouât? Nous avons besoin d'un examinateur raisonnable, mais surtout que Rameau ne s'effarouche point des critiques. La tragédie de Samson doit être singulière, et dans un goût tout nouveau comme sa musique. Qu'il n'écoute point les censeurs. Savez-vous bien que M. de Richelieu a trouvé sa musique détestable? Hélas M. de Richelieu l'a eu chez lui sans le connaître.

Voltaire's mind is already turning to the possibility of a censor other than Hardion reading *Samson* this time. He is also concerned that Rameau might have been discouraged by recent events, and is therefore keen to ensure that the composer has at his disposal the most up-to-date version of the text possible, as Voltaire indicates in a letter to Thiriot on *c*.25 November, in which he presents himself as Rameau's willing collaborator (D946):

Quand Orphée Rameau voudra je serai à son service. Je lui ferai airs et récits, comme sa muse l'ordonnera. Le bon de l'affaire c'est qu'il n'a pas seulement les paroles telles que je les ai faites; je gage qu'il n'a pas par exemple ce menuet.

> Le vrai bonheur
> Souvent dans un cœur
> Est né dans le sein de la douleur.
> C'est un plaisir
> Qu'un doux souvenir
> Des peines passées.
> Les craintes cessées
> Font renaître un nouveau désir. [34]

Il y a vingt canevas que je crois qu'il a perdus et moi aussi.

Mais quand il voudra faire jouer Samson, il faudra qu'il tâche d'avoir quelque examinateur, au-dessus de la basse envie, et de la petite intrigue d'auteur, tel qu'un Fontenelle, et non pas un Hardion, who envies poets,

---

[34] These lines were never incorporated into *Samson*.

as eunuchs envy lovers. [35] Ce M. Hardion a eu la bonté d'écrire une lettre sanglante contre moi à M. Rouillé. [36]

Having suggested Fontenelle as a censor to Thiriot, Voltaire repeats the suggestion in his letter to Berger on 1 December, still hopeful, it seems, that *Samson* might eventually be staged (D952):

S'il avait demandé M. de Fontenelle ou quelque autre honnête homme pour examinateur, il aurait fait jouer Samson et je lui aurais fait tous les vers qu'il aurait voulu. Peut-être en est-il temps encore? Quand il voudra je suis à son service. Je n'ai fait Samson que pour lui. Je partageais le profit entre lui et un pauvre diable de bel esprit. [37] Pour la gloire, elle n'eût point été partagée; il l'aurait eue tout entière. [38]

In the following weeks, Voltaire's work on *Samson* is inter-rupted by his work on *Alzire*; but once he has sent a revised version of his tragedy to Pont de Veyle and d'Argental (D962), he is able to write to Thiriot on 17 December (D966):

A présent que cette pièce envoyée me donne un peu de loisir, revenons à Orphée-Rameau. [...] Je ferai de Samson tout ce qu'on voudra; c'est pour lui, c'est pour sa musique mâle et vigoureuse que j'avais pris ce sujet.

Vous faites trop d'honneur à mes paroles, de dire qu'il y a trois personnages. Je n'en connais que deux, Samson et Dalila; car pour le roi, je ne le regarde que comme une basse taille des chœurs. Je voudrais bien que Dalila ne fût point une Armide. [39] Il ne faut point être copiste. Si j'en

[35] An allusion to a couplet found in the 1709 manuscript of Pope's *Essay on criticism*: 'Some hate as rivals all that write; and others / But envy wits, as eunuchs envy lovers' (lines 38-39).

[36] This allusion to Hardion's letter to Rouillé recalls Piganiol de La Force's account, dated 27 October 1734, quoted above, p.203-204.

[37] Another possible allusion to La Marre: see the discussion of D690, above, n.23.

[38] Also in this letter Voltaire sends Berger some verse for Rameau to put to music for a private performance for the prince de Carignan at the Hôtel de Soissons: 'Si Orphée Rameau veut couvrir cette misère de double croches, ella padrone, pourvu qu'on ne me nomme point'; but this does not necessarily mean that *Samson*, too, was rehearsed at the Hôtel de Soissons, as suggested by both Carl Wahlund (*Un Acte inédit d'un opéra de Voltaire*, Uppsala, 1905, p.43) and Sadler ('Patrons and pasquinades', p.323, n.28).

[39] An allusion to the beautiful enchantress in Tasso's *Gerusalemme liberata*, who had in turn become the subject of Quinault and Lully's opera in 1686. The marquis

avais cru mes premières idées, Dalila n'eût été qu'une friponne, une Judith, p.... pour la patrie, comme dans la Sainte Ecriture; mais autre chose est la Bible, autre chose est le parterre. Je serais encore bien tenté de ne point parler des cheveux plats de Samson. Faisons-le marier dans le temple de Vénus la Sidonienne: de quoi le dieu des Juifs sera courroucé; et les Philistins le prendront comme un enfant, quand il sera bien épuisé avec la Philistine. Que dit à cela le petit Bernard? [40]

It is clear that Voltaire's approach to the original Samson narrative, and therefore to his characters, is a very flexible one: Dalila should be neither an enchanting heroine nor a treacherous seductress; and traces of the biblical account will coalesce with references to ancient mythology, in particular Venus, the goddess of the Sidonians.

Less than a week later, and with Rameau seemingly wanting some changes to the occasional verse that he sent him at the beginning of the month (D952), Voltaire takes the opportunity, in a letter to Berger of 22 December, to reaffirm his willingness to work on *Samson* again: '[Rameau] a bien raison de croire que Samson est le chef d'œuvre de sa musique, et quand il voudra le donner, il me trouvera toujours prêt à quitter tout, pour rimer ses doubles croches' (D969). And indeed he duly resumes work on the libretto. Writing to Thiriot three days later, on 25 December, he repeats that he wants there to be no reference to Samson's hair: 'Je suis toujours d'avis qu'il ne soit plus question des grands cheveux

---

d'Argenson claims that Voltaire's libretto is 'trop copié d'*Armide*' (*Notices sur les œuvres de théâtre*, ed. H. Lagrave, *SVEC* 42-43, 1966, vol.1, p.304); La Harpe is more critical still: '[La pièce] n'offre jusqu'au dénouement qu'une seule situation, très maladroitement empruntée d'*Armide*, puisque la copie est si prodigieusement inférieure à l'original' (*Lycée ou cours de littérature ancienne et moderne*, 14 vol., Paris, 1825, vol.12, p.93). Given Voltaire's admiration for Quinault – in the *Dictionnaire philosophique* article 'Critique', for instance, Voltaire takes Boileau to task for daring à critiquer *Armide* (*OCV*, vol.35, p.657-58) – it is perhaps unsurprising to find echoes of *Armide* in *Samson*: Samson's destruction of the temple at the end of the opera recalls the ending of *Armide*, where the magic palace is destroyed by demons; and there are verbal echoes, too: see p.285-86, n.1-2, p.294, n.9, below.

[40] An allusion to Pierre-Joseph Bernard, known as Gentil-Bernard, who will go on to write the libretto of *Castor et Pollux*.

plats de Samson, je gagnerai à cela une sottise sacrée de moins, et ce sera encore une scène de récitatif retranchée' (D971); he has also made significant revisions to act 3:

Ces vers servent-ils bien le musicien ou non? C'est Dalila qui finit le troisième acte.

> Il m'abandonne, il emporte mon âme.
> Partout il est vainqueur.
> Le trait que j'ai lancé, m'enflamme,
> Et l'amour tout entier s'empare de mon cœur.

> Echo, voix errante,
> Légère habitante
> De cet heureux séjour,
> Echo, monument de l'amour,
> Va parler de mes feux au héros qui m'enchante.

> Favoris de l'amour, du printemps, et des airs,
> Oiseaux dont j'entends les concerts
> Répondez tous à ma tendresse extrême.
> Doux ramage des oiseaux
> Voix fidèles des échos,
> Répétez à jamais, je l'aime – je l'aime.

> Au quatrième acte
> Dans le temple de Vénus Astarté

> Vénus, volupté pure,
> Ame de la nature,
> Reine des éléments,
> L'univers n'est formé, ne s'anime et ne dure
> Que par tes regards bienfaisants.
> Charmant amour, le monde entier t'implore.
> On craint les autres dieux, c'est toi seul qu'on adore.
> C'est toi seul qui peut rendre heureux.
> Sans toi ces dieux puissants ne seraient rien encore,
> Ils règnent dans le monde, et tu règnes sur eux. [41]

---

[41] The first fifteen lines, with some variants, now constitute *Samson*, III.5; the remaining lines, much altered, make up the first air of IV.4.

It is clear that Thiriot is expected to pass on the contents of this letter to Rameau, as Voltaire urges Thiriot to try out the lines first on La Pouplinière, whom he refers to as Pollion, and Bernard, whom he refers to simply as 'B.': 'Essayez cela sur l'oreille fine de Pollion, et si cela vous plait et à notre ami B. faites-le goûter au héros des doubles croches.'[42] Significantly, Voltaire sets out a clear vision of his work:

Je n'entends pas trop ce qu'on veut dire par une Dalila intéressante. Je veux que ma Dalila chante de beaux airs où le goût français soit fondu dans le goût italien. Voilà tout l'intérêt que je connais dans un opéra. Un beau spectacle bien varié, des fêtes brillantes, beaucoup d'airs, peu de récitatif, des actes courts, c'est là ce qui me plaît. Une pièce ne peut être véritablement touchante que dans la rue des fossés St Germain. Phaéton, le plus bel opéra de Lully, est le moins intéressant.

Je veux que le Samson soit dans un goût nouveau, rien qu'une scène de récitatif à chaque acte, point de confident, point de verbiage. Est-ce que vous n'êtes pas las de ce chant uniforme et de ces *eu* perpétuels qui terminent avec une monotonie d'antiphonaire, nos syllabes féminines. C'est un poison froid qui tue notre récitatif.[43]

Voltaire is not aiming for sentimental effect, which he associates with the Comédie-Française (located in the rue des Fossés-Saint-Germain), and therefore spoken tragedy. Musical tragedy, he suggests, is quite different.[44]

Soon afterwards, however, Voltaire's momentum is disrupted by other concerns. Stung by Desfontaines's publication in the *Observations sur les écrits modernes* in November of a compromising

---

[42] This abbreviation of Bernard's name is also found in Voltaire's letters to Thiriot of 13 October (D928) and 30 November 1735 (D951).

[43] Cf. La Harpe's remark: 'Ces *e* muets dont on se plaignait tant, et où Voltaire ne voyait que des *eu*, *eu*, parce qu'on n'en avait guère fait autre chose, ne sont qu'un léger inconvénient que l'on fait disparaître en ne portant qu'une note sur la syllabe finale, et en évitant de terminer les phrases en rimes féminines, comme l'expérience l'a fait voir' (*Lycée*, vol.12, p.153-54).

[44] For further discussion of Voltaire's aesthetics in *Samson*, see below, p.218-31.

edition of his *épître A Monsieur Algarotti*,[45] Voltaire writes to Thiriot on 28 December (D973):

Dans la douleur dont j'ai le cœur percé, il m'est bien difficile, mon ami, de songer à Samson. Je me souviens cependant que dans cette petite ariette des fleurs, il y avait

> Sensible image
> Du plaisir volage.

Il faut mettre

> Sensible image
> Des plaisirs du bel âge,[46]

car Dalila ne doit pas prêcher l'inconstance à un héros dont la vigueur ne doit que trop le porter à ce vice abominable de l'infidélité.

And on *c.*10 January 1736, he tells Berger that he is unable to get on with any work for Rameau because he is working day and night on *Alzire* (D985). Nevertheless, on 13 January, with work on *Samson* still ongoing, Voltaire's mind turns to the future, and in particular the possibility of having *Samson* read by a different – and more favourable – censor, as he tells Thiriot (D987):

Je compte vous envoyer dans quelque temps la copie de Samson. Je persiste jusqu'à nouvel ordre, dans l'opinion qu'il faut dans nos opéras servir un peu plus la musique et éviter les langueurs du récitatif. Il n'y en aura presque point dans Samson, et je crois que le génie d'Orphée Rameau y sera plus à son aise. Mais il faut obtenir un examinateur raisonnable qui se souvienne que Samson se joue à l'opéra et non en Sorbonne.

Strikingly, what remains consistent is Voltaire's conception of his opera as one in which recitative will play a small role.

Encouraged by the success of *Alzire*, first performed to great acclaim at the Comédie-Française on 27 January 1736,[47] Voltaire

---

[45] See *OCV*, vol.14, p.541-44.
[46] This revised couplet is sung by a Prêtresse in IV.4.77-78.
[47] See *OCV*, vol.14, p.45-51.

devotes himself once again to *Samson*, despite the setback of not being granted a *privilège* for *La Mort de César*,[48] as he tells Thiriot on 2 February (D999):

Je n'ai pu avoir de privilège pour Jules César. Il n'y aura qu'une permission tacite. Cela me fait trembler pour Samson. Les héros de la fable et de l'histoire semblent être ici en pays ennemi.

Malgré cela j'ai travaillé à Samson dès que j'ai su que nous avions gagné la bataille au Pérou,[49] mais il faut que Rameau me seconde, et qu'il ne se laisse point assommer par toutes les mâchoires d'âne qui lui parlent. Peut-être que mon dernier succès lui donnera quelque confiance en moi. J'ai examiné la chose très mûrement. Je ne veux point donner dans les lieux communs. Samson n'est point un sujet susceptible d'un amour ordinaire. Plus on est accoutumé à ces intrigues qui sont toutes les mêmes sous des noms différents, plus je veux les éviter. Je suis très fortement persuadé que l'amour dans Samson ne doit être qu'un moyen et non la fin de l'ouvrage. C'est lui et non pas Dalila qui doit intéresser. Cela est si vrai que si Dalila paraissait au cinquième acte, elle n'y ferait qu'une figure ridicule. Cet opéra rempli de spectacle, de majesté et de terreur ne doit admettre l'amour que comme un divertissement. Chaque chose a son caractère propre. En un mot je vous conjure de me laisser faire de l'opéra de Samson, une tragédie dans le goût de l'antiquité.

Je réponds à M. Rameau du plus grand succès, s'il veut joindre à sa belle musique quelques airs dans un goût italien mitigé. Qu'il réconcilie l'Italie et la France. Encouragez-le je vous prie à ne pas laisser inutile une musique si admirable. Je vous enverrai incessamment l'opéra tel qu'il est. Je suis comme un homme qui a des procès à tous les tribunaux. Vous êtes mon avocat, Pollion est mon juge, tâchez de me faire gagner ma cause auprès de lui.

It would appear that Rameau has lost interest in *Samson*, perhaps on account of the censor's decision, and Voltaire begs Thiriot to encourage the composer, whom he says is ideally suited to combine French and Italian tastes, to resume work on the project. And he

---

[48] See *OCV*, vol.8, p.96-97.
[49] This is an allusion to *Alzire*.

stresses once again what is innovative about his opera: that it will eschew 'lieux communs' in favour of 'majesté' and 'terreur'. Voltaire writes in very similar terms to Berger, and probably on the same day (D1000):

Je souhaiterais que l'indulgence avec laquelle cet ouvrage [*Alzire*] vient d'être reçu, pût encourager notre grand musicien Rameau à reprendre en moi quelque confiance et à achever son opéra de Samson sur le plan que je me suis toujours proposé. J'avais travaillé uniquement pour lui. Je m'étais écarté de la route ordinaire dans le poème parce qu'il s'en écarte dans sa musique. J'ai cru qu'il était temps d'ouvrir une carrière nouvelle à l'opéra. Comme sur la scène tragique les beautés de Quinault et de Lully sont devenues des lieux communs, il y aura peu de gens assez hardis pour conseiller à M. Rameau de faire de la musique pour un opéra dont les deux premiers actes sont sans amour; mais il doit être assez hardi pour se mettre au-dessus du préjugé. Il doit m'en croire et s'en croire lui-même. Il peut compter que le rôle de Samson, joué par Chassé,[50] fera autant d'effet au moins que celui de Zamore, joué par Dufresne.[51] Tâchez de persuader cela à cette tête à doubles croches. Que son intérêt et sa gloire l'encouragent; qu'il me promette d'être entièrement de concert avec moi; surtout qu'il n'use pas sa musique en la faisant jouer de maison en maison; qu'il orne de beautés nouvelles les morceaux que je lui ai faits. Je lui enverrai la pièce quand il le voudra, M. de Fontenelle en sera l'examinateur. Je me flatte que M. le prince de Carignan le protègera et qu'enfin ce sera de tous les ouvrages de ce grand musicien celui qui, sans contredit, lui fera le plus d'honneur.[52]

---

[50] Voltaire seems to have decided that the role of Samson should be sung by the baritone Claude Louis Dominique de Chassé de Chinais (1699-1786), who had sung the title role in Montéclair's *Jephté* and the role of Thésée in Rameau's *Hippolyte et Aricie*; he would go on to sing the role of Huascar in Rameau's *Les Indes galantes* in 1735 and Bélus in *Le Temple de la gloire* in 1745. See Graham Sadler, 'Rameau's singers and players at the Paris Opera: a little-known inventory of 1738', *Early music* 11 (1983), p.453-67, and Mary Cyr, 'The Paris Opéra chorus during the time of Rameau', *Music and letters* 76 (1995), p.32-51.

[51] Dufresne played the role of Zamore at the première of *Alzire* (see *OCV*, vol.14, p.124).

[52] The last sentence suggests that, as late as February 1736, Rameau is still under the protection of the prince de Carignan. However, after this date Voltaire's letters to

213

Voltaire is keen to win over Rameau, reminding him of how successful *Alzire* has been and implying that they will not encounter the same problems with censorship this time, since it now appears certain, at least to Voltaire, that Fontenelle will be reading the libretto.

An overworked Voltaire writes to Thiriot four days later, on 6 February (D1003):

Il a fallu écrire vingt lettres par jour, retoucher les Américains [*Alzire*],[53] corriger Samson, raccommoder l'Indiscret.[54] Ce sont des plaisirs, mais le nombre accable et épuise. [...] Je ferai tenir, par la première occasion, l'opéra de Samson; je viens de le lire avec Mme Du Châtelet, et nous sommes convenus l'un et l'autre que l'amour, dans les deux premiers actes, ferait l'effet d'une flûte au milieu des tambours et des trompettes. Il sera beau que ces deux actes se soutiennent sans jargon d'amourette dans le temple de Quinault. Je maintiens que c'est traiter l'amour avec le respect qu'il mérite que de ne le pas prodiguer et ne le faire paraître que comme un maître absolu. Rien n'est si froid quand il n'est pas nécessaire. Nous trouvons que l'intérêt de Samson doit tomber absolument sur Samson, et nous ne voyons rien de plus intéressant que ces paroles:

Profonds abîmes de la terre, etc.[55]

De plus, les deux premiers actes seront très courts, et la terreur théâtrale qui y règne sera pour la galanterie des deux actes suivants, ce qu'une tempête est à l'égard d'un jour doux qui la suit. Encouragez donc notre Rameau à déployer avec confiance toute la hardiesse de sa musique.

Once again, Voltaire stresses the limited role that he is willing to give to love in his libretto, and he urges Thiriot to help revive Rameau's interest in the project.

Three days later, on 9 February, he apologises to Thiriot that he has still not sent him *Samson*, but he is too ill to write and his *copiste*

Berger contain very few references to Rameau and none at all to *Samson*. The increasingly successful Rameau, it seems, has now moved from the patronage of the prince de Carignan to that of the fashion-conscious La Pouplinière.

[53] On Voltaire's revisions at this time to *Alzire*, see *OCV*, vol.14, p.32-34.
[54] On Voltaire's revisions at this time to *L'Indiscret*, see *OCV*, vol.3A, p.44-45.
[55] This is the opening line of Samson's lament in V.1.

is too busy writing down the letters he is dictating: 'j'occupe à vous faire parler mon cœur la main qui devait transcrire, mes sottises philistines et hébraïques' (D1006). The next day, 10 February, he updates him again: 'M. le marquis Du Châtelet arrivant à Paris mon cher ami doit vous envoyer Samson, mais pendant qu'on fait le paquet, je m'amuse à corriger Alzire' (D1007). The same day, he writes again (D1008):

Vous avez dû recevoir Samson par M. le marquis Du Châtelet [...] J'ai oublié dans mes dernières lettres de vous parler du projet que vous aviez de métamorphoser Samson en Hercule. Eh que deviendrait la ruine du temple? Plus j'y pense, plus je crois que cet opéra tel qu'il est peut fournir la musique la plus neuve, et le spectacle le plus brillant. Il me semble que Dalila n'est pas froide et que Samson intéresse. Je me flatte au moins d'avoir mis partout le musicien assez à son aise. C'est le seul mérite dont je suis jaloux. Prêtez-vous donc je vous en prie à ce nouveau genre d'opéra, et disons avec Horace, *o imitatores servum pecus*.[56]

It is clear that Voltaire, however flexible his approach to the subject-matter may be and however much trouble it may cause him, is determined to keep the biblical character at the heart of his libretto. And he stresses once again the novelty of his work, a work that finally seems to be complete.

And so, word seems to spread that *Samson* might finally be staged. Writing to the marquis de Caumont on 6 April, Simon Henri Dubuisson, *commissaire* at the Châtelet and an ardent supporter of Rameau, discusses the latest theatre news: *Alzire* and *La Mort de César* have been published; 'la grossesse de Mlle Gaussin nous empêchera de voir l'*Ambitieux*, de M. de Destouches, à la rentrée du théâtre'; and, finally, 'on espère aussi le *Samson* de MM. Voltaire et Rameau'.[57] But all such hope seems

---

[56] 'O you mimics, you slavish herd!' (*Epistles*, I.19.19). See also Voltaire's letter to Thiriot of 26 February, which confirms that *Alzire* is still a higher priority than *Samson*: 'Je ne me porte guère bien encore. Raisonnons pourtant mon cher ami. Pas un mot de Samson aujourd'hui s'il vous plait. Tout sera pour Alzire' (D1023).

[57] *Lettres du commissaire Dubuisson au marquis de Caumont, 1735-1741*, p.193-94.

in fact to have gone by this point. It seems that, despite being busy with other projects, at some point in February Voltaire tries again to have *Samson* approved for performance at the Opéra. But the censor was not Fontenelle, as he had hoped, but Crébillon, who, like Hardion before him, refused the opera.[58] By the middle of March, Voltaire seems to have lost all hope of ever seeing *Samson* staged, not least as he now suspects Rameau of having begun collaborating with Moncrif, as he tells Thiriot on 16 March, though there is no evidence that any such collaboration ever took place: 'Rameau s'est marié avec Moncrif. Suis-je au vieux sérail? Samson est-il abandonné? Non qu'il ne l'abandonne pas, cette forme singulière d'opéra fera sa fortune et sa gloire'.[59] And on 20 March, he writes to Thiriot again, asking quite simply: 'Que fait Rameau?' (D1040).

In April, Voltaire returns to Paris, where he stays until July, during which time there are no references in his correspondence to *Samson*. On 6 August, he writes from Cirey to Thiriot, asking him to remember him to, amongst others, La Pouplinière and 'Orphée Rameau' (D1125). A month later, on 5 September, he writes to Thiriot: 'Encouragez le divin Orphée Rameau à imprimer son Samson. Je ne l'avais fait que pour lui, il est juste qu'il en recueille le profit et la gloire' (D1141); but if Thiriot did pass on the message, Rameau seems to have paid it no heed, and his music for *Samson* is now lost.[60] And the following month, Voltaire writes to Mlle Quinault on 13 October, three days after the successful

---

[58] This, at least, is the account given by P. M. Conlon, though he gives no evidence to support it (*Voltaire's literary career from 1728 to 1750*, *SVEC* 14, 1961, p.86-87). Ferrier makes the same claim ('La Bible à l'épreuve de la scène', p.282-83), citing Odile Krakovitch, *Les Pièces de théâtre soumises à la censure (1800-1830)* (Paris, 1982), p.16, who in turn gives no evidence.

[59] D1035. The metaphor of marriage recalls Voltaire's letter to Rameau of c.15 April 1734 (D719). It is in fact more likely that Rameau was at this time collaborating with Bernard: their *Castor et Pollux* was first performed at the Académie royale de musique on 24 October 1737.

[60] See below, p.237-39.

première of *L'Enfant prodigue*, in which she played the baronne de Croupillac: 'Le nouveau testament m'est plus favorable que l'ancien. On n'a pas passé à l'Opéra ce Samson dont l'histoire n'est écrite que par Esdras (connaissez-vous Esdras?) et on reçoit à belles baises mains, une parabole prise tout net d'après qui vous savez (connaissez-vous qui vous savez?). Voilà comme tout va dans ce monde'.[61]

But such stoicism does not mean that Voltaire forgets about *Samson*. More than a year later, hearing Bernard and Rameau's *Castor et Pollux* reminds Voltaire just how much *Samson* meant to him, as he tells Thiriot in a letter of 6 December 1737 (D1396):

Je trouve dans Castor et Pollux des traits charmants. Le tout ensemble n'est pas peut-être bien tissu. Il y manque le molle et amoenum,[62] et même il y manque l'intérêt. Mais après tout je vous avoue que j'aimerais mieux avoir fait une demi-douzaine de petits morceaux qui sont épars dans cette pièce qu'un de ces opéras insipides et uniformes. Je trouve encore que les vers n'en sont pas toujours bien lyriques, et je crois que le récitatif a dû beaucoup coûter à notre grand Rameau. Je ne songe point à sa musique que je n'aie de tendres retours pour Samson. Est-ce qu'on n'entendra jamais à l'opéra

> Profonds abîmes de la terre,
> Enfer ouvre-toi, etc?

Mais ne pensons plus aux vanités du monde.

Echoing his letter to Thiriot of 6 February 1736 (D1003), Voltaire recalls with particular affection the first scene of act 5. And as late as 1739, Voltaire's mind still seems to be on *Samson*, as a letter from Léopold Desmarest and Mme de Graffigny to Antoine Devaux reveals, written on 12 February and describing their visit to Cirey: '[Voltaire] nous a lu son *Samson*, dont les paroles sont aussi belles

---

[61] D1167. It is likely that Voltaire's clash with the censors over *Samson* influenced his attitude to *L'Enfant prodigue*, paternity of which he was eager to keep concealed: see *OCV*, vol.16, p.8-11.

[62] Adapted from Horace, *Satires*, I.10.44 and Tacitus, *Annals*, XVI.18.2.

que celles d'*Iphigénie*.'[63] Two months later, writing to Thiriot on 23 April, Voltaire observes: 'A l'égard d'un opéra, il n'y a pas d'apparence qu'après l'enfant mort-né de Samson, je veuille en faire un autre. Les premières couches m'ont trop blessé' (D1990).

2. *Aesthetics and ideology*

Voltaire's sense of injury must come from the failure of what was a significant attempt to renew the genre of the *tragédie lyrique* both aesthetically and ideologically.[64] This failure stems in part from the incompatibility of Voltaire's and Rameau's respective conceptions of tragic opera.

Voltaire expresses in a number of his letters his distinctive vision for *Samson*. In his earliest reference to the opera, in his letter to Cideville of 5 December 1733, he stresses 'la singularité dont il est'.[65] Writing to Cideville a fortnight earlier, on 20 November, Formont gives some indication of what this 'singularité' might consist in (D682, see above, p.193). Voltaire's conception of his opera seems to have remained remarkably consistent, according to a number of his letters to Thiriot in late 1735 and early 1736: on 13 October, when beginning the second phase of his work on *Samson*, Voltaire insists that he wants his libretto to be 'aussi extraordinaire en son genre, que la musique de notre ami [Rameau] l'est dans le sien' (D928); on 3 November, he observes: 'La tragédie de Samson doit être singulière, et dans un goût tout

[63] *Correspondance de Madame de Graffigny*, ed. J. A. Dainard and others, vol.1 (Oxford, 1985-), p.319 (letter 91). The allusion is to Duché de Vancy's *Iphigénie en Tauride* (1704), a *tragédie lyrique* with music by Henry Desmarest (Léopold's father) and André Campra.

[64] On Voltaire's 'reforming project' in *Samson*, see Philip Weller, 'Voltaire's intervention in the stage practice of his time: encounters with stage declamation in *tragédie* and *tragédie en musique*', *Voltaire et ses combats*, ed. Ulla Kölving and Christiane Mervaud, 2 vol. (Oxford, 1997), vol.2, p.1457-69 (p.1465-68).

[65] D686. See also Voltaire's reference to his 'bizarre poème' in his letter to d'Argental in September 1734 (D786).

nouveau comme sa musique' (D935); on 25 December, he explains his intentions further (D971, see above, p.209-10); on 13 January 1736, he insists that 'il faut dans nos opéras servir un peu plus la musique et éviter les langueurs du récitatif' (D987, see above, p.211); on 2 February, he writes of combining French and Italian influences;[66] and on 10 February, he promotes a 'nouveau genre d'opéra' (D1008, see above, p.215).

However, Voltaire's innovations, far from ensuring that Rameau was 'assez à son aise' (D1008), seem to have served only to unsettle the composer.[67] If the idea of reconciling French and Italian tastes in music was not altogether new at the time, particularly in the context of the 'querelle des Lullistes et Ramistes', the idea of reducing the amount of recitative is more innovative and, for Rameau at least, troubling. Voltaire has a very specific view of Rameau's music: he was struck by his harmonic daring, particularly in his orchestral music and his choral music, a feature which also struck Rameau's enemies, who accused him of writing excessively complicated music. Seeing Rameau as a kind of symphonic composer seems to prompt Voltaire to want to cut down the amount of spoken drama and to give the composer plenty of scope for instrumental and choral music.[68] But if this is Voltaire's vision of Rameau, Rameau's vision of himself was

[66] D999, see above, p.212. See also Voltaire's letter to Berger of 2 February 1736, in which he expresses the hope that Rameau will complete *Samson* 'sur le plan que je me suis toujours proposé', adding: 'Je m'étais écarté de la route ordinaire dans le poème parce qu'il s'en écarte dans sa musique. J'ai cru qu'il était temps d'ouvrir une carrière nouvelle à l'opéra' (D1000).

[67] See Kintzler, 'Rameau et Voltaire', and Etienne Haeringer, *L'Esthétique de l'opéra en France au temps de Jean-Philippe Rameau*, *SVEC* 279 (1990), p.191-92, who notes that 'Voltaire veut aller plus vite que le siècle' (p.192).

[68] This vision resurfaces, albeit in a more negative form, during Voltaire's subsequent collaboration with Rameau on *La Princesse de Navarre*, in which the two come to blows precisely over the relative significance of words and music, leading an exasperated Voltaire to suggest in a letter to d'Argental on 11 July 1744 that Rameau should stick to writing works with no spoken element whatsoever (D2999). On the difficult relationship between Voltaire and Rameau during the composition of *La Princesse de Navarre*, see *OCV*, vol.28A, p.129-33.

quite different. While Rameau left no theoretical discussion of his conception of lyrical theatre, his operas themselves suggest a certain conservatism, or at least that Rameau was a great admirer of recitative in the tradition of Lully, a suggestion confirmed, albeit some forty years later, by Decroix in his *L'Ami des arts*: '[Rameau] pensait avec Lully que le récitatif doit en être considéré comme la partie principale et fondamentale [d'un bon opéra], et tout le reste comme les ornements'.[69]

Two other aspects of Voltaire's innovative aesthetic programme for *Samson* seemed to have troubled Rameau, too. First, Voltaire effectively signals his disruption of the conventions of *tragédie lyrique* by his resistance to the idea of having a prologue; but Rameau insists, demonstrating that, for him, it is impossible to write an opera without a prologue.[70] When Voltaire finally concedes and writes a prologue, the result is one which, while paying lip service to the conventions of the genre (mythological characters, anticipation of the themes of the main dramatic action), self-consciously subverts expectations by calling into question what is supposedly the main theme: love. And here we see the second aspect of Voltaire's aesthetic programme that must have troubled Rameau: his unusual desire to minimise the love interest in the opera. This is unusual because it marks a decisive shift away from the Quinault-Lully tradition. For as much as the role of Dalila evolves in the course of the composition of the libretto, it is nevertheless clear throughout that Voltaire does not want to make love the focus of the dramatic action. The result is that Dalila only appears in acts 2 and 3, and even then she is essentially a secondary character, a tool in the struggle between the Hebrews and the Philistines, and between Samson and the religious and political authorities.

[69] Jacques Joseph Marie Decroix, *L'Ami des arts, ou justification de plusieurs grands hommes* (Amsterdam, 1776), p.179.

[70] As Trotier points out, only Cahusac, with *Zoroastre* in 1749, will manage to persuade Rameau to write an opera without a prologue ('Rapports de la musique au texte dans *Samson*', p.24).

Significantly, in this move away from the conventions of the *tragédie lyrique*, Voltaire is in effect extending the ideas that he has already developed in the domain of spoken tragedy. Seemingly influenced by Rapin's view in 1675 that in a tragedy there was nothing 'd'un plus petit sens que de s'amuser à badiner, par des tendresses frivoles',[71] Voltaire argues from an early stage that love is not an indispensable ingredient in tragedy. In his *Discours sur la tragédie* preceding *Brutus*, for example, he observes: 'Vouloir de l'amour dans toutes les tragédies me paraît un goût efféminé; l'en proscrire toujours est une mauvaise humeur bien déraisonnable.'[72] Nevertheless, he feels forced to bend to popular taste in 1732, observing in a letter to Formont of 29 May 1732 about *Zaïre*: 'Tout le monde me reproche ici que je ne mets pas d'amour dans mes pièces. Ils en auront cette fois-ci, je vous jure, et ce ne sera pas de la galanterie' (D494); and on *c.*25 August 1732 he writes to the *Mercure de France* about *Zaïre*:

Le public qui fréquente les spectacles est aujourd'hui plus que jamais dans le goût du Corrège. Il faut de la tendresse et du sentiment; c'est même ce que les acteurs jouent le mieux. Vous trouverez vingt comédiens qui plairont dans Andronic et dans Hippolyte, et à peine un seul qui réussisse dans Cinna et dans Horace. Il a donc fallu me plier aux mœurs du temps, et commencer tard à parler d'amour.[73]

It is surely no coincidence, then, that he should soon afterwards, in *Samson*, set about writing a tragic drama in which he is determined to accord a strictly limited role to love.[74]

---

[71] René Rapin, *Réflexions sur la poétique*, ed. E. T. Dubois (Geneva, 1970), p.105.
[72] *OCV*, vol.5, p.179.
[73] D517. See also Voltaire's comments on his *Œdipe* in the *Commentaires sur Corneille* (*OCV*, vol.55, p.820).
[74] Voltaire's views about the role of love in *Samson* also anticipate his *Dissertation sur la tragédie*, which prefaces *Sémiramis*, in which he argues that 'notre théâtre lyrique [...] ne se soutient guère que par des maximes de galanterie, et par des passions manquées' (*OCV*, vol.30A, p.147). See also the dedicatory epistle, addressed to the duchesse du Maine, to *Oreste*, with which *Samson* was published in 1750: 'J'ai donné au moins à ma nation quelque idée d'une tragédie sans amour,

Voltaire's innovative aesthetic agenda in *Samson* did not go unnoticed. Arguing that 'il faut que l'opéra soit sur un autre pied, pour ne plus mériter le mépris qu'ont pour lui toutes les nations de l'Europe', David Durand includes in his *Connaissance des beautés* (1749) the whole of the first and last scenes of act 5 as an example of precisely what is needed to bring about the desired change in opera.[75] Two years later, in July 1751, the *Mercure de France* published Pierre Mathieu Martin de Chassiron's *Réflexions sur les tragédies en musique*, based on a speech delivered at the Académie de La Rochelle.[76] Chassiron criticises the artificiality of traditional opera heroes: 'On leur a imposé la fatale nécessité d'être perpétuellement amoureux'; he pleads for a change: 'Serait-il donc impossible que nous en vinssions enfin jusqu'à vouloir être raisonnables? et l'amour purement voluptueux, est-il la seule passion qui ait droit sur nos âmes?'; and he urges librettists to turn to history for more noble subject-matter: 'L'amour de la gloire, de la patrie, de la liberté, ne pourra-t-il donc jamais remplacer sur notre théâtre le charme de l'amour efféminé de nos héros?'[77] Now, if Chassiron appears not to have heard of Voltaire's innovation in *Samson*, Pierre-Louis d'Aquin clearly had. The year after Chassiron's *Réflexions*, in 1752, he published his *Lettres sur les hommes célèbres*, in the second of which, entitled 'Sur l'opéra', he responds warmly to Chassiron's *Réflexions*, agreeing with him about the problem posed by 'cet amour efféminé duquel on n'ose s'écarter lorsqu'on compose pour l'Opéra', adding: 'Tous les poètes lyriques se sont fait un point d'honneur d'imiter servilement Quinault'; and, crucially, he praises Voltaire for having dared 'abandonner le système de Quinault':

---

sans confidents, sans épisodes [...] Tout ce que je désire, Madame, c'est qu'il se trouve quelque génie qui achève ce que j'ai ébauché, qui tire le théâtre de cette mollesse et de cette afféterie où il est plongé' (*OCV*, vol.31A, p.411-12).

[75] *M*, vol.23, p.411-13 (quotation at p.411); see also Nicholas Cronk's presentation of this text, long attributed to Voltaire, in *OCV*, vol.32B, p.357-59.

[76] The text was also published separately and in the proceedings of the Académie.

[77] *Mercure de France*, July 1751, p.49, 56, 58.

Pour M. de Voltaire, il ne donne dans son *Samson* qu'une idée de cette nouvelle espèce de tragédies-opéra; mais n'est-ce pas déjà beaucoup? C'est un homme fait pour primer dans bien des genres, et pour ouvrir un chemin nouveau dans d'autres qui lui sont moins favorables: ses idées sont un germe qui peuvent se développer dans d'autres têtes et produire ensuite d'excellents morceaux. [78]

However, Voltaire's aesthetic innovations do not fully explain the failure of *Samson*. It was not staged at the Opéra because it was banned by the censors, a ban that stemmed essentially from Voltaire's ideological innovations. D'Argenson sums up the reasons for the censor's judgement thus:

On en a empêché les représentations de peur d'indécence; le public est déjà trop prévenu contre l'irréligion de l'auteur des paroles, on aurait trouvé ici qu'il change trop arbitrairement l'histoire sainte de Samson; Dalila n'était point prêtresse de Vénus, on ne comparait point Samson à Mars ou à Adonis: ce mélange de choses très sacrées avec de très profanes sorti de la plume d'un auteur suspect a justement alarmé nos magistrats. [79]

But this 'auteur suspect' was guilty not only of creating 'ce mélange de choses très sacrées avec de très profanes', as d'Argenson puts it, but also of incorporating significant religious and political criticism into the dramatic action. Voltaire's innovation in this respect emerges most clearly in the context of other dramatic treatments

[78] P.-L. d'Aquin, *Lettres sur les hommes célèbres* (Amsterdam and Paris, 1752), p.37, 40-41. This work was reissued as *Le Siècle littéraire de Louis XV* in 1753; Voltaire owned a copy of the 1754 edition (BV92; *CN*, vol.1, p.101-102), though he did not acquire it until 1767 (see D14283, D14416).

[79] D'Argenson, *Notices sur les œuvres de théâtre*, p.304. Cf. the account given by a more indignant Decroix: 'Quels fruits ne devait-on pas attendre de l'union d'un tel poète [Voltaire] avec un tel musicien [Rameau], si leurs ennemis persuadés de leur succès, ne s'étaient réunis contre leur premier ouvrage, et ne les avaient rebutés dès leur entrée dans la carrière?'; a footnote explains that the work in question is *Samson*: 'C'est la tragédie de *Samson*, que la cabale vint à bout de faire supprimer en 1732. On se servit pour cela d'un moyen qui réussit presque toujours, ce fut d'accuser les auteurs d'impiété. On leur prêta le dessein d'avilir l'histoire sacrée, en la prostituant sur un théâtre très profane, qui ne retentissait que des amours des dieux du paganisme' (*L'Ami des arts*, p.97).

of biblical narratives in general, and of the story of Samson in particular.[80]

Voltaire was not the first to attempt to transport to the stage of the Opéra a biblical narrative instead of one derived from classical mythology. For this, the credit must go to Pellegrin and Montéclair's *Jephté* (1732),[81] on which the *Mercure de France* commented in March 1732:

La nouveauté du genre en avait rendu le succès si douteux, qu'on ne croyait pas qu'elle pût être jouée deux fois; cette prévention presque générale n'a pas tenu contre les beautés du poème et de la musique, et M. l'abbé Pellegrin et M. de Montéclair qui en sont les auteurs, peuvent se vanter qu'il y a très peu d'opéras que le public ait honoré de plus d'applaudissements.[82]

Like Voltaire's, Pellegrin's libretto is based on a subject derived from the Book of Judges: leading the Israelites in their battle against the Ammonites, Jephthah calls on God to help him, swearing that he will sacrifice as a thanksgiving the first person to come out of his house to greet him when he returns victorious; and that person turns out to be his daughter, his only child, whom he duly sacrifices. Pellegrin makes two important changes to the biblical narrative: most significantly, Jephté's sacrifice of his daughter is narrowly averted at the end of the opera; and in addition, he introduces a love interest into the plot by adding an amorous intrigue between Jephté's daughter and Ammon, the enemy, an intrigue that essentially runs in parallel to the main dramatic action. Pellegrin makes a point of this addition in the preface to the first edition of the opera. Having said that the prologue requires no defence, he goes on:

---

[80] For general background, see Martine de Rougemont, 'Bible et théâtre', *Le Siècle des Lumières et la Bible*, ed. Y. Belaval and D. Bourel (Paris, 1986), p.269-87. For a thorough analysis of other eighteenth-century dramatic works about Samson, see Ferrier, 'La Bible à l'épreuve de la scène', *passim*.

[81] See above, p.198-99.

[82] *Mercure de France*, March 1732, p.571.

Les libertés que j'ai prises dans la tragédie demandent plus d'indulgence; l'épisode d'Ammon peut exciter quelque contradiction; mais je n'ai pas osé bannir tout à fait l'amour profane d'un théâtre qui semble n'être fait que pour cette passion frivole. Le grand Corneille ne fut pas moins timide que moi, quand il exposa pour la première fois une tragédie sainte aux yeux du public étonné; et Sévère amoureux eût autant de partisans, que Polyeucte martyr. [83]

In this context, Voltaire's determination not to bend to popular taste by having a high-profile love interest in his opera emerges as a kind of critical reaction against Pellegrin in particular. This is one implication of Voltaire's letter to d'Argental in September 1734, in which he writes: 'Mais Rameau crie, Rameau dit que je lui coupe la gorge, que je le traite en philistin, que si l'abbé Pellegrin avait fait un Samson pour lui, il n'en démordrait pas. [...] Allons donc, je vais faire le petit Pellegrin, et mettre l'éternel sur le théâtre de l'Opéra' (D786). In this same letter, Voltaire also points out that Rameau is demanding a prologue. It is, therefore, perhaps no coincidence that Voltaire should self-consciously set his prologue on the stage of the Opéra, just as Pellegrin does. [84]

---

[83] Pellegrin, *Jephté, tragédie tirée de l'Ecriture Sainte* (Paris, 1732), p.iv. At the beginning of the preface, Pellegrin also alludes in his defence to earlier examples of religious drama: 'Ce n'a pas été sans trembler que j'ai entrepris de mettre sur le théâtre de l'Académie Royale de musique un sujet tiré de l'Ecriture Sainte. Des amis judicieux avaient beau me représenter que ce genre de tragédie n'était nouveau que par rapport au lieu où j'allais l'introduire, et que ces matières respectables étaient encore plus propres au chant qu'à la simple déclamation' (p.iii).

[84] On the links between Voltaire's prologue and Pellegrin's, see Laura Naudeix, *Dramaturgie de la tragédie en musique (1673-1764)* (Paris, 2004), p.76-78. Significantly, Voltaire's creative response to Pellegrin and Montéclair's *Jephté* appears to have been mirrored by Rameau's. Following the revival of *Jephté* at the Académie royale de musique on 6 February 1761, the *Mercure de France* observed: 'La musique de cet opéra, il y a vingt-cinq ans, paraissait nouvelle et d'un ton auquel on n'était pas accoutumé. Une circonstance, que le public apprendra, peut-être, avec plaisir, doit rendre cette musique précieuse aux vrais connaisseurs. C'est elle qui, de l'aveu du célèbre M. Rameau, a été la cause occasionnelle des chefs d'œuvre dont il a enrichi notre théâtre lyrique. Ce grand homme entendit *Jephté*; le caractère noble et distingué de cet ouvrage le frappa, par des points analogues apparemment à la

If Voltaire had *Jephté* in mind when writing *Samson*, he was probably also aware of Jean-Antoine Romagnesi's five-act tragi-comedy *Samson*, first performed at the Théâtre-Italien on 28 February 1730 and approved for publication by La Motte on 5 March; and if he was not aware of it when writing his libretto, he was certainly aware of it when he wrote the 'Avertissement' to the 1752 edition:

On était prêt de le jouer, lorsque la même cabale qui fit suspendre depuis les représentations de *Mahomet* ou du *Fanatisme*, empêcha qu'on ne représentât l'opéra de *Samson*; et tandis qu'on permettait que ce sujet parût sur le théâtre de la Comédie italienne, et que Samson y fît des miracles conjointement avec Arlequin, on ne permit pas que ce même sujet fût anobli sur le théâtre de l'Académie de musique.[85]

This apparent injustice seems to have particularly angered Voltaire. He lists it among other examples of contradictions in his Leningrad notebooks: 'Samson joué à la Comédie italienne, défendu à l'Opéra';[86] and he will make the point again in his *Questions sur l'Encyclopédie* article 'Samson', albeit confusing Romagnesi's *Samson* with the the Italian tragi-comedy on which it is loosely based, Luigi Riccoboni's *Sanson* (1717):

Une comédie de *Samson* fut jouée longtemps en Italie. On en donna une traduction à Paris en 1717, par un nommé Romagnesi; on la représenta sur le théâtre français de la comédie prétendue italienne, anciennement le palais des ducs de Bourgogne. Elle fut imprimée et dédiée au duc d'Orléans régent de France.

Dans cette pièce sublime, Arlequin valet de Samson se battait contre un coq d'Inde, tandis que son maître emportait les portes de la ville de Gaza sur ses épaules.

---

mâle fécondité de son génie. Il conçut dès ce moment, que notre musique dramatique était susceptible d'une nouvelle force et de nouvelles beautés. Il forma le projet d'en composer; il osa être créateur. Il n'en convient pas moins que *Jephté* procura *Hippolyte et Aricie*' (*Mercure de France*, March 1761, p.153).

[85] See below, p.261.

[86] *OCV*, vol.81, p.390.

En 1732 on voulut représenter à l'Opéra de Paris une tragédie de *Samson* mise en musique par le célèbre Rameau; mais on ne le permit pas. Il n'y avait ni arlequin, ni coq d'Inde, la chose parut trop sérieuse. On était bien aise d'ailleurs de mortifier Rameau qui avait de grands talents. Cependant on joua dans ce temps-là l'opéra de *Jephté*, tiré de l'Ancien Testament, et la comédie de l'*Enfant prodigue* tirée du Nouveau.[87]

While Romagnesi's tragi-comedy echoes Riccoboni's play in some of its verbal and visual comedy (and no doubt this generic hybridity alone would have earned Voltaire's disapproval),[88] what distinguishes it is the love intrigue between Samson and the innocent Dalila, the hero being betrayed not by his lover, but by a servant girl. Indeed, this relationship is at the centre of the dramatic action, so much so that the biblical story of the liberation of Israel fades into the background.[89] Romagnesi's play was

[87] *M*, vol.20, p.397. This passage is quoted in J. M. B. Clément and J. de La Porte, *Anecdotes dramatiques*, 3 vol. (Paris, 1775), vol.2, p.153, and Antoine d'Origny, *Annales du théâtre italien depuis son origine jusqu'à ce jour*, 3 vol. (Paris, 1788), vol.1, p.115; it is also echoed in Decroix's *L'Ami des arts*, p.97, and Duvernet's *Vie de Voltaire*, p.80. Voltaire's article also reveals his familiarity with Milton's drama *Samson agonistes* (1671), though it seems unlikely that this had any direct influence on his opera (see A. Gunny, *Voltaire and English literature*, *SVEC* 177, 1979, p.131-32). The two works are contrasted in an editorial footnote in the 1797 edition of *The works of Alexander Pope*: a letter from Atterbury to Pope of 15 June 1722 includes a reference to *Samson agonistes*, which prompts the following observation: 'Voltaire wrote an opera on this subject of Samson, 1732, which was set to music by Rameau, but was never performed. He has inserted a chorus to Venus and Adonis; and the piece finishes by introducing Samson, actually pulling down the temple, on the stage, and crushing all the assembly, which Milton has flung into so fine a narration; and the opera is ended by Samson's saying "J'ai réparé ma honte, et j'expire en vainqueur." And yet this was the man that dared to deride the irregularities of Shakespeare' (*The works of Alexander Pope* [...] *with notes and illustrations by Joseph Warton D.D. and others*, 9 vol., London, 1797, vol.8, p.117). Milton's drama went on to be the source for Newburgh Hamilton's libretto for Handel's oratorio *Samson* (1741), though there is no evidence that Voltaire knew of this work, nor of Benedetto Ferrari's earlier oratorio *Il Sansone* (1680), which casts Delilah as a villainous seductress.

[88] For an analysis of the links between Romagnesi's and Riccoboni's plays, see Ferrier, 'La Bible à l'épreuve de la scène', p.117-23.

[89] For further discussion of this distinctive feature of Romagnesi's play, see

enormously successful: in its first run of fifteen performances, between 28 February and 17 April 1730, it attracted average nightly audiences of 981 spectators, making it by far the most successful play in the whole season;[90] and it went on to be revived frequently for the next thirty years, receiving its last performance on 7 March 1761.[91] There are similarities between Voltaire's work and Romagnesi's, notably in the treatment of the character of Dalila: in both works she is tricked by the Grand-Prêtre into finding out the secret of Samson's strength; and in both works, realising her guilt, she commits suicide. But it is clear that Voltaire's determination to reduce the role of love in his libretto can be construed as a reaction just as much against Romagnesi's *Samson* as against Pellegrin's *Jephté*.

What distinguishes *Samson* most clearly from both Romagnesi's tragi-comedy and Pellegrin's opera, however, is its polemical element, and this alone explains why it never reached the Opéra.[92]

Ferrier, 'La Bible à l'épreuve de la scène', p.124-28, who concludes that 'Romagnesi crée une pièce profane fort éloignée du texte saint' (p.127).

[90] The audience figures for the first fifteen performances are 940, 1090, 1234, 1136, 1125, 970, 1205, 1190, 1056, 906, 768, 989, 969, 767 and 374: see Clarence D. Brenner, *The Théâtre italien: its repertory, 1716-1793* (Berkeley and Los Angeles, 1961), p.90-91.

[91] Antoine de Léris observes of Romagnesi's play: 'Cette pièce est d'un genre tout nouveau, par le mélange du sacré et du profane, du tragique et du comique; et quoiqu'il ne s'y trouve ni régularité, ni vraisemblance, cependant elle eut un succès prodigieux, et on l'a donnée longtemps presque tous les ans dans le Carême' (*Dictionnaire portatif, historique et littéraire des théâtres*, Paris, 1763, p.396).

[92] Victor Hallays-Dabot suggests that the effect of Romagnesi's play was to make the banning of Voltaire's inevitable (*Histoire de la censure théâtrale en France*, p.62); but this ignores the fact that Romagnesi's play was enormously successful. What is clear is that what is acceptable in the Théâtre-Italien is not acceptable at the Académie royale de musique; and, crucially, Romagnesi is no Voltaire. On this, see Béatrice Didier, 'Représentations du sacré dans le livret d'opéra: *Samson*', *SVEC* 358 (1997), p.237-46, who argues that the censors' rejection of Voltaire's *Samson* had more to do with the author's reputation than with the work itself (p.240). See also Raymond Trousson, 'Trois opéras de Voltaire', *Bulletin de l'Institut Voltaire de Belgique* 6 (1962), p.41-46 (p.43-44), and Ferrier, 'La Bible à l'épreuve de la scène', p.284-92.

The work offers a far-reaching attack on both religious and political authority. The action focuses from the start on the Philistines, who keep the Hebrews bound in slavery. If Voltaire derives this situation from the Bible, he nevertheless treats the biblical subject-matter in such a way as to create clear parallels between ancient Israel and modern France, to the detriment of the authorities of his day. The opera opens with the Israelites lamenting their fate, a coryphaeus singing (I.i.19-21):

> Des prêtres mensongers pleins de zèle et de rage
> Vont nous forcer à plier les genoux
> Devant les dieux de ce climat sauvage.

Even before they have appeared on stage, then, the priests are cast as zealous impostors and violent purveyors of falsehoods. But the audience does not have long to wait to see them for themselves: they appear in the next scene and are immediately associated with ritual and idolatry, as they appear with an altar covered in idols, striking terror into the hearts of the Hebrews, the second coryphaeus singing of 'ces vains sacrifices' and 'leurs prêtres sanglants' (I.ii.34, 36) – an attack on religious ritual which recalls Voltaire's implicit defence of natural religion in the contemporaneous *Lettres philosophiques*. And significantly, criticism of religion is bound up with criticism of politics, as it is clear from his first words that the Grand-Prêtre's authority rests in part on that of the (as yet unseen) king (I.ii.37-41):

> Esclaves, demeurez:
> Demeurez, votre roi par ma voix vous l'ordonne.
> D'un pouvoir inconnu lâches adorateurs,
> Oubliez-le à jamais, lorsqu'il vous abandonne;
> Adorez les dieux ses vainqueurs.

Religion is seen in terms of political power and military victory. This intertwining of religion and politics is clearer still at the end of the scene, when the Grand-Prêtre challenges the Hebrews (I.ii.50-51):

Rebut des nations, vous déclarez la guerre
Aux dieux, aux pontifes, aux rois?

This association of political despotism and religious intolerance is central to the dramatic action. Samson champions a freedom in both religious and political terms, doing so most dramatically in his rousing and memorable call to the Hebrews (I.iv.96-104):

> Peuple, éveille-toi, romps tes fers,
> Remonte à ta grandeur première,
> Comme un jour Dieu du haut des airs
> Rappellera les morts à la lumière,
>   Du sein de la poussière,
>   Et ranimera l'univers.
> Peuple, éveille-toi, romps tes fers,
>   La liberté t'appelle,
>   Tu naquis pour elle. [93]

Crucially, Samson opposes to the many gods of the idolatrous Philistines the one God of the Hebrews, who, he says, 'ne craint point de ces rois la grandeur périssable' (I.iv.83): religious tradition is challenged, as is the divine rule of the king.

This climax to act 1 makes all the more dramatic the king's first appearance at the beginning of act 2, '*sur son trône entouré de toute sa cour habillée à l'orientale*' (II.i.e), which is quickly followed by Samson's entrance, '*portant dans une main une massue, et de l'autre une branche d'olivier*' (II.ii.27c-d). Samson the man of peace is confronted with an imperious king, sure in his own absolute power and unmoved by Samson's first miracle (II.ii.61-62):

> N'importe; quel qu'il soit, je ne peux m'avilir
> A recevoir des lois de qui doit me servir.

And it is precisely on the authorities' attempts to control Samson and make him subservient that the dramatic action then focuses, culminating in the corrupt Grand-Prêtre and the manipulative king

---

[93] For an analysis of Samson's dialogue with the chorus in this scene, see Naudeix, *Dramaturgie de la tragédie en musique*, p.399-400.

joining forces to exploit the love between Samson and Dalila by blackmailing Dalila into finding out and revealing to them the secret of Samson's strength (IV.i). Voltaire thus makes the representatives of authority appear increasingly sordid in their thirst for power. The king's boasting in the final act, having seemingly defeated Samson, marks a high-point (V.iv.73-80)

> Eh bien! qu'est devenu ce dieu si redoutable,
>   Qui par tes mains devait nous foudroyer ?
> Une femme a vaincu ce fantôme effroyable,
> Et son bras languissant ne peut se déployer.
>   Il t'abandonne, il cède à ma puissance;
> Et tandis qu'en ces lieux j'enchaîne les destins,
> Son tonnerre étouffé dans ses débiles mains,
>   Se repose dans le silence.

This marks a turning point, too, for it is in response to the king's mockery that Samson unleashes his strength and brings the temple crashing down on the king and his priests (V.iv). This, of course, is the last in a series of spectacular on-stage visual effects envisaged by Voltaire, who seems to have been fully aware of the possibilities that a staging at the Opéra would offer. For this is, as Voltaire puts it in his letter to Thiriot on 2 February 1736, an 'opéra rempli de spectacle, de majesté et de terreur' (D999), and in this respect, as in his desire to minimise the role of love in the opera, Voltaire's vision for *mise en scène* in his opera is in tune with his explorations of the theatrical medium in his spoken tragedies, notably in the contemporaneous *Adélaïde Du Guesclin*. Voltaire triumphantly engineers the spectacle of divine fury to depict Samson not as a ridiculous fanatic or odious miracle-worker, as his satirical references elsewhere to Samson might lead one to expect, but rather as the defender of the oppressed against the forces of religious and political tyranny. Voltaire uses the Bible for thoroughly subversive ends.

3. *Publication and posterity*

It is clear from Voltaire's correspondence that he repeatedly reworked the text of *Samson* and that he sent Rameau (and others) a number of versions of the libretto. It is possible that traces of these early versions persist in the six surviving manuscripts. Five of these manuscripts are of the whole libretto (MS1-MS5). There are significant differences between these manuscripts and the printed editions: act 3 in the manuscripts disappears in the printed editions; a new act 1 appears in the printed editions, with act 1 in the manuscripts becoming act 2 in the printed editions and act 2 becoming act 3; while acts 4 and 5 are largely the same in both the manuscripts and the printed editions. The prologue to the work exists only in a separate manuscript (MS6): Voltaire never published it in his lifetime, and it appeared for the first time in the Kehl edition.

It is possible to ascertain the dates and ownership of some of the manuscripts. One of them (MS1) is bound in a *recueil* belonging to the marquis d'Argenson and appears to date from 1739. Writing to the marquis from Beringhem on 4 June 1739, Voltaire recalls *Samson* with some affection (D2024):

J'avais fait il y a quelques années des paroles pour ce Rameau qui probablement n'étaient pas trop bonnes, et qui d'ailleurs parurent à de grands ministres avoir le défaut de mêler le profane avec le sacré. J'ose croire encore que malgré le faible des paroles, cet opéra était le chef-d'œuvre de Rameau, il y avait surtout un certain contraste de guerriers qui venaient présenter des armes à Samson; et de putains qui le retenaient, lequel faisait un effet fort profane et fort agréable. Si vous voulez je vous enverrai encore cette guenille.

And in reply, d'Argenson writes, from Paris, on 20 June: 'Je vous garderai un grand secret. Vous me ferez donc lire ce que je ne connais pas et je m'en promets un grand et très grand plaisir, un grand transport. [...] Envoyez-moi votre Samson, envoyez-moi tout, je n'y toucherai pas dès que vous me direz tout beau' (D2032).

Significantly, of the manuscript in his possession, d'Argenson will note: 'Dans la copie manuscrite que j'ai de cette tragédie, je n'en ai point de prologue; je ne sais s'il est fait, je sais que la musique est faite et que Rameau n'a rien composé de plus beau.'[94] Three years later, in 1742, a manuscript of the work (MS3) was prepared for Count Claes Ekeblad (1708-1771), the Swedish minister plenipotentiary in Paris from 1742 to 1744 and a keen theatregoer: his diary during his stay in Paris reveals that in 1743 alone he went to the theatre 104 times, including 48 trips to the Opéra (fifteen of them to see Rameau's *Les Indes galantes*) and 21 trips to the Comédie-Française.[95] Significantly, even before arriving in Paris, Ekeblad was kept informed about contemporary French theatrical culture by the letters he received from Carl Fredrik Scheffer, who went on to succeed Ekeblad as minister in Paris.[96] Scheffer was in Paris from 1739 to 1742 as secretary to Carl Gustaf Tessin (1695-1770), the Swedish ambassador extraordinary at Paris during these years.[97] Another of the manuscripts (MS2) comes from Tessin's library, and it is likely that this too dates from 1742 and was prepared at the same time as, or shortly before, Ekeblad's manuscript. During his stay in Paris, Tessin took an active interest in Voltaire's theatre, attending, for instance, the first performance of *Zulime* on 9 June 1740.[98] He also enjoyed going to

---

[94] D'Argenson, *Notices sur les œuvres de théâtre*, p.304.

[95] See Carl Fredrik Scheffer, *Lettres particulières à Carl Gustaf Tessin, 1744-1752*, ed. Jan Heidner (Stockholm, 1982), p.35.

[96] In his letter to Ekeblad of 15 August 1739, for instance, Scheffer observes: 'M. Rameau a trouvé le moyen d'allier si heureusement le goût italien et le français que ses compositions plaisent également à l'une et l'autre nation' (quoted in Scheffer, *Lettres particulières à Carl Gustaf Tessin*, p.7).

[97] See Sigrid Leijonhufvud, *Omkring Carl Gustaf Tessin*, 2 vol. (Stockholm, 1917-1918), vol.1, p.88-167.

[98] See Tessin's letter to Carl Hårleman of 10 June 1740 in *Tableaux de Paris et de la cour de France, 1739-1742: lettres inédites de Carl Gustaf, comte de Tessin*, ed. G. von Proschwitz (Göteborg, 1983), p.90-93 (letter 14). Voltaire, for his part, refers to Tessin's 'esprit français' in a letter to count von Podewils of 28 January 1744 (D2922).

233

the Académie royale de musique, observing in a letter to Carl Hårleman of 21 March 1740: 'Des bals de l'Opéra je n'en ai raté aucun.'[99] Tessin was also a friend of Jean-Baptiste Oudry,[100] who is known to have taken part in the private theatricals at the home of Louis Fagon, where a rehearsal of *Samson* took place in October 1734.[101] Tessin is also known to have owned a copy of the 1750 edition of *Oreste*, containing *Samson*, acquired for him in May 1750 by Sheffer.[102]

If Ekeblad's and Tessin's manuscripts both date from 1742, so does, perhaps, the fourth manuscript (MS4), which is written on paper dated 1742, while the final manuscript (MS5) possibly dates from as late as 1775.[103] It seems, then, that there was a revival of interest in *Samson*, at least in terms of the production of manuscripts of the work, in 1742. What would explain this? Possibly Voltaire's work on *Pandore*, which he hoped would be set to music by Rameau and which therefore might have prompted him to think again about his earlier attempt to collaborate with the composer.[104] Possibly, also, the failure of the first attempt to have the work published, which dates from 1741.

The censors had refused to allow *Samson* to be performed in September 1734, and it seems that they did so again in February 1736. The first attempt to have the work published in Paris appears to date from some five years after that second refusal, namely April 1741, when, according to the *Registre des privilèges*, the publisher Pierre Gandouin, who also published an edition of *La Henriade* in 1741,[105] submitted *Samson* to Crébillon *père*, a royal censor as well as Voltaire's rival. He had refused to approve *Mahomet* for

[99] *Tableaux de Paris et de la cour de France, 1739-1742*, p.75 (letter 8).

[100] See Leijonhufvud, *Omkring Carl Gustaf Tessin*, vol.1, p.113.

[101] See above, p.203, n.28.

[102] See Scheffer, *Lettres particulières à Carl Gustaf Tessin*, p.213 (letter 85).

[103] See below, p.247.

[104] See below, p.333-34.

[105] See *OCV*, vol.2, p.240-42. On Gandouin, see Jean-Dominique Mellot and Elisabeth Queval, *Répertoire d'imprimeurs-libraires (vers 1500 - vers 1810)* (Paris, 2004), p.247.

performance the previous year,[106] and similarly he refused permission to print *Samson*.[107] Permission was finally granted to the printers Pierre-Gilles Le Mercier and Michel Lambert in March 1750 by Sainson,[108] but not before the work had been published four times elsewhere.[109]

For *Samson* was first published in 1745 in Amsterdam in w38 and w43, when Voltaire was again working with Rameau on *La Princesse de Navarre* and *Le Temple de la gloire*. The timing was apposite and ensured that Voltaire's reference, in the 'Préface', to his libretto having been 'mis en musique, il y a quelques années, par un homme reconnu pour un des plus habiles musiciens de l'Europe' would have been understood by contemporary readers. The work was published again the following year in w46, an edition in which Voltaire may have participated. Beyond doubt is Voltaire's participation in w48D. In 1750, *Samson* appears for the first time not in a multi-volume edition of Voltaire's works, but in a separate edition, bound with *Oreste*, parts 2 and 3 of *Des mensonges imprimés* and the *Lettre à Monsieur le maréchal de Schullembourg*, of which there appeared two provincial piracies.

Thereafter, *Samson* was published in at least eight editions of Voltaire's works in which he is known to have participated, four editions of his works in which he did not participate, and nine editions of his theatre, in which he did not participate either. In the 1752 Dresden edition (w52), the earlier 'Préface' is replaced by a longer 'Avertissement', in which Voltaire names Rameau explicitly, blames the opera's fate on the censors, putting it on a par with that of *Mahomet*,[110] and compares its fate with that of Romagnesi's

---

[106] See *OCV*, vol.20B, p.21-22, and Paul LeClerc, *Voltaire and Crébillon père: history of an enmity*, *SVEC* 115 (1973), p.40-41.

[107] BnF, ms.fr. 21997, f.44.

[108] BnF, ms.fr. 21959, f.272. On Lambert and Le Mercier, see Mellot and Queval, *Répertoire d'imprimeurs-libraires*, p.336, 350.

[109] On Voltaire's difficulties in securing the publication of *Samson*, see Conlon, *Voltaire's literary career from 1728 to 1750*, p.34, 69, 73.

[110] Voltaire was hoping to have *Mahomet* revived at the Comédie-Française as

tragi-comedy. It was this edition that attracted the attention of the Venetian comte de Cataneo, who, in his letters adressed to Voltaire, remarks with barely disguised scorn: 'Je vois bien que votre *Samson* et *Pandore* sont deux pièces que vous avez faites plutôt pour les décorations, et pour la musique, que pour y suivre les règles du théâtre. Cependant les vers en sont très délicats et gracieux: outre que ces sortes de pièces qu'on nomme *Operas* de l'Italien, ne doivent pas être examinées scrupuleusement.' [111]

Voltaire's versification attracted more censure from La Harpe, who is in no doubt that Voltaire failed as a writer of operas: all four (*Samson*, *Pandore*, *La Princesse de Navarre* and *Le Temple de la gloire*), he says, are 'productions avortées', explaining: 'Nous trouvons ici pour la première fois un genre de poésie où Voltaire a si peu réussi, qu'il n'y a même aucune place; et cela est digne de remarque dans un homme qui les a tous tentés, excepté la pastorale et la fable, et la plupart avec succès.' Dismissive of Voltaire's 'longs et inutiles efforts pour faire jouer *Samson*', La Harpe identifies what he sees as the work's two fundamental weaknesses: 'Le sujet était mal choisi, et par lui-même fort peu susceptible d'intérêt; mais l'auteur n'en tira pas même ce qu'il pouvait du moins fournir à la poésie lyrique. [...] [le style] est inégal et négligé, et l'on ne peut guère remarquer dans le dialogue que quelques jolis madrigaux.' [112] La Harpe's view of the work is explicitly countered by Palissot in his *Le Génie de Voltaire*:

---

early as 1749, though such a revival did not actually materialise until September 1751: see *OCV*, vol.20B, p.27.

[111] *Lettres du comte de Cataneo à l'illustre Monsieur de Voltaire sur l'édition de ses ouvrages de Dresde* (Berlin, 1754), p.211. Voltaire appears to have known about Cataneo's work as early as 3 April 1754, when he refers to it in a letter to the duchesse de Saxe-Gotha, describing Cataneo as 'bien dévot et peu philosophe' (D5757); and a month later, on 3 May, he writes to Jacques Emmanuel Roques: 'Il me semble que le mot de persiflage, qui se met à la mode depuis quelque temps, pourrait servir de titre au livre du comte de Cataneo' (D5800). On Cataneo, see Roland Mortier, 'Un adversaire vénitien des Lumières: le comte de Cataneo', *SVEC* 32 (1965), p.91-268.

[112] La Harpe, *Lycée*, vol.12, p.85, 93. La Harpe's detailed comments on particular lines and moments in the direct action are included in the notes to the text, below.

[La Harpe] a observé avec beaucoup de goût et de raison, que le génie de ce grand poète était peu propre à ce genre d'ouvrages, et qu'il n'entendait même pas trop bien la coupe des vers lyriques: mais dans le petit nombre d'essais que Voltaire a pu se permettre, même dans des genres auxquels il n'était point appelé, il en est fort peu dont on ait droit de parler avec une dureté qui approche du mépris; et M. de La Harpe devait, plus que personne, ne pas s'écarter de cette loi de convenance.[113]

Samson divided critical opinion; it also attracted a significant number of writers and composers eager to rework it for their own ends. The first among these were Rameau and Voltaire themselves. Rameau, for his part, appears to have recycled at least some of the music in a number of his later operas, as Voltaire notes, no doubt with some exaggeration, in his 'Avertissement' to the work: 'Le musicien employa depuis presque tous les airs de *Samson* dans d'autres composition lyriques, que l'envie n'a pas pu supprimer.'[114] So what were these other 'compositions lyriques'? Since Rameau's music for *Samson* is lost, it is only possible to guess at apparent examples of recycling, based on a comparison of the printed texts of the works. One possible example occurs in *Castor et Pollux*, as Voltaire himself suggests in a letter to Chabanon of 18 January 1768: 'Savez-vous bien que Rameau avait fait une musique délicieuse sur ce Samson? Il y avait du terrible et du gracieux. Il en a mis une partie dans Castor et Pollux' (D14685). Rameau may have been working with Bernard on *Castor et Pollux* as early as March 1736, at precisely the point when all hope of ever

---

[113] Palissot, *Le Génie de Voltaire* (Paris, 1806), p.176-77. Voisenon's view is close to that of Palissot: praising the breadth of Voltaire's talent – 'Il y a dans Voltaire de quoi faire passer six hommes à l'immortalité' – he observes: 'On lui refuse le talent de faire de bons opéras: *Samson* seul mérite à son auteur le nom de poète lyrique' (*Anecdotes littéraires*, p.172).

[114] See below, p.261. On Rameau's practice of recycling his music, see Cuthbert Girdlestone, 'Rameau's self-borrowings', *Music and letters* 39 (1958), p.52-56, and Graham Sadler, 'A Re-examination of "Rameau's self-borrowings"', in *Jean-Baptiste Lully and the music of the French baroque: essays in honour of James R. Anthony*, ed. H. H. Heyer (Cambridge, 1989), p.259-89. Specifically on the recycling of music from *Samson*, see Trotier, 'Rapports de la musique au texte dans *Samson*', p.55-70.

staging *Samson* at the Opéra seems to have been lost,[115] so it is not implausible that Rameau should have recycled some of the music in his new opera. In particular, the opening of the original version of *Castor et Pollux* (1737), sung by the 'Chœur de Spartiates', echoes the opening of *Samson*, sung by two coryphaei and then the chorus (I.i.1-8). The situation is the same in each work (a people lamenting), and the verse structure is similar, too:

> Que tout gémisse,
> Que tout s'unisse:
> Préparons, élevons d'éternels monuments
> Au plus malheureux des amants.
> Que jamais notre amour ni son nom ne périsse.
> Que tout gémisse.[116]

The other work in which Rameau seems to have recycled music from *Samson* is the ballet *Les Fêtes d'Hébé* (1739), as the *Journal de Paris* notes on 5 January 1777:

Nous tenons d'une personne qui l'a souvent entendu dire au célèbre Rameau, que les plus beaux morceaux des *Talents lyriques* [*Les Fêtes d'Hébé*] avaient été faits pour l'opéra de *Samson* de M. de Voltaire, que des considérations particulières ne permirent pas de mettre au théâtre; que la musique du divertissement du fleuve, dans le premier acte, était le morceau destiné à peindre l'eau jaillissante du rocher; que le grand morceau de Tirtée est le même que celui qui dans la bouche de Samson devait reprocher leur lâcheté aux Israélites; que le divertissement du troisième acte était la fête d'Adonis.[117]

The last of these is difficult to identify; the first two, less so. The chorus accompanying Samson's first miracle (II.ii.57-60) is

---

[115] See above, p.216.

[116] P.-J. Bernard, *Castor et Pollux* (Paris, 1737), I.1. This becomes the opening of act 2 in the revised (1754) version of the opera.

[117] *Journal de Paris*, 5 January 1777, p.3. This article also claims that 'la chaconne des *Indes galantes* [IV.6] était un morceau employé dans l'opéra de *Samson* à amener tout le peuple aux pieds du vrai Dieu' (p.3), but it is unclear to which part of Voltaire's libretto this refers.

echoed in the chorus of boatmen in scene 5 of the *entrée* entitled *La Poésie*:

> Ciel! ô ciel! Le fleuve agite son onde;
> Il nous menace, il gronde.
>   Prévenons son courroux!
> Pour le calmer courons, courons, empressons-nous![118]

And Samson's famous reproach to the Israelites (I.iv.96-106) is echoed in the second scene of the *entrée* entitled *La Musique*, sung by Tirtée:

> Eveille-toi, vole la gloire,
> Peuple, tes ennemis sont aux pieds de tes murs;
> Bellone sur tes pas va fixer la victoire.
> Cours au combat, tes coups sont sûrs.[119]

Lastly, in addition to these examples, two more may be posited, both of which involve Voltaire directly: Voltaire adapts Dalila's 'Echo, voix errante' (III.v), which he had written as early as December 1735 (D971), in *La Princesse de Navarre* (II.xi), and Samson's 'Profonds abîmes de la terre' (V.i) morphs into 'Profonds abîmes du Ténare' in *Le Temple de la gloire* (I.i); so it can be assumed that if Voltaire re-used his words, Rameau re-used his music.[120]

If Voltaire returned to and adapted his text in later years, so did a number of other writers in the later eighteenth century. More than thirty years after he wrote it, in fact, *Samson* attracts the attention of Chabanon, dramatist, musician and friend of Voltaire, with whom he has a correspondence about the subject in January/February 1768. On 18 January, Voltaire replies with surprise to Chabanon's interest in *Samson*: 'Quoi! lorsque vous travaillez à Eudoxie [a tragedy by Chabanon, published in 1769], vous songez à ce paillard

---

[118] Antoine Gaultier de Mondorge, *Les Fêtes d'Hébé* (Paris, 1739), first entrée, scene 5.

[119] Mondorge, *Les Fêtes d'Hébé*, 2nd entrée, scene 2.

[120] Antoine de Léris notes in his entry on *Samson* that '[Rameau] se servit d'une partie de son travail pour l'opéra de *Zoroastre*' (*Dictionnaire portatif*, p.396), but it has not been possible to identify any such borrowings.

de Samson, et à cette putain de Dalila, et de plus, vous nous envoyez du beurre de Bretagne. Il faut que vous ayez une belle âme'; and he goes on to remind him, as we have already seen, about Rameau's earlier attempt at setting the work to music (D14685). Seemingly undaunted, Chabanon appears to suggest asking François-André Danican Philidor to write music for *Samson*, who was best known as a chess player as well as a composer of music for *opéra-comiques*, including *Blaise le savetier* (1759), on a libretto by Sedaine. This is the implication of Voltaire's letter to Chabanon of 12 February (D14747):

Vous croyez donc, mon très cher confrère, que les grands joueurs d'échecs peuvent faire de la musique pathétique, et qu'ils ne seront point échec et mat? A la bonne heure, je m'en rapporte à vous. Faites tout ce qu'il vous plaira. Je remets entre vos mains la mâchoire d'âne, les trois cent renards, la gueule du lion, le miel fait dans la gueule, les portes de Gaza et toute cette admirable histoire.

However, apart from a further passing reference in a letter to Chabanon of 14 March (D14830), nothing more is heard of this apparent project.[121]

This project never came to fruition, but a number of other adaptations of *Samson* did. There were at least two oratorios written in the 1770s based on Voltaire's libretto.[122] In 1774,

[121] The project seems also at one point to involve the writer François-Augustin Paradis de Moncrif, who is evidently reluctant to be associated with it, as Voltaire notes in his letter to Chabanon of 29 January 1768: 'Ne trouvez-vous pas qu'il cite bien à propos feu M. le Dauphin, qui sans doute reviendra de l'autre monde pour empêcher qu'on ne mette des doubles croches sur la mâchoire d'âne de Samson? Ah mon fils, mon fils! la petite jalousie est un caractère indélébile' (D14705). Such is Voltaire's apparent revival of interest in the Samson story early in 1768 that, in a letter to Chabanon of 2 March, he compares both himself and Chabanon to Samson: Chabanon is as strong as him, Voltaire is far weaker (D14800).

[122] On the oratorio form in eighteenth-century France, see Donald H. Foster, 'The oratorio in Paris in the eighteenth century', *Acta musicologica* 47 (1975), p.67-133, and Howard E. Smither, *A History of the oratorio*, 4 vol. (Chapel Hill, 1977-2000), vol.3, p.539-601. As early as 1760 Voisenon wrote an oratorio about Samson, published in his *Œuvres complètes* in 1781, but it is unclear whether or not he was influenced by Voltaire's opera: see Ferrier, 'La Bible à l'épreuve de la scène', p.150-61.

Nicolas-Jean Lefroid de Méreaux wrote the music for an oratorio based on the first two acts of *Samson*, which was performed before Voltaire himself on Easter Tuesday, 21 April 1778, just over a month before he died: Dalila never appears, of course, and the emphasis is on the struggle between religious oppression and the freedom of an enslaved people.[123] And the following year, on 2 February 1779, Giuseppe Cambini's oratorio based on Voltaire's libretto was performed at the Concert spirituel, with the main role sung by the leading *haute-contre* and impresario Joseph Legros, but without much success: while noting that the work won the approval of the 'amateurs du beau style italien', the *Mercure de France* criticised Cambini's music: 'On voit que l'auteur s'est nourri de la substance de Pergolèse et des grands maîtres de la même école, et qu'il connaît la plupart des ressources de l'orchestre. On lui reprochera peut-être de vouloir quelquefois faire briller les instruments au préjudice des voix.'[124] And as an alternative to the oratorio form, Giuseppe Valentini's 'hiérodrame', or sacred drama,[125] based on Voltaire's libretto received its first and only performance at the Concert spirituel on 25 March 1783, with little success: 'Le succès de M. Valentini, auteur d'un hiérodrame, dont les paroles sont tirées de *Samson*, n'a pas été si heureux. On y a trouvé souvent plus de bruit que d'effet, plus de recherches que d'expression, et son style n'a pas toujours paru très pur.'[126]

[123] See Bibliothèque de l'Opéra, MS Rés. 119. The text is reproduced in Ferrier, 'La Bible à l'épreuve de la scène', p.664-67; see also her discussion of the work, p.164-65.

[124] *Mercure de France*, February 1779, p.162. The text of Cambini's oratorio is now lost; but see *Moʒart à Paris*, ed. Nicole Salinger and H. C. Robbins Landon (Paris, 1991), p.37, for a reproduction of a poster announcing the performance, now held at the Bibliothèque de l'Opéra (AFF.Rés. 28). Despite its cool reception, the work went on to be performed a further five times up to May 1787: see Ferrier, 'La Bible à l'épreuve de la scène', p.450-54.

[125] See Isabelle Guitton, 'Un avatar de l'oratorio en France à la veille de la Révolution: l'hiérodrame', *Dix-huitième siècle* 23 (1991), p.407-19.

[126] *Journal de Paris*, April 1783, p.25. Valentini's 'hiérodrame' is now lost: see Ferrier, 'La Bible à l'épreuve de la scène', p.451-52.

Two operatic versions of Voltaire's libretto also survive from the eighteenth century. The first is by Stanislas Champein, who in 1779 set the whole of Voltaire's libretto to music, though there is no evidence that it was ever performed.[127] And the second is by Beaumarchais, who in 1782 produced a three-act version of the opera, for which Philippe-Jacques Meyer composed some music, though it was never performed. In Beaumarchais's version most of acts 1 and 2 of Voltaire's work are cut, the plot is simplified and the focus of the dramatic action is shifted to the relationship between Samson and Dalila, thus altering completely Voltaire's original conception of the work.[128]

The final significant eighteenth-century adaptation is François-Joseph Gossec's setting for three unaccompanied voices of 'Peuple, éveille-toi, romps tes fers' (I.iv), performed outside the Opéra on Monday 11 July 1791 as Voltaire's ashes were on their way to the Pantheon.[129] This chorus was performed again on a number of occasions in the 1790s and during the celebrations to mark the first centenary of the Republic on 22 September 1892.[130]

---

[127] See BnF, Musique: MS 8288. See also Ferrier, 'La Bible à l'épreuve de la scène', p.151.

[128] See Elizabeth C. Bartlet, 'Beaumarchais and Voltaire's *Samson*', *Studies in eighteenth-century culture* 11 (1982), p.33-49. The manuscript of Beaumarchais's version is at the BnF, Musique: Thb 4692; an edition of it is included in Beaumarchais, *Œuvres*, ed. P. Larthomas (Paris, 1988), p.1436-50.

[129] The text of Voltaire's chorus was published on 13 July 1791 in Antoine-Joseph Gorsas's *Courrier des quatre-vingt-trois départements*, vol.26, p.193 (the full account of the day's events covers p.177-99), and Gossec's music was printed in the same journal on 21 September (vol.28, p.221-26). See also the account in the *Chronique de Paris*, 11 July 1791, p.773-74, as well as Noëlle Guibert and Jacqueline Razgonnikoff, *Le Journal de la Comédie-Française, 1787-1799: la comédie aux trois couleurs* (Antony, 1989), p.154-57, and Claude Role, *François-Joseph Gossec, 1734-1829: un musicien à Paris, de l'Ancien Régime à Charles X* (Paris, 2000), p.167-69.

[130] Voltaire's ever increasing reputation in the late eighteenth century is in sharp contrast to that of Rameau, whose star quickly waned after his death in 1764: see Marie-Madeleine Sève, 'L'oubli de Rameau: sanction de l'esprit révolutionnaire?', *Rameau en Auvergne*, ed. J.-L. Jam (Clermont-Ferrand, 1986), p.143-63. Voltaire's *Samson* continued to attract interest in the early years of the nineteenth century, too: in 1814 Louis Joseph Claude Saint-Amans rewrote and composed music for act 5,

4. Manuscripts and editions [131]

Manuscripts

MS 1

Samson. / Tragedie de Mr. de Voltaire. / Mise en musique par Mr. Rameau.

Contemporary copy; 210 x 170 mm; 24 leaves, foliated 1-24.

Watermark: CUSSON / [*griffin*] / P [*heart*] C. [132]

The first item in a *recueil*, entitled 'Supplément aux œuvres de théâtre de M. de Voltaire' and also containing manuscripts of *Eriphile* and *Adélaïde Du Guesclin*, that Voltaire presumably sent to the marquis d'Argenson around June 1739. [133]

A later note (after 1765) on the verso of the fly-page of the 'Supplément' begins: 'Ce Supplément contient *Samson* que Rameau a voulu mettre en musique; mais qu'il n'a jamais achevé. Par consequent cette pièce n'a jamais été jouée; elle est imprimée dans les Œuvres de Voltaire, mais avec des différences très considérables et avec un acte entier transposé et changé'. The same note is repeated in MS 5, for which MS 1 is a possible source.

---

and in 1815 Doumerc Sainte-Marie set III.5 to music (see Ferrier, 'La Bible à l'épreuve de la scène', p.161-64).

[131] On the manuscripts and editions of *Samson*, see Sylvie Bouissou and Denis Herlin, *Jean-Philippe Rameau: catalogue thématique des œuvres musicales* (Paris, 2003-), vol.2, p.207-10, and Trotier, 'Rapports de la musique au texte dans *Samson* de Voltaire et Rameau', p.33-53. Bouissou and Herlin mistake Saint-Amans's 1814 text (see above, n.130) for an early manuscript of act 5 of Voltaire's libretto (*Jean-Philippe Rameau*, p.208).

[132] This indicates that the paper was produced by the Cusson family in Riom, but it is impossible to date it with any certainty: see Raymond Gaudriault, *Filigranes et autres caractéristiques des papiers fabriqués en France aux dix-septième et dix-huitième siècles* (Paris, 1995), p.305.

[133] See above, p.232-33. See also *OCV*, vol.5, p.374-76; vol.10, p.65.

1. Title page of *Samson* (MS2).
By kind permission of the Kungliga Biblioteket, Stockholm.

The manuscript includes corrections in two further hands, one writing in brown ink, the other in black.

Paris, Arsenal: Ms. 2755 (f.1-24).

MS2

Samson / OPERA / C. G. Tessin

Contemporary copy; 295 x 230 mm; 27 leaves.

From the library of Carl Gustaf Tessin. [134]

Oxford, Taylor: micr.1227. Stockholm, Kungliga Biblioteket: Ms Vu 50.

MS3

SAMSON / OPERA / par / M^r. Piron.

Contemporary copy; 230 x 190 mm; 21 leaves; a title page and blank verso followed by 20 leaves paginated 1-39.

Paper signed: 'Bertholdus [Berthault?] inv. et fecit Ao 1742'.

The coat of arms on this manuscript reveals that it belonged to Count Claes Ekeblad. [135] The attribution of the text to Piron is obviously erroneous, though it is known that Piron had begun writing a *tragédie héroïque et burlesque* about Samson in 1723, the text of which is now lost. [136]

Oxford, Taylor: micr.1227. Stockholm, Kungliga Biblioteket: E.S.C. VII 1-3.

MS4

Samson, Tragedie. / De Mr. De Voltaire. / Mise en Musique / par / Mr. Rameau. / Composée en 1735.

Contemporary copy; 225 x 175 mm; 18 leaves, paginated 1-29.

---

[134] See above, p.233-34.

[135] See above, p.233.

[136] See Paul Chaponnière, *Piron, sa vie, son œuvre* (Geneva, 1910), p.42 and Pascale Verèb, *Alexis Piron, poète (1689-1773) ou la difficile condition d'auteur sous Louis XV, SVEC* 349 (1997), p.108-109.

OPERA

ACTE Iᴿ, SCENE Iᴿᴱ.

𝒬e Theatre represente le Peristile du Palais du Roy, où à travers les Colomnes on voit des forêts et des Costines dans le fond de la perspective: — Le Roy est Sur Son thrône entouré de toute Sa Cour habillé à l'Orientale: Le Grand Prêtre est assis auprès de luy.

2. First page of *Samson* (MS3).
By kind permission of the Kungliga Biblioteket, Stockholm.

Watermark: 1742 / J [*heart*] VIMAL MOYEN / AUVERGNE / [*crowned eagle*].[137]

Bound in a *recueil* with other works by Voltaire.

Paris, Bibliothèque historique de la ville: Rés. 2026.

MS 5

Samson. / Tragedie de M. de Voltaire / Mise en musique par M. Rameau

Contemporary copy; 175 x 220 mm; 21 leaves, foliated 256-75.

Bound with other works by Voltaire (see Fernand Caussy, *Inventaire des manuscrits de la bibliothèque de Voltaire conservée à la Bibliothèque impériale publique de Saint-Pétersbourg*, Paris, 1913, p.6).

The introductory note quoted under MS 1 (above, p.243) is repeated on f.254*r*, and a note on f.254*v* states: 'paperasses de théâtre envoyées par La Combe 1775 à examiner'. Voltaire acknowledged receipt of a manuscript from Lacombe on 29 May 1775, stating that it seemed to him to have been 'copié d'après un original qui était depuis près de quarante ans entre les mains de M. de Pondevèlle'.[138] The similarity with MS 1 might also suggest a connection with the marquis d'Argenson's copy.

St Petersburg, GpbV: 5-240 (vol.1, f.256-75).

---

[137] This indicates that the paper was produced by the Vimal family in Riom, but it is impossible to date it with any certainty: see Gaudriault, *Filigranes et autres caractéristiques*, p.278-79.

[138] D19494. The *Catalogue des livres imprimés et manuscrits de Monsieur le comte de Pont-de-Vesle* (Paris, 1774) confirms that Pont de Veyle owned a manuscript of 'Samson, opéra, musique de Rameau, 5ac., 1735', as well as a copy of the 1750 edition of *Oreste* that contains *Samson* (p.91, no.654). On the subsequent ownership of Pont de Veyle's collection, see *OCV*, vol.14, p.250-51. The manuscript was sold at auction in April 1844: 'MS. Pièces de Voltaire. Eriphile, tragédie. – Adelaïde du Guesclin, tragédie. – Pandore, opéra. – Samson, tragédie lyrique. – Variantes de l'opéra de Samson, tirées d'un ancien manuscrit. – Monsieur du Cap Vert, comédie en 3 a. et en pr. (C'est la pièce des *Originaux*). – Le comte de Boursouffle, comédie en 3 a. et en pr. In-4 sur pap., écrit. du 18ᵉ siècle, non rel. Ces copies proviennent de la bibliothèque de Pont-de-Vesle qui les tenait d'un secrétaire de Voltaire' (*Bibliothèque dramatique de Monsieur de Soleinne*, 5 vol., Paris, 1844, vol.2, p.75, no.1684). The present whereabouts of this item are unknown.

MS6

Prologue de Samson

Old copy; 290 x 225 mm; 2 leaves, foliated 114-16; f.114*r* [D690]; f.114*v*-16*r* Prologue de Samson.

Watermark: [*griffin*] / AUVERGNE 1742 / P [*fleur de lys*] CUSSON MOYEN / J [*heart*] BERGER.

Bound in a *recueil* with copies of letters from Voltaire (see Besterman's commentary to D690). The text is reproduced in Appendix I (p.319-22 below).

Paris, Bibliothèque historique de la ville: Rés. 2031 (f.114*v*-16*r*).

Editions

For the descriptions of collective editions, see above, p.xv-xxiv.

w38 (1745)

Volume 6: [1] Samson, opéra; [2] Acteurs; [3-4] Préface; [5]-54 Samson, opéra.

A frontispiece facing the titlepage of the volume shows Samson destroying the temple.

w43 (1745)

Volume 6: [1] Samson, opéra; [2] Acteurs; [3-4] Préface; [5]-54 Samson, opéra.

The same frontispiece as in w38 faces p.5.

w46

Volume 5: [251] Samson, opéra; [252] blank; 253 Préface; [254] Acteurs; [255]-97 Samson, opéra.

w48D

Volume 3: [273] Samson, opéra; [274] blank; [275] Préface; [276] Acteurs; [277]-320 text.

Several copies with manuscript corrections exist, notably at Schloss Charlottenburg in Berlin (P344); the BnF in Paris (Rés. p. Z 2644 and Rés. Z Beuchot 12 (3)), and the Kungliga Biblioteket in Stockholm (Litt. fr. Vu 36a). Variants from these copies are listed as w48D*, followed by the relevant shelfmark.

W48R

See w64R below.

50P

Oreste, tragédie. Paris, P. G. Le Mercier, Lambert, 1750.

8°. Sig. a⁸ b⁶ A-F⁸ G² π² H-N⁸ O⁴ ¹π² (± a2.7; ¹π2 blank); pag. [6] xxi [xxii] 100 [4] [109]-212 [213-14]; $4 signed, roman (- a1-2, b4, G2); sheet catchwords (- G, O).

SAMSON, / *TRAGÉDIE LYRIQUE.* / [*ornament*] / A PARIS, RUE S. JACQUES. / Chez [*opening brace spanning next three lines*] / P. G. LE MERCIER, Imprimeur- / Libraire, au Livre d'or. / M. LAMBERT, Libraire. / [*thick-thin rule, 57 mm*] / M. D. CC. L.

[*1*] half-title; [*2*] blank; [*3*] title; [*4*] blank; [*5-6*] 'Avis au lecteur'; [i]-xxi Epître à Madame la Duchesse Du Maine; [1]-100 Oreste; [105]-56 Samson; 159-203 Mensonges imprimés parts 2 and 3; 204-12 Lettre à M. le maréchal de Schullembourg [D2280]; [213-14] 'Approbation' and 'Privilège du roi'.

The 'Approbation' for *Oreste* and *Samson*, signed by Trublet, is dated 28 March 1750 (p.[213]); the 'Privilège du roi', signed by Sainson, is dated 19 March 1750 (p.[213-14]).[139] An alternative state of this edition gives a different setting of the title, with the addition of Voltaire's name and the price.[140] Copies of the edition of *Samson* are found in four forms:

---

[139] On the publication of this edition, see Pierre Clément, *Les Cinq années littéraires, ou Lettres* [...] *sur les ouvrages de littérature qui ont paru dans les années 1748, 1749, 1750, 1751 et 1752*, 2 vol. (Berlin, 1755), vol.1, p.310-14 (letter dated 15 June 1750), and Charles Collé, *Journal et mémoires*, ed. H. Bonhomme, 3 vol. (Paris, 1868), vol.1, p.151. Voltaire sends a copy of this edition to Frederick on 13 April 1750 (D4134).

[140] 'SAMSON, / *TRAGÉDIE LYRIQUE.* / ET QUELQUES PIÉCES / DE LITTÉRATURE. / Par M. DE VOLTAIRE. / [*rule*] / *Prix XXX. sols.* / [*rule*] /

(1) some copies have all the texts; (2) some copies have *Oreste* and *Samson* only; (3) some copies have *Samson, Des mensonges imprimés* and the *Lettre à Monsieur le maréchal de Schullembourg*; and (4) some copies have *Samson* only.

Bengesco 72, 204; BnC 1322-36.

Form (1): London, British Library: 1568/8242. Paris, BnF: Yb 2438 (2), Yf 6609, Rés. Yf 3938, Rés. Z Bengesco 71,[141] Rés. Z Bengesco 971 (1), Rés. Z Beuchot 12 (ter, 1), Rés. Z Beuchot 614;[142] Arsenal: 8 BL 13084, 8 BL 13085, GD 15328, 8° NF 5026 (4). Reims, Bibliothèque municipale: Rés. Diancourt P 827/2. Rennes, Bibliothèque municipale: 51770,[143] 96549.

Form (2): Paris, BnF: Rés. Z Beuchot 613 (1); Bibliothèque Sainte-Geneviève: 8 Y 1577 (2) INV 3222 FA (P.3).

Form (3): Paris, BnF: 8 Yth 22136;[144] Richelieu, Arts du spectacle: Rf 14440 (2),[145] Rf 14441.[146] Montpellier, Bibliothèque municipale: 44470RES.

[*ornament*] / A PARIS, RUE S. JACQUES. / Chez [*next three lines bracketed*] / P. G. LE MERCIER, Imprimeur- / Libraire, au Livre d'or. / M. LAMBERT, Libraire. / [*thick-thin rule*] / M. D. C C. L'. On the different states of this edition, see *OCV*, vol.31A, p.372-74.

[141] In this copy, the page containing the 'Approbation' and the 'Privilège' is inserted at the end of *Samson*, between p.156 and p.157.

[142] The page containing the 'Approbation' and the 'Privilège' is missing from this copy, as are p.203-204 (the final page of chapter 3 of *Des mensonges imprimés* and the 'Avertissement' to the *Lettre à Monsieur le maréchal de Schullembourg*).

[143] This copy has the alternative setting of the title, with the addition of Voltaire's name and the price.

[144] This copy has the alternative setting of the title, with the addition of Voltaire's name and the price.

[145] This copy has the alternative setting of the title, with the addition of Voltaire's name and the price. It is loosely bound with a copy of *Oreste* which does not have the alternative setting of the title; this, together with the fact that the paper on which *Oreste* is printed is slightly larger than that on which *Samson* is printed, suggests that the two copies were not originally bound together, as does the presence of two copies of the page containing the 'Approbation' and the 'Privilège' at the end of the volume.

[146] The page containing the 'Approbation' and the 'Privilège' is missing from this copy.

Form (4): Paris, BnF: 8 Yth 16084, 8 Yth 16085,[147] 8 Yth 16086, 8 Yth 16087; Richelieu, Musique: Th^B-951. Chicago, Joseph Regenstein Library: PQ.1221 T4 v.1.[148]

50X1

SAMSON, / *TRAGÉDIE LYRIQUE.* / Par Mr. AROUET DE VOLTAIRE. / [*ornament*] / A PARIS, RUE S. JACQUES. / Chez [*opening brace spanning next three lines*] / P. G. LE MERCIER, Imprimeur-Libraire, / au Livre d'or. / M. LAMBERT, Libraire. / [*triple rule*] / M. D. CC. L.

8°. sig. A-I⁴ K²; pag. 74; $1 signed (-A; +F2, G2, H2); quire catchwords (-E).

[3]-40 Samson, tragédie lyrique.

This volume also includes chapters 2 and 3 of *Des mensonges imprimés* and the *Lettre à Monsieur le maréchal de Schullembourg*. It is a provincial piracy of 50P, printed on poor-quality paper and with different typography.[149]

Paris, Arsenal: GD 17572. Toulouse, Bibliothèque municipale: Br Fa D 237.

50X2

ORESTE, / *TRAGÉDIE.* / [*type ornament*] / A PARIS, / Chez [*opening brace spanning the next two lines*] / P. G. LE MERCIER / M. LAMBERT, / [*closing brace spanning the last two lines*] / Libraires. [*thick-thin rule, 65 mm*] / M. D. C. C. L.

---

[147] In this copy, the page containing the 'Approbation' and the 'Privilège' is inserted at the end.

[148] In this copy, the page containing the 'Approbation' and the 'Privilège' is inserted at the end.

[149] This edition is listed in Bengesco, vol.2, p.ii, as an addition to Bengesco 72. Its physical appearance is similar to that of the pirated edition of *Nanine* published in 1749, also under the name of Le Mercier and Lambert (49X1): see *OCV*, vol.31B, p.40.

8°. sig. π² A-F⁸ G⁶; pag. [4] 108; $5 signed, arabic (– G5); page catchwords.

[1] half-title; [2] blank; [3] title; [4] Personnages; [1]-72 Oreste, tragédie; [73] Samson, tragédie lyrique; [74] blank ; [75] blank ; [76] Acteurs ; [77]-108 Samson, tragédie lyrique.

The Taylor copy is bound with other plays, after *Charlot*, and followed by *Zulime*, *Zaïre*, *La Prude* and *Sémiramis*. The spine indicates that this volume formed part of a set 'Théâtre de Voltaire', vol.6.

Lausanne, Bibliothèque cantonale et universitaire: AZ 4122 Rés. A. Oxford, Taylor: V3 A2 1764 (28-35).

w50 (1751)

Volume 8: [273] Samson, tragédie lyrique; [274] blank; 275 Préface; 276 Acteurs; [277]-328 Samson, tragédie lyrique.

A frontispiece facing act 1 shows Samson asleep, his head resting on Dalila's lap, as the Grand-Prêtre cuts his hair. An illustration facing act 5 shows Samson destroying the temple.

w51

Volume 7: [195] Samson, tragédie lyrique; [196] blank; 197 Préface; 198 Acteurs; 199-239 Samson, tragédie lyrique.

See Voltaire's letter to Lambert in February 1751, in which he criticises him for beginning the edition without consulting him first. He singles out for particular criticism the organisation of the volumes, asking: 'Par quel étrange ridicule voit-on des anecdotes sur le csar Pierre à côté de Samson et de Pandore, opéra?' (D4381).

An engraving by F. A. Aveline after C. Eisen, facing act 1, depicts the moment in IV.4 when Samson is captured by guards in front of the temple.

w52

Volume 4: [145] Samson, opéra; [146] Avertissement, Acteurs; [147]-80 text.

Voltaire remarks of this edition, in his entry on himself in Parfaict's *Dictionnaire des théâtres*: 'Les opéras intitulés *Samson* et *Pandore* sont dans ce recueil, et dans ceux qu'on a faits à Paris [w51] et à Rouen [w50] sous le titre de Londres. *Samson* avait été mis en musique par M. Rameau. Des considérations particulières empêchèrent qu'on ne le représentât' (*M*, vol.1, p.2).

T53

Volume 4: [1] Samson, tragédie lyrique; [2] blank; 3 Préface; [4] Acteurs; 5-40 Samson, tragédie lyrique.

W56

Volume 7: [359] Samson, opéra; [360] Avertissement, Acteurs; [361]-404 Samson, opéra.

W57G1, W57G2 (W57G)

Volume 7 (volume 1 of the *Ouvrages dramatiques*): [360] Samson, opéra; [361] Avertissement, Acteurs; [362]-404 Samson, opéra.

There are no significant variants between w57g1 and w57g2.

W57P

Volume 5: [245] Samson, opéra; 246 Avertissement, Acteurs; [247]-85 Samson, opéra.

T62

Volume 1: [343] Samson, opéra; [344] blank; [345] Avertissement; 346 Acteurs; 347-81 Samson, opéra.

Rémy-Michel Trotier has published a facsimile reprint of this edition, *Samson* (Paris, 2005); see in particular his introduction (p.7-43).

W64G

Volume 8 (volume 2 of *Ouvrages dramatiques*): [407] Samson, opéra; [408] Avertissement, Acteurs; [409]-46 Samson, opéra.

W64R

Volume 3, part 2: [1] Samson, opéra; [2] blank; 3 Préface; 4 Acteurs; [5]-56 Samson, opéra.

Volume 10, part 1: [273] Samson, tragédie lyrique; [274] blank; 275 Préface; 276 Acteurs; [277]-328 Samson, tragédie lyrique.

The same frontispiece as in w50 faces p.277.

The different watermarks in the two volumes – 1746 in the second part of volume 3, 1749 and 1750 in the first part of volume 10 – serve to confirm that the first printing is recycled from w48R and that the second is identical to volume 8 of w50. [150] The first printing gives the Preface as it is found in w38; the second printing gives the Preface as it is found in 50P.

T64A

Volume 1: [349] Samson, opéra; 350-51 Avertissement; 352 Acteurs; 353-86 Samson, opéra.

T64G

Volume 4: [195] Samson, tragédie lyrique; [196] blank; 197 Préface; [198] Acteurs; 199-235 Samson, tragédie lyrique.

T64P

Volume 4: [241] Samson, opéra; 242 Avertissement, Acteurs; [243]-78 Samson, opéra.

---

[150] See David Smith and others, 'Robert Machuel, imprimeur-libraire à Rouen, et ses éditions des œuvres de Voltaire', *Cahiers Voltaire* 6 (2007), p.35-57 (p.47, 51).

254

T67

Volume 4: [241] Samson, opéra; 242 Avertissement, Acteurs; [243]-78 Samson, opéra.

T68

Volume 1: [303] Samson, opéra; [304] Avertissement, Acteurs; 305-39 Samson, opéra.

A copy of the engraving from w51 faces p.305.

w68

Volume 7 (volume 5 of the *Théâtre*): [289] Samson, opéra; [290] Avertissement, Acteurs; 291-327 Samson, opéra.

w70G

Volume 8 (volume 2 of the *Ouvrages dramatiques*): [407] Samson, opéra; [408] Avertissement, Acteurs; [409]-46 Samson, opéra.

T70

Volume 1: [303] Samson, opéra; [304] Avertissement, Acteurs; 305-59 Samson, opéra.

The same illustration as in T68 faces p.305.

w70L (1772)

Volume 21 (volume 8 of the *Théâtre*): [203] Samson, opéra; [204] blank; 2045 Avertissement; 206 Acteurs; 207-44 Samson, opéra.

w71L (1772)

Volume 6 (volume 5 of the *Théâtre*): [239] Samson, opéra; [240] Avertissement, Acteurs; 241-67 Samson, opéra.

W72X

Volume 8 (volume 2 of the *Ouvrages dramatiques*): [389] Samson, opéra; [390] blank; [391] Avertissement; [392] Acteurs; [393]-428 Samson, opéra.

W72P (1773)

Volume 9 (volume 8 of *Œuvres de théâtre*): [121] Samson, opéra; [122] Personnages; [123]-58 Samson, opéra.

T73AL

Volume 9: [287] Samson, opéra; [288] blank; 289 Avertissement; [290] Acteurs; 291-328 Samson, opéra.

W75G

Volume 5: [355] Samson, opéra; [356] blank; [357] Avertissement; [358] Acteurs; 359-96 Samson, opéra.

Facing the first page of the text of the libretto (159) is an engraving by Martinet after Gravelot, representing III.iii, in which Samson is depicted surrounded by women who are draping garlands over him; the legend is: 'Quels ravissants objets viennent de me surprendre, / Est-ce ici le séjour de la félicité?' (lines 77-78).

There are no revisions in the St Petersburg copy of the *encadrée*: see Samuel Taylor, 'The definitive text of Voltaire's works: the Leningrad *encadrée*', *SVEC* 124 (1974), p.7-132.

K84, K85

Volume 9: [1] Samson, opéra. 1732; [2] blank; [3]-4 Avertissement, Personnages du prologue; [5]-8 Prologue, Personnages de la pièce; [9]-46 Samson, opéra.

5. *Principles of this edition*

The base text is W75G. Variants are drawn from MS1, MS2, MS3, MS4, MS5, W38, W46, W48D, 50P, W50, W51, W52, W56, W57G, W57P,

W64G, W68, W70G, W70L, K84 and K85 (K). Appendix I gives the 'Prologue' to the opera, which was not published in any edition in Voltaire's lifetime; the base text is MS6 (the only surviving manuscript), and variants are drawn from K. Appendix II gives act 3 as it appears in the manuscripts (it disappears in the printed editions); the base text is MS5, and variants are drawn from MS1, MS2, MS3 and MS4.

Treatment of the base text

The spelling of names and places has been retained. The spelling of variants (or, for the appendices, complete texts) taken from manuscripts, has been modernised and punctuation corrected or added. Orthography and grammar in the main text have been modified to conform to modern usage as follows:

I. Consonants

- *p* was not used in: domtant, longtems, tems.
- *t* was not used in: accens, bienfaisans, brillans, charmans, commande-mens, confidens, différens, élémens, enfans, garans, insolens, instru-mens, momens, ornemens, outrageans, précédens, présens, printems, ravissans, rians, sanglans, torrens, tourmens.
- the double consonant *nn* was used in place of the single in: annobli.
- the double consonant *rr* was not used in: couroux.
- the double consonant *ll* was used in place of the grave accent and single consonant in: fidelle.

II. Vowels

- *a* was used in place of *e* in: avanture.
- *i* was used in place of *y* in: Coriphée(s), péristile.
- *y* was used in place of *i* in: asyles, enyvre, hyvers.

III. Accents

- the acute accent was not used in: reparé.
- the acute accent was used in place of the grave in: piége.
- the grave accent was not used in: déja.
- the grave accent was used in place of the circumflex in: arrèter.
- the circumflex accent was used in: aîles, toûjours.
- the circumflex accent was not used in: ame, disgrace, disparait, théatre.

- the circumflex accent was used in place of the grave in: diadême.
- the diaeresis was used in place of the acute accent in: Israëlites, obéïssez.

IV. Capitalisation

- initial capitals were used in: Déesse, Dieu(x), Empire, Italienne (adj.), Musicien, Opéra, Philistin (adj.), Pontifes, Reine, un Roi, Rois.

V. Various

- the ampersand was used.
- the ending -(*d*)*s* was not used for the imperative in: appren, repren, suspen, soutien.

SAMSON,
OPÉRA

AVERTISSEMENT

Monsieur Rameau, le plus grand musicien de France, mit cet opéra en musique vers l'an 1732. On était prêt de le jouer, lorsque la même cabale qui fit suspendre depuis les représentations de *Mahomet* ou du *Fanatisme*, empêcha qu'on ne représentât l'opéra de *Samson*; et tandis qu'on permettait que ce sujet parût sur le   5 théâtre de la Comédie italienne, et que Samson y fît des miracles conjointement avec Arlequin,[1] on ne permit pas que ce même sujet fût anobli sur le théâtre de l'Académie de musique.

Le musicien employa depuis presque tous les airs de *Samson* dans d'autres compositions lyriques, que l'envie n'a pas pu   10 supprimer.[2]

On publie le poème dénué de son plus grand charme, et on le

a-22 MS1-MS5: [*absent*]
a w38, w46, w48D, 50P, w51: Préface
1-11 w38, w46, w48D: Cet opéra qu'on donne au public, avait été mis en musique, il y a quelques années, par un homme reconnu pour un des plus habiles musiciens de l'Europe. Des intrigues, qui s'opposent quelquefois au progrès des arts, comme à toutes les autres entreprises, privèrent Paris de cette musique.
    50P, w50, w51: Cette tragédie lyrique qu'on donne au public, avait été mise en musique il y a quelques années par un homme reconnu pour un des plus habiles musiciens de l'Europe.
3 K: qui depuis fit suspendre les
8 K: fût ennobli sur
12 K: publie ce poème

---

[1] On this reference to Romagnesi's *Samson*, see above, p.226.
[2] On Rameau's recycling of his music, see above, p.237-39. Lines 1-10 of the 'Avertissement' appear as letter 23 in *Monsieur de Voltaire peint par lui-même* (Lausanne, 1766), with a slightly altered first sentence: 'Je composai cet opéra en 1732 et Monsieur Rameau, le plus grand musicien de la France, le mit en musique' (p.52). This work, attributed to La Beaumelle, also includes two of Voltaire's letters to Berger which refer to *Samson*: D732, which it dates to 1736, and D709, for which it gives neither a date nor an addressee (p.52-54).

donne seulement comme une esquisse d'un genre extraordinaire. C'est la seule excuse peut-être de l'impression d'un ouvrage fait plutôt pour être chanté que pour être lu. Les noms de Vénus et d'Adonis trouvent dans cette tragédie une place plus naturelle qu'on ne croirait d'abord. C'est en effet sur leurs terres que l'action se passe. Cicéron, dans son excellent livre *De la nature des dieux*,[3] dit que la déesse Astarté, révérée des Syriens, était Vénus même, et qu'elle épousa Adonis. On sait de plus qu'on célébrait la fête d'Adonis chez les Philistins. Ainsi ce qui serait ailleurs un mélange absurde du profane et du sacré, se place ici de soi-même.

13   w38, 50P, w50, w51: genre un peu différent du genre ordinaire.
     w46, w48D, w52: genre ordinaire.
17   K: ne le croirait
22   50P, w50, w51: soi-même. Le célèbre Metastasio a composé quelques opéras dans ce goût pour l'empereur Charles VI et pour son auguste famille: on a donné aussi beaucoup de ces spectacles à Rome, de qui on tient tant de leçons dans tous les arts, et dans tout ce qui peut servir de règle et d'ornement à la vie civile.[4]

[3] Cicero, *De natura deorum*, III.23. Voltaire owned the first (Paris, 1721) and second (Paris, 1732) editions of d'Olivet's translation of the *Entretiens de Cicéron sur la nature des dieux* (BV773, BV774; *CN*, vol.2, p.627-30). According to Voltaire's *Questions sur l'Encyclopédie* article 'Cicéron', 'ses *Tusculanes* et son livre de la *Nature des dieux* sont les deux plus beaux ouvrages qu'ait jamais écrit la sagesse qui n'est qu'humaine' (*M*, vol.18, p.181).
[4] Cf. Voltaire's reference to Metastasio in the preface to *Le Temple de la gloire* (*OCV*, vol.28A, p.321).

262

ACTEURS

SAMSON.
DALILA.
LE ROI DES PHILISTINS.
LE GRAND-PRÊTRE.
LES CHŒURS.

a   K: Personnages de la pièce
a-5   MS1-MS3: [absent]
1-5   MS4: LE ROI / LE GRAND-PRÊTRE / SAMSON / DALILA / DIEUX DE
SYRIE / UN ORACLE / DEUX CORYPHÉES / CHŒUR DE FILLES DE GAZA /
CHŒUR D'HÉBREUX / CHŒUR DE PHILISTINS / GARDES
        MS5: LE ROI DES PHILISTINS / LE GRAND-PRÊTRE / UN PHILISTIN /
CHŒUR D'HÉBREUX / SAMSON / DALILA, PRÊTRESSE DE VÉNUS / DIEUX DE
SYRIE / FILLES DE GAZA

ACTE PREMIER

SCÈNE PREMIÈRE

(*Le théâtre représente une campagne. Les Israélites, couchés sur le bord du fleuve Adonis, déplorent leur captivité.*) [1]

DEUX CORYPHÉES

Tribus captives,
Qui sur ces rives
Traînez vos fers;
Tribus captives,
De qui les voix plaintives   5
Font retentir les airs,
Adorez dans vos maux le Dieu de l'univers.

a-115a   MS1-MS5: [*absent*]
d   W38, W46: *fleuve. Adonis déplore leur*
7-14a   W48D* (Rés. Z Beuchot 12(3)), 50P, W50, W51:
     Espérez dans le Dieu qui régit l'univers.
                    CHŒUR
   Espérons dans le Dieu qui régit l'univers.
            PREMIER CORYPHÉE
   Nous sommes innocents, et depuis trente hivers
     Nous servons un peuple coupable;
   Et du haut de son trône un maître impitoyable   5
     Insulte à nos tourments soufferts.
                    CHŒUR
   Espérons dans le Dieu qui régit l'univers.
            SECOND CORYPHÉE

[1] The Adonis River (modern Nahr Ibrahim, or River of Abraham), rising out of Afqa in Mount Lebanon, was so called as it was said to have run red when Adonis was killed there. The setting of Voltaire's libretto also recalls the rivers of Babylon evoked at the beginning of Psalm 137, a hymn of the Israelites in exile following the Babylonian conquest of Jerusalem in 576 BC.

CHŒUR

Adorons dans nos maux le Dieu de l'univers.

UN CORYPHÉE

Ainsi depuis quarante hivers
Des Philistins le pouvoir indomptable   10
Nous accable,
Leur fureur est implacable;
Elle insulte aux tourmens que nous avons soufferts.

CHŒUR

Adorons dans nos maux le Dieu de l'univers.

UN CORYPHÉE

Race malheureuse et divine,   15
Tristes Hébreux, frémissez tous:
Voici le jour affreux qu'un roi puissant destine
A placer ses dieux parmi nous.
Des prêtres mensongers pleins de zèle et de rage
Vont nous forcer à plier les genoux   20
Devant les dieux de ce climat sauvage.
Enfants du ciel, que ferez-vous?

CHŒUR

Nous bravons leur courroux.
Le Seigneur seul a notre hommage.

UN CORYPHÉE

Tant de fidélité sera chère à ses yeux.   25
Descendez du trône des cieux,
Fille de la clémence,
Douce espérance,

8   w46: dans vos maux
24a   w64G: CORYPHÉE

266

Trésor des malheureux;
Venez tromper nos maux, venez remplir nos vœux.   30
Descendez, douce espérance.

SCÈNE II

SECOND CORYPHÉE

Ah! déjà je les vois, ces pontifes cruels,
Qui d'une idole horrible entourent les autels.
(*Les prêtres des idoles dans l'enfoncement autour d'un autel
couvert de leurs dieux.*)
Ne souillons point nos yeux de ces vains sacrifices;
Fuyons ces monstres adorés;   35
De leurs prêtres sanglants ne soyons point complices.

CHŒUR

Fuyons, éloignons-nous.

LE GRAND-PRÊTRE

Esclaves, demeurez:
Demeurez, votre roi par ma voix vous l'ordonne.
D'un pouvoir inconnu lâches adorateurs,
Oubliez-le à jamais, lorsqu'il vous abandonne;   40
Adorez les dieux ses vainqueurs.
Vous rampez dans nos fers, ainsi que vos ancêtres,
Mutins toujours vaincus, et toujours insolents:
Obéissez, il en est temps,
Connaissez les dieux de vos maîtres.   45

---

30   w46: tromper vos maux
31a-b   50P, w50, w51: [*add between these lines*] LES PRÊTRES DES IDOLES
dans l'enfoncement, autour d'un autel couvert de leurs dieux. ACTEURS PRÉCÉ-
DENTS.
33a-b   50P, w50, w51: UN HÉBREU
37a   w64G: LE GRAND-PRÊTRE DES IDOLES

CHŒUR

Tombe plutôt sur nous la vengeance du ciel!
Plutôt l'enfer nous engloutisse!
Périsse, périsse
Ce temple, et cet autel!

LE GRAND-PRÊTRE

Rebut des nations, vous déclarez la guerre   50
Aux dieux, aux pontifes, aux rois?

CHŒUR

Nous méprisons vos dieux, et nous craignons les lois
Du maître de la terre.

SCÈNE III

SAMSON *entre, couvert d'une peau de lion*; LES PERSONNAGES
DE LA SCÈNE PRÉCÉDENTE

SAMSON

Quel spectacle d'horreur!
Quoi! ces fiers enfants de l'erreur   55
Ont porté parmi vous ces monstres qu'ils adorent?
Dieu des combats, regarde en ta fureur
Les indignes rivaux que nos tyrans implorent.
Soutiens mon zèle, inspire-moi,
Venge ta cause, venge-toi.   60

LE GRAND-PRÊTRE

Profane, impie, arrête!

49a   50P, W50, W51: LE PRÊTRE DES IDOLES
53b   50P, W50, W51: *couvert de la peau d'un lion*
60a   50P, W50, W51: LES GRANDS-PRÊTRES DES IDOLES

SAMSON

Lâches! dérobez votre tête
A mon juste courroux;
Pleurez vos dieux, craignez pour vous.
Tombez, dieux ennemis! soyez réduits en poudre.　65
Vous ne méritez pas
Que le dieu des combats
Arme le ciel vengeur, et lance ici sa foudre,
Il suffit de mon bras.
Tombez, dieux ennemis! soyez réduits en poudre.　70
(*Il renverse les autels.*)

LE GRAND-PRÊTRE

Le ciel ne punit point ce sacrilège effort?
Le ciel se tait, vengeons sa querelle.
Servons le ciel en donnant la mort
A ce peuple rebelle.

LE CHŒUR DES PRÊTRES

Servons le ciel en donnant la mort　75
A ce peuple rebelle.

SCÈNE IV
SAMSON, LES ISRAÉLITES

SAMSON

Vos esprits étonnés sont encore incertains?
Redoutez-vous ces dieux renversés par mes mains?

70a　5OP, W5O, W5I: *les idoles et l'autel.*
70b　5OP, W5O, W5I: LES GRANDS-PRÊTRES
72-76　5OP, W5O, W5I:
　　　Courons tous, vengeons sa querelle,
　　　Allons préparer la mort
　　　De ce peuple rebelle.

CHŒUR DES FILLES ISRAÉLITES

Mais qui nous défendra du courroux effroyable
D'un roi le tyran des Hébreux?   80

SAMSON

Le Dieu, dont la main favorable
A conduit ce bras belliqueux,
Ne craint point de ces rois la grandeur périssable.
Faibles tribus, demandez son appui;
Il vous armera du tonnerre;   85
Vous serez redoutés du reste de la terre,
Si vous ne redoutez que lui.

CHŒUR

Mais nous sommes, hélas! sans armes, sans défense.

SAMSON

Vous m'avez, c'est assez, tous vos maux vont finir.
Dieu m'a prêté sa force, sa puissance: 90
Le fer est inutile au bras qu'il veut choisir:
En domptant les lions, j'appris à vous servir;
Leur dépouille sanglante est le noble présage
Des coups dont je ferai périr
Les tyrans qui sont leur image. [2]   95
(*Air.*)
Peuple, éveille-toi, romps tes fers,
Remonte à ta grandeur première,
Comme un jour Dieu du haut des airs

78a   5OP, W5O, W51: CHŒUR DES ISRAÉLITES
95a   5OP, W5O, W51: [*absent*]
97   W38, W46, W48, W52: à la grandeur

[2] Palissot quotes lines 90-95 as an example of Voltaire's fine verse in *Samson* in
support of his argument that 'M. de La Harpe s'est exprimé trop durement, dans son
Cours de littérature, sur les opéras de Voltaire' (*Le Génie de Voltaire*, p.176).

Rappellera les morts à la lumière,
    Du sein de la poussière,   100
Et ranimera l'univers.
   Peuple, éveille-toi, romps tes fers,[3]
     La liberté t'appelle,
      Tu naquis pour elle;
      Reprends tes concerts.   105
   Peuple, éveille-toi, romps tes fers.
(*Autre air.*)
L'hiver détruit les fleurs et la verdure;
Mais du flambeau des jours la féconde clarté
     Ranime la nature,
     Et lui rend sa beauté;   110
      L'affreux esclavage
      Flétrit le courage;
      Mais la liberté
Relève sa grandeur, et nourrit sa fierté.
    Liberté! liberté!   115

Fin du premier acte.

106a   50P, W50, W51: UN PERSONNAGE DU CHŒUR
115-15a 50P, W51: [*add between these lines*]
    Le Chœur répète
    L'affreux esclavage, etc.

[3] Arguing in his discussion of Voltaire's versification that 'l'entente de ce genre de versification [les mesures lyriques] paraît lui être fort étrangère', La Harpe focuses on lines 96-102, commenting: 'Après ces trois vers de quatre pieds, un vers de cinq, suivi d'un vers de trois, puis de deux autres vers de quatre, et cette comparaison qui coupe la phrase à la moitié, et cette monotonie de rimes presque consonantes, quoique masculines et féminines; c'est le chaos au lieu de l'harmonie'; he also suggests that 'ce morceau est visiblement imité, quoique bien malheureusement, de celui d'*Esther* [de Racine], *Ton Dieu n'est plus irrité* [III.ix]' (*Lycée*, vol.12, p.98, 100).

ACTE II

SCÈNE PREMIÈRE

(Le théâtre représente le péristyle du palais du Roi: on voit à travers les colonnes des forêts et des collines: dans le fond de la perspective le Roi est sur son trône entouré de toute sa cour habillée à l'orientale.)

LE ROI

Ainsi ce peuple esclave, oubliant son devoir,
　　Contre son roi lève un front indocile.
Du sein de la poussière il brave mon pouvoir:
　　　Sur quel roseau fragile
　　　A-t-il mis son espoir? [1]　　　　　　　5

UN PHILISTIN

　Un imposteur, un vil esclave,
　Samson les séduit et vous brave:
Sans doute il est armé du secours des enfers.

a　MS1, MS3-MS5: ACTE I
a-b　MS2: [*absent*]
c-e　MS1-MS5: *Roi, où à travers les colonnes on voit des forêts et des collines dans le fond de la perspective. Le Roi est sur son trône entouré de toute sa cour, habillé à l'orientale. Le Grand-Prêtre est assis auprès de lui.* [MS3: / LE ROI, SAMSON, LE GRAND-PRÊTRE, CHŒUR DES PHILISTINS, UN PHILISTIN]
d　5OP, W50, W51: *collines dans le fond de la perspective; le Roi*
4　MS1-MS5: roseau faible et fragile
5　MS1-MS5: [*with stage direction*] *Il se lève.*
5a　MS1-MS5: LE GRAND-PRÊTRE
7　MS1-MS3, MS5: et nous brave.
　　MS4: les conduit et nous brave.
8　5OP, W50, W51: On dit qu'il

[1] La Harpe detects here an echo of Aman's 'Sur quel roseau fragile a-t-il mis son appui?' in Racine's *Esther* (II.i), commenting: 'Voilà un plagiat bien singulièrement déguisé' (*Lycée*, vol.12, p.96).

LE ROI

L'insolent vit encore? Allez, qu'on le saisisse;
Préparez tout pour son supplice: 10
Courez, soldats, chargez de fers
Des coupables Hébreux la troupe vagabonde;
Ils sont les ennemis et le rebut du monde,
Et détestés partout, détestent l'univers.

CHŒUR DES PHILISTINS *derrière le théâtre.*

Fuyons la mort, échappons au carnage,   15
Les enfers secondent sa rage.

LE ROI

J'entends encor les cris de ces peuples mutins:
De leur chef odieux va-t-on punir l'audace?

UN PHILISTIN (*entrant sur la scène.*)

Il est vainqueur, il nous menace:
Il commande aux destins: 20
Il ressemble au dieu de la guerre,
La mort est dans ses mains.
Vos soldats renversés ensanglantent la terre;
Le peuple fuit devant ses pas.

---

9   MS1-MS5: Allez soldats, qu'on le saisisse!
11   MS1-MS5: Allez, courez, chargez
17   MS1-MS5: Entends-je encor les cris de ces peuples mutins?
18   MS1-MS5: chef insolent va-t-on
18a   MS1-MS5, 50P, W50, W51: *entrant sur le théâtre.*
19   MS1, MS2, MS5: il vous menace
19-20   MS1-MS5: [*add between these lines*]
                    LE ROI
     Que dites-vous?
          LE PHILISTIN

LE ROI

Que dites-vous? un seul homme, un barbare,   25
Fait fuir mes indignes soldats?
Quel démon pour lui se déclare?

SCÈNE II

LE ROI, LES PHILISTINS *autour de lui.* SAMSON *suivi*
des Hébreux, portant dans une main une massue,
et de l'autre une branche d'olivier.

SAMSON

Roi, prêtres ennemis, que mon Dieu fait trembler,
Voyez ce signe heureux de la paix bienfaisante,
Dans cette main sanglante,   30
Qui vous peut immoler.

CHŒUR DES PHILISTINS

Quel mortel orgueilleux peut tenir ce langage?

25   MS1-MS5: O ciel! un seul homme, un barbare,
27-27a   MS1-MS5: [*add between these lines*]
                     LE PHILISTIN
      On prétend que son dieu si funeste à nos dieux
          Guide son bras victorieux:
          Sa force est indomptable;
      Le fer est inutile à sa main formidable;
      Et tout votre peuple à genoux   5
      Le prend pour un dieu, même en tombant sous ses coups.
      Tout le craint, tout le fuit, tout l'implore;
          Tel périt sous lui qui l'adore.
27c-d   MS1-MS5: *Hébreux et portant dans une main une massue, et dans l'autre*
31   MS1-MS5, 50P, W50, W51: Qui peut vous immoler.
32   MS1-MS5: Quel mortel orgueilleux nous brave et nous outrage?
      W48D* (Rés. Z Beuchot 12(3)): Oses-tu nous tenir ce superbe langage?

Contre un roi si puissant quel bras peut s'élever?

LE ROI

Si vous êtes un dieu, je vous dois mon hommage.
Si vous êtes un homme, osez-vous me braver?   35

SAMSON

Je ne suis qu'un mortel; mais le Dieu de la terre,
  Qui commande aux rois,
  Qui souffle à son choix
  Et la mort et la guerre,
  Qui vous tient sous ses lois,   40
  Qui lance le tonnerre,
  Vous parle par ma voix.

LE ROI

Eh bien, quel est ce dieu? quel est le témoignage,
  Qu'il daigne s'annoncer par vous?

SAMSON

  Vos soldats mourants sous mes coups,   45
La crainte où je vous vois, mes exploits, mon courage.
Au nom de ma patrie, au nom de l'Eternel,
Respectez désormais les enfants d'Israël,

33 MS3: peut se lever?
34 MS1: Si vous êtes un <roi> ⌈dieu⌉,
  MS2-MS4: Si vous êtes un roi,
39 MS1-MS5: La mort et la guerre.
43-44 MS1-MS5:
   Quel est ce dieu puissant? parlez, quel témoignage
   Pouvez-vous me donner qu'il s'explique par vous?
  50P, W50, W51:
   Eh bien, quel est ce dieu ? parlez, quel témoignage
   A mes yeux en présentez-vous?
44 K: daigne m'annoncer
46-47 MS1-MS5: [add between these lines] Symphonie.

Et finissez leur esclavage.

LE ROI

Moi, qu'au sang philistin je fasse un tel outrage?　　　50
Moi, mettre en liberté ces peuples odieux?
Votre dieu serait-il plus puissant que mes dieux?

SAMSON

Vous allez l'éprouver: voyez, si la nature
Reconnaît ses commandements.
Marbres, obéissez, que l'onde la plus pure　　　55
Sorte de ces rochers, et retombe en torrents.
(*On voit des fontaines jaillir dans l'enfoncement.*)

CHŒUR

Ciel! ô ciel! à sa voix on voit jaillir cette onde!
Des marbres amollis!
Les éléments lui sont soumis!
Est-il le souverain du monde?　　　60

49-52　MS1-MS5:
　　　Rétablissez leur héritage.
　　　　　　LE GRAND-PRÊTRE *au Roi.*
　　　Gardez-vous, gardez-vous de seconder sa rage,
　　　　　Craignez ces peuples odieux.
　　　A Samson.
　　　Votre dieu serait-il plus puissant que mes dieux?
53　MS1, MS4: Vous l'allez éprouver. Et voyez
　　　MS2, MS3: Vous l'allez éprouver... voyez
　　　MS5: Vous l'allez éprouver; et vous si
56a　MS1 [*in the margin next to lines 55-56*], MS2 [*in the margin next to lines 55-56,*
'+' *inserted at the end of line 55*], MS4, MS5 [*in the margin next to lines 55-56*]: Cascades
au fond du théâtre.
　　　MS3 [*in the margin next to lines 53-54,* '+' *inserted at the end of*
line 55]: Cascade *au fond du théâtre qui se fait voir dans ce moment.*
58　MS4: De ces marbres

LE ROI

N'importe; quel qu'il soit, je ne peux m'avilir
A recevoir des lois de qui doit me servir.

SAMSON

Eh bien, vous avez vu quelle était sa puissance,
   Connaissez quelle est sa vengeance.
Descendez, feux des cieux, ravagez ces climats: 65
   Que la foudre tombe en éclats;
De ces fertiles champs détruisez l'espérance.
   (*Tout le théâtre paraît embrasé.*)
      Brûlez, moissons; séchez, guérets;
      Embrasez-vous, vastes forêts.
(*Au Roi.*)
   Connaissez quelle est sa vengeance. [2]   70

CHŒUR

Tout s'embrase, tout se détruit.

61-62   MS1-MS5:
         N'importe, quel qu'il soit, je ne peux [MS4: puis] consentir
         A rétablir ton [MS3: son] peuple, à le laisser partir.
61   K: je ne puis m'avilir
62   5OP, W51: qui me doit servir.
64   MS1-MS5: Connaissez sa
65   MS1-MS5, W38, 5OP, W51: Descendez feu des
67a   MS1 [*in the margin next to lines 67-69*], MS4 [*after line 69*], MS5 [*in the margin next to line 68*]: Le fond du théâtre paraît en feu.
         MS2, MS3, 5OP, W50, W51: [*absent*]
69a   5OP, W50, W51: *Tout le théâtre paraît embrasé. / Au Roi.*
71-72 W48D* (P344; Rés. pZ 2644; Litt. fr. Vu 36a): [*crossed out*]
         W50: [*absent*]

---

[2] Flaubert is surprised by Voltaire's depiction of Samson performing miracles:
'La Bible ne nous l'offre-t-elle pas plutôt comme le simple, le fort, l'homme naïf que comme l'inspiré, l'homme en qui reside l'esprit de Dieu?' (*Le Théâtre de Voltaire*, *SVEC* 50-51, 1967, vol.2, p.672).

Un dieu terrible nous poursuit.
Brûlante flamme, affreux tonnerre;
Ciel! ô ciel! sommes-nous
Au jour où doit périr la terre?   75

LE ROI

Suspends, suspends cette rigueur,
Ministre impérieux d'un dieu plein de fureur,
Je commence à reconnaître
Le pouvoir dangereux de ton superbe maître;
Mes dieux longtemps vainqueurs commencent à céder,   80
C'est à leur voix à me résoudre.

SAMSON

C'est à la sienne à commander.
Il nous avait punis, il m'arme de sa foudre:
A tes dieux infernaux va porter ton effroi.

72   MS1-MS5, W38, W46, W48D: Le feu du ciel nous poursuit.
73-74   MS1-MS5, W38, W46, W48D, 50P, W50, W51: [*add between the lines*]
Terribles coups,
   80   MS1-MS5, W38, W46, W48D:
      Je ne prétends point [W38, W46, W48D: plus] l'irriter;
      Mais j'adore mes dieux, je les dois consulter;
      [W48D* (P344; Rés. pZ 2644; Litt. fr. Vu 36a) →β]
   82-87   MS1-MS5, W38, W46, W48D:
      Ecoute, il n'est qu'un Dieu [W38, W46, W48D: C'est au mien de parler];
      Crains son bras, crains sa foudre:
      Avant que le soleil descende à son couchant,
      Obéïs à la voix de mon maître suprême,
      Va consulter tes [W38, W46: les] dieux; mais en les écoutant [MS2, MS3,
      W38, W48D: consultant]
         Tremble pour eux et pour toi-même.
      [W48D* (P344; Rés. pZ 2644; Litt. fr. Vu 36a) →β]

Pour la dernière fois peut-être tu contemples 85
　　Et ton trône et leurs temples.
　　Tremble pour eux et pour toi.

SCÈNE III

SAMSON, CHŒUR D'ISRAÉLITES

SAMSON

Vous que le ciel console après des maux si grands,

87b　MSI-MS5, 5OP, W5O, W5I: CHŒUR DES ISRAÉLITES
87c　MSI, MS5: [*absent*]
88-114a　MSI-MS5:
　　　　Hébreux pour venger votre outrage,
　　　　Le ciel a daigné me choisir;
　　En domptant les lions j'appris à vous servir;
　　Leur dépouille sanglante était l'heureux présage
　　　　　Des coups dont je ferai périr 5
　　　　　Les tyrans dont ils sont l'image.
　　　　CORYPHÉE
　　Célébrons désormais nos fêtes et nos chants;
　　　　Du ciel implorons la justice;
　　Que du dieu des combats le trône retentisse
　　　　　De nos nouveaux accents: 10
　　　　　Descends du haut des cieux,
　　　　　Fille de la clémence,
　　　　　　Douce espérance,
　　　　　Trésor des malheureux.
　　　　　　Air
　　C'est pour les [MS3: ces] cœurs formés dans l'innocence, 15
　　Que les plaisirs reprendront leurs attraits;
　　Pour la vertu, les vrais plaisirs sont faits;
　　Elle les suit, ils sont sa récompense.

　　Le pur amour est notre aimable maître,
　　Enfant du ciel, il demande nos vœux; 20
　　Vivons pour lui, nous lui devons notre être,
　　Ses traits charmants sont forgés dans les cieux.

　　Dans l'esclavage, au sein de la tristesse,

Peuples, osez paraître aux palais des tyrans:
Sonnez, trompette, organe de la gloire: 90
Sonnez, annoncez ma victoire. [3]

LES HÉBREUX

Chantons tous ce héros, l'arbitre des combats;
Il est le seul, dont le courage
Jamais ne partage
La victoire avec les soldats.   95
Il va finir notre esclavage.
Pour nous est l'avantage,
La gloire est à son bras;
Il fait trembler sur leur trône
Les rois maîtres de l'univers,   10c
Les guerriers au champ de Bellone,
Les faux dieux au fond des enfers.

CHŒUR

Sonnez, trompette, organe de sa gloire,
Sonnez, annoncez sa victoire.
Le défenseur intrépide   105

Le cœur languit, et n'ose s'enflammer:
La liberté ramène la tendresse,   25
On sent alors qu'on est né [MS4: fait] pour aimer.
[MS4: *Fin du premier acte.*]
99   50P, W50, W51: sur le trône
101   K: au camp de
104-105   50P, W50, W51: [*add between these lines*] UNE VOIX
          W57P: [*adds between these lines*] *Air*

[3] According to the *Correspondance littéraire* of December 1778, lines 90-91 appear
on the banderol of Renommée's trumpet in Goujet's painting of the apotheosis of
Voltaire, unveiled during the ceremony on 28 November 1778 in his memory,
organised by the Masonic 'Loge des neuf sœurs', where Voltaire had been initiated
the previous April (Grimm, *Correspondance littéraire, philosophique et critique*, ed.
M. Tourneux, 16 vol., Paris, 1877-1882, vol.12, p.192).

D'un troupeau faible et timide
Garde leurs paisibles jours
Contre le peuple homicide,
Qui rugit dans les antres sourds:
Le berger se repose, et sa flûte soupire
Sous ses doigts le tendre délire
De ses innocentes amours.

CHŒUR

Sonnez, trompette, organe de sa gloire.
Sonnez, annoncez sa victoire.

Fin du second acte.

110

113-14   50P, W50, W51: Sonnez, trompette, etc.
114   W38, W46, W48D: [*absent*]

ACTE III

SCÈNE PREMIÈRE

(*Le théâtre représente un bocage et un autel, où sont Mars,
Vénus et les dieux de Syrie.*)

LE ROI, LE GRAND-PRÊTRE DE MARS,
DALILA PRÊTRESSE DE VÉNUS, CHŒUR

LE ROI

Dieux de Syrie,
Dieux immortels,
Ecoutez, protégez un peuple, qui s'écrie
Aux pieds de vos autels.
Eveillez-vous, punissez la furie   5
De votre esclave criminel.
Votre peuple vous prie,
Livrez en nos mains
Le plus fier des humains.

CHŒUR

Livrez en nos mains   10
Le plus fier des humains.

a   MS1-MS5: ACTE II
c-d   MS1-MS5: *un autel où sont les dieux de Syrie.*
      5OP, W50, W51: *Mars et Vénus et les autres dieux de Syrie.*
e-f   MS1-MS5: LE ROI, LE GRAND-PRÊTRE, DALILA PRÊTRESSE DE
VÉNUS
      5OP, W50, W51: LE ROI, LE GRAND-PRÊTRE DE MARS, DALILA,
CHŒUR
4   MS1, MS2, MS4, MS5, W38, 5OP, W51: Au pied de
6   MS1-MS5, W38, W46, W48D, 5OP, W50, W51, W52, W56, W57G, W57P: De
vos esclaves criminels
10-11   MS1, MS4, MS5: Livrez etc.
      MS3: Livrez en nos mains etc.

282

LE GRAND-PRÊTRE

Mars terrible,
Mars invincible,
Protège nos climats.
Prépare 15
A ce barbare
Les fers et le trépas.

DALILA

O Vénus, déesse charmante,
Ne permets pas, que ces beaux jours,
Destinés aux amours, 20
Soient profanés par la guerre sanglante.

CHŒUR

Livrez en nos mains
Le plus fier des humains.

ORACLE DES DIEUX DE SYRIE

Samson nous a domptés; ce glorieux empire
Touche à son dernier jour; 25
Fléchissez ce héros, qu'il aime, qu'il soupire,
Vous n'avez d'espoir qu'en l'amour.

DALILA

Dieu des plaisirs, daigne ici nous instruire
Dans l'art charmant de plaire et de séduire:
Prête à nos yeux tes traits toujours vainqueurs. 30
Apprends-nous à semer de fleurs
Le piège aimable où tu veux qu'on l'attire.

22-23   MS1, MS4, MS5: Livrez etc.
  MS3: Livrez en nos mains etc.
23a   MS1-MS5, 50P, W50, W51: LES DIEUX DE SYRIE

CHŒUR

Dieu des plaisirs, daigne ici nous instruire
Dans l'art charmant de plaire et de séduire.

DALILA

D'Adonis c'est aujourd'hui la fête,   35
Pour ses jeux la jeunesse s'apprête.
    Amour, voici le temps heureux,
Pour inspirer et pour sentir tes feux.

CHŒUR DES FILLES

    Amour, voici le temps, etc.
Dieu des plaisirs, etc.   40

DALILA

Il vient plein de colère, et la terreur le suit;
    Retirons-nous sous cet épais feuillage.
        (*Elle se retire avec les filles de Gaza et les prêtresses.*)
    Implorons le dieu qui séduit
        Le plus ferme courage.

SCÈNE II
SAMSON *seul.*

    Le Dieu des combats m'a conduit   45
        Au milieu du carnage;
    Devant lui tout tremble, et tout fuit.
    Le tonnerre, l'affreux orage,

33-34   MS1-MS5: Dieu des plaisirs etc.
36   W38, W46, W48D, W52: Pour ces jeux
38   MS3: inspirer, pour
42a   MS1-MS5, 50P, W50, W51: [*absent*]
44   50P, W50, W51: [*with stage direction*] (*Elle se retire avec les filles de Gaza et les prêtresses, sous des berceaux qui bordent la scène.*)
44b   MS2, MS3: [*stage direction absent*]

284

Dans les champs font moins de carnage
Que son nom seul en a produit   50
Chez le Philistin plein de rage.
Tous ceux qui voulaient arrêter
Ce fier torrent dans son passage,
    N'ont fait que l'irriter.
Ils sont tombés, la mort est leur partage.   55
(*On entend une harmonie douce.*)
Ces sons harmonieux, ces murmures des eaux,
    Semblent amollir mon courage.
Asiles de la paix, lieux charmants, doux ombrage,
    Vous m'invitez au repos.
(*Il s'endort sur un lit de gazon.*)[1]

49   MS4, 5OP, W50, W51: champs fait moins
49   MS1-MS5, 5OP, W50, W51, K: de ravage
50   MS1 [*hand 2*], W38, W48D* (Rés. Z Beuchot 12(3)), 5OP, W50, W51: seul
n'en a produit.
51   MS3, MS4: Chez les Philistins pleins de
55a   MS1-MS5, 5OP, W50, W51: [*absent*]
56   5OP, W50, W51: harmonieux, ce murmure des
56-59a MS1-MS5:
        Je sens que je succombe aux charmes du repos,
        Le sommeil sur mes yeux répand ses doux pavots;
            Il me dégage
        Des tristes soins, des pénibles travaux.

[1] This scene echoes the famous enchantment scene (III.iii) in Quinault and Lully's *Armide*, where Renaud falls asleep: 'Un son harmonieux se mêle au bruit des eaux. / Les oiseaux enchantés se taisent pour l'entendre. / Des charmes du sommeil j'ai peine à me défendre. / Ce gazon, cet ombrage frais, / Tout m'invite au repos sous ce feuillage épais. / (*Renaud s'endort sur un gazon au bord de la rivière*)' (P. Quinault, *Livrets d'opéra*, ed. B. Norman, 2 vol., Toulouse, 1999, vol.2, p.265); and while he sleeps, demons disguised as nymphs, shepherds and shepherdesses tie garlands of flowers around him (II.iv). Cf. 'Quel son harmonieux se mêle au bruit des armes! / Quel mélange inouï de douceurs et d'alarmes!' (*Tanis et Zélide*, IV.vii).

SCÈNE III

DALILA, SAMSON, CHŒUR DES PRÊTRESSES DE

VÉNUS *revenant sur la scène.*

Plaisirs flatteurs, amollissez son âme,   60
Songes charmants, enchantez son sommeil.

FILLES DE GAZA

Tendre amour, éclaire son réveil,
Mets dans nos yeux ton pouvoir et ta flamme.

DALILA

Vénus, inspire-nous, préside à ce beau jour.
Est-ce là ce cruel, ce vainqueur homicide?   65
Vénus, il semble né pour embellir ta cour. [2]

59c-d   MS1 [*hand 2*]: ⌈SAMSON⁺, DALILA, *CHŒUR DE PRÊTRESSES* / /
         MS2-MS5: DALILA, *CHŒUR DE PRÊTRESSES* / /
         W70G, W70L, K: DALILA, SAMSON / CHŒUR DES PRÊTRESSES DE
VÉNUS *revenant sur la scène.*
59d-60   50P, W51: [*add between these lines*] DALILA
63   50P, W51: yeux tes attraits et

---

[2] An echo of Armide's lament in Quinault and Lully's *Armide*, when she cannot bring herself to kill the sleeping Renaud (II.v): 'Qui croirait qu'il fût né seulement pour la guerre? / Il semble être fait pour l'amour' (*Livrets d'opéra*, vol.2, p.267). La Harpe is full of admiration for Quinault's verse: 'Il n'y a personne qui ne sente combien ce mouvement est vrai, et combien la tournure de ces deux vers est intéressante dans sa simplicité' (*Lycée*, vol.13, p.335); by contrast, he is only critical of this moment in Voltaire's libretto: 'Quand Armide vient pour tuer Renaud endormi, on sait qu'elle est vivement ulcérée de ses mépris et des injures qu'elle en a reçues; et son dépit, tout violent qu'il est, sa vengeance, quoique très motivée, laissent entrevoir pourtant un cœur très capable de passer de la haine à l'amour; c'est ce qui fait l'intérêt de la situation. Mais Dalila, dont il n'est pas question dans les deux premiers actes, ne paraît qu'au troisième, pour enchaîner avec des fleurs Samson endormi comme Renaud; et l'amour subit qu'il lui inspire produit d'autant moins d'effet, qu'on sait que les prêtres lui promettent de lui faire épouser Samson, si elle parvient à tirer de lui le secret de sa force. Tout ce petit complot n'est pas fort touchant' (*Lycée*, vol.12, p.93-94).

Armé, c'est le dieu Mars; désarmé, c'est l'Amour.³
Mon cœur, mon faible cœur devant lui s'intimide.
Enchaînons de fleurs
Ce guerrier terrible.   70
Que ce cœur farouche, invincible,
Se rende à tes douceurs.

CHŒUR

Enchaînons de fleurs
Ce héros terrible.

SAMSON *se réveille entouré des filles de Gaza.*

Où suis-je? en quels climats me vois-je transporté?   75
Quels doux concerts se font entendre?
Quels ravissants objets viennent de me surprendre?
Est-ce ici le séjour de la félicité?

DALILA *à Samson.*

Du charmant Adonis nous célébrons la fête;

68   MS1-MS5: [*add stage direction*] (*On danse.*)
70-71 MS1-MS5:
              Ce héros terrible.
       Fais Amour, fais qu'il soit sensible,
              Que ce cœur invincible
73-74 MS1-MS5: Enchaînons etc.
74a   MS1-MS5: SAMSON *se réveillant, entouré de filles.*
       5OP, W50, W51: SAMSON *s'éveille entouré des filles de Gaza.*
75   MS1 [*hand 1*]: en quels <lieux> ↑climats⁺ me vois-je
       MS2-MS4: en quels lieux me vois-je
78a   MS1-MS5: [*stage direction absent*]

³ La Harpe detects an echo of Tasso's *Gerusalemme liberata* (*Lycée*, vol.12,
p.96), alluding to the description of Rinaldo in book 1: 'Se 'l miri fulminar ne l'arme
avolto / Marte lo stimi; Amor, se scopre il volto' (I.58.463-64). Palissot refers to the
echo, too, but counters La Harpe's critical stance by observing: 'Il nous semble que
Quinault n'eût pas désavoué cette invocation de Dalila à Vénus' (*Le Génie de
Voltaire*, p.175-76).

L'amour en ordonna les jeux, 8o
C'est l'amour qui les apprête;
Puissent-ils mériter un regard de vos yeux!

SAMSON

Quel est cet Adonis, dont votre voix aimable
Fait retentir ce beau séjour?

DALILA

C'était un héros indomptable, 85
Qui fut aimé de la mère d'amour.
Nous chantons tous les ans cette aimable aventure.

SAMSON

Parlez, vous m'allez enchanter:
Les vents viennent de s'arrêter:
Ces forêts, ces oiseaux et toute la nature, 9o
Se taisent pour vous écouter.

DALILA *se met à côté de Samson. Le chœur se range autour d'eux.*
Dalila chante cette cantatille, [4] accompagnée de peu d'instruments, qui
sont sur le théâtre.

80-84 MS1-MS5:
Puisse de nos chansons le plaisir innocent;
Puissent les jeux qu'on vois apprête,
Amuser le loisir d'un héros si puissant.
SAMSON
Quel est cet Adonis que votre voix aimable
Vient célébrer en ce beau jour?
87 MS1-MS5: Nous venions célébrer cette
91b MS3: *chante la cantatille suivante, accompagnée*
91b-c MS4: *qui se trouvent sur*

[4] A *cantatille*, according to J.-J. Rousseau's *Dictionnaire de la musique*, is 'une cantate fort courte, dont le sujet est lié par quelques vers de récitatif, en deux ou trois airs en rondeau pour l'ordinaire, avec des accompagnements de symphonie' (*Œuvres complètes*, ed. B. Gagnebin and M. Raymond, 5 vol., Paris, 1964-1995, vol.5, p.684).

Vénus dans nos climats souvent daigne se rendre,
  C'est dans nos bois qu'on vient apprendre
De son culte charmant tous les secrets divins.
Ce fut près de cette onde, en ces riants jardins,   95
Que Vénus enchanta le plus beau des humains.
Alors tout fut heureux dans une paix profonde;
Tout l'univers aima dans le sein du loisir.
          Vénus donnait au monde
          L'exemple du plaisir. 5   100

SAMSON

Que ses traits ont d'appas! que sa voix m'intéresse!
Que je suis étonné de sentir la tendresse!
De quel poison charmant je me sens pénétré!

---

92   MS1 [*hand 2*]: Vénus dans nos climats †souvent+ daigne <souvent desc>
†se+ rendre
     MS2-MS5: Vénus dans nos climats daigne souvent descendre
94   MS1 [*hand 1*]: tous les <divins> secrets †divins.
     MS2-MS4: les divins secrets
97-100   MS1-MS5:
          Près du jeune Adonis nous la vîmes descendre:
            Elle a quitté pour ces beaux lieux
          La voûte éclatante des cieux:
          Témoin de leurs plaisirs, doux et champêtre asile,
            Bocage épais, ombre tranquille;   5
            Oiseaux qui chantiez [MS3: chantez] leurs amours;
          Pour être heureux la gloire est inutile:
            C'est vous qui donnez les beaux jours.

---

5 La Harpe identifies lines 92-100 as 'le seul endroit de tous les opéras de Voltaire
qui rappelle la manière de Quinault', observing: 'Si ces vers sont beaucoup mieux
faits que tous les autres, peut-être cela vient-il en partie de ce que la plupart sont de la
mesure qui était la plus familière à l'auteur, celle de l'alexandrin; car une remarque
qu'on ne peut s'empêcher de faire en lisant ses opéras, et même ses odes, c'est qu'il
manquait presque entièrement, ou de la connaissance, ou de l'habitude des mesures
lyriques' (*Lycée*, vol.12, p.98).

DALILA

Sans Vénus, sans l'Amour, qu'aurait-il pu prétendre?
Dans nos bois il est adoré.　　　　　　　　　　105
Quand il fut redoutable, il était ignoré.
Il devint dieu dès qu'il fut tendre.
Depuis cet heureux jour
Ces prés, cette onde, cet ombrage
Inspirent le plus tendre amour　　　　　　　　110
Au cœur le plus sauvage.

SAMSON

O ciel, ô troubles inconnus!
J'étais ce cœur sauvage, et je ne le suis plus.
Je suis changé, j'éprouve une flamme naissante. [6]
(à Dalila.)
Ah! s'il était une Vénus,　　　　　　　　　　115
Si des amours cette reine charmante
Aux mortels en effet pouvait se présenter,
Je vous prendrais pour elle, et croirais la flatter.

DALILA

Je pourrais de Vénus imiter la tendresse.
Heureux, qui peut brûler des feux qu'elle a sentis!　　120
Mais j'eusse aimé peut-être un autre qu'Adonis,
Si j'avais été la déesse. [7]

109　w38, w46, w48d, w52: prés, cet onde
110　ms3: Inspirent les plus tendres amours
112　ms3: ô trouble inconnu!
121　ms3: un autre Adonis,

[6] Flaubert comments: 'Tout cela vraiment est très tendre, très galant, très opéra' (Le Théâtre de Voltaire, vol.2, p.673).

[7] Commenting on lines 115-22, La Harpe notes: 'Dalila, prêtresse de Vénus, peut parler sur ce ton de galanterie spirituelle; mais n'est-elle pas un peu déplacée dans un guerrier hébreu tel que Samson, juge et chef d'Israël?' (Lycée, vol.12, p.93).

SCÈNE IV

LES ACTEURS PRÉCÉDENTS

LES HÉBREUX

Ne tardez point, venez, tout un peuple fidèle
Est prêt à marcher sous vos lois:
Soyez le premier de nos rois;   125
Combattez et régnez, la gloire vous appelle.

SAMSON

Je vous suis, je le dois, j'accepte vos présents.
Ah!... quel charme puissant m'arrête!
Ah! différez du moins, différez quelque temps
Ces honneurs brillants qu'on m'apprête.   130

CHŒUR DE FILLES DE GAZA

Demeurez, présidez à nos fêtes;
Que nos cœurs soient ici vos conquêtes.

DALILA

Oubliez les combats:
Que la paix vous attire.
Vénus vient vous sourire;   135

122b   MS2-MS4, W51, K: LES ACTEURS PRÉCÉDENTS, [W51: DEUX; K:
LES] HÉBREUX
122c   MS1-MS5: HÉBREUX
       5OP, W50, W51: UN HÉBREU
125-26   MS1-MS5:
       Vous aurez [MS2, MS3: avez] parmi nous la puissance des rois.
       Hâtez-vous, hâtez-vous, la gloire vous appelle.
130a   MS1-MS5: CHŒUR DE FILLES
       W46, 5OP, W51: CHŒUR DES FILLES DE GAZA
132   5OP, W50, W51: soient vos tendres conquêtes.
134   5OP, W50, W51: vous inspire.
135   5OP, W50, W51: vient de vous

L'amour vous tend les bras.

LES HÉBREUX

Craignez le plaisir décevant
Où votre grand cœur s'abandonne.
L'amour nous dérobe souvent
Les biens que la gloire nous donne.

14

CHŒUR DES FILLES

Demeurez, présidez à nos fêtes;
Que nos cœurs soient vos tendres conquêtes.

DEUX HÉBREUX

Venez, venez, ne tardez pas;
Nos cruels ennemis sont prêts à nous surprendre;
Rien ne peut nous défendre
Que votre invincible bras.

14

136a   50P, W50, W51: SECOND HÉBREU
137   MS1-MS5: Gardez-vous d'un plaisir charmant
      50P, W50, W51: Fuyez le
140a   W46, 50P, W50, W51: CHŒUR DES FILLES DE GAZA
141-42   MS3: Demeurez, présidez etc.
      MS4: Demeurez, etc.
142a-146a   50P, W50, W51:

LES DEUX HÉBREUX
Voilà les ennemis qu'il est beau d'éviter.
Craignez-les, redoutez une indigne mollesse.
Les vulgaires humains cèdent à la tendresse,
    Les héros doivent la dompter.
PREMIER HÉBREU
Du Dieu de la victoire acceptez un empire;
Régnez et triomphez de nos persécuteurs.
DALILA
Qu'un empire plus doux vous charme et vous attire;
Méprisez avec nous de barbares honneurs.

5

CHŒUR DES FILLES

Demeurez, présidez à nos fêtes;
Que nos cœurs soient vos tendres conquêtes.

SAMSON

Je m'arrache à ces lieux... Allons, je suis vos pas.
Prêtresse de Vénus, vous, sa brillante image,   150
    Je ne quitte point vos appas
Pour le trône des rois, pour ce grand esclavage;[8]
    Je les quitte pour les combats.

DALILA

Me faudra-t-il longtemps gémir de votre absence?

SAMSON

Fiez-vous à vos yeux de mon impatience.   155
Est-il un plus grand bien que celui de vous voir?

147-48   MS1, MS2, MS4, MS5: Demeurez, etc.
         MS3: Demeurez, présidez etc.
148a   MS1-MS5: SAMSON, *aux Hébreux*.
150-53   MS1-MS5:
         Nymphe aimable, nymphe brillante,
         Je ne quitterais point vos séduisants appas
             Pour une couronne éclatante:
             Je les quitte pour les combats.
156-58   W48D* (Rés. Z Beuchot 12(3)), 5OP, W50, W51:
             L'oiseau qui règne dans les airs
             Vole au combat [W48D*, W51: aux combats], vole au carnage,

---

[8] Commenting on lines 151-52, La Harpe notes: 'L'intonation la plus fausse, la discordance la plus aigre, ne fait pas, en musique, plus de mal à l'oreille, que n'en fait ici au goût et au bon sens cette emphase si ridiculement philosophique, ce *grand esclavage du trône*, dans le dialogue de deux amants qui se séparent, dans la bouche de Samson qui n'a rien de commun avec les rois, dans le langage de ces temps reculés qui doit en retracer la simplicité, dans une situation qui n'a pas le plus léger rapport avec le *trône* et son *grand esclavage*: toutes les sortes de contresens se rassemblent ici' (*Lycée*, vol.12, p.95).

Les Hébreux n'ont que moi pour unique espérance,
        Et vous êtes mon seul espoir.

SCÈNE V

DALILA *seule.*

Il s'éloigne, il me fuit, il emporte mon âme,
        Partout il est vainqueur.   1(
        Le feu que j'allumais m'enflamme.
J'ai voulu l'enchaîner, il enchaîne mon cœur.[9]
O mère des plaisirs, le cœur de ta prêtresse
Doit être plein de toi, doit toujours s'enflammer.
        O Vénus, ma seule déesse,   1(
La tendresse est ma loi, mon devoir est d'aimer.
            Echo, voix errante,
            Légère habitante
        De ce beau séjour,
    Echo, monument de l'amour,   1
Parle de ma faiblesse au héros qui m'enchante.
Favoris du printemps, de l'amour et des airs,
        Oiseaux, dont j'entends les concerts,

        Et revient soupirer dans ses heureux déserts,
            Près du tendre objet qui l'engage;
            L'oiseau qui règne dans les airs   5
            Vole au combat [w51: aux combats], vole au carnage, etc.
158b   MS2-MS4: [*stage direction absent*]
166   MS4: Ma tendresse
171   MS1-MS5: Va, parle de mes feux au héros qui m'enchante;

[9] An echo of Armide's confusion: 'Il enchaîne mon cœur d'un trop charmant lien'
(*Armide*, III.ii, in *Livrets d'opéra*, vol.2, p.270).

Chers confidents de ma tendresse extrême,
Doux ramages des oiseaux,   175
Voix fidèle des échos.
Répétez à jamais, je l'aime, je l'aime.

Fin du troisième acte.

174-77   50P, W50, W51:
    Heureux oiseaux votre ramage tendre,
      Est la voix des plaisirs;
    Chantez. Vénus doit vous entendre;
    Chantez, portez-lui mes soupirs.
177a   MS1-MS3, MS5: [*absent*]
    MS4: *Fin du second acte.*

ACTE IV

SCÈNE PREMIÈRE

LE GRAND-PRÊTRE, DALILA

LE GRAND-PRÊTRE

Oui, le Roi vous accorde à ce héros terrible,

c-10a MS1-MS5:
> *Le théâtre représente le vestibule du temple de Vénus.*
> ## LE ROI, LE GRAND-PRÊTRE
> ### LE GRAND-PRÊTRE
> Il est trop vrai, son dieu l'élève sur nos têtes;
> Il fait le calme et les tempêtes,
> Le sort des rois est dans ses mains:
> Mais, s'il est infidèle à ce dieu qu'il révère,
> Il retombe au rang des humains,   5
> Et n'est plus qu'un homme ordinaire.
> ### LE ROI
> Que Dalila l'attire au temple de Vénus,
> Que les Philistins abattus
> Soient relevés par sa faiblesse;
> Ne combattons qu'avec adresse,   10
> La force nous a confondus.
> ## *SCÈNE II*
> ## LE ROI, DALILA, LE GRAND-PRÊTRE
> ## [MS4: LES PRÉCÉDENTS, DALILA]
> ### LE ROI [MS2, MS3: LE GRAND-PRÊTRE]
> Dalila vous charmez cet illustre barbare;
> Je consens qu'il soit votre époux,
> Et la paix à ce prix va descendre sur nous;
> Qu'au temple de Vénus votre hymen se prépare.   15
> ### DALILA
> C'est un sujet nouveau que vous promet ma foi.
> ### LE ROI
> Vous pouvez ici plus que moi,
> C'est en vous que mon peuple espère.
> Je n'ai que le pouvoir d'un roi,
> Vous avez plus, vous avez l'art de plaire.   20
> ## *SCÈNE III*

296

Mais vous entendez à quel prix.
Découvrez le secret de sa force invincible,
Qui commande au monde surpris.
Un tendre hymen, un sort paisible,   5
Dépendront du secret que vous aurez appris.

DALILA

Que peut-il me cacher? Il m'aime:
L'indifférent seul est discret:
Samson me parlera, j'en juge par moi-même.
L'amour n'a point de secret.   10

SCÈNE II

DALILA *seule*.

Secourez-moi, tendres amours,
Amenez la paix sur la terre;
Cessez, trompettes et tambours,
D'annoncer la funeste guerre;
Brillez, jour glorieux, le plus beau de mes jours.   15
Hymen, Amour, que ton flambeau l'éclaire:
Qu'à jamais je puisse plaire,
Puisque je sens que j'aimerai toujours.
Secondez-moi, tendres amours:
Amenez la paix sur la terre.   20

SCÈNE III

SAMSON, DALILA

SAMSON

J'ai sauvé les Hébreux par l'effort de mon bras,

10b   MS4: [*stage direction absent*]
11   50P, W50, W51: Secondez-moi
20   MS1-MS5: Annoncez la paix à la terre.
20a   MS1-MS5: *SCÈNE IV*

297

Et vous sauvez par vos appas
Votre peuple et votre roi même:
C'est pour vous mériter que j'accorde la paix.
Le Roi m'offre son diadème,   25
Et je ne veux que vous pour prix de mes bienfaits.

DALILA

Tout vous craint en ces lieux, on s'empresse à vous plaire.
Vous régnez sur vos ennemis;
Mais de tous les sujets que vous venez de faire,
Mon cœur vous est le plus soumis.   30

SAMSON ET DALILA *ensemble.*

N'écoutons plus le bruit des armes,
Myrte amoureux, croissez près des lauriers.
L'amour est le prix des guerriers,
Et la gloire en a plus de charmes.

SAMSON

L'hymen doit nous unir par des nœuds éternels;   35
Que tardez-vous encore?
Venez, qu'un pur amour vous amène aux autels
Du dieu des combats que j'adore.

DALILA

Ah! formons ces doux nœuds au temple de Vénus.

SAMSON

Non, son culte est impie, et ma loi le condamne;   40

27   50P, W50, W51: craint dans ces
32   MS3: Myrtes amoureux
38   MS1-MS5: Du Dieu des dieux, du vrai Dieu que j'adore.
39a   MS1-MS5:
         Elle préside à la tendresse;
      Quand d'un amour heureux deux cœurs sont prévenus,
         Est-il pour eux d'autre déesse?
                    SAMSON
      Vénus! que dites-vous? Ciel que vous m'alarmez,

Non, je ne puis entrer dans ce temple profane.

DALILA

Si vous m'aimez, il ne l'est plus.
Arrêtez, regardez cette aimable demeure,
    C'est le temple de l'univers;
Tous les mortels, à tout âge, à toute heure,   45
    Y viennent demander des fers.
Arrêtez, regardez cette aimable demeure,
    C'est le temple de l'univers.

SCÈNE IV

SAMSON, DALILA, CHŒURS DE DIFFÉRENTS PEUPLES, DE GUERRIERS, DE PASTEURS

(*Le temple de Vénus paraît dans toute sa splendeur.*)

Air

Amour, volupté pure,
Ame de la nature,
    Maître des éléments,   50
L'univers n'est formé, ne s'anime et ne dure
    Que par tes regards bienfaisants.
Tendre Vénus, tout l'univers t'implore,

---

42   MS1-MS5: Il ne l'est plus pour vous si vous m'aimez:
48a   MS1-MS5: *SCÈNE V*
48b-c   MS4: LES PRÉCÉDENTS, CHŒUR DE DIFFÉRENTS PEUPLES DE GUERRIERS ET DE PASTEURS
48c   5OP, W50, W51: GUERRIERS ET DE PASTEURS
48d   MS1-MS5, 5OP, W50, W51: [*absent*]
52   MS1-MS5: ne s'anime, ne dure
54-55   5OP, W50, W51:
      Tendre Vénus, le ciel même t'implore;
        Il brille de tes feux.

Tout n'est rien sans tes feux. [1]   55
On craint les autres dieux, c'est Vénus qu'on adore:
Ils règnent sur le monde, et tu règnes sur eux.

GUERRIERS

Vénus, notre fier courage,
Dans le sang, dans le carnage,
Vainement s'endurcit: 60
Tu nous désarmes.
Nous rendons les armes.
L'horreur à ta voix s'adoucit. [2]

UNE PRÊTRESSE

Chantez, oiseaux, chantez, votre ramage tendre
Est la voix des plaisirs.   65

55   MS1-MS5:
           Sans toi, sans tes feux,
      Rien ne plait, rien n'est heureux.
62   MS4: Nous te rendons
63a   MS1-MS5: [*absent*; MS1: *added by hand* 2]
64   MS1-MS5, W38, W46, W48D:
           Caressantes tourterelles
           De vos doux gémissements,
           Du bruit flatteur de vos ailes
           Remplissez ces lieux charmants:
      Chantez, oiseaux, chantez; votre ramage tendre   5
64-67   50P, W50, W51: [*absent*]
65-66   MS4: [*absent*]

[1] La Harpe finds this expression 'froidement recherchée', explaining: '*Tout n'est rien* est de Rousseau, qui dit dans une de ses allégories, qu'avant la création *tout n'était rien*; ce qui n'est pas bon, même là, la sécheresse des termes abstraits étant le contraire de la poésie dans les occasions où il s'agit de peindre; mais ce qui est encore plus mauvais dans une invocation à la Volupté [*sic*], dont le ton doit être gracieux' (*Lycée*, vol.12, p.94-95). The allusion is to Jean-Baptiste Rousseau's poem 'La Morosophie'.

[2] Remarking on 'l'extrême platitude' of lines 61-63, La Harpe observes: '*L'horreur* qui *s'adoucit* est un mince éloge de la Volupté [*sic*]' (*Lycée*, vol.12, p.95).

Chantez, Vénus doit vous entendre;
Sur les ailes des vents portez-lui nos soupirs.
      Les filles de Flore
      S'empressent d'éclore
        Dans ce séjour;   70
      La fraîcheur brillante
      De la fleur naissante
      Se passe en un jour:
      Mais une plus belle
      Naît auprès d'elle,   75
      Plaît à son tour.
      Sensible image
      Des plaisirs du bel âge,
      Sensible image
      Du charmant amour.   80

SAMSON

Je n'y résiste plus, le charme qui m'obsède
Tyrannise mon cœur, enivre tous mes sens:

67   K: Portez-lui nos soupirs.
74   MS1-MS5, 50P, W50, W51: Une plus belle
76   MS1-MS5: [*absent*]
80   MS3: charmant des amours.
81-125   MS1-MS5:

      Je n'y résiste plus: un charme inconcevable
      Tyrannise mon cœur, assiège tous mes sens;
          Ces jeux, ces danses, ces accents,
      Et plus encore hélas! votre aimable présence [MS1, *hand 2 indicates that the last two words should be transposed*];
      Vos yeux, vos tendres yeux attachés sur les miens,   5
      Vos soupirs, votre voix, votre silence même,
      Tout m'enchaîne à vos pieds par d'éternels liens:
      Mon bras a renversé les dieux des Syriens;
      Je pardonne à Vénus puisque c'est vous que j'aime.
               DALILA
      Confirmez vos serments dans ce [MS4: le] temple sacré.   10
               SAMSON
      Où n'entraînez-vous pas mon esprit égaré?

Possédez à jamais ce cœur qui vous possède,
Et gouvernez tous mes moments.
Venez, vous vous troublez.

DALILA

Ciel! que vais-je lui dire! 85

DALILA

Venez.

SAMSON

Oui, je vous cède une entière victoire
[MS3: *Ils entrent dans le temple.*]
Le Dieu maître de l'univers,
Dieu me permet, j'ose le croire,
De porter en tous lieux vos fers. 15
Ils entrent dans le temple. [MS3: *absent*]

DALILA

Peut-il [MS2, MS3: peux-je] vous condamner?

SAMSON

D'où vient que je frissonne?
Il s'arrête.

DALILA

La terre tremble, le jour fuit.

SAMSON

Quel nuage affreux, quelle nuit,
Tout à coup m'environne? 20

UNE VOIX AU FOND D'UN NUAGE

Le dieu que tu trahis après tant de bienfaits
Pour jamais t'abandonne;
Que ton supplice étonne,
Ainsi que tes forfaits.

SAMSON

Voix sainte, voix redoutable, 25
Ah! vous parlez trop tard à mon cœur agité,
L'amour m'a prévenu, l'amour est indomptable;
Doux liens, tendre volupté;
Amour m'as tu précipité
Dans un piège effroyable? 30
Ah! je sens que Dieu m'a quitté:
Voix sainte, voix redoutable,
Ah! vous parlez trop tard à mon cœur agité.

SAMSON

D'où vient que votre cœur soupire?

DALILA

Je crains de vous déplaire, et je dois vous parler.

SAMSON

Ah! devant vous c'est à moi de trembler.
Parlez, que voulez-vous?

DALILA

    Cet amour, qui m'engage,
Fait ma gloire et mon bonheur;   90
Mais il me faut un nouveau gage,
Qui m'assure de votre cœur.

SAMSON

Prononcez, tout sera possible
 A ce cœur amoureux.

DALILA

Dites-moi par quel charme heureux,   95
Par quel pouvoir secret cette force invincible?

SAMSON

Que me demandez-vous? c'est un secret terrible
 Entre le ciel et moi.

DALILA

Ainsi vous doutez de ma foi?
Vous doutez, et m'aimez!

SAMSON

    Mon cœur est trop sensible; 100
Mais ne m'imposez point cette funeste loi.

DALILA

Un cœur sans confiance est un cœur sans tendresse.

SAMSON

N'abusez point de ma faiblesse.

DALILA

Cruel! quel injuste refus!
Notre hymen en dépend; nos nœuds seraient rompus.   10

SAMSON

Que dites-vous?

DALILA

Parlez, c'est l'amour qui vous prie.

SAMSON

Ah! cessez d'écouter cette funeste envie.

DALILA

Cessez de m'accabler de refus outrageants.

SAMSON

Eh bien! vous le voulez; l'amour me justifie;
Mes cheveux à mon Dieu consacrés dès longtemps,   11
De ses bontés pour moi sont les sacrés garants:
Il voulut attacher ma force et mon courage
      A de si faibles ornements:
Ils sont à lui, ma gloire est son ouvrage.

---

106   50P, W50, W51:
      Notre hymen!

DALILA
Ah! parlez, c'est l'amour qui vous prie.
114   50P, W50, W51: Ma gloire est son ouvrage.

DALILA

Ces cheveux, dites-vous?

SAMSON

Qu'ai-je dit? malheureux!   115
Ma raison revient, je frissonne.

TOUS DEUX *ensemble*.

La terre mugit, le ciel tonne,
Le temple disparaît, l'astre du jour s'enfuit:
L'horreur épaisse de la nuit
De son voile affreux m'environne.   120

SAMSON

J'ai trahi de mon Dieu le secret formidable.
Amour! fatale volupté!
C'est toi qui m'as précipité
Dans un piège effroyable,
Et je sens que Dieu m'a quitté.   125

116   K:
        Ma raison revient; je frissonne
    De l'abîme où j'entraîne avec moi les Hébreux.
116a   50P, W50 [*after the line*], W51 [*before the line*]:   *Le tonnerre tombe sur le temple
et le détruit.*
121-23   50P, W50, W51:
        Amour! fatale volupté!
    J'ai trahi de mon Dieu le secret formidable.
        Amour tu m'as précipité

SCÈNE V

LES PHILISTINS, SAMSON, DALILA

LE GRAND-PRÊTRE DES PHILISTINS

Venez, ce bruit affreux, ces cris de la nature,
Ce tonnerre, tout nous assure
Que du dieu des combats il est abandonné.

DALILA

Que faites-vous, peuple parjure?

SAMSON

Quoi? de mes ennemis je suis environné?
(*Il combat.*)
Tombez, tyrans.

LES PHILISTINS

Cédez, esclave.

(*ensemble*)
Frappons l'ennemi qui nous brave.

DALILA

Arrêtez, cruels! arrêtez,
Tournez sur moi vos cruautés.

125a-128   MS1-MS5:
SCÈNE VI
SAMSON, DALILA, PHILISTINS
PHILISTINS
Nous avons entendu la voix [MS1, MS4, MS5 *add*: qui le condamne];
Marchons... il est abandonné.
125b   5OP, W50, W51: PHILISTINS, SAMSON, DALILA, LE GRAND-
PRÊTRE DES PHILISTINS
129   MS1-MS5: peuple profane?
130a   5OP, W50, W51: [*stage direction precedes line* 131a]
132a   MS1-MS5: DALILA *au milieu d'eux.*

SAMSON

Tombez, tyrans.

LES PHILISTINS *combattant.*

Cédez, esclave.   135

SAMSON

Ah! quelle mortelle langueur!
Ma main ne peut porter cette fatale épée.
Ah Dieu! ma valeur est trompée;
Dieu retire son bras vainqueur.

LES PHILISTINS

Frappons l'ennemi qui nous brave.   140
Il est vaincu; cédez, esclave.

SAMSON *entre leurs mains.*

Non, lâches! non, ce bras n'est point vaincu par vous;
C'est Dieu qui me livre à vos coups.

(*On l'emmène.*)

SCÈNE VI

DALILA *seule.*

O désespoir! ô tourments! ô tendresse!

135a   5OP, W50, W51: [*stage direction absent*]
135-35b   MS1-MS5: [*add between these lines*]
DALILA
Sacrilèges que faites vous?
[MS1, *hand 2*: Du ciel, redoutez le courroux.]
Epargnez ce lieu saint, respectez plus encore,
Respectez celui que j'adore.
138   MS1-MS5: O ciel, ma
143b   MS1-MS5: *SCÈNE VII*

Roi cruel! peuples inhumains!   14
O Vénus, trompeuse déesse!
Vous abusiez de ma faiblesse.
Vous avez préparé, par mes fatales mains,
    L'abîme horrible où je l'entraîne:
Vous m'avez fait aimer le plus grand des humains,   15
    Pour hâter sa mort et la mienne.
    Trône, tombez; brûlez, autels,
        Soyez réduits en poudre.
    Tyrans affreux, dieux cruels,
Puisse un dieu plus puissant écraser de sa foudre   15
    Vous, et vos peuples criminels!

            CHŒUR *derrière le théâtre.*

        Qu'il périsse,
    Qu'il tombe en sacrifice
        A nos dieux.

                DALILA

Voix barbares! cris odieux!   16
Allons partager son supplice.

        Fin du quatrième acte.

145 MS3: Roi cruel, peuple inhumain
146 MS4: O Vénus! ô trompeuse déesse!
152 MS1, MS4: Trônes, tombez, brûlez
154 MS1-MS5: dieux plus cruels!
160 MS1 [*hand 1*]: cris <affreux> ↑odieux!
     MS2-MS4: cris affreux!
161a MS4: [*absent*]

ACTE V

(Le théâtre représente un salon du palais.)

SCÈNE PREMIÈRE
SAMSON enchaîné, GARDES

Profonds abîmes de la terre,
    Enfer, ouvre-toi!
    Frappez, tonnerre,
    Ecrasez-moi!
Mon bras a refusé de servir mon courage;   5
  Je suis vaincu, je suis dans l'esclavage;
Je ne te verrai plus, flambeau sacré des cieux;
    Lumière, tu fuis de mes yeux.
    Lumière, brillante image
      D'un dieu ton auteur,   10
    Premier ouvrage
    Du Créateur;
    Douce lumière,
    Nature entière,
Des voiles de la nuit l'impénétrable horreur   15
    Te cache à ma triste paupière.

---

b   50P, W50, W51: *du palais du roi des Philistins.*
    K: *[absent]*
d-1   MS1-MS5: *[add between these lines]* SAMSON
1   MS3: Profond abîme de la terre,
3-4   MS1-MS5:
        Frappe, tonnerre,
        Ecrase-moi.
5   MS1, MS3: refusé à servir
7   MS1-MS5: plus, sacré flambeau des

Profonds abîmes, etc. [1]

SCÈNE II

SAMSON, CHŒUR D'HÉBREUX

PERSONNAGES DU CHŒUR

Hélas! nous t'amenons nos tribus enchaînées,
Compagnes infortunées
De ton horrible douleur.   20

SAMSON

Peuple saint, malheureuse race,
Mon bras relevait ta grandeur;
Ma faiblesse a fait ta disgrâce.
Quoi! Dalila me fuit! Chers amis, pardonnez
A de si honteuses alarmes.   25

PERSONNAGES DU CHŒUR

Elle a fini ses jours infortunés.
Oublions à jamais la cause de nos larmes. [2]

17b   MS1-MS5: [*add*] LES DEUX CORYPHÉES
17c   MS1-MS5: UN CORYPHÉE
18   MS1, MS2, MS4, MS5: nous amenons
      MS3: nous emmenons
21-23 MS1-MS5:
       Race malheureuse et divine,
       Ma vertu faisait ta grandeur;
       Ma faiblesse a fait ta ruine.
25a   MS1-MS5: UN CORYPHÉE
27   MS1, MS4, MS5: Oubliez
      MS2, MS3: Oublie

[1] Implicitly responding to La Harpe's criticisms of Voltaire's versification, Palissot focuses on the opening of V.i, arguing that '[ces vers] donnent l'exemple d'un style souvent supérieur à celui des anciens monologues de notre scène lyrique' (*Le Génie de Voltaire*, p.175).
[2] La Harpe is unmoved by the revelation that Dalila has killed herself: 'Lorsque

SAMSON

Quoi! j'éprouve un malheur nouveau!
Ce que j'adore est au tombeau?
Profonds abîmes de la terre,   30
    Enfer, ouvre-toi!
    Frappez, tonnerre,
    Ecrasez-moi!

SAMSON ET DEUX CORYPHÉES

(*Trio.*)
Amour, tyran que je déteste,
Tu détruis la vertu, tu traînes sur tes pas   35
L'erreur, le crime, le trépas:
Trop heureux qui ne connaît pas
Ton pouvoir aimable et funeste!

28-33   MS1-MS5:
        Elle n'est plus, impitoyable sort!
        J'ai causé vos malheurs, et ma honte, et sa mort.
                LE CORYPHÉE
        Le ciel vous défendait d'aimer une étrangère.
                SAMSON
        Dans la nuit du tombeau mon triste cœur la suit.
        Ciel! écarte de moi cette image trop chère;   5
        Rends-moi ma vertu qui me fuit.
33a-b   MS1-MS5: TRIO DE SAMSON ET DES DEUX CORYPHÉES
33b   5OP, W50, W51: [*absent*]
35   MS1-MS5: tu conduis sur
36-37   MS1-MS5: [*add between these lines*] Ensemble.

ensuite elle a couru révéler le secret, et qu'on nous apprend qu'elle s'est tuée de regret
en voyant Samson au pouvoir de ses ennemis qui vont le faire périr, on s'intéresse
fort peu à une femme qui s'est rendue l'instrument d'une perfidie qu'il était si facile de
prévoir: il n'y a pas là trace d'invention ni d'intelligence de la scène' (*Lycée*, vol.12,
p.94).

UN CORYPHÉE

Vos ennemis cruels s'avancent en ces lieux:
Ils viennent insulter au destin qui nous presse;   40
Ils osent imputer au pouvoir de leurs dieux
Les maux affreux où Dieu nous laisse.

SCÈNE III

LE ROI, CHŒUR DE PHILISTINS, SAMSON, CHŒUR D'HÉBREUX

LE ROI ET LE CHŒUR

LE ROI

Elevez vos accents vers vos dieux favorables,
Vengez leurs autels, vengez-nous.

CHŒUR DE PHILISTINS

Elevons nos accents, etc.

CHŒUR D'ISRAÉLITES

Terminons nos jours déplorables.   45

39-40   MSI-MS5:
        Les tyrans viennent en ces lieux,
        Insulter au sort qui nous presse;
42b MSI-MS5: LE ROI, SAMSON, CHŒUR DES PHILISTINS
     5OP, W5O, W5I: CHŒUR DES PHILISTINS
42c MSI-MS5, 5OP, W5O, W5I: CHŒUR DES HÉBREUX
42d MSI-MS5, 5OP, W5O, W5I: [absent]
43   MSI-MS5: vers nos dieux
45   MSI-MS5, W38, W46, W48D, 5OP, W5O, W5I, W52, W56, W57G, W57P,
     W64G, W68, W7OG, W7OL: Terminez

SAMSON

O Dieu vengeur, ils ne sont point coupables;
Tourne sur moi tes coups.

CHŒUR DE PHILISTINS

Elevons nos accents vers nos dieux favorables.
Vengeons leurs autels, vengeons-nous.

SAMSON

O Dieu... pardonne.

CHŒUR DE PHILISTINS

Vengeons-nous.   50

LE ROI

Inventons, s'il se peut, un nouveau châtiment:
Que le trait de la mort suspendu sur sa tête
    Le menace encore et s'arrête;
Que Samson dans sa rage entende notre fête,
    Que nos plaisirs soient son tourment.   55

46   MS1, MS2, MS4, MS5: Non, Dieu vengeur
     MS3: Mon Dieu vengeur! ils
50a   MS1-MS5: PHILISTINS
50-50b   MS1-MS5: [add between these lines]
               ISRAÉLITES
          Terminez nos jours déplorables.
               SAMSON
     Pardonne.
               PHILISTINS
          Vengeons-nous!
53   MS1-MS5: Le menace et s'arrête;

SCÈNE IV

SAMSON, LES ISRAÉLITES, LE ROI, LES PRÊTRESSES DE VÉNUS, LES PRÊTRES DE MARS

UNE PRÊTRESSE

Tous nos dieux étonnés, et cachés dans les cieux,
Ne pouvaient sauver notre empire:　．
Vénus avec un sourire
Nous a rendus victorieux:
Mars a volé, guidé par elle:　　　　　　　　　　　　60

55b-c MS1-MS3, MS5, 50P, W50, W51: SAMSON, ISRAÉLITES, LE ROI,
PHILISTINS, PRÊTRESSES DE VÉNUS [W50: LE ROI, PRÊTRESSES DE
VÉNUS]
MS4: LES PRÉCÉDENTS ET LES PRÊTRESSES DE VÉNUS
56-72 MS1-MS5:
　　　　　Unissez vos voix
　　　　　A nos chants d'allégresse;
　　　　　L'aimable déesse,
　　　　　Qui donne ici des lois,
　　　　　Protège les rois.　　　　　　　　　　　　　　5
　　　　　C'est l'amour qui défend aux tempêtes
　　　　　De gronder sur les fêtes [MS1, hand 1: ?f<t>êtes; MS5: têtes]
　　　　　De ses peuples chéris;
　　　　　Il écarte la guerre,
　　　　　Il éteint le tonnerre　　　　　　　　　　　　10
　　　　Dans la main des dieux ennemis
(On danse.)
　　　　　Célébrons cet heureux jour
　　　　　Consacrons en la mémoire,
　　　　　Chantons le puissant amour
　　　　　Qui triomphe de la gloire　　　　　　　　　　15

　　　　　Les dieux partagent le monde,
　　　　　Les enfers, la terre et l'onde
　　　　　Ont des souverains divers.

　　　　　Il est un plus bel empire
　　　　　Et Vénus par un sourire　　　　　　　　　　　20
　　　　　Gouverne tout l'univers.

314

Sur son char tout sanglant,
La victoire immortelle
Tirait son glaive étincelant
Contre tout un peuple infidèle,
Et la nuit éternelle   65
Va dévorer leur chef interdit et tremblant.

UNE AUTRE

C'est Vénus, qui défend aux tempêtes
De gronder sur nos têtes.
Notre ennemi cruel
Entend encor nos fêtes,   70
Tremble de nos conquêtes,
Et tombe à son autel.

LE ROI

Eh bien! qu'est devenu ce dieu si redoutable,
Qui par tes mains devait nous foudroyer?
Une femme a vaincu ce fantôme effroyable,   75
Et son bras languissant ne peut se déployer.
Il t'abandonne, il cède à ma puissance;
Et tandis qu'en ces lieux j'enchaîne les destins,
Son tonnerre étouffé dans ses débiles mains,
Se repose dans le silence.   80

SAMSON

Grand Dieu! j'ai soutenu cet horrible langage,
Quand il n'offensait qu'un mortel:
On insulte ton nom, ton culte, ton autel;
Lève-toi, venge ton ouvrage.

73 MS1-MS5: Eh bien! qu'est devenu ce dieu de la vengeance
75 MS1-MS5: [absent]
76 MS1-MS5: Son bras ne peut
84 w38, w46, w48d, 50p, w50, w51, w57p, k: ton outrage.

CHŒUR DES PHILISTINS

Tes cris, tes cris ne sont point entendus. 85
Malheureux, ton dieu n'est plus.

SAMSON

Tu peux encore armer cette main malheureuse;
Accorde-moi du moins une mort glorieuse.

LE ROI

Non, tu dois sentir à longs traits
L'amertume de ton supplice. 90
Qu'avec toi ton dieu périsse,
Et qu'il soit comme toi méprisé pour jamais.

SAMSON

Tu m'inspires enfin, c'est sur toi que je fonde
Mes superbes desseins;
Tu m'inspires, ton bras seconde 95
Mes languissantes mains.

LE ROI

Vil esclave, qu'oses-tu dire?
Prêt à mourir dans les tourments,
Peux-tu bien menacer ce formidable empire
A tes derniers moments? 100
Qu'on l'immole, il est temps;
Frappez, il faut qu'il expire.

87   MS1-MS5: peux armer encore cette
92   MS1-MS5: Que ton nom, que le sien s'effacent à jamais.
93   MS1-MS5: Tu m'inspires, mon Dieu, c'est sur toi que je [MS2, MS3: me] fonde
95   MS2, MS3: mon bras
101   MS1-MS4, W38, W46, W48D, 50P, W50, W51: il en est
102   MS1-MS5: [add stage direction] Les Philistins entourent Samson et sont prêts à
le frapper.

SAMSON

Arrêtez, je dois vous instruire
Des secrets de mon peuple, et du Dieu que je sers:
Ce moment doit servir d'exemple à l'univers. 105

LE ROI

Parle, apprends-nous tous les crimes,
Livre-nous toutes nos victimes.

SAMSON

Roi, commande que les Hébreux
Sortent de ta présence, et de ce temple affreux.

LE ROI

Tu seras satisfait.

SAMSON

La cour qui t'environne, 110
Tes prêtres, tes guerriers, sont-ils autour de toi?

LE ROI

Ils y sont tous, explique-toi.

SAMSON

Suis-je auprès de cette colonne
Qui soutient ce séjour si cher aux Philistins?

103 MS1-MS5: Arrêtez, il faut vous
5OP, W5O, W51: je vais vous
106 MS1-MS5, 5OP, W5O, W51: tous tes crimes
109 MS1-MS5: Sortent à l'instant de ces lieux.
110 MS1-MS5: satisfait. [*with stage direction*] *Les Hébreux sortent.*
111 MS4, W5O, W51, W57P: de moi?
114 MS1-MS5: Qui soutient le palais du roi?

LE ROI

Oui, tu la touches de tes mains. 11

SAMSON *ébranlant les colonnes.*

Temple odieux! que tes murs se renversent,
Que tes débris se dispersent
Sur moi, sur ce peuple en fureur.

CHŒUR

Tout tombe, tout périt. O ciel! ô Dieu vengeur!

SAMSON

J'ai réparé ma honte, et j'expire en vainqueur. 12

Fin du cinquième et dernier acte.

115   MS1-MS5: Tu la touches.
115a   MS1-MS5:

SAMSON
Tremblez [MS2, MS3: Tremble] d'effroi
Symphonie terrible.
50P, W50, W51: *ébranlant la colonne.*
119   MS1-MS5: Tout tombe, tout périt [MS2, MS3: part]. Ciel! ô ciel! Dieu
vengeur!
119a   MS1-MS5: SAMSON, *au milieu des ruines.*
120a   MS1, MS2, MS5: *Fin du cinquième acte.*
MS3: [*absent*]
MS4: *Fin.*

APPENDIX I

Prologue (MS1)

PROLOGUE

(*Le théâtre représente la salle de l'opéra.*)

LA VOLUPTÉ *sur son trône, entourée des* PLAISIRS
et des AMOURS

LA VOLUPTÉ

Sur les bords fortunés embellis par la Seine,
    Je règne dès longtemps.
    Je préside aux concerts charmants
      Que donne Melpomène.
    Amours, plaisirs, jeux séducteurs,   5
Que le loisir fit naître au sein de la mollesse,
    Répandez vos douces erreurs;
      Versez dans tous les cœurs
      Votre charmante ivresse;[1]
    Régnez, répandez mes faveurs.   10

CHŒUR *à parodier.*[2]

. . . .

a-85 w38-w75G: [*absent*]

[1] La Harpe is critical of lines 5-9: 'La vertu ne s'est jamais accordée ni avec la *mollesse*, ni avec les *erreurs*, ni avec la *séduction*, ni avec l'*ivresse*. Tout cela est faux, même dans un prologue d'opéra, et ce n'est pas là le langage de la vertu' (*Lycée*, vol.12, p.97).

[2] This signals not a parody in the usual sense, but rather that the chorus will adapt what La Volupté has just sung (presumably the last four lines, changing 'Répandez' to 'Répandons', for instance) and sing them to whatever music is provided. On this technique, found in a number of Quinault's operas, see M. Barthélemy and H. Schneider, 'Parodie', *Dictionnaire de la musique en France aux dix-septième et dix-huitième siècles*, ed. M. Benoit (Paris, 1992), p.530-32 (p.532).

SAMSON

LA VOLUPTÉ

Venez, mortels, accourez à mes yeux;
Regardez, imitez les enfants de la gloire:
Ils m'ont tous cédé la victoire.
Mars les rendit cruels, et je les rends heureux.   15
  (*Entrée de héros armés et tenant dans leurs mains des
                                     guirlandes de fleurs.*)

BACCHUS *à Hercule.*

Nous sommes les enfants du maître du tonnerre;
  Notre nom jadis redouté
  Ne périra point sur la terre;
  Mais parlons avec liberté:
Parmi tant de lauriers qui ceignent votre tête,   20
  Dites-moi quelle est la conquête
Dont le grand cœur d'Alcide était le plus flatté?

HERCULE

Ah! ne me parlez plus de mes travaux pénibles,
  Ni des cieux que j'ai soutenus:
  En ces lieux je ne connais plus   25
Que la charmante Iole et les plaisirs paisibles.
  Mais vous, Bacchus, dont la valeur
Fit du sang des humains rougir la terre et l'onde,
  Quel plaisir, quel barbare honneur
  Trouviez-vous à troubler le monde?   30

BACCHUS

  Ariane m'ôte à jamais
  Le souvenir de mes brillants forfaits;
  Et par mes présents secourables
Je ravis la raison aux mortels misérables
Pour leur faire oublier tous les maux que j'ai faits.   35

(*Ensemble*)

Volupté, reçois nos hommages;

15a   K: *Entrée des héros*
19   K: parlons partout avec

320

Enchante dans ces lieux
Les héros, les dieux et les sages:
Sans tes plaisirs, sans tes doux avantages,
Est-il des sages et des dieux?   40

UN AMOUR

Jupiter n'est point heureux
Par les coups de son tonnerre.
Amour, il doit à tes feux
Ces moments si précieux
Qu'il vient goûter sur la terre.   45

Le dieu qui préside au jour,
Et qui ranime le monde,
Ferait-il son vaste tour
S'il n'allait trouver l'amour
Qui l'attend au sein de l'onde?   50

Ici tous les conquérants
Bornent leur grandeur à plaire:
Les sages sont les amants;
Ils cachent leurs cheveux blancs
Sous les myrtes de Cythère.   55

Mortels, suivez les amours;
Toute sagesse est folie.
Profitez de vos beaux jours:
Les dieux aimeront toujours;
Soyez dieux dans votre vie.[3]   60

LA VOLUPTÉ

Ah! quelle éclatante lumière
Fait pâlir les clartés du beau jour qui nous luit?
Quelle est cette nymphe sévère
Que la Sagesse conduit?

53   K: sont des amants

[3] Flaubert describes these two stanzas (lines 51-60) as 'des petits vers dans le vrai goût de la mythologie Pompadour' (*Le Théâtre de Voltaire*, vol.2, p.669).

CHŒUR

Fuyons la vertu cruelle: 65
Les plaisirs sont bannis par elle.

LA VERTU

Mère des plaisirs et des jeux,
Nécessaire aux mortels, et souvent trop fatale,
Non, je ne suis point ta rivale:[4]
Je viens m'unir à toi pour mieux régner sur eux.   70
Sans moi, de tes plaisirs l'erreur est passagère:
Sans toi, l'on ne m'écoute pas:
Il faut que mon flambeau t'éclaire,
Mais j'ai besoin de tes appas.[5]
Je veux instruire et je dois plaire.   75
Viens de ta main charmante orner la vérité.
Disparaissez, guerriers consacrés par la fable:
Un Alcide véritable
Va paraître en ces lieux, comme vous enchanté.
Chantons sa gloire et sa faiblesse,   80
Et voyons ce héros par l'amour abattu
Adorer encor la vertu
Entre les bras de la mollesse.

CHŒUR (*des suivants de la vertu*)

Chantons, célébrons en ce jour
Les dangers cruels de l'amour.   85

---

75 K: veux m'instruire

[4] According to La Harpe, for whom 'le prologue n'est pas meilleur que la pièce, ou même vaut encore moins, pour le fond comme pour les vers', the exchange between La Vertu and La Volupté is inadequately justified by lines 67-69, on which he comments: 'La Vertu ment; la volupté qui est *nécessaire* aux mortels, et qui ne leur est point *fatale*, n'est point du tout celle avec qui la Vertu vient ici se raccommoder fort mal à propos' (*Lycée*, vol.12, p.96-97).

[5] Flaubert comments: 'N'est-ce pas à peu près la morale, le but à montrer de toutes les comédies de Voltaire?' (*Le Théâtre de Voltaire*, vol.2, p.670).

APPENDIX II

Act 3 in the manuscripts

ACTE III

SCÈNE PREMIÈRE
DALILA, LE GRAND-PRÊTRE

DALILA

Vous l'attaquez encore, imprudents que vous êtes,
    Près de ce temple, devant moi?

LE GRAND-PRÊTRE

Vous osez éclater en plaintes indiscrètes,
    Quand on sert les dieux et son roi!

DALILA

Vous le servez bien mal avec tant d'injustice,   5
Quelle bassesse ô dieux! de surprendre un héros
Au milieu de la paix dans le sein du repos...
    Le ciel peut-il être propice
      A vos lâches complots?

LE GRAND-PRÊTRE

A nos dieux, à nos lois êtes-vous infidèle?   10
    Voulez-vous qu'un rebelle
    Désole nos états?

DALILA

Je veux que l'on soit juste et vous ne l'êtes pas.

LE GRAND-PRÊTRE

Vous l'aimez, je le vois, et ce funeste charme,
    Qui des rois le rend la terreur,   15

---

5 MS4: Vous les servez

Le rend maître de votre cœur;
Perfide, vous l'aimez, son danger vous alarme;
Oui, vous tremblez pour lui!

DALILA

C'est pour vous que je crains,
Frémissez, perfides humains;   20
Vous attaquez un dieu, c'est un dieu sur la terre:
Vous avez senti le tonnerre
Qui partait de ses mains.

LE GRAND-PRÊTRE

Le nombre accablera votre idole terrible;
Ce dieu de votre cœur en vain vous l'adorez.   25
Avec lui vous périrez.

DALILA

Plus il a d'ennemis, plus vous avez de crimes,
Et plus son bras vengeur
Va frapper de victimes.

LE GRAND-PRÊTRE

Craignez encore le Roi, redoutez sa fureur.   30

(*Il sort.*)

SCÈNE II

DALILA

Samson devient le roi qui règne sur mon cœur;
Cependant on l'attaque, une foule perfide,
Peut triompher de la valeur;
Ils périront sans doute, il en sera vainqueur,
Je le sais, cependant mon amour s'intimide;   35
Courons, courons partager
Sa gloire et son danger;

---

29   MS1 [*hand 1*]: Va <s'immoler> †frapper+ de victimes.
     MS2-MS4: Va s'immoler de victimes.
33   MS4: triompher de sa valeur

324

Non sans lui je ne saurais vivre;
　　Il faut le suivre,
　Dans l'horreur des combats;　　　　　　　　40
　　Au sein de la victoire,
　　Au faîte de la gloire,
　Ou dans les ombres du trépas.
Ah! l'amour me le rend vainqueur et plein de charmes.

SCÈNE III

DALILA, SAMSON, HÉBREUX, PHILISTINS CAPTIFS

SAMSON

Ennemis, rendez les armes,　　　　　　　　45
Eprouvez tous les maux que nous avons soufferts;
　　Ennemis, portez nos fers.

CHŒUR D'HÉBREUX

Ennemis, rendez... etc.

SAMSON *aux Hébreux.*

De vos tyrans vous êtes maîtres,
Vengez-vous, vengez vos ancêtres;　　　　　　50
Donnez aux Philistins que mon bras a domptés,
　　Ces fers que vous avez portés.
　(*A Dalila*)
Je viens mettre à vos pieds les marques de ma gloire;
Tout doit trembler sous moi, je dois vous obéir,
Le ciel donne à mon bras la force et la victoire;　　55
Mais il me laisse un cœur formé pour vous servir.

DALILA

Au nom de tant d'amour oubliez la vengeance.

SAMSON

Je volais près de vous brûlant d'impatience;
　　Ils ont arrêté mes pas,

54　MS4: Tout doit trembler sous moi, tout doit vous obéir.
56　MS3: Mais il me laisse un cœur pour vous servir.

Ils m'ont pour quelque temps ravi votre présence;   60
    Dalila c'est la seule offense,
    Que mon cœur ne pardonne pas.

DALILA

Puisqu'enfin je vous vois, que le crime s'oublie;
On me reproche assez de trahir ma patrie,
    Et de n'aimer que vous: 65
Voici ces malheureux tremblants à vos genoux:
Qu'ils soient en liberté, que ce grand cœur pardonne;
Je vais les présenter au Roi qui me soupçonne;
Je vais le conjurer d'affermir sa couronne
    En me donnant un héros pour époux.   70

SAMSON aux captifs.

Soyez libres, allez, c'est elle qui l'ordonne,
Elle parle, il suffit, je vous pardonne à tous.
    Idolâtres, peuple infidèle,
      Vos dieux n'ont pu vous délivrer,
Elle a brisé d'un mot votre chaîne nouvelle;   75
    Ah! si d'une erreur éternelle,
      Rien ne peut vous tirer,
      Barbares, c'était elle,
      Qu'il fallait adorer.

DALILA

Vantez moins mes appas, vantez plus ma tendresse;   80
Je vais apprendre au Roi mes feux et vos bienfaits.

SAMSON

Ah! s'il vous donne à moi, l'univers est en paix;
Et ce jour pour la terre est un jour d'allégresse.

66 MS1-MS4: Voyez ces malheureux
68 MS2, MS3: Je veux les présenter
79-79a MS2, MS3: [*add between these lines*]
    L'erreur était moins criminelle,
      Barbares, c'était elle,
      Qu'il fallait adorer.

DALILA

Mes dieux m'ont promis qu'en ce jour,
Le repos doit ici régner sur l'amour;   85
    Il est temps que je les seconde.
(*Ensemble.*)
        Mon bonheur est celui du monde,
            Et ce bonheur,
            Dépend de votre cœur.

SCÈNE IV

SAMSON, CHŒUR D'HÉBREUX

SAMSON

Sonnez, trompette, organe de la gloire,   90
Sonnez, annoncez ma victoire.

LE CORYPHÉE

Chantons tous ce héros, l'arbitre des combats,
    Il est le seul dont le courage,
        Jamais ne partage,
    La victoire avec les soldats: 95
    Il a fini notre esclavage;
        Pour nous est l'avantage,
        La gloire est à son bras.
Chantons... etc.
    Il fait trembler sur leur trône,   100
    Les rois maîtres de l'univers,
    Les guerriers aux champs de Bellone,
    Les dieux au fond des enfers;
        Il triomphe, il pardonne;
Il règne sur les rois, il règne sur les cœurs;   105
Sa grâce et son courage à l'envi sont vainqueurs;

89c   MS2, MS3: [*absent*]
90   MS3: Sonnez trompettes, organes de la gloire
102   MS3: Les guerriers au champ de Bellone

Sonnez, trompette, organe de la gloire,
Annoncez sa victoire.

Canevas[1]

Fin du troisième acte.

108a   MS3: [*absent*]
108b   MS3, MS4: [*absent*]

---

[1] Rousseau defines *canevas* thus in his *Dictionnaire de la musique*: 'C'est ainsi qu'on appelle à l'Opéra de Paris des paroles que le musicien ajuste aux notes d'un air à parodier. Sur ces paroles, qui ne signifient rien, le poète en ajuste d'autres qui ne signifient pas grand'chose, où l'on ne trouve pour l'ordinaire pas plus d'esprit que de sens, où la prosodie française est ridiculement estropiée, et qu'on appelle encore, avec grande raison, des *canevas*' (*Œuvres complètes*, vol.5, p.681).

Pandore

Edition critique

par

Raymond Trousson

TABLE DES MATIÈRES

INTRODUCTION

En se proposant d'offrir une *Pandore* au public, Voltaire abordait un sujet bien peu neuf. Les allusions à Pandore se comptent par centaines chez les poètes, les mythographes et même les philosophes depuis sa première manifestation littéraire, dans *Les Travaux et les jours* d'Hésiode, jusqu'à la fin du dix-huitième siècle.[1] Cependant ses apparitions au théâtre sont tardives, particulièrement en France.[2] Voltaire, quant à lui, entendait présenter, non plus une comédie, comme ceux qui l'avaient précédé, mais un opéra. Or, on l'a observé, 'l'art musical ne le touchait guère',[3] et La Harpe, qui a consacré une étude à cet aspect de l'œuvre voltairienne, parle de ses opéras comme d'un 'genre de poésie où Voltaire a si peu réussi, qu'il n'y a même aucune place'.[4]

Son désir de s'affirmer malgré tout dans un domaine où il avait peu de ressources explique sans doute que les opinions de Voltaire au sujet de l'opéra soient fort variables, et qu'elles dépendent de son humeur, du musicien avec lequel il travaille, enfin et surtout du succès de sa dernière création dans le genre. Quand il est bien disposé, comme dans sa *Réponse à Monsieur de La Lindelle* jointe à

[1] Pour l'histoire de la fable de Pandore au dix-huitième siècle, voir notre *Thème de Prométhée dans la littérature européenne*, 3e éd. (Genève, 2001), p.249-91.

[2] Le premier à porter Pandore à la scène fut sans doute un Allemand, Leonhard Culmann, dont la *Pandora*, sorte de drame moralisateur, fut représentée en 1544; la créature fatale apparaît ensuite au théâtre en 1669 seulement, dans la *Estatua de Prometeo*, de Calderón. La première *Pandore* française est celle de Poullain de Saint-Foix, petite comédie représentée le 13 juin 1721; suivirent Lesage, avec une *Boîte de Pandore* jouée à la foire Saint-Laurent le 31 juillet de la même année, satire des mœurs où la coquette et le petit-maître ont leur place, et Philippe Poisson, dont la *Boîte de Pandore* (1729) raille la rouerie et l'hypocrisie féminines. Tels furent les rares précurseurs de Voltaire. Après lui s'échelonnent encore, jusqu'à la veille de la Révolution, la *Boîte de Pandore* de Pierre Brumoy (1741) et les *Pandore* de Pigeon de Saint-Paterne (1784) ou d'Aumale de Corsenville (1789).

[3] Adolphe Jullien, *La Musique et les philosophes* (Paris, 1873), p.50.

[4] *Lycée ou cours de littérature ancienne et moderne*, 16 vol. (Paris, 1818), t.12, p.87.

Mérope, il admire 'le beau monstre de l'opéra',[5] qui offre, ajoute-t-il dans la *Dissertation sur la tragédie ancienne et moderne* jointe à *Sémiramis* 'une image de la scène grecque'.[6] Mais le ton change facilement: l'opéra est aussi 'un monstre qui me révolte', dit-il dans la préface d'*Œdipe*, 'un spectacle aussi bizarre que magnifique, où les yeux et les oreilles sont plus satisfaits que l'esprit';[7] il déplore 'qu'on abandonne l'art des Sophocle et des Euripide pour une douzaine d'ariettes françaises fredonnées par des eunuques' (D13099). Quant à l'Opéra-Comique, 'on y dit des ordures', ses acteurs sont des 'bateleurs' et il n'est rien que la 'foire renforcée' (D15500). En outre, il se sait peu doué pour ce genre de travail: 'J'ai fait une grande sottise de composer un opéra', confie-t-il à Berger en 1734, 'mais l'envie de travailler pour un homme comme M. Rameau m'avait emporté. Je ne songeais qu'à son génie, et je ne m'apercevais pas que le mien [...] n'est point fait du tout pour le genre lyrique. [...] C'est un talent qui, je crois, me manque entièrement' (D709). Il est vrai que cette attitude modeste suit l'échec de *Samson*!

Cet opéra de *Samson* avait dû laisser à Voltaire un désagréable souvenir et l'amener à douter sérieusement de ses chances de réussite dans le genre. Aussi écrivait-il encore à Thiriot, le 23 avril 1739: 'A l'égard d'un opéra, il n'y a pas d'apparence qu'après l'enfant mort-né de Samson, je veuille en faire un autre. Les premières couches m'ont trop blessé' (D1990). Pourtant l'idée lui serait déjà venue d'un 'opéra qui aura pour titre et pour sujet *Les Titans*', selon Léopold Desmarest, fils du compositeur Henry Desmarest.[8] *Pandore* devait le tourmenter pendant près de quarante ans. Peu d'œuvres secondaires, assurément, ont à ce point préoccupé leur auteur: de 1740 à 1774, plus de cent vingt

[5] *OCV*, t.17, p.243.
[6] *OCV*, t.30A, p.142.
[7] *OCV*, t.1A, p.272.
[8] Lettre du 12 février 1739, *Correspondance de Madame de Graffigny*, éd. J. A. Dainard et autres (Oxford, 1985-), t.1, p.319; D1876.

lettres font une place, parfois importante, à cet opéra. C'est dire que
son histoire mérite que l'on s'y attarde un instant.

1. *Le choix d'un compositeur*

La première allusion à *Pandore* sous ce nom apparaît, dans la
correspondance, en 1740; Voltaire, qui vient d'achever l'œuvre, en
envoie le texte à Helvétius, le 5 janvier: 'Voici [...] l'opéra dont
nous avons parlé. Quand vous aurez lu l'opéra mon cher ami
envoyez-le à M. de Pondeveile' (D2130). Mal fixé encore sur la
valeur de son texte, il ajoute, le 19 janvier: 'si vous êtes content de
l'esquisse, je finirai le tableau, sinon je le mettrai au rebut' (D2146).
Quelques jours plus tard, Voltaire a aussi montré la pièce à
d'Argental, qui a suggéré quelques changements (D2158,
D2180). Petit à petit l'intérêt de l'auteur se pique; à un opéra, il
faut une musique: 'à l'égard de Pandore je m'imagine que cet opéra
prêterait assez aux musiciens, mais je ne sais à qui le donner', écrit-
il à Helvétius (D2187). Le 4 juin, il charge Berger de solliciter
Rameau ou Mondonville (D2219), avec une préférence pour le
premier, quoique, avoue-t-il à Helvétius, 'le savant Rameau
néglige quelquefois le récitatif' (D2187). En tout cas, l'affaire
prend corps, et Voltaire reconnaît qu'il serait 'fort aise d'avoir
courtisé avec succès une fois en [s]a vie la muse de l'opéra'
(D2180).

Les choses, cependant, ne vont pas comme il le souhaitait.
Rameau a bien entrepris le travail, mais peut-être pas avec tout le
soin voulu et Voltaire s'en inquiète auprès de Berger dès le 29 juin:
'je ne souhaite point du tout, Monsieur, que M. Rameau travaille
vite; je désire au contraire qu'il prenne tout le temps nécessaire
pour faire un ouvrage qui mette le comble à sa réputation'. Il
exprime aussi sa crainte qu'on ne l'ait desservi auprès du
compositeur: 'je ne doute pas qu'il n'ait montré mon poème dans
la maison de M. de La Poplinière et qu'il n'en rapporte des idées
désavantageuses'; que Rameau sache bien 'qu'il ne doit pas tout à

fait s'en rapporter à des personnes qui ne peuvent m'être favorables' (D2252). Tous ces soins n'empêchent pas Voltaire de tenter en même temps sa chance ailleurs; le 15 juin, il écrit à Berger: 'Si vous avez bonne opinion de Mondonville, vous le ferez travailler sous vos yeux; vous lui donnerez du sentiment et de l'expression; voilà le point; car pour ses doubles croches, il en fait assez' (D2236). De février à août 1741, c'est sa nièce, Mme Denis, qu'il encourage à composer la musique de *Pandore*.[9]

A partir de ce moment, l'affaire traîne, et si bien qu'elle finit par être abandonnée: trois années s'écoulent sans qu'il soit plus question de *Pandore*. En avril 1744, Voltaire explique à d'Argental que le responsable est Thiriot: 'C'est lui qui a empêché Rameau de mettre Prométhée en musique. Il a dit à l'abbé de Voisenon que cet ouvrage ne vaudrait jamais rien, et Voisenon le dit à Rameau. Depuis ce temps-là l'abbé de Voisenon l'a lu, l'a trouvé très bon' (D2957). Voltaire est déçu: 'j'espérais plus de l'opéra de Prométhée parce que je l'ai fait pour moi', confie-t-il à Cideville (D2968). Lassé, il a 'confié ce Prométhée à Mme Dupin, qui voulait s'en amuser, et l'orner de quelques croches avec M. de Franqueil et Geliot'.[10] Cependant le duc de Richelieu, qui a lu le texte, l'a conseillé de son côté au musicien Royer[11] et le destine 'pour une des secondes fêtes' qui devaient célébrer le mariage de Marie-Thérèse de Bourbon avec le dauphin Louis (D2968). Voltaire ne paraît pas enchanté de ce programme et ne témoigne qu'une médiocre confiance à ce nouveau collaborateur: 'Royer n'a pas

---

[9] Voir les lettres de Voltaire à Mme Denis conservées à la BnF dans l'édition par Frédéric Deloffre et autres, *Lettres inédites (1737-1744)*, à paraître.

[10] D2968. C'est-à-dire François Francœur (1698-1787), qui dirigea l'Opéra avec François Rebel de 1757 à 1766 et sera surintendant de la musique du roi de 1760 à 1778, et Pierre de Jélyotte (1713-1787), chanteur de l'Opéra de 1733 à 1755 et professeur de Mme de Pompadour.

[11] Joseph Nicolas Pancrace Royer (1705-1755), directeur du Concert spirituel en 1748; maître de musique de la chambre du roi en 1753 et, la même année, inspecteur de l'Opéra. Son opéra *Zaïde, reine de Grenade* fut joué à l'occasion de mariages princiers en 1739, 1745 et 1770.

eu la plus grande part de ce monde au larcin du feu céleste', écrit-il à Hénault le 14 septembre. 'Le génie est médiocre; on en peut cependant tirer parti' (D3029).

Mme de Graffigny rend compte du sort de *Pandore* le 12 février 1745: '*Pandore* a été exclue subitement, mais ce qui m'étonne, c'est que l'on n'ait pas pensé combien cette fable était ridicule pour l'arrivée de la dauphine. On n'y a pensé qu'à la première répétition'.[12] Le refus de *Pandore* est donc clairement imputable, selon elle, au choix du sujet. Mais Voltaire attribue toujours 'la non-réussite au musicien qui s'appelle Roier', et s'est à tel point absorbé dans son 'beau canevas' qu'il en néglige son frère agonisant.[13] Finalement ce sera *La Princesse de Navarre*, musique de Rameau, que l'on verra à Versailles le 23 février.

2. *Seconde tentative de Royer*

Ces péripéties concluent la première étape de la carrière de la pièce. Pendant dix ans, la correspondance est muette sur *Pandore* qui, entre temps, a été imprimée en 1748 dans l'édition faite à Dresde des œuvres de Voltaire.[14] Elle semble donc bien oubliée lorsque, en 1754, elle reparaît soudain au premier rang des préoccupations de Voltaire: Royer, à qui l'on ne songeait plus, s'est mis en tête de faire bientôt représenter l'opéra, dont le texte a été préalablement 'retouché' par un certain M. de Sireuil.

Averti, Voltaire apprécie fort peu cette initiative; le 22 août, il écrit à Paradis de Moncrif une lettre qui ne laisse aucun doute sur son mécontentement (D5914):

---

[12] *Correspondance de Madame de Graffigny*, t.6, p.186.

[13] *Correspondance de Madame de Graffigny*, t.6, p.225.

[14] Elle eût même, semble-t-il, une représentation en privé: '*Pandore* n'a point encore été représentée, quoique mise en musique, et répétée même, le 5 octobre 1752, au concert de Mme la marquise de Villeroy, en présence de M. le prévôt des marchands' (Antoine de Léris, *Dictionnaire portatif historique et littéraire des théâtres*, 2ᵉ éd., 2 vol., Paris, 1763, t.1, p.331).

J'apprends, Monsieur, que M. Royer va donner au public son opéra de Prométhée; j'en suis très aise pour lui, et très fâché pour moi, attendu que j'ai le malheur d'être l'auteur des paroles, qu'on a même imprimées dans le recueil de mes rêveries. Je n'entends rien du tout à un opéra. Les ariettes que j'ai fourrées dans cet ouvrage, ne sont guère faites pour être lues, encore moins pour être chantées. La distribution des scènes n'est pas même convenable à ce genre de spectacle, genre dont vous connaissez mieux qu'un autre les difficultés et le prix par les succès que vous y avez eus.

On dit que M. Royer a remédié à ce défaut en faisant travailler un homme plus au fait que moi, et plus capable de le seconder. Il serait juste de ne point dérober à cet auteur la gloire qu'il mérite, et d'instruire le public, dans l'imprimé, de la part qu'il a bien voulu avoir à cet ouvrage. Comme vous êtes, Monsieur, l'examinateur des paroles, je vous supplie de vouloir bien faire rendre ce petit service au compagnon de M. Royer et à moi.

Pour se prémunir plus sûrement, Voltaire, le 8 septembre, écrit à son éditeur parisien, Michel Lambert, pour lui suggérer de publier d'urgence une édition séparée de *Pandore*, afin que le public n'attribue pas à Voltaire les productions d'un Sireuil (D5923, D5927). En même temps, il s'adresse à Royer lui-même pour lui exprimer ses craintes sur les chances de réussite (D5929):

J'avais eu, Monsieur, l'honneur de vous écrire non seulement pour vous marquer tout l'intérêt que je prends à votre mérite et à vos succès, mais pour vous faire voir aussi quelle est ma juste crainte que ces succès si bien mérités ne soient ruinés par le poème défectueux que vous avez vainement embelli. Je peux vous assurer que l'ouvrage sur lequel vous avez travaillé ne peut réussir au théâtre [...] Souffrez donc que je vous renouvelle mon inquiétude sur votre entreprise, mes souhaits pour votre réussite, et ma douleur de voir exposer au théâtre un poème qui en est indigne de toutes façons malgré les beautés étrangères dont votre ami M. de Sireuil, en a couvert les défauts. Je vous avais prié Monsieur de vouloir bien me faire tenir un exemplaire du poème tel que vous l'avez mis en musique, attendu que je ne le connais pas.

En outre, prévoyant un échec et peu soucieux de voir son nom entraîné dans l'aventure, Voltaire tient à se mettre à l'abri: il demande donc instamment à Royer de faire précéder le nouveau

texte de la mention suivante: 'Ce poème est imprimé tout
différemment dans le recueil des ouvrages de l'auteur: les usages
du théâtre lyrique et les convenances de la musique ont obligé d'y
faire des changements pendant son absence' (D5929).

Malheureusement, ces efforts n'aboutissent pas à grand-chose.
Royer fait la sourde oreille, et Lambert ne se presse guère d'accéder
à la demande de l'écrivain (D5951). Furieux, Voltaire avoue à
d'Argental, le 21 septembre: 'Je souffre avec douleur ce que je ne
peux empêcher. On m'a fait assez sentir que je n'ai aucun droit de
m'opposer aux représentations d'un ouvrage imprimé depuis
longtemps, dont la musique est approuvée des connaisseurs de
l'hôtel de ville, et pour lequel on a déjà fait de la dépense' (D5930).
Ce consentement forcé ne l'empêche pas d'écrire lettre sur lettre, à
Sireuil, à d'Argental, à Moncrif, à Hénault, pour se plaindre de
l'indignité qu'on lui fait et pour obtenir qu'on explique dans la
préface du livret combien peu il a eu de part à sa composition. [15]
Royer se dérobant toujours, Voltaire change de ton.

Dès lors, les injures pleuvent. 'On partage mes dépouilles de
tous côtés', écrit-il à Moncrif, 'et on dénature mon bien pour le
vendre' (D5948). Quant à Royer, dit-il à d'Argental, 'je ne sais pas
s'il sait faire des croches, mais je sais bien qu'il ne sait pas lire. M. de
Sireuil est un digne portemanteau du roi mais il aurait mieux fait de
garder les manteaux que de défigurer Pandore' (D5954). L'œuvre,
lui a-t-on dit, ne vaut rien: 'Si je crois ce qu'on m'écrit', assure-t-il à
Hénault, 'le plus grand service qu'on puisse rendre à Royer est de
l'empêcher de donner cet opéra. On assure que sa musique est aussi
mauvaise que son procédé' (D5956). Quand enfin il peut prendre
connaissance de ce fameux texte, communiqué par Moncrif, sa
colère croît encore: 'Je reçois dans ce moment [le 15 octobre 1754],
mon cher confrère, la boîte de *Pandore*; tous les maux et tous les
sifflets en sortent: folio recto, folio verso, tout est détestable. La
musique d'Orphée ne pourrait faire passer ces pauvretés' (D5957).

Comme il est désormais trop tard pour arranger les choses,

[15] D5952, D5956, D5957, D5958.

Voltaire se soulage par des plaintes et des injures: 'C'est une cruauté bien absurde, c'est une impertinence bien inouïe que celle de ce polisson de Royer. Faites en sorte du moins', recommande-t-il à d'Argental le 29 octobre, 'qu'on crie à l'injustice, et que le public plaigne un homme dont on confisque ainsi le bien, et dont on vend les effets détériorés' (D5970). Puisque Royer et Sireuil ont dénaturé son œuvre, il n'entend recevoir que 'le tiers des sifflets' (D6009). Car ce sera un échec, et la faute en sera aux 'deux complices' qui auraient bien pu attendre sa mort pour le 'disséquer': 'Royer me mutile', crie-t-il (D6035). Tout cela est 'l'opprobre des beaux-arts' et 'brigandage'. Il explique à qui veut l'entendre les agissements de Royer: 'Il ne savait pas seulement que Pandore fût imprimée; et il fit faire il y a un an des canevas par M. de Sireuil, son ami, qui crut que j'étais mort, comme les gazettes l'avaient annoncé. Royer, ne pouvant me tuer, a tué un de mes enfants' (D6075).

Pourtant, au milieu de tout ce tapage, Royer est allé son chemin. Voltaire, après s'être vainement époumoné pendant plusieurs mois, se résigne à l'inévitable, non sans amertume: 'on dit qu'on va jouer enfin le Triumvirat d'un côté et Pandore de l'autre', dit-il à d'Argental le 4 décembre. 'Ce sont deux grands fléaux de la boite' (D6011); et encore, le 10 janvier 1755: 'voila la boîte de Pandore qui va s'ouvrir' (D6076). Dans la note autobiographique qu'il écrit pour le *Dictionnaire des théâtres* des frères Parfaict, il déclare publiquement: 'M. Royer a mis *Pandore* en musique; mais comme l'auteur ne s'était pas asservi à la méthode ordinaire de l'opéra, le musicien a engagé un autre auteur à changer les scènes et à faire les ariettes; de sorte que cet opéra mis en musique n'est pas celui de M. de Voltaire'.[16]

Soudain, quand tout semblait perdu, tout s'arrange, au moins pour Voltaire: le 11 janvier 1755, Royer meurt subitement. Féroce, Voltaire jubile et annonce la bonne nouvelle à tout le monde, le

---

[16] *Article de Voltaire sur Voltaire*, M, t.1, p.2.

23 janvier: à d'Argental (D6093), puis à Cideville, avec un petit commentaire (D6094):

La seule chose dont je puisse bénir Dieu, est la mort de Royer. Dieu veuille avoir son âme et sa musique: cette musique n'était point de ce monde. Le traître m'avait immolé à ses doubles croches, et avait choisi pour m'égorger un ancien portemanteau du roi nommé Sireuil. Dieu est juste; il a retiré Royer à lui, et je crains à présent beaucoup pour le portemanteau.

A cette sarcastique oraison funèbre, tout danger maintenant écarté, Voltaire joindra un petit mot magnanime à l'adresse du pauvre Sireuil: 'Je vous prie, mon ancien ami', écrit-il à Thiriot ce même 23 janvier, 'd'engager M. Sireuil à ne plus troubler son repos et le mien par un mauvais opéra. C'est un honnête homme, doux et modeste; de quoi s'avise-t-il d'aller se fourrer dans cette bagarre? Donnez-lui un bon conseil, et inspirez-lui le courage de le suivre' (D6095). Après six mois de colère et d'émotions, Voltaire respire enfin; sans doute juge-t-il cette encombrante Pandore enterrée pour de bon.

3. La collaboration avec La Borde

En fait, il n'était pas au bout de ses peines. Dix années passent une fois encore. En 1765, un nouveau musicien, M. de La Borde, s'offre à mettre Pandore en musique.[17] 'Le plus beau jour de ma vie', écrit-il à Voltaire le 26 octobre, 'sera celui où vous me permettrez de voir mon nom précédé du vôtre, et je serai trop heureux si on se souvient de moi après vous avoir entendu' (D12954). Voltaire

---

[17] Jean-Benjamin de La Borde (1734-1794), valet de chambre et favori de Louis XV, devint fermier général et fut guillotiné sous la Révolution. D'après Edmond Vander Straeten, Voltaire entra en rapport, en 1761, par l'intermédiaire de Mlle Fel, cantatrice de l'Opéra, avec La Borde, médiocre musicien mais parent de Mme de Pompadour (voir *Voltaire musicien*, Paris, 1878, p.115).

accepte aussitôt et, avec beaucoup de bonne grâce, il autorise La Borde à effectuer tous les remaniements nécessaires (D12966):

Pandore n'est pas un bon ouvrage, mais il peut produire un beau spectacle, et une musique variée, il est plein de duos, de trios, et de chœurs. [...] Un assez médiocre musicien nommé Royer avait fait presque toute la musique de cette pièce bizarre lorsqu'il s'avisa de mourir. Vous ne ressusciterez pas ce Royer, vous êtes plutôt homme à l'enterrer. [...] Si vous voulez vous amuser à mettre le péché originel en musique, vous sentez bien, Monsieur, que vous serez le maître d'arranger le jardin d'Eden tout comme il vous plaira, coupez, taillez mes bosquets à votre fantaisie, ne vous gênez sur rien.

Ainsi, après le pénible épisode Royer, et dix années d'oubli, Voltaire n'avait pas perdu l'espoir de faire représenter son œuvre.

La Borde, en tout cas, est confiant: 'Je voudrais pouvoir être le Tronchin de Pandore', répond-il le 19 novembre. 'J'emploierai sûrement tous mes soins pour y parvenir, et ce ne sera que la faute de mes talents si elle se rendort lorsque je l'aurai réveillée' (D12990). Il a d'ailleurs des recommandations auprès du vieillard. Chamfort écrit à Voltaire le 5 janvier 1766 (D13086):

J'ai passé quelque temps avec le musicien de Pandore. J'ai vu naître son amour pour elle et sa résolution de la demander au père et de la mériter. Votre Orphée Rameau, dont il était le disciple et l'ami, faisait le plus grand cas de ses talents et s'en est expliqué plus d'une fois avec un courage qui a fait beaucoup d'ennemis à M. de La Borde. Il est d'une famille où l'on a pour vous l'admiration la plus sentie. [...] Mme de Cramayel, sa sœur, excellente musicienne, se propose, comme son frère, d'aller voir le grand homme. [...] Elle a l'âme de Pandore, et j'espère que vous les entendrez chanter le rôle avec plaisir.

Quelques mois plus tard, Voltaire est conquis: La Borde s'est installé à Ferney en septembre, et il a fait entendre les deux premiers actes au patriarche, tout surpris: 'Je croyais que M. de La Borde faisait de la musique comme un premier valet de chambre doit en faire, de la petite musique de cour et de ruelle', écrit-il à Mme Du Deffand le 24 septembre. 'Je l'ai faite exécuter, j'ai entendu des choses dignes de Rameau. Ma nièce Denis en est tout aussi étonnée que moi, et son jugement est bien plus important que le mien, car elle est excellente musicienne'.[18] L'affaire semble maintenant bien partie, d'autant que le duc de Richelieu, 'maître des jeux' pour l'année 1767, a accepté une répétition, le 14 février, sur le théâtre des Menus-Plaisirs.[19] Hélas, c'est un désastre;[20] La Borde, tout penaud, écrit à Voltaire le lendemain de cette représentation: 'Mon cher papa, notre pauvre *Pandore* a eu hier le même sort que le malheureux Calas, elle a été exécutée, puis jugée, cependant elle n'en mourra point comme lui' (D13958). Sans désemparer, il demande des corrections, des changements, et envoie la musique à Mme Denis. Quant à Voltaire, il n'entend pas renoncer non plus, et, le 4 juin, il encourage son Orphée (D14214):

Je vous l'avais bien dit, mon cher Orphée, la lyre n'apprivoise pas tous les animaux encore moins les jaloux, mais il ne faut pas briser sa lyre parce que les ânes n'ont pas l'oreille fine; les talents sont faits pour combattre, et à la longue ils remportent la victoire. Combattez, travaillez, opposez le génie au mauvais goût, refaites ce quatrième acte qui est de l'exécution la plus difficile. Je pense qu'il vaut mieux cent fois faire jouer votre opéra à Paris que de mendier à la cour une représentation qu'on ne peut obtenir, tout étant déjà arrangé. Croyez que c'est au public qu'il faut plaire. [...] Songez à votre Pandore, tirez de la gloire et des plaisirs du fond de sa boîte, faites l'amour et des passacailles.

Au littérateur Chabanon, qui travaille maintenant avec La Borde, il avoue: 'je souhaite passionnément qu'on joue le péché originel à l'opéra' (D14558); dans les mois qui suivent, il discute des changements et des améliorations nécessaires.[21]

---

[18] D13586. Voir aussi D13569, D13570, D13572, D13573, D13737.

[19] Une partition de l'acte 5 de *Pandore* de la main de La Borde, daté de 1767, manuscrit in-folio de cent pages, plus le feuillet 45bis, est conservé à la bibliothèque du Conservatoire de musique de Paris, sous la cote Rés. F. 1380. Le texte est très proche de celui de MS2.

[20] Les *Mémoires secrets* rapportent qu''on n'a point trouvé que le musicien eût répondu à la magnificence et à la beauté du poème, vraiment lyrique' (t.3, p.143).

[21] D14596, D14607, D14617, D14661, D14705.

Evidemment, tout cet héroïsme n'empêche pas que l'échec des Menus-Plaisirs n'ait quelque peu entamé la confiance de Voltaire. Il se souvient bien d'avoir loué naguère la musique de La Borde, mais il précise maintenant pour Chabanon: 'Je me souviens d'avoir été très content de ce que j'entendis, mais il me parut que cette musique manquait en quelques endroits de cette énergie et de ce sublime que Lully et Rameau ont seuls connu, et que l'opéra comique n'inspirera jamais à ceux qui aiment il gusto grande' (D14705). En outre, La Borde a l'air à présent de négliger son travail: son père malade et un procès contre l'abbé André de Claustre, auquel il intéresse d'ailleurs Voltaire,[22] lui donnent des soucis qui lui font délaisser l'opéra. L'écrivain s'en plaint auprès de Chabanon (D14685):

Je ne sais pourquoi M. de La Borde m'abandonne obstinément. Il aurait bien dû m'accuser la réception de sa Pandore, et répondre au moins en deux lignes à deux de mes lettres. Sert-il à présent son quartier? couche-t-il dans la chambre du roi? est-ce par cette raison qu'il ne m'écrit point? [...] est-ce parce qu'il ne se soucie plus de Pandore? est-ce caprice de grand musicien ou négligence de premier valet de chambre?

Et encore, le 2 novembre 1768: 'Je ne sais ce qu'est devenu l'Orphée de Pandore depuis le gain de son procès contre son détestable prêtre; j'ignore tout' (D15283).

Les négligences de La Borde ne font cependant pas oublier à Voltaire les possibilités de représentation de son œuvre. Précisément, le prochain mariage du dauphin, le futur Louis XVI, lui paraît une occasion à saisir, et il s'en ouvre à Mme Denis dès le 16 décembre (D15369), à d'Argental le 19 (D15375). Encore faudrait-il réveiller la combativité de La Borde, dont Voltaire se plaint toujours de n'avoir pas de nouvelles.[23] Mais il n'a décidé-

---

[22] Voir le *Procès de Claustre* (*M*, t.28, p.77-90), que Voltaire composa pour la défense de la famille La Borde. Le 22 avril 1768, il écrivait à Chabanon pour obtenir du musicien des documents nécessaires: 'Le Pandorien m'avait promis de m'envoyer un mémoire pour son bon homme de père, je le désirais avec ardeur, je l'attends encore; faites l'en ressouvenir je vous en prie' (D14974).

[23] D15463, D15586, D15596, D15609.

ment pas de chance: d'abord absorbé par son procès, voilà maintenant La Borde amoureux! Mme Denis, qui a été chargée de le relancer, en informe Voltaire le 23 avril 1769: 'La Borde passe sa vie avec une fille d'opéra et ne voit personne. Je l'ai fait prier cent fois de me venir voir sans avoir pu y parvenir' (D15603). Mais le patriarche tient à son projet: il en parle à la marquise de Florian, à Mme Denis (D15639, D15756) et, finalement, il présente sa requête à Richelieu, le 19 juillet (D15763):

Ce n'est point aujourd'hui à Monsieur le Doyen de notre académie, c'est au premier gentilhomme de la chambre que je présente ma requête. Je vous jure, Monseigneur, que la musique de Pandore est charmante, et que ce spectacle ferait le plus bel effet du monde aux yeux et aux oreilles [...] Il faut pour des fêtes qui attirent une grande multitude un bruit qui ne cesse point, et un spectacle qui plaise continuellement aux yeux. Vous trouverez tous ces avantages dans la Pandore de M. de La Borde, et vous aurez de plus une musique infiniment agréable, qui réunit à mon gré le brillant de l'italien, et le noble du français.

En même temps, Mme Denis suggère à Voltaire de s'adresser à d'Argental pour que celui-ci dise un mot en faveur de *Pandore* au duc d'Aumont, dont c'est le tour, en 1769, d'organiser les divertissements de la cour (D15783). Voltaire y avait déjà songé de son côté et, le 31 juillet, il écrit à d'Argental pour faire jouer les influences: 'Tous les maux qui étaient dans la boîte affligent l'univers et moi; et je n'ai pas l'espérance qu'on exécute la musique de La Borde. Est ce que Mme la duchesse de Villeroi ne pourrait pas nous rendre cette espérance que nous avons perdue?' (D15785). D'ailleurs, ajoute-t-il, la musique de La Borde conviendrait à ravir à 'une princesse autrichienne élevée dans l'amour de la musique italienne et de l'allemande'. Malheureusement, comme il le confie à Mme Denis, La Borde ne lui facilite pas la tâche: n'a-t-il pas, le 10 octobre 1765, donné à Fontainebleau son opéra de *Thétis et Pélée*? Or, ce fut un four, 'il a révolté tous les gens de goût et l'on craint que sa Pandore ne ressemble à sa Thétis' (D15804). Voltaire se décide pourtant à écrire au duc d'Aumont en faisant de La Borde tous les éloges possibles et en présentant *Pandore* comme 'un opéra qui tient encore plus du génie italien que du français' et qui plaira sûrement (D15807). A ce moment décisif, les lettres vont et viennent entre Voltaire, Mme Denis et d'Argental, avec une seule préoccupation: faire jouer *Pandore* pour le mariage du dauphin et de Marie-Antoinette.[24] Tous ces efforts paraissent enfin aboutir. Le 17 août 1769, Mme Denis peut écrire à Voltaire: 'Grand merci, mon cher ami de votre lettre à M. le duc Daumond. Elle a fait tout l'effet que nous en attendions. Pandore sera joué dans le courant des fêtes que l'on donnera pour le mariage' (D15833).

En dépit de ces bonnes nouvelles, Voltaire n'est pas au bout de ses peines. Il y a d'abord Richelieu, à qui l'on s'était adressé, et qui n'a pas l'air d'apprécier beaucoup les talents de La Borde, si bien que Voltaire est contraint de se porter garant: 'Il faut que mon héros ait le diable au corps d'imaginer que je parle de la musique de Pandore sans l'avoir entendue. J'en ai entendu trois actes dans mon ermitage. Mme Denis qui s'y connaît parfaitement en a été très contente' (D15872). Il y a ensuite le duc d'Aumont, qui aurait fait appel à un 'expert' et qui maintenant exige des changements. D'Argental se serait chargé de transmettre ces observations anonymes. C'est 'l'action de la boîte donnée, et ouverte' en particulier qui pose problème: 'cette scène la plus importante de la pièce n'est ni adroite, ni vraisemblable'.[25] Parmi les défauts relevés, on fait surtout objection à ce que Pandore ouvre la boîte 'quand on l'en presse *au nom de son époux* ce qui devrait précisément l'en empêcher, en se rappelant la parole qu'elle lui a donné'. On préférerait qu'elle soit motivée par la curiosité. Et le critique de conclure: 'tout le reste va bien. Il n'y a plus rien à changer de bien essentiel' à part la scène entre Pandore et Némésis qui demande 'du soin, du travail, de l'art, de la finesse', et dont le

---

[24] D15811, D15813, D15815, D15826, D15828.

[25] Lettre de d'Argental à Voltaire publiée par Charles Wirz dans 'L'Institut et Musée Voltaire en 1985', *Genava*, nouvelle série, 34 (1986), p.193-216 (p.200-201).

succès de l'opéra dépend. D'Argental avertit clairement Voltaire le 4 septembre que *Pandore* ne sera joué qu'à condition qu'il prenne compte de ces observations (D15873):

Je vous ai écrit au sujet de Pandore. Je désire bien vivement que vous soyez touché des observations qui accompagnaient ma lettre. Outre que je les crois très bonnes, c'est que nous avons affaire à un petit homme bon mais opiniâtre et qui ne démord jamais de ses idées. Il est tellement butté aux corrections qu'il demande que si vous ne le contentez pas sur cet article quelque désir qu'il ait de vous servir il croira même en conséquence de ce désir qu'il ne faut pas donner Pandore.

Quelques jours plus tard il insiste encore de la part du duc d'Aumont pour que Voltaire reprenne la scène entre Pandore et Némésis (D15881):

Les motifs dont vous vous servez pour la determiner ne vous ont pas paru suffisans puisque vous ne la faites céder qu'au nom de son époux, mais permettez-moi de vous représenter que vous n'avez pas rendu votre idée. Vous vouliez que sa résolution d'ouvrir la boîte fût prise par sentiment pour Promethée. Point du tout, on lui dit qu'elle aura toujours l'empire sur lui et c'est ce mouvement de vanité qui la détermine. C'est uniquement par l'orgueil d'avoir la supériorité, ce qu'on appelle en language trivial *porter la culotte*. Dès lors elle n'est plus intéressante. Revoyez sans prévention cette scène et je suis persuadé que vous serez de mon avis, mais quand vous n'en seriez pas je vous conjurerais encore d'y faire quelque changement pour contenter M. d'Aumont qui a grande envie de vous plaire mais qui est très opiniâtre dans sa façon de penser lorsqu'on lui a persuadé qu'elle est bonne.

Voltaire se plaint à Mme Denis: 'A l'égard de Pandore, M. d'Argental m'a proposé des changements qui me paraissent impraticables, et qu'il m'est impossible de faire' (D15885). Avec d'Argental, le poète discute, ergote, cède sur des corrections de détail.[26] Tout cela le mène jusqu'à la fin de l'année et, le 29 novembre, il peut dire à d'Argental: 'On dit que Pandore de La Borde a très bien réussi à la répétition' (D16014). Le 5 décembre

---

[26] D15881, D15884, D15897, D15907, D15950.

345

PANDORE

d'Argental confirme le bon déroulement de la répétition, mais revient pourtant sur la scène entre Pandore et Némésis:

Vous vous trompez mon cher ami lorsque vous croyez avoir suivi dans Pandore le précepte de saint Paul. Vous avez rendu cet endroit d'une façon plus noble, vous en avez ôté le ridicule mais le fond de la pensée subsiste. Mercure persuade en promettant que Pandore trouvera dans la boîte de quoi acquérir la supériorité sur son mari. Je vous ai représenté que cela me paraissait contraire au sentiment et il me semble que vous devez saisir l'occasion rare de penser comme un père de l'église. Je sais cependant que malgré ce défaut, que vous ne laisserez pas, la répétition à réussi et que le maréchal à moins qu'il ne change d'avis fera représenter Pandore ce mois-ci à Choisi. Ainsi vous n'avez pas de temps à perdre pour envoyer à La Borde ce que vous jugerez à propos.[27]

Soudain, après tant de lettres, c'est le silence. Quelque chose est venu renverser les espoirs de Voltaire, et Marie-Antoinette n'a pas entendu *Pandore*. Dix mois plus tard, quelques mots nostalgiques à d'Argental serviront d'épilogue à l'aventure: 'Je vous avoue que j'avais quelque opinion de la Pandore de La Borde. Cela eût fait certainement un spectacle très neuf et très beau; mais La Borde n'a pas trouvé grâce devant M. le duc de Duras' (D16665).

4. *Persévérance de La Borde et Voltaire*

Après ces échecs répétés, Voltaire, sans doute, s'était résigné? Non pas: après un nouveau silence de trois ans, la correspondance revient à *Pandore*. C'est qu'une autre occasion paraît propice à l'écrivain: le mariage, non plus du dauphin, mais du comte d'Artois, le futur Charles X. En vérité, c'est l''Orphée' La Borde qui a relancé l'affaire en priant Voltaire d'intercéder auprès de Mme Du Barry (D18351). Dans sa réponse, Voltaire se dit peu confiant dans les résultats d'une telle entreprise. Il se met pourtant

[27] C. Wirz, 'L'Institut et Musée Voltaire en 1985', p.200-201.

346

en campagne sans retard, et, le 5 mai 1773, il frappe une fois de plus
à la porte du duc de Richelieu (D18352):

C'est toujours au premier gentilhomme de la chambre [...] que j'ai
l'honneur de m'adresser. Je lui présente aujourd'hui requête pour La
Borde dont on prétend que la Pandore est devenue un ouvrage très
agréable. Je crois qu'il mourra de douleur si mon héros ne fait pas
exécuter son spectacle aux fêtes de Mme la comtesse d'Artois [...] Je crois
que cette Pandore avec sa boîte, a été en effet la source de bien des maux,
puisqu'elle fit mourir de chagrin ce pauvre Royer, et qu'elle est capable
de jouer un pareil tour à La Borde.

En attendant la réponse, il engage La Borde à la patience
(D18380), mais il ne peut, le 22 mai, que lui annoncer une mauvaise
nouvelle: 'On me mande positivement que celui auprès duquel
j'aurais voulu sonder le terrain et qui ne m'a fait aucune réponse a
pris le parti de vos ennemis et des miens, et qu'il a fait tout ce qu'il
pouvait pour nous exclure l'un et l'autre de tous les plaisirs'
(D18388). Il essaiera encore, mais sans résultat, de faire intervenir
Mme Du Barry (D18456). Dégoûté, La Borde fait un voyage en
Italie, au cours duquel il fera halte à Ferney pour faire entendre au
patriarche quelques morceaux de *Pandore* (D18458, D18482). De
retour à Versailles, le 17 novembre, il déclare à Voltaire que 'Mme
la comtesse [Du Barry] veut absolument qu'on nous joue'
(D18633). Mais il note avec amertume qu'on a donné, ce même
17 novembre, l'*Isménor* de Desfontaines et Rodolphe, qui a pris au
mariage du comte d'Artois la place dont on rêvait pour *Pandore*, et
il conclut: 'Si on avait donné Pandore avec la moitié de ce qu'il en a
coûté pour l'opéra d'aujourd'hui, on aurait donné le plus magnifique spectacle; mais il aurait fallu être le complaisant, pour ne pas
dire le maquereau de messeigneurs les premiers gentilshommes, et
c'est un rôle qui ne m'ira jamais'.

On verra cependant le pauvre La Borde reparaître une dernière
fois, et dans une situation plutôt curieuse. Pour avoir soutenu le
duc de Sully contre son père, le duc de Béthune, qui voulait faire
enfermer son fils pour dettes, le musicien s'est vu lui-même expédié

au château de Doulens. Mais il en fallait davantage à ce Sisyphe pour lui faire oublier son rocher: 'Cette retraite', écrit-il à Voltaire le 27 janvier 1774, 'm'a procuré le temps de travailler beaucoup à Pandore, que Mme la comtesse [Du Barry] veut enfin entendre dès que je serai de retour' (D18771). Hélas, La Borde devait jusqu'au bout jouer de malheur: la mort de Louis XV et la révolution musicale déclenchée, le 19 avril, par l'*Iphigénie en Aulide* de Gluck ruinèrent définitivement ses espérances. Voltaire l'explique lui-même à d'Argental, le 20 juin: 'Il se flattait de faire jouer sa Pandore lorsqu'il a été écrasé par Gluck, et par la mort de son protecteur'. Il ne sait même pas 'si La Borde conserve encore ce trésor' (D18997).

La correspondance sera muette désormais sur cet encombrant opéra qui, depuis trente-quatre ans, hantait son auteur. Quatre années plus tard, s'il faut en croire La Harpe, le patriarche n'avait cependant pas renoncé puisque, paraît-il, 'il allait tout disposer pour faire jouer sa *Pandore*',[28] quand la mort vint empêcher cette ultime tentative. La Borde périt sur l'échafaud en 1794 et *Pandore* n'eut jamais les honneurs de la représentation.

5. '*Un opéra philosophique*'

Au total, la lutte pour Pandore a occupé Voltaire de 1740 jusqu'à ses derniers jours, et l'on pourrait s'étonner de son acharnement à défendre un simple opéra, un divertissement à machines et à décors, si on ne savait qu'au dix-huitième siècle, tous les genres dramatiques, y compris l'opéra, contribuent parfois à répandre les idées.[29] Il n'est pas douteux que Voltaire considérait la fable de Pandore comme l'équivalent grec du péché originel,[30] les Hébreux

---

[28] *Lycée*, t.12, p.113. S'agit-il d'un projet de confier l'œuvre au compositeur Antonio Sacchini? Voir ci-dessous la description de MS2, p.354.

[29] Voir Léon Fontaine, *Le Théâtre et la philosophie au dix-huitième siècle* (Paris-Versailles, 1879), p.13; Ronald Ridgway, *La Propagande philosophique dans les tragédies de Voltaire*, SVEC 15 (1961), p.15.

[30] C'est bien le sens de la traduction et du commentaire d'un passage d'Hésiode dans les *Questions sur l'Encyclopédie*, article 'Epopée', *M*, t.18, p.564-67.

ayant copié les Grecs: 'qui ne voit que la fable de la pomme est une grossière et plate imitation de la boîte de Pandore? C'est un rustre qui copie un bel esprit';[31] d'ailleurs, ajoute-t-il, 'si on voulait se donner la peine de comparer tous les événements de la fable et de l'ancienne histoire grecque, on serait étonné de ne pas trouver une seule page des livres juifs qui ne fût un plagiat'.[32] C'est donc la concordance entre Eve et Pandore, entre Adam et Prométhée, qui inspira à Voltaire le thème de son opéra.

Au début de la pièce, Prométhée achève de façonner la statue de Pandore, que Jupiter refuse d'animer. Sur le conseil des titans Encelade et Typhon, Prométhée enfreint la défense du maître des dieux et dérobe le feu céleste qui donne la vie à sa création; elle s'éprend aussitôt de son créateur. Jupiter, jaloux d'une telle beauté et furieux de la désobéissance de Prométhée, fait enlever Pandore par Mercure. Mais malgré sa puissance et sa gloire, il ne peut décider la jeune femme à lui céder. Quant à Prométhée, ouvertement révolté, il a entrepris, avec l'aide des titans, d'escalader les cieux. Toutefois, le Destin met fin à la lutte, précipite les titans au Tartare et rend Pandore à Prométhée. Hélas, Jupiter lui a fait don d'une précieuse cassette; en l'absence de Prométhée, Némésis, sous la figure de Mercure, convainc Pandore de l'ouvrir et les maux s'échappent.[33] Désormais, il ne restera au premier couple que l'amour et l'espérance.

Voltaire, qui nommait volontiers son opéra le 'péché originel', a suggéré à plusieurs reprises que sa *Pandore* n'était pas, en dépit des apparences, un simple divertissement. Il en avertit, par exemple, Mme Du Deffand: 'C'est de tous les opéra, sans exception, le plus

---

[31] *Discours de l'empereur Julien contre les chrétiens*, *OCV*, t.71B, p.276.

[32] *Dieu et les hommes*, *OCV*, t.69, p.401.

[33] Mercure joue ici le rôle du serpent tentateur, comme l'explique Voltaire à d'Argental: 'Vous ne goûtez pas la scène de la friponnerie de Mercure qui lui persuade d'ouvrir la cassette. Mais Mercure fait là l'office du serpent qui persuada Eve' (D2158). On voit pourquoi Mme d'Aiguillon considérait *Pandore* comme 'un opéra à la Milton' (D2219); le poète anglais comparait d'ailleurs aussi Eve à Pandore (*Paradise lost*, livre 4, vers 713-19).

susceptible d'un grand fracas. Faites vous en lire les paroles qui sont dans mes œuvres, et vous verrez s'il n'y a pas là bien du tapage' (D13586). Aussi bien trouve-t-il 'extrêmement plaisant d'avoir mis la philosophie à l'opéra' (D15950), d'avoir composé 'un opéra tant soit peu métaphysique' (D6009). Une fois même, il précise que c'est 'un opéra philosophique qui devrait être joué devant Bayle et Diderot; il s'agit de l'origine du mal moral et du mal physique' (D12966).

Voltaire ayant voulu représenter Adam et Eve sous le masque de Prométhée et de Pandore, il est aisé de supposer qu'il allait poser le problème de la responsabilité humaine. 'Je trouvais assez bon que Mercure fît la besogne du tentateur', écrivait-il à d'Argental le 1er avril 1740. 'Au bout du compte il faut bien que les dieux soient coupables du mal moral et du mal physique [...] et qu'importe que cette Pandore-Eve soit séduite par Mercure ou par le diable?' (D2194). Si Prométhée dérobe le feu du ciel, c'est que Jupiter, par caprice, a refusé de le lui accorder; si les maux se répandent dans le monde, c'est moins la faute de Pandore, qui pèche surtout par irréflexion et désir de bien faire, que celle des dieux qui ont voulu se venger des hommes. Enfin, lorsque Jupiter enlève Pandore, il rend la révolte légitime (II.116-20):

> O Jupiter! ô fureurs inhumaines!
> Eternel persécuteur,
> De l'infortun[e] créateur,
> Tu sentiras toutes les peines.
> Je braverai ton pouvoir.

Ce passage est essentiel, comme le souligne d'ailleurs une lettre de Voltaire à Chabanon, le 18 décembre 1767 (D14596):

J'ai d'ailleurs de fortes raisons qui m'attachent à cette Pandore. Je vous demanderai surtout de faire une bonne brigue, une forte cabale, pour qu'on ne retranche point,

> O Jupiter, ô fureurs inhumaines!
> Eternel persécuteur,
> De l'infortune créateur, etc.

et non pas de l'infortuné, comme on l'a imprimé. Cela est très janséniste, par conséquent, très orthodoxe dans le temps présent; ces bougres font Dieu auteur du péché, je veux dire à l'opéra. Ce petit blasphème sied d'ailleurs à merveille dans la bouche de Prométhée qui après tout était un très grand seigneur, fort en droit de dire à Jupiter ses vérités.

Voltaire continuait ainsi la querelle entre le libre arbitre et la prédestination.

Un autre thème intéressant de la pièce est celui du Prométhée créateur qui, par l'amour du démiurge pour sa créature, dérive immédiatement de la légende de Pygmalion. Cette déviation était déjà ancienne et avait fait fortune à la Renaissance, où Prométhée était apparu comme le symbole de l'homme-microcosme capable, par son pouvoir de création, de se bâtir un univers à sa mesure et, par là, de s'affranchir, au moins partiellement, de la tutelle divine. [34] Au dix-huitième siècle, Shaftesbury avait célébré le poète créateur comme 'a just Prometheus under Jove', inaugurant ainsi la théorie du génie souverain dont se prévaudra, en Allemagne, le *Sturm und Drang*. [35] Mais Prométhée n'apparaissait pas pour autant comme l'ennemi des dieux, mais au contraire comme leur assistant dans leur œuvre de démiurges. Voltaire reprend en somme à son compte l'affirmation concernant le Prométhée créateur, mais en la faisant glisser du plan esthétique au plan métaphysique. Dès lors devait naître l'idée de la jalousie des dieux: c'est bien ainsi que le conçoit l'auteur de *Pandore*, pour qui ce Jupiter est 'l'usurpateur des cieux' (I.ii.24), 'l'éternel persécuteur' (II.117), 'un tyran jaloux et tout-puissant' (III.130). [36] Il était donc naturel que les dieux causent le

[34] Ce thème apparaît chez les anciens au quatrième siècle, avec Philémon et Ménandre; à la Renaissance, il fut généralement exploité, notamment par Boccace, Bacon ou Calderón. Par contre, dans la *Pandore* de Lesage (1721), c'est Jupiter qui anime la statue.

[35] Shaftesbury, *Soliloquy, or advice to an author* (London, 1710). Au seizième siècle déjà, Scaliger avait parlé du poète comme d'un *alter Deus*, et la même conception apparaissant dans l'*Art poétique* de Marc-Jérôme Vida.

[36] Le personnage de Jupiter est volontairement poussé au noir: 'Je vous avoue que j'aime beaucoup cette Pandore', disait Voltaire à d'Argental, 'parce que Jupiter est absolument dans son tort' (D15950); il lui écrivait déjà, trente ans plus tôt: 'Je sais

351

malheur des hommes, et non moins naturelle la conclusion de la pièce qui consomme le 'divorce éternel de la terre et des cieux' (IV.66). Comme l'observait un commentateur, 'Pandore était une allégorie sur la chute de l'homme, opéra philosophique si jamais il en fut'.[37] L'opéra manqué témoignait bien, une fois encore, que Voltaire ne négligeait aucune forme d'expression de ses idées.

6. Manuscrits et éditions

Deux manuscrits de Pandore nous sont conservés. Nous ne savons pas ce qui est advenu du manuscrit que possédait Pont de Veyle, qui est mentionné dans le catalogue de sa bibliothèque[38] et dans celui de la bibliothèque de Soleinne, ni de celui en 34 pages in-4° qui figure au n° 28 du catalogue de vente Lambert (Paris, 20 octobre 1957).[39] Le texte de Pandore ne fut imprimé pour la première fois qu'en 1748, dans les Œuvres publiées par Walther à Dresde.

Manuscrits

MS 1

N°.654 / Pandore / Opéra. / Par M^r. De Voltaire / 1744. / 37 pages in-4°, broché par ruban de soie bleue.

Ce manuscrit fut acheté par le Musée des lettres et manuscrits à la vente aux enchères du 11 juin 2002 de la Société Chenu (lot n° 8).

Paris, Musée des lettres et manuscrits.[40]

---

fort bien que l'aventure de Pandore n'est pas à l'honneur des dieux. Je n'ai pas prétendu justifier leur providence' (D2158).

[37] L. Fontaine, Le Théâtre et la philosophie, p.76.

[38] Catalogue des livres imprimés et manuscrits de Monsieur le comte de Pont-de-Vesle (Paris, 1774), p.91.

[39] Paul Lacroix Jacob, Bibliothèque dramatique de Monsieur de Soleinne, 5 vol. (Paris, 1843), t.2, p.75, n°1684. Le manuscrit de Pandore figure parmi plusieurs autres pièces manuscrites accompagnées de cette note: 'Ces copies proviennent de la bibliothèque de Pont-de-Vesle qui les tenait d'un secrétaire de Voltaire'.

[40] Je remercie Mme Alice Breathe d'avoir relevé les variantes de ce manuscrit.

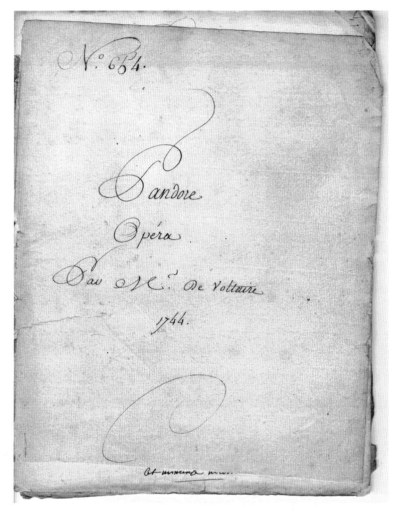

Page de titre de *Pandore* (MS1).
Avec l'aimable autorisation du Musée des lettres et manuscrits, Paris.

MS2

Pandore / Opéra En Cinq Actes. / corrigé par M^r. de Voltaire / 34 pages non numérotées.

Le manuscrit, net et sans ratures, est de la main d'un copiste. Il est relié à la suite d'un manuscrit de *Tanis et Zélide* qui porte l'annotation suivante: 'cet ouvrage m'a été donné en don par M. de Voltaire qui l'avait ainsi arrangé pour Sacchiny' (voir ci-dessus, p.122). Cette note ne nous renseigne malheureusement pas sur le bénéficiaire de ce don; en tout cas, il ne peut s'agir de Pont de Veyle, mort en 1774, avant la venue d'Antonio Sacchini (1730-1786) à Paris. Sacchini se rendit célèbre par ses opéras en Italie et à Londres, où il séjourna de 1772 à 1782, date à laquelle il se fixa à Paris, où il mourut. Pendant les dix années qu'il passa à Londres, il ne fit qu'un séjour de quelques mois à Paris, précisément en 1778. [41]

Ce manuscrit fait partie d'une collection constituée par Louis-Henri Moulin, avocat au barreau de Paris, et léguée à l'Académie à sa mort, en 1885.

Paris, Archives de l'Académie française: collection Moulin 1 G 85.

Editions

Pour la description des éditions collectives, voir ci-dessus, p.xv-xxiv.

w48D

Tome 3: [321] Pandore, opéra; [322] Personnages; [323]-60 texte.

Voltaire a corrigé 'S'élève' en 'Se lève' (II.8), et 'embrase' en 'embraze' (III.84) sur l'exemplaire Vu 36a de la Kungliga Biblioteket à Stockholm.

w38 (1749)

Tome 7: [197] Pandore, opéra; [198] Personnages; [199]-241 texte.

[41] Jacques-Gabriel Prod'homme, 'Un musicien napolitain à la cour de Louis XVI', *Le Ménestrel* (1925), p.507.

w 50

Tome 9: [253] Pandore, opéra; 254 Personnages; [255]-92 Pandore, opéra.
Voltaire recommande cette édition de *Pandore* dans sa note autobiographique pour le *Dictionnaire des théâtres* des frères Parfaict (voir ci-dessous, w 52).

Machuel aurait imprimé une édition séparée de *Pandore* à partir des mêmes compositions que le tome 9 de w 50. C'est cette édition séparée qui aurait été recyclée dans w 64R.[42]

w 51

Tome 7: [241] Pandore, opéra; [242] Personnages; [243]-80 Pandore, opéra.

Voltaire recommande cette édition de *Pandore* dans sa note autobiographique pour les *Dictionnaire des théâtres* des frères Parfaict (voir ci-dessous, w 52).

w 52 (1752; 1770)

Tome 4 (1752): [181] Pandore, opéra; [183] Personnages; [184]-210 texte.
Tome 9 (1770): [357] Pandore, opéra; [358] Personnages; [359]-88 Pandore, opéra.

Pandore figure deux fois dans cette édition. Voltaire fait allusion à la première version dans sa note autobiographique pour le *Dictionnaire des théâtres* des frères Parfaict: 'Les opéras intitulés *Samson* et *Pandore* sont dans ce recueil, et dans ceux qu'on a faits à Paris [w 51] et à Rouen [w 50] sous le titre de Londres' (*M*, t.1, p.2).

T 53

Tome 4: [41] Pandore, opéra; [42] Acteurs; 43-73 Pandore, opéra.

w 56

Tome 7 (tome 1 des *Ouvrages dramatiques*): 405 Pandore, opéra; [406] Personnages; [407]-45 Pandore, opéra.

---

[42] Voir David Smith, 'Robert Machuel, imprimeur-libraire à Rouen, et ses éditions des œuvres de Voltaire', *Cahiers Voltaire* 6 (2007), p.35-57 (p.51).

W57G1, W57G2 (W57G)

Tome 7 (tome 1 des *Ouvrages dramatiques*): [405] Pandore, opéra; [406] Personnages; [407]-45 Pandore, opéra.

L'orthographe de 'Prométée' et 'Tiphon' dans W57G1 a été corrigée en 'Prométhée' et 'Typhon' dans W57G2. Il y a très peu d'autres changements, aucun significatif.

W57P

Tome 5: [287] Pandore, opéra; [288] Acteurs; [289]-321 Pandore, opéra.

T62

Tome 1: [383] Pandore, opéra; [384] Personnages; 385-412 Pandore, opéra.

W64G

Tome 8 (tome 2 des *Ouvrages dramatiques*): [447] Pandore, opéra; [448] Personnages; [449]-80 Pandore, opéra.

W64R

Tome 10, seconde partie: [117] Pandore, opéra; 118 Personnages; [119]-56 Pandore, opéra.

Le papier est daté de 1750 et la composition du texte est la même que pour W50. Cependant l'absence de tomaison et la pagination et les signatures différentes indiquent que cette édition recycle plutôt une édition séparée réalisée à partir des mêmes compositions que W50. [43]

T64A

Tome 1: [387] Pandore, opéra; 388 Personnages; 389-416 Pandore, opéra.

T64P

Tome 4: [279] Pandore, opéra; 280 Acteurs; [281]-312 Pandore, opéra.

[43] Voir D. Smith, 'Robert Machuel, imprimeur-libraire à Rouen, et ses éditions des œuvres de Voltaire', p.51.

T67

Tome 4: [279] Pandore, opéra; 280 Acteurs; [281]-312 Pandore, opéra.

T68

Tome 1: [341] Pandore, opéra; [342] Personnages; 343-71 Pandore, opéra.

w68

Tome 7: [256] Pandore, opéra; [257] Personnages; 258-88 Pandore, opéra.

w70G

Tome 8 (tome 2 des *Ouvrages dramatiques*): [447] Pandore, opéra; [448] Personnages; [449]-80 Pandore, opéra.

w70L (1772)

Tome 21 (tome 8 du *Théâtre*): [245] Pandore, opéra; 246 Acteurs; 247-80 Pandore, opéra.

w71L (1772)

Tome 6 (tome 5 du *Théâtre*): [213] Pandore, opéra; [214] Personnages; 215-38 Pandore, opéra.

w72X

Tome 8 (tome 2 des *Ouvrages dramatiques*): [447] Pandore, opéra; [448] Personnages; [449]-80 Pandore, opéra.

w72P (1773)

Tome 9 (tome 8 du *Théâtre*): [160] Pandore; opéra; [161] Personnages; [162]-92 Pandore; opéra.

T73AL

Volume 9: [329] Pandore, opéra [330] Acteurs; 331-65 Pandore, opéra.

W75G

Tome 7 (tome 6 des *Ouvrages dramatiques*): [377] Pandore, opéra; [378] Personnages; 379-410 Pandore, opéra.

L'édition dite 'Leningrad encadrée' n'offre pas de variantes pour *Pandore*.[44]

W75X

Tome 7 (tome 6 des *Ouvrages dramatiques*): [377] Pandore, opéra; [378] Personnages; 379-410 Pandore, opéra.

K84, K85 (K)

Tome 9: [199] Pandore, opéra. Mis en musique par Royer, et ensuite par M. de La Borde; [200] Personnages; 202-30 Pandore, opéra.

Traduction

Une traduction anglaise par le révérend Francklin, *Pandora, an opera*, parue en 1762 au volume 5 des *Dramatic works of Mr de Voltaire*, 7 vol. (Londres, 1761-1763).

7. *Principes de cette édition*

Nous publions ici le texte de W75G, avec lequel les éditions collationnées (W48D, W52, W56, W57G, W57P, W64G, W68, W70G, W70L, W71L et K) présentent peu de variantes. Les variantes proposées par MS1 et MS2 ont été modernisées.

Traitement du texte de base

Nous avons respecté la ponctuation du texte de base excepté au vers III.60 où le point remplace un point-virgule. Nous avons supprimé les points

---

[44] Voir Samuel Taylor, 'The definitive text of Voltaire's works: the Leningrad encadrée', *SVEC* 124 (1974), p.7-132.

qui suivent les noms des personnages dans la liste des *dramatis personae*, les noms de ceux qui prennent la parole, ainsi que dans les indications en début des actes 3 et 5 des personnages présents sur scène. Les esperluettes ont été remplacées par *et*.

L'orthographe des noms propres a été respectée. Cependant l'orthographe de Prométhée et de Némésis a été unifiée.

Nous avons corrigé les erreurs suivantes dans le texte de base: I.45c: 'Chœurs' a été corrigé en 'Chœur'; I.72a: 'Nemesie' en 'Némésis'; II.115: 'Dieux' en 'Dieu'; V.5a: absence de 'Prométhée'.

Le texte de w75G a fait l'objet d'une modernisation portant sur la graphie, l'accentuation et la grammaire. Les particularités du texte de base dans ces trois domaines sont les suivantes:

I. Particularités de la graphie

1. Consonnes

– absence de la consonne *d* dans la finale en -*en(s)*: pren.
– absence de la consonne *p* dans: printems, tems.
– absence de la consonne *t* dans les finales en -*ans* et en -*ens*: accens, accourans, amans, changemens, charmans, enchantemens, fonde-mens, habitans, innocens, instans, malfaisans, menaçans, naissans, pendans, puissans, ravissans, sermens, tourmens, vivans.
– emploi de la semi-consonne *y* à la place de *i* dans: ayeux.
– redoublement d'une consonne dans: allarmes, appaise, appercevant, infidelle.
– présence d'une seule consonne là où l'usage actuel prescrit son doublement: couroux, pourait.

2. Majuscules

– présence d'une majuscule aux mots suivants: Amour (mais aussi amour), Ciel (mais aussi ciel), demi-Dieu, Destin, Dieu, Dieux, Enfer (mais aussi enfer), Nymphe (mais aussi nymphe), Roi.

3. L'apostrophe

– élision de: entr'eux, contr'eux.

4. Graphies particulières

– orthographe ancienne de: boëte.
– *encore* paraît sous les deux formes *encore* et *encor*. Nous avons changé

encor en *encore* lorsque le nombre de syllabes du vers ne s'en trouve pas modifié (I.ii.51, III.14) et dans une indication scénique (IV.45a).

II. Particularités d'accentuation

1. L'accent aigu

– est absent dans: Promethée (mais aussi Prométhée), Nemesis (mais aussi Némésis), secher (mais aussi sécher).
– est employé au lieu du grave dans: piéges, siécle.

2. L'accent grave

– est absent dans: déja.

3. L'accent circonflexe

– est présent dans: aîles, déploîrez, toûjours.
– est absent dans: ame, grace.

4. Le tréma

– est présent dans: éblouïr, éblouïs, évanouïe, jouïr, jouïssance, jouïssons, jouït, obéï, réjouïssent.

III. Particularités grammaticales

– absence de certaines terminaisons en -*s* à la première personne du singulier de l'indicatif: doi (V.137), voi (II.35).
– absence de terminaison en -*s* à la deuxième personne du singulier de l'impératif dans: connai, crain, obéï, pren, sédui, vien.
– présence du -*s* adverbial dans: jusques.

360

PANDORE,
OPÉRA

b MS1: Opéra. Par M. de Voltaire 1744.
   MS2: Opéra en cinq actes. Corrigé par M. de Voltaire.
   K: Opéra. Mis en musique par Royer, et ensuite par M. de La Borde.

PERSONNAGES

PROMÉTHÉE, fils du Ciel et de la Terre, demi-dieu
PANDORE
JUPITER
MERCURE
NÉMÉSIS
Nymphes
Titans
Divinités célestes
Divinités infernales

5

a-9   MS1: [absent]
1-9   MS2: JUPITER / PANDORE / PROMÉTHÉE / MERCURE / NÉMÉSIS /
ENCELADE / TYPHON / TITANS / LE DESTIN / CHŒUR DE DIEUX INFERNAUX /
NYMPHES / DRYADES / CHŒUR DE DIEUX CÉLESTES / UNE GRÂCE / FAUNES /
SYLVAINS / PLAISIRS / UNE NYMPHE / FURIES ET DÉMONS / LES PARQUES /
L'AMOUR / SUITE DE L'AMOUR

362

ACTE PREMIER

Le théâtre représente une campagne, et des montagnes dans le fond.

SCÈNE PREMIÈRE

PROMÉTHÉE *seul,* CHŒUR, PANDORE *dans*
l'enfoncement couchée sur une estrade.

PROMÉTHÉE

Prodige de mes mains, charmes que j'ai fait naître,
Je vous appelle en vain, vous ne m'entendez pas.
  Pandore, tu ne peux connaître
  Ni mon amour, ni tes appas.
Quoi! j'ai formé ton cœur, et tu n'es pas sensible!   5
  Tes beaux yeux ne peuvent me voir!
  Un impitoyable pouvoir
Oppose à tous mes vœux un obstacle invincible;
  Ta beauté fait mon désespoir.
Quoi! toute la nature autour de toi respire!   10
Oiseaux, tendres oiseaux, vous chantez, vous aimez,
Et je vois ses appas languir inanimés;
  La mort les tient sous son empire.

b MS1: *campagne riante et*
d-13a MS1: [*absents*]
e MS2: PROMÉTHÉE, PANDORE *dans*
10-11 MS2: [*entre ces vers, ajoute*] (*Air*)

SCÈNE II
PROMÉTHÉE, LES TITANS ENCELADE
ET TYPHON, etc.

ENCELADE ET TYPHON

Enfant de la terre et des cieux,
Tes plaintes et tes cris ont ému ce bocage.   15

13b-c MS1, MS2: PROMÉTHÉE, ENCELADE, TYPHON
13d MS1: LES DEUX TITANS
    MS2: ENCELADE
15-26a MS1:
        Prométhée, à jamais la terre est ton partage.
        La nature te place entre l'homme et les dieux.
        Jouis de ce grand avantage.
                        TYPHON
        Que t'importe le ciel? Tu règnes en ces lieux.
        Laisse à Jupiter son tonnerre.   5
        Ton sort est aussi glorieux.
        N'es-tu pas roi de la terre?
                        PROMÉTHÉE
        Qui n'est pas tout-puissant peut-il se nommer roi?
        Faut-il que de ce destin la loi dure et fatale
        Mette entre Jupiter et moi   10
        Cet immense intervalle.
                        ENCELADE
        Non, non tu n'es pas fait pour trembler sous sa loi.
        Pandore est ton sublime ouvrage.
        C'est à eux, c'est aux dieux d'être jaloux de toi.
                        PROMÉTHÉE
        Ah! vous redoublez mon outrage   15
        En vain ma main hardie arrangea les ressorts,
        Assembla ces appas, étala ces trésors.
        Sa froide beauté m'humilie.
        Privé de sentiment quel objet peut charmer?
        Je ne puis lui donner la vie   20
        Et Jupiter peut l'animer.
                        TYPHON
        Jupiter usurpa les cieux dont il est le maître
        La terre est à nous aujourd'hui

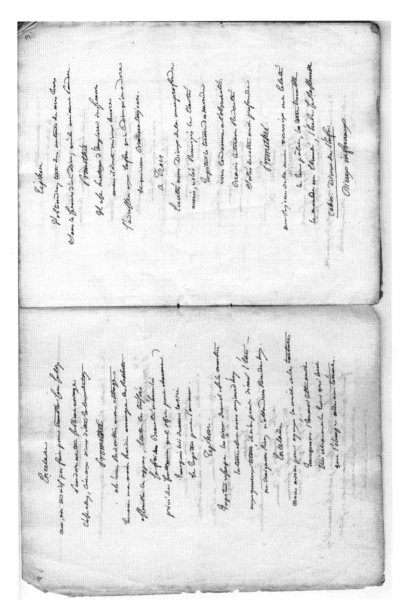

Pandore, acte I, scène 2, variantes des vers 15-26a, 28, 31-42, 45a-c (MS I)
Avec l'aimable autorisation du Musée des lettres et manuscrits, Paris.

Parle, quel est celui des dieux
Qui t'ose faire quelque outrage?

PROMÉTHÉE *en montrant Pandore.*

Jupiter est jaloux de mon divin ouvrage;
Il craint que cet objet n'ait un jour des autels;
Il ne peut sans courroux voir la terre embellie;   20
Jupiter à Pandore a refusé la vie!
Il rend mes chagrins éternels.

TYPHON

Jupiter? quoi! c'est lui, qui formerait nos âmes?
L'usurpateur des cieux peut être notre appui?
Non, je sens que la vie et ses divines flammes   25
Ne viennent point de lui.

ENCELADE *en montrant Typhon son frère.*

Nous avons pour aïeux la Nuit et le Tartare.
Invoquons l'éternelle nuit;
Elle est avant le jour qui luit.
Que l'Olympe cède au Ténare.   30

Aux [généreux?] titans, il n'a point donné l'être
Ne craignons rien, n'attendons rien de lui.   25
          ENCELADE

17a MS2: Prométhée *montrant*
23-26 MS2:
    Jupiter est-il le seul maître?
    Les enfers ont leurs dieux, et nous suivons leurs lois.
    Ils troubleront le jour que Jupiter fit naître,
    Les enfers entendront nos voix.
26a MS2: ENCELADE *montrant son frère.*
28 MS1: Invoquons l'immortelle nuit.

TYPHON

Que l'enfer, que mes dieux, répandent parmi nous
Le germe éternel de la vie:
Que Jupiter en frémisse d'envie,
Et qu'il soit vainement jaloux.

PROMÉTHÉE ET LES DEUX TITANS

Ecoutez-nous, dieux de la nuit profonde,   35
De nos astres nouveaux contemplez la clarté;
Accourez du centre du monde:
Rendez féconde
La terre, qui m'a porté;
Animez la beauté;   40
Que votre pouvoir seconde
Mon heureuse témérité. [1]

31-42   MS1:
       J'obtiendrai tout des auteurs de mes jours.
       Sans le secours d'un dieu, qu'ils animent Pandore.
              PROMÉTHÉE
       Il est honteux d'implorer du secours
       Mais il vaut mieux encore
       S'adresser aux enfers qu'à ce dieu qu'on adore   5
       Et qui vous bravera toujours.
              À TROIS
       Ecoutez-nous dieux de la nuit profonde;
       Venez, volez, renvoyez la clarté.
       Jupiter le tyran du monde
       Vous condamne à l'obscurité.
       Bravez ce tyran redouté   10
       Sortez de votre nuit profonde.
34a   MS2: (*Trio*)
42   MS2: Mon ⎫
           Son ⎭

[1] 'Ces deux vers de trois pieds et demi entrelacés un à un avec un vers de deux
pieds et un de trois, forment la plus odieuse cacophonie; et le dernier vers de quatre
pieds qui devait peindre vivement l'essor de la *témérité*, ne produit avec ses quatre

PROMÉTHÉE

Au séjour de la nuit vos voix ont éclaté.
Le jour pâlit, la terre tremble.
Le monde est ébranlé, l'Erèbe se rassemble. [2]   45
(*Le théâtre change, et représente le chaos. Tous les dieux de*
l'enfer viennent sur la scène.)

CHŒUR DES DIEUX INFERNAUX

Nous détestons
La lumière éternelle;
Nous attendons
Dans nos gouffres profonds
La race faible et criminelle,   50
Qui n'est pas née encore, et que nous haïssons.

NÉMÉSIS

Les ondes du Léthé, les flammes du Tartare,

45a-c   MS1: (*Chaos. Dieux de l'enfer.*) / DIEUX INFERNAUX
      MS2: *SCÈNE III* / (*Premier air qui annonce les divinités de l'enfer et sur*
lequel elles arrivent) / LES MÊMES; DIEUX INFERNAUX
47   MS1: La céleste lumière.
50-51   MS1: Des vils humains la race entière.
51-51a   MS2: [*entre ces lignes, ajoute*] (*Deuxième air pour les divinités infernales*)
52-59   MS1:
          Les [fers et?] les feux sont formés
          Dans nos demeures effroyables.
          Il manque des coupables
          A nos abîmes enflammés.
          Enfants de la terre   5

mesures égales que la plus plate et la plus lourde chute' (Jean François de La Harpe,
Commentaire sur le théâtre de Voltaire, Paris, 1814, p.456-57).
   [2] 'On ne voit nullement quelle espèce d'intérêt peuvent prendre les Titans à
Prométhée et à sa statue, encore moins pourquoi ils évoquent devant lui et appellent
à son secours les divinités infernales. Toute cette fable des Titans est très mal liée à
celle de Prométhée, et n'est là que pour amener un enfer d'opéra, selon l'usage, et
non pas selon les règles de l'art' (La Harpe, *Commentaire*, p.451).

Doivent tout ravager!
Parlez, qui voulez-vous plonger
Dans les profondeurs du Ténare?   55

PROMÉTHÉE

Je veux servir la terre, et non pas l'opprimer.
Hélas! à cet objet j'ai donné la naissance,
Et je demande en vain, qu'il s'anime, qu'il pense,
Qu'il soit heureux, qu'il sache aimer.

LES TROIS PARQUES

Notre gloire est de détruire,   60
Notre pouvoir est de nuire;
Tel est l'arrêt du sort.
Le ciel donne la vie, et nous donnons la mort.

PROMÉTHÉE

Fuyez donc à jamais ce beau jour qui m'éclaire;

Victimes de la guerre
Combattez pour nous
Mourez, tombez tous
Tombez tous
Dans l'éternel abîme   10
Le séjour du crime
Est creusé pour vous.
CHŒUR
Tombez tous etc.
PROMÉTHÉE
Funèbres déités de l'empire infernal
Votre pouvoir est trop fatal.   15
N'avez-vous point de droits plus doux et plus aimables?
N'êtes-vous si puissants que pour être implacables?
Dieux des enfers, pourriez-vous animer
Cet insensible objet que je viens de former?

59a   MS1: TRIO DES FURIES
      MS2: NÉMÉSIS
61   MS1: Notre partage est

Vous êtes malfaisants, vous n'êtes point mes dieux.   65
Fuyez, destructeurs odieux
De tout le bien que je veux faire;
Dieux des malheurs, dieux des forfaits,
Ennemis funèbres,
Replongez-vous dans les ténèbres,   70
Ennemis funèbres,
Laissez le monde en paix.

NÉMÉSIS

Tremble, tremble pour toi-même.
Crains notre retour,
Crains Pandore et l'amour.   75
Le moment suprême
Vole sur tes pas.
Nous allons déchaîner les démons des combats;
Nous ouvrirons les portes du trépas.
Tremble, tremble pour toi-même.   80
(*Les dieux des enfers disparaissent. On revoit la campagne*

68-72   MS1:
            Puissiez-vous préparer d'inutiles tourments
            Dans la nuit des abîmes sombres.
            Puisse l'empire affreux des ombres
            Manquer de criminels et vos feux d'aliments.
68-69   MS2: [*entre ces vers, ajoute*] (*Air*)
71   W51: Ennemis funestes,
72a   MS2: NÉMÉSIS, LES PARQUES, ET LE CHŒUR / (*Lent*)
74-78   MS1:
            Insensé tu ne connais pas
            Le malheur extrême,
            Le moment suprême
            Qui [*illisible*] sur tes pas.
            La terre, l'enfer, le ciel même   5
            Verront naître aujourd'hui la guerre et les combats.
75-76   MS2: [*entre ces vers, ajoute*] (*Vif*)
80   MS1: Tremble pour la nature et frémis pour toi-même.
80a-c   MS1: *dieux infernaux disparaisssent.*)

*éclairée et riante. Les nymphes des bois et des campagnes sont de
chaque côté du théâtre.*)

PROMÉTHÉE

Ah! trop cruels amis! pourquoi déchaîniez-vous,
 Du fond de cette nuit obscure,
Dans ces champs fortunés, et sous un ciel si doux,
 Ces ennemis de la nature?
Que l'éternel chaos élève entre eux et nous   85
 Une barrière impénétrable.
  L'enfer implacable
  Doit-il animer
  Ce prodige aimable
  Que j'ai su former?   90
  Un dieu favorable
  Le doit enflammer.

ENCELADE

Puisque tu mets ainsi la grandeur de ton être
A verser des bienfaits sur ce nouveau séjour,
 Tu méritais d'en être le seul maître.   95
 Monte au ciel, dont tu tiens le jour:
  Va ravir la céleste flamme:
  Ose former une âme,
 Et sois créateur à ton tour.

80b-c MS2: *riante.*)
85-92 MS1:
   Pandore, objet charmant ton sort serait affreux
    S'ils animaient tes charmes
   Son cœur serait rempli de crimes et d'alarmes.
    Il serait inhumain comme eux
    Et je verserais trop de larmes.   5
   Non, je veux qu'il respire et qu'il respire heureux.
86-87 MS2: [*entre ces vers, ajoute*] (*Air*)
96 MS1: aux cieux
  MS2: Vole au

PROMÉTHÉE

L'amour est dans les cieux; c'est là qu'il faut me rendre: 10C
L'amour y règne sur les dieux.
Je lancerai ses traits; j'allumerai ses feux.
C'est le dieu de mon cœur, et j'en dois tout attendre.
Je vole à son trône éternel:
Sur les ailes des vents l'amour m'enlève au ciel.   10¢
(*Il s'envole.*)

CHŒUR DE NYMPHES

Volez, fendez les airs, et pénétrez l'enceinte
Des palais éternels;
Ramenez les plaisirs du séjour de la crainte;
En répandant des biens, méritez des autels.

Fin du premier acte.

104-109   MS1:

Je monte à son trône éternel
Je vous quitte, je vole au ciel.

(*Il vole.*)

NYMPHES

Brillant héros, achève ta carrière
Reviens, descends, reviens nous éclairer
Par toi dans leur grandeur première   5
Les humains vont rentrer
Le ciel va t'admirer
La terre entière
Doit t'adorer.

105a-109a   MS2: (*Il s'envole dans un char.*)

ACTE II

Le théâtre représente la même campagne. Pandore
inanimée est sur une estrade. Un char brillant
de lumière descend du ciel.

PROMÉTHÉE, PANDORE, NYMPHES, TITANS, CHŒURS, etc.

UNE DRYADE

Chantez, nymphes des bois, chantez l'heureux retour
Du demi-dieu qui commande à la terre:
Il vous apporte un nouveau jour;
Il revient dans ce doux séjour
Du séjour brillant du tonnerre;   5
Il revole en ces lieux sur le char de l'amour.

CHŒUR DE NYMPHES

Quelle douce aurore
Se lève sur nous?
Terre jeune encore,
Embellissez-vous.   10
Brillantes fleurs, qui parez nos campagnes,
Sommet des superbes montagnes,
Qui divisez les airs, et qui portez les cieux;

---

b-d MS1: *Une campagne. Pandore sur une estrade. Un char brillant descend*
e-f MS1: [*absent*]
c-f MS2: *estrade.* / *SCÈNE PREMIÈRE* / PANDORE *inanimée,*
NYMPHES, DRYADES, TITANS / (*Danse des nymphes.*)
d-f W51: *ciel.* / *SCÈNE PREMIÈRE* / NYMPHES DES BOIS, etc.
6-6a MS2: [*entre ces lignes, ajoute*] (*Danse d'une dryade.*)
6a MS1: CHŒUR
     MS2: LA DRYADE *alternativement avec le chœur.*
11 W48D, W51: fleurs, parez

373

PANDORE

O nature naissante,
Devenez plus charmante,   15
Plus digne de ses yeux.

PROMÉTHÉE *descendant du char le flambeau à la main.*

Je le ravis aux dieux, je l'apporte à la terre,
Ce feu sacré du tendre amour,
Plus puissant mille fois que celui du tonnerre,

16-16a   MS2: [*entre ces lignes, ajoute*] Quelle douce aurore, etc. / (*On danse.*) /
SCÈNE II
16a-24a   MS1:
PROMÉTHÉE *descend du char, le flambeau de l'amour à la main.*
L'amour me l'a donné, ce feu pur et céleste;
      L'amour le portait dans ses mains.
Puisse ce feu brillant, cette âme des humains
      N'être point un présent funeste.
      Heureux mortels vous vivez en ce jour   5
      Du destin l'aveugle puissance
      En vain vous donna la naissance.
C'est n'être point que d'être sans amour.
                UNE NYMPHE
      Amour, volupté pure,
      Maître de la nature,
      Ame des éléments,   10
L'univers n'est formé, ne s'anime et ne dure
      Que par tes regards bienfaisants.
                CHŒUR
      Tendre amour, douce puissance
      Sois le dieu de tous les temps   15
      Nous te devons la naissance,
      Nos désirs, nos sentiments.
      Amour, c'est toi seul que j'implore
Lance tes traits, brûle-nous de tes feux.
On craint les autres dieux, c'est toi seul qu'on adore. 20
Ils règnent sur le monde et tu règnes sur eux.
          PROMÉTHÉE *à Pandore.*
16a   MS2: *main*, ET LES PRÉCÉDENTS

374

Et que les feux du dieu du jour.   20

LE CHŒUR DES NYMPHES

Fille du ciel, âme du monde,
  Passez dans tous les cœurs.
  L'air, la terre et l'onde
  Attendent vos faveurs.

PROMÉTHÉE *approchant de l'estrade où est Pandore.*

Que ce feu précieux, l'astre de la nature,   25
  Que cette flamme pure
  Te mette au nombre des vivants.
Terre, sois attentive à ces heureux instants:
Lève-toi, cher objet, c'est l'amour qui l'ordonne:
  A sa voix obéis toujours;   30
  Lève-toi, l'amour te donne
  La vie, un cœur, et de beaux jours.
(*Pandore se lève sur son estrade et marche sur la scène.*)

CHŒUR

Ciel! ô ciel! elle respire!
Dieu d'amour, quel est ton empire!

20a-24   w48D, w51:
                    LE CHŒUR [w51: CHŒUR]
        Amour, c'est toi seul que j'implore,
        Lance tes traits, brûle-nous de tes feux.
    On craint les autres dieux, c'est toi seul qu'on adore;
    Ils règnent sur le monde et tu règnes sur eux.
20a-24a   MS2: (*Il s'approche de l'estrade.*)
26-32   MS1:
        Anime cet objet ouvrage de ma main.
            Naissez, vivez, belle Pandore,
        Et vivez pour l'amour qui fait votre destin.
            (*Pandore s'anime.*)
32a   MS2: (*Pandore commence à s'animer.*)
33   MS1: Ciel! elle vit, elle

PANDORE

Où suis-je? et qu'est-ce que je vois?　　　　35
Je n'ai jamais été; quel pouvoir m'a fait naître?
J'ai passé du néant à l'être;
Quels objets ravissants semblent nés avec moi!
(*On entend une symphonie.*)
Ces sons harmonieux enchantent mes oreilles;
Mes yeux sont éblouis de l'amas des merveilles　　　40
Que l'auteur de mes jours prodigue sur mes pas.
Ah! d'où vient qu'il ne paraît pas?
De moment en moment je pense et je m'éclaire.
Terre, qui me portez, vous n'êtes point ma mère,
　　Un dieu sans doute est mon auteur;　　　45
Je le sens, il me parle, il respire en mon cœur.
(*Elle s'assied au bord d'une fontaine.*)
　　Ciel! est-ce moi que j'envisage,
Le cristal de cette onde est le miroir des cieux.
La nature s'y peint: plus j'y vois mon image,
　　Plus je dois rendre grâce aux dieux.　　　50

NYMPHES ET TITANS

(*On danse autour d'elle.*)

34a　MS2:
PROMÉTHÉE *aux Titans.*
Observons ses appas naissants,
Sa surprise, son trouble, et son premier usage
　　Des célestes présents
Dont l'amour a fait son partage.
PANDORE *marchant lentement.*
38a　MS1: (*Symphonie*)
46a　MS1: *s'assied auprès d'une*
　　MS2: (*Elle s'assied sur le bord d'une fontaine et se regarde.*)
47　MS1: Quel objet charmant j'envisage.
50a-b　MS2: *SCÈNE III* / LES MÊMES, LES NYMPHES ET LES FAUNES
QUI VIENNENT ADMIRER PANDORE / (*Premier air pour les nymphes et les
faunes*) / UNE NYMPHE *avec le chœur.*
50b　MS1: [*absent*]

Pandore, fille de l'amour,
Charmes naissants, beauté nouvelle,
Inspirez à jamais, sentez à votre tour
Cette flamme immortelle,
Dont vous tenez le jour.   55
(*On danse.*)

PANDORE *apercevant Prométhée au
milieu des nymphes.*

Quel objet attire mes yeux?
De tout ce que je vois dans ces aimables lieux,
C'est vous, c'est vous, sans doute, à qui je dois la vie.
Du feu de vos regards que mon âme est remplie!
Vous semblez encor m'animer.   60

PROMÉTHÉE

Vos beaux yeux ont su m'enflammer,
Lorsqu'ils ne s'ouvraient pas encore.
Vous ne pouviez répondre, et j'osais vous aimer:
Vous parlez, et je vous adore.

PANDORE

Vous m'aimez! cher auteur de mes jours commencés,   65

51-52   MS1:
        Fille de Prométhée et du dieu de l'amour,
                Pandore, nymphe charmante,
54   MS1: La flamme immortelle et brillante
55a   MS1: [*absent*]
      MS2: (*Deuxième air*)
55b   MS2: *Prométhée.*
55b-c   MS1: *voyant Prométhée au milieu des titans.*
58   MS1: C'est vous sans doute à qui
61-64   MS1:
        Je jouis près de vous d'un plus heureux partage
                Je suis aux pieds de mon ouvrage
        C'est moi qui vous dois tout, je commence d'aimer.
65   MS1: [*absent*]

Vous m'aimez! et je vous dois l'être.
La terre m'enchantait, que vous l'embellissez!
Mon cœur vole vers vous, il se rend à son maître,
Et je ne puis connaître,
Si ma bouche en dit trop, ou n'en dit pas assez.   70

PROMÉTHÉE

Vous n'en sauriez trop dire, et la simple nature
Parle sans feinte et sans détour.
Que toujours la race future
Prononce ainsi le nom d'amour!
(*Ensemble*)
Charmant amour, éternelle puissance,   75
Premier dieu de mon cœur,
Amour, ton empire commence,
C'est l'empire du bonheur.

66-67   MS1: [*entre ces lignes, ajoute*]
Unique et cher auteur de tous mes sentiments,
Objet de tous mes mouvements
Je ne me connais point, je ne puis vous connaître
Aimable et tendre maître
De mes beaux jours à peine commencés   5
68-69   MS1:
Tout mon cœur vous adore
Et je ne sais encore
69-74   MS2: [*absents*]
71   MS1: Dans les premiers moments la voix de la nature
74a-78a   MS1: [*absents*]
74a-75   MS2: [*entre ces lignes, ajoute*] Premier dieu de mon cœur
77-78   W48D, W51:
Amour, que ton règne commence,
L'univers attend son bonheur.
78-78a   MS2:
PROMÉTHÉE
(*Air*)
L'art et le mystère
N'ont rien de sincère.

PROMÉTHÉE

Ciel! quelle épaisse nuit, quels éclats de tonnerre
Détruisent les premiers instants   80
Des innocents plaisirs que possédait la terre!
Quelle horreur a troublé mes sens!
(*Ensemble*)
La terre frémit, le ciel gronde;
Des éclairs menaçants
Ont percé la voûte profonde   85
De ces astres naissants.
Quel pouvoir ébranle le monde
Jusqu'en ses fondements?
(*On voit descendre un char, sur lequel sont Mercure, la
Discorde, Némésis, etc.*)

MERCURE

Un héros téméraire a pris le feu céleste;
Pour expier ce vol audacieux,   90
Montez, Pandore, au sein des dieux.

Ils gênent les cœurs;
On ne doit rien taire,
L'amour seul doit plaire.   5
Fuyez soins trompeurs.
(*Bruit souterrain*)

80-82 MS1:
Viennent troubler le premier jour
Du bonheur de la terre?
Quelle horreur a changé ce fortuné séjour?
82a MS1: CHŒUR
MS2: PANDORE, PROMÉTHÉE ET LES CHŒURS
84 MS1: Des feux étincellants
88a-b MS2: *SCÈNE IV* / (*On voit sortir de la terre un char, sur lequel sont
Mercure, la Discorde et Némésis.*)
88a-c MS1: (*La Discorde et Némésis descendent.*) / NÉMÉSIS
91 MS2: Venez Pandore

PANDORE

PROMÉTHÉE

Tyrans cruels!

PANDORE

Ordre funeste!
Larmes, que j'ignorais, vous coulez de mes yeux.

MERCURE

Obéissez, montez aux cieux.

PANDORE

Ah! j'étais dans le ciel en voyant ce que j'aime.   95

PROMÉTHÉE

Cruels, ayez pitié de ma douleur extrême.

PANDORE ET PROMÉTHÉE

Barbares, arrêtez.

MERCURE

Venez, montez aux cieux, partez,
Jupiter commande;
Il faut qu'on se rende   100
A ses volontés.
Venez, montez aux cieux, partez.
Vents, obéissez-nous, et déployez vos ailes;
Vents, conduisez Pandore aux voûtes éternelles.
(*Le char disparaît.*)

96a   MS1: PANDORE
97a   MS1: NÉMÉSIS
104a   MS1: (*Elle part.*)
    MS2: (*Le char monte aux cieux.*)
104a-b   W51: [*entre ces lignes, ajoute*] SCÈNE II

PROMÉTHÉE

On l'enlève, tyrans jaloux.   105
Dieux, vous m'arrachez mon partage;
Il était plus divin que vous;
Vous étiez malheureux, vous étiez en courroux
Du bonheur, qui fut mon ouvrage;
Je ne devais qu'à moi ce bonheur précieux.   110
J'ai fait plus que Jupiter même.
Je me suis fait aimer. J'animais ces beaux yeux.
Ils m'ont dit en s'ouvrant, vous m'aimez, je vous aime.
Elle vivait par moi, je vivais dans son cœur.
     Dieu jaloux, respecte nos chaînes.   115
O Jupiter! ô fureurs inhumaines!
     Eternel persécuteur
     De l'infortuné créateur,[1]

106-107   MS2: [*entre ces lignes, ajoute*] Mon bonheur était mon ouvrage
108-14   MS2: (*Air*)
112   W51: J'animais ses beaux
114-15   MS1:
     Hélas! Je vivais dans son cœur.
     Tout le feu qui m'enflamme a coulé dans ses veines.
     O, Pandore! O, charmantes chaînes!
115   K: Dieux jaloux, respectez nos chaînes.
118   MS2, W52: infortune

[1] En septembre 1754, Voltaire propose à son éditeur Michel Lambert de publier une nouvelle édition de *Pandore* pour contrecarrer l'opéra de Royer. Il en profite pour indiquer plusieurs corrections: le changement d'*infortuné* en *infortune* confirme la variante de MS1 et W52 (D5923). En décembre 1767 il attire encore l'attention du collaborateur de La Borde, Chabanon, sur ce vers: 'Je vous demanderai surtout de faire une bonne brigue, une forte cabale, pour qu'on ne retranche point,

     O Jupiter, ô fureurs inhumaines!
     Eternel persécuteur,
     De l'infortune créateur, etc.

et non pas de l'infortuné, comme on l'a imprimé' (D14596). Voir p.350-51.

Tu sentiras toutes mes peines.
Je braverai ton pouvoir: 120
    Ta foudre épouvantable
    Sera moins redoutable
Que mon amour au désespoir.

Fin du second acte.

119-23 MS1: Puisses-tu ressentir mes peines.

ACTE III

Le théâtre représente le palais de Jupiter
brillant d'or et de lumière.

JUPITER, MERCURE

JUPITER

Je l'ai vu cet objet sur la terre animé,
Je l'ai vu, j'ai senti des transports qui m'étonnent;
Le ciel est dans ses yeux, les grâces l'environnent;
Je sens que l'amour l'a formé.

MERCURE

Vous régnez, vous plairez, vous la rendrez sensible.   5
Vous allez éblouir ses yeux à peine ouverts.

JUPITER

Non, je ne fus jamais que puissant et terrible.
Je commande à l'Olympe, à la terre, aux enfers;
Les cœurs sont à l'amour. Ah! que le sort m'outrage!
Quand il donna les cieux, quand il donna les mers,   10
        Quand il divisa l'univers,
        L'amour eut le plus beau partage.

MERCURE

Que craignez-vous? Pandore à peine a vu le jour,
Et d'elle-même encore à peine a connaissance:
        Aurait-elle senti l'amour   15
        Dès le moment de sa naissance?

b-c   MS1: *Le palais de Jupiter.*
c   MS2: *d'or et d'azur.*
c-d   W51: [*entre ces lignes, ajoute*] *SCÈNE PREMIÈRE*
d-24a   MS1, MS2: [*absents*]

383

JUPITER

L'amour instruit trop aisément.
Que ne peut point Pandore? elle est femme; elle est belle.
La voilà, jouissons de son étonnement.
    Retirons-nous pour un moment   20
Sous les arcs lumineux de la voûte éternelle.
Cieux, enchantez ses yeux, et parlez à son cœur;
Vous déploierez en vain ma gloire et ma splendeur,
    Vous n'avez rien de si beau qu'elle.
          (*Il se retire.*)

     PANDORE *seule.*

A peine j'ai goûté l'aurore de la vie,   25
Mes yeux s'ouvraient au jour, mon cœur à mon amant,
    Je n'ai respiré qu'un moment.
Douce félicité, pourquoi m'es-tu ravie?
    On m'avait fait craindre la mort.
Je l'ai connue hélas! cette mort menaçante.   30
    N'est-ce pas mourir, quand le sort
    Nous ravit ce qui nous enchante?
Dieux, rendez-moi la terre, et mon obscurité,
Ce bocage, où j'ai vu l'amant qui m'a fait naître;
    Il m'avait deux fois donné l'être.   35
Je respirais, j'aimais, quelle félicité!
A peine j'ai goûté l'aurore de la vie, etc.
  (*Tous les dieux avec tous leurs attributs entrent sur la scène.*)

24a-b w51: [*entre ces lignes, ajoute*] *SCÈNE II*
24b MS1: PANDORE
   MS2: *SCÈNE PREMIÈRE* / PANDORE
33 MS2: et son obscurité
37-37a MS1: A peine j'ai, etc.
   w51: [*entre ces lignes, ajoute*] *SCÈNE III*
37a-38 MS2: *SCÈNE II* / PANDORE, DIEUX ET DÉESSES / (*On danse.*)
/ CHŒUR

CHŒUR DES DIEUX

Que les astres se réjouissent.
Que tous les dieux applaudissent
Au dieu de l'univers.   40
Devant lui les soleils pâlissent.

NEPTUNE

Que le sein des mers,

PLUTON

Le fond des enfers,

CHŒUR DES DIEUX

Les mondes divers,
Retentissent   45
D'éternels concerts.
Que les astres, etc.

PANDORE

Que tout ce que j'entends conspire à m'effrayer!
Je crains, je hais, je fuis cette grandeur suprême.
Qu'il est dur d'entendre louer   50
Un autre dieu que ce que j'aime!

LES TROIS GRÂCES

Fille du charmant amour

41   MS1:
          Devant lui les cieux s'obscurcissent
          Les soleils pâlissent.
41a-47   MS2:
          Que les mondes divers
          Retentissent
          D'éternels concerts.
48   MS1: Ah! Tout
51   MS2: que ce qu'on aime
51a   MS1: UNE GRÂCE
          MS2: (*Les grâces dansent autour de Pandore.*) / UNE GRÂCE

385

Régnez dans son empire;
La terre vous désire,
Le ciel est votre cour.   55

PANDORE

Mes yeux sont offensés du jour qui m'environne.
Rien ne me plaît, et tout m'étonne.
Mes déserts avaient plus d'appas.
Disparaissez, ô splendeur infinie;
Mon amant ne vous voit pas.   60
(*On entend une symphonie.*)
Cessez, inutile harmonie,
Il ne vous entend pas.
(*Le chœur recommence. Jupiter sort d'un nuage.*)

JUPITER

Nouveau charme de la nature,
Digne d'être éternel,
Vous tenez de la terre un corps faible et mortel,   65
Et vous devez cette âme inaltérable et pure
Au feu sacré du ciel.
C'est pour les dieux que vous venez de naître.

55-55a   MS1: [*entre ces lignes, ajoute*] Fille etc.
        MS2: [*entre ces lignes, ajoute*] CHŒUR / Fille, etc. / (*On danse.*)
56-60a   MS1:
        Quoi donc, j'ai vu des cieux la splendeur infinie;
           Ah! que les cieux ont peu d'appas
        (*Symphonie.*)
60a   MS2: [*sans indication scénique*]
62-62a   MS1:
          Mon amant ne vous entend pas
        Mes yeux sont offensés du jour qui m'environne
           Rien ne me plaît et tout m'étonne.
        W51: [*entre ces lignes, ajoute*] SCÈNE IV
62a   MS2: *SCÈNE III* / JUPITER ET LES PRÉCÉDENTS
65   MS1: corps vil et mortel,

Commencez à jouir de la divinité.
Goûtez auprès de votre maître 70
L'heureuse immortalité.

PANDORE

Le néant, d'où je sors à peine,
Est cent fois préférable à ce présent cruel;
Votre immortalité, sans l'objet qui m'enchaîne,
N'est rien qu'un supplice immortel. 75

JUPITER

Quoi! méconnaissez-vous le maître du tonnerre?
Dans les palais des dieux regrettez-vous la terre?

PANDORE

La terre était mon vrai séjour;
C'est là que j'ai senti l'amour.

JUPITER

Non, vous n'en connaissez qu'une image infidèle, 80
Dans un monde indigne de lui.
Que l'amour tout entier, que sa flamme éternelle,
Dont vous sentiez une étincelle,
De tous ses traits de feu nous embrase aujourd'hui.

70 MS1: Goûtez près de
72 MS1, W51: néant dont je
75 MS2: supplice éternel
79 MS2: connu l'amour
80-84 MS1:
     L'amour vous séduisit, votre choix fut injuste.
          Détrompez-vous, osez choisir
     Entre un fils de la terre et son monarque auguste
          Que tous les cœurs doivent servir.
84 MS2: feu vous embrase

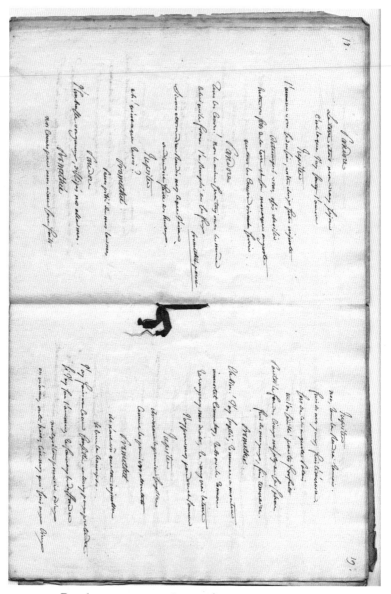

Pandore, acte 3, variantes des vers 80-84, 85-91,
et début de la variante des vers 93-119 (MS1)
Avec l'aimable autorisation du Musée des lettres et manuscrits, Paris.

PANDORE

Je les ai tous sentis, du moins j'ose le croire;   85
Ils ont égalé mes tourments.
Ah! vous avez pour vous la grandeur et la gloire;
Laissez les plaisirs aux amants.
Vous êtes dieu, l'encens doit vous suffire;
Vous êtes dieu, comblez mes vœux.   90
Consolez tout ce qui respire;
Un dieu doit faire des heureux.

JUPITER

Je veux vous rendre heureuse, et par vous je veux l'être.
Plaisirs, qui suivez votre maître,
Ministres plus puissants que tous les autres dieux,   95

85-91 MS1:
 Tous les cœurs! Non le mien sera toujours le même.
 Celui qui le forma l'a rempli de ses feux.
  (*Prométhée paraît.*)
 Si vous êtes un dieu rendez-moi ce que j'aime.
86-87 MS2: [*entre ces vers, ajoute*] (*Air*)
93-119 MS1:
 Ah! Qu'est-ce que je vois?
    PROMÉTHÉE
  Prends pitié de mes larmes.
    PANDORE
 J'embrasse vos genoux, dissipez nos alarmes.
    PROMÉTHÉE
  Nos cœurs pour nous aimer sont faits.
    JUPITER
  Non, je ne la rendrai jamais.   5
  Fuis de mes yeux, fuis téméraire.
  Sors de cet auguste palais.
  Tu l'as souillé par tes forfaits
 Par toi le feu des cieux est sorti de sa sphère
  Fuis de mes yeux, fuis téméraire.   10
    PROMÉTHÉE
 Eh bien! J'ai supplié, je menace à mon tour.

Déployez vos attraits, enchantez ses beaux yeux.
Plaisirs, vous triomphez dès qu'on peut vous connaître.
(*Les Plaisirs dansent autour de Pandore en chantant ce qui suit.*)

CHŒUR

Aimez, aimez, et régnez avec nous;
Le dieu des dieux est seul digne de vous.

Immortel comme toi, je brave le tonnerre.
Je vengerai mes droits, je vengerai la terre.
J'ai pour moi Pandore et l'amour.

JUPITER

Ils verront le premier [supplice?]   15
Comme les premiers attentats.

PROMÉTHÉE

Ils n'ont vu que ton injustice
Et je ne la crains pas.
J'ai fait un cœur sensible et tu n'y peux prétendre.
Si j'ai su l'animer, je saurai la défendre.   20
Malgré ton pouvoir odieux,
On m'aime, on te hait, c'est moi qui suis aux cieux.

JUPITER

Crains ma puissance.

PROMÉTHÉE

Crains ma vengeance.
Tremble dieu jaloux, dieu cruel.   25

JUPITER

Tremble audacieux mortel.
Crains ma puissance.
Crains ma vengeance.

PANDORE *à Jupiter.*

Arrêtez, hélas! Arrêtez.
Sans vous, sans vos cruautés,   30
Les beaux jours étaient mon partage.
Fallait-il naître pour souffrir?
Cher amant, défendez mon cœur et votre ouvrage.
Hâtez-vous de me secourir.

97a-b   MS2: *SCÈNE IV* / (*Les Plaisirs, les Grâces dansent autour de Pandore.*) / (*On danse.*)
97c   MS2: CHŒUR DE PLAISIRS

UNE VOIX

Sur la terre on poursuit avec peine   100
Des plaisirs l'ombre légère et vaine;
Elle échappe et le dégoût la suit.
Si Zéphyre un moment plaît à Flore,
Il flétrit les fleurs qu'il fait éclore;
Un seul jour les forme et les détruit.   105

CHŒUR

Aimez, aimez, et régnez avec nous;
Le dieu des dieux est seul digne de vous.

UNE VOIX

Les fleurs immortelles
Ne sont qu'en nos champs.
L'amour et le temps   110
Ici n'ont point d'ailes.

CHŒUR

Aimez, aimez, et régnez avec nous;
Le dieu des dieux est seul digne de vous.

PANDORE

Oui, j'aime, oui, doux plaisirs, vous redoublez ma flamme;
Mais vous redoublez ma douleur.   115

99a   MS2: UN PLAISIR
106-107   MS2: Aimez, etc.
107a   MS2: UN PLAISIR
112-13   MS2: Aimez, etc.
114-17   W48D, W51, W52, W57P:
          Oui, j'aime, oui, doux plaisirs, vous redoublez encore
               Par vos chants, par vos jeux,
             Tous mes transports et tous mes feux
             Pour le tendre amant que j'adore.

Dieux charmants, si c'est vous qui faites le bonheur,
Allez au maître de mon âme. [1]

JUPITER

Ciel! ô ciel! quoi mes soins ont ce succès fatal?
Quoi! j'attendris son âme, et c'est pour mon rival!

MERCURE *arrivant sur la scène.*

Jupiter, arme-toi du foudre;   120
Prends tes feux, va réduire en poudre
Tes ennemis audacieux.
Prométhée est armé, les Titans furieux
Menacent les voûtes des cieux;
Ils entassent des monts la masse épouvantable.   125
Déjà leur foule impitoyable
Approche de ces lieux.

JUPITER

Je les punirai tous... Seul je suffis contre eux.

PANDORE

Quoi! vous le puniriez, vous qui causez sa peine?

119-19a w51: [*entre ces lignes, ajoute*] SCÈNE V
119a MS2: SCÈNE V / MERCURE, ET LES PRÉCÉDENTS
      MS1, MS2: [*sans indication scénique*]
123-24 MS1: Les titans sont armés, ils assiègent les cieux.
128a-49 MS1:
      Tu ne saurais périr audacieux coupable
      Mais commence à souffrir en quittant ce séjour.
                    PROMÉTHÉE
      Dieu barbare, crains mon retour.
      Le destin qui fait tout est notre commun maître.

[1] Dans sa lettre du 8 septembre 1754 à Michel Lambert, Voltaire lui demande de corriger les vers 116 et 117 en 'Ah! si vous donnez le bonheur, / Allez, allez trouver le maître de mon âme' (D5923).

Vous n'êtes qu'un tyran jaloux et tout-puissant.   130
Aimez-moi d'un amour encor plus violent,
   Je vous punirai par ma haine.

JUPITER

Marchons, et que la foudre éclate devant moi.

PANDORE

Cruel! ayez pitié de mon mortel effroi:
Jugez de mon amour, puisque je vous implore.   135

JUPITER à Mercure.

   Prends soin de conduire Pandore.
   Dieux, que mon cœur est désolé!
J'éprouve les horreurs qui menacent le monde.
L'univers reposait dans une paix profonde;
Une beauté paraît: l'univers est troublé.   140

(Il sort.)

        Il favorisera peut-être   5
        Et mon courage et mon amour.

(Il s'enfonce.)

PANDORE

Souffrez que je le suive ou du moins que j'expire.
Dieu cruel donnez-moi la mort que je désire.

JUPITER

       C'est au destin de vous punir.
Témoin de mon combat vous verrez ma victoire.   10
     Vous connaîtrez Jupiter à sa gloire;
     Vous connaîtrez le repentir.

PANDORE, seule.

   Charmant amour appaise tant d'alarmes
     N'es-tu pas le maître des dieux?
     Viens, viens, sèche mes larmes.   15
  Enchaîne et désarme la terre et les cieux.
   Charmant etc.

140   MS2: troublé.//
140a-b   w51: [<i>entre ces lignes, ajoute</i>] SCÈNE VI

PANDORE *seule.*

O jour de ma naissance! ô charmes trop funestes!
Désirs naissants, que vous étiez trompeurs!
Quoi? la beauté, l'amour, et les faveurs célestes,
Tous les biens ont fait mes malheurs?
Amour, qui m'as fait naître, apaise tant d'alarmes: 145
N'es-tu pas souverain des dieux?
Viens sécher mes larmes,
Enchaîne et désarmes
La terre et les cieux.

Fin du troisième acte.

ACTE IV

Le théâtre représente les Titans armés, et des montagnes
dans le fond; plusieurs géants sont sur les montagnes,
et entassent des rochers.

ENCELADE

Oui, nos frères et nous, et toute la nature,
Ont senti ta cruelle injure.
La terrible vengeance est déjà dans nos mains;
    Vois-tu ces monts pendants en précipices?
    Vois-tu ces rochers entassés?   5
    Ils seront bientôt renversés
Sur les barbares dieux, qui nous ont offensés.
    Nous punirons les injustices
De ces tyrans jaloux, par nos mains terrassés.

PROMÉTHÉE

Terre, contre le ciel apprends à te défendre.   10
Trompettes et tambours, organes des combats,
Pour la première fois vos sons se font entendre;
    Eclatez, guidez nos pas.
    (*On marche au son des trompettes.*)

b-d MS1: *Les titans armés et des montagnes entassées.* / PROMÉTHÉE,
ENCELADE, TYPHON, CHŒUR DE TITANS
d-e W51: [*entre ces lignes, ajoute*] *SCÈNE PREMIERE* / PROMÉTHÉE,
LES TITANS
d-9 MS2: *SCÈNE PREMIÈRE* / PROMÉTHÉE, LES TITANS
2 W48D: senti la cruelle
13a MS1:
      Non, jamais nos neveux ne verront sur la terre
      Une plus noble guerre.

Le ciel sera le prix de votre heureux courage.
Amis, je ne prétends que Pandore et sa foi.   15
Laissez-moi ce juste partage;
Marchez, Titans, et suivez-moi.

Courons aux armes
Contre ces dieux cruels;
Répandons les alarmes   20
Dans les cœurs immortels.
Courons aux armes,
Vengeons l'univers.

Le tonnerre en éclats répond à nos trompettes.
(*Un char, qui porte les dieux, descend sur les montagnes au
bruit du tonnerre. Pandore est auprès de Jupiter. Prométhée
continue.*)
Jupiter quitte ses retraites;   25

L'amour sera notre étendard;
Ces monts seront notre rempart;
MS2: (*Marche des Titans*)
16   MS1: Laissez-moi le plus beau partage;
17a   MS1: CHŒUR
19   MS1: [*absent*]
22-23   MS1:
Nos vœux sont nos cris de guerre.
Enchaînons les cruels.
Qu'ils soient sur la terre
Esclaves éternels.
W51, MS2: [*absents*]
24-24a   W51: [*entre ces lignes, ajoute*] *SCÈNE II* / JUPITER ET LES
AUTRES DIEUX
24a-c   MS1: (*Char où sont les dieux. Pandore enchaînée auprès de Jupiter.*)
MS2: *SCÈNE II* / (*Un char descend du ciel et porte les dieux au bruit du
tonnerre. Pandore est auprès de Jupiter.*) / PROMÉTHÉE
24b-c   W51: *Jupiter.*) / LES TITANS

La foudre a donné le signal:
Commençons ce combat fatal.
(*Les géants montent.*)

CHŒUR DE NYMPHES *qui bordent le théâtre.*

Tambours, trompettes et tonnerre,
Dieux et Titans, que faites-vous?
Vous confondez, par vos terribles coups,   30
Les enfers, le ciel et la terre.
(*Bruit du tonnerre et des trompettes.*)

LES TITANS

Cédez, tyrans de l'univers;
Soyez punis de vos fureurs cruelles.
Tombez, tyrans.

LES DIEUX

Mourez, rebelles.

LES TITANS

Tombez, descendez dans nos fers.   35

LES DIEUX

Précipitez-vous aux enfers.

PANDORE

Terre, ciel, ô douleur profonde!

27a   MS2: (*Combat*) / (*Les géants entassent les monts.*)
27a-b   MS1: (*On combat.*) / CHŒUR DE NYMPHES
31a   MS1:

JUPITER
Mourez troupes criminelles;
Mourez, éprouvez aux enfers
Des peines éternelles.
MS2: [*absent*]
36   MS1: Tombez, descendez aux enfers.

Dieux, Titans, calmez mon effroi.
J'ai causé les malheurs du monde;
Terre, ciel, tout périt pour moi.　　　　　40

LES TITANS

Lançons nos traits.

LES DIEUX

Frappez, tonnerre.

LES TITANS

Renversons les dieux.

LES DIEUX

Détruisons la terre.

Ensemble $\left\{\begin{array}{l}\text{Tombez, descendez dans nos fers;}\\\text{Précipitez-vous aux enfers.}\end{array}\right.$

(*Il se fait un grand silence. Un nuage brillant descend. Le Destin paraît au milieu du nuage.*)

LE DESTIN

Arrêtez, le Destin, qui vous commande à tous,　　　　　45
Veut suspendre vos coups.

40a-42　MS1:

DIEUX
Soyez réduits en poudre.
TITANS
Nous défions la foudre.

43-44　MS2:
LES TITANS ⎱ Tombez, descendez dans nos fers;
LES DIEUX ⎰ Précipitez-vous aux enfers.
44　MS1: Tombez, descendez aux enfers.
44a-b　MS1: [*absents*]
MS2: (*Un nuage brillant paraît. Le Destin est au milieu.*) / *SCÈNE III* /
LE DESTIN ET LES PRÉCÉDENTS
46　w52: Veut surprendre vos

(*Il se fait encore un silence.*)

PROMÉTHÉE

Etre inaltérable,
Souverain des temps,
Dicte à nos tyrans
Ton ordre irrévocable.   50

CHŒUR

O Destin, parle, explique-toi.
Les dieux fléchiront sous ta loi.

LE DESTIN *au milieu des dieux, qui se rassemblent*
autour de lui.

Cessez, cessez, guerre funeste,
Ce jour forme un autre univers.
Souverains du séjour céleste,   55
Rendez Pandore à ses déserts.
Dieux, comblez cet objet de tous vos dons divers.
Titans, qui jusqu'au ciel avez porté la guerre,
Malheureux, soyez terrassés;
A jamais gémissez   60
Sous ces monts renversés,
Qui vont retomber sur la terre.
(*Les rochers se détachent et retombent. Le char des dieux*
descend sur la terre. On remet Pandore à Prométhée.)

46a   MS1: [*absent*]
      MS2: *se fait un*
52a-b   MS1, MS2: LE DESTIN
53   MS1: Pandore revenez, cessez horrible guerre.
55-56   MS1: [*absents*]
58   MS1: qui bravez le tonnerre,
62-62a   MS2: [*entre ces lignes, ajoute*] SCÈNE IV
62a-b   MS1: (*Les rochers tombent.*)
62b   MS2: *à Prométhée. Jupiter reste seul.*)

JUPITER

O Destin, le maître des dieux
Est l'esclave de ta puissance.
Eh bien! sois obéi; mais que ce jour commence   65
Le divorce éternel de la terre et des cieux.
Némésis, sors des sombres lieux.
(*Némésis sort du fond du théâtre, et Jupiter continue.*)
Séduis le cœur, trompe les yeux
De la beauté qui m'offense.
Pandore, connais ma vengeance,   70
Jusque dans mes dons précieux.
Que cet instant commence
Le divorce éternel de la terre et des cieux. [1]

Fin du quatrième acte.

65   MS1: Destin sois obéi. Que cet instant commence
67-70   MS1:
         Qu'un esprit infernal sorte des sombres lieux
         Pour séduire à jamais les mortels odieux.
         Tremblez humains, tremblez, ressentez ma vengeance
67-67a   W51: [*entre ces lignes, ajoute*] Viens, Némésis, sers ma puissance.
67a   MS2: *théâtre.*)
         W52, W57P, W58D: Viens Némésis, sers ma puissance
69-70   MS2: [*entre ces vers, ajoute*] (*Air*)

[1] Les vers 63 à 73 n'ont pas échappé à la critique de La Harpe, qui note à leur sujet: 'Cette fiction, qui fait d'une jalousie de Jupiter l'origine du mal, n'est point de la mythologie, qui [...] a du moins attribué le mal à la faute de l'homme et non pas au *père des hommes*' (*Commentaire*, p.453-54).

ACTE V

Le théâtre représente un bocage, à travers lequel
on voit les débris des rochers.

PROMÉTHÉE, PANDORE

PANDORE *tenant la boîte.*

Eh quoi! vous me quittez, cher amant, que j'adore?
Etes-vous soumis ou vainqueur?

PROMÉTHÉE

La victoire est à moi, si vous m'aimez encore.
L'amour et le destin parlent en ma faveur.

PANDORE

Eh quoi! vous me quittez, cher amant, que j'adore?   5

b-c   MS1: [*absents*]
c-d   W51, MS2: [*entre ces lignes, ajoutent*] *SCÈNE PREMIÈRE*
d-e   MS1: PROMÉTHÉE, PANDORE, *tenant la boîte.* / PANDORE
1   MS1:
                    Quel est cet oracle suprême?
              Quel est donc le présent du cruel dieu qui m'aime?
3-13 MS1:
              La victoire est à nous puisque j'ai votre cœur
              Et je deviens plus grand que Jupiter lui-même.
                         PANDORE
        Que ses dons sont charmants! Ouvrons...
                         PROMÉTHÉE
                              Que faites-vous?
        Songez à l'intérêt de la nature entière,
              A mon amour, à ma prière.   5
              Ces désirs, ces soins curieux

PANDORE

PROMÉTHÉE

Les Titans sont tombés, plaignez leur sort affreux.
Je dois soulager leur chaîne.
Apprenons à la race humaine
A secourir les malheureux. [1]

PANDORE

Demeurez un moment. Voyez votre victoire.   10
Ouvrons ce don charmant du souverain des dieux.
Ouvrons.

PROMÉTHÉE

Que faites-vous? Hélas! daignez me croire.
Je crains tout d'un rival, et ces soins curieux
Sont des pièges nouveaux, que vous tendent les dieux.

PANDORE

Quoi! vous pensez?...

5a   β: [absent]
6-9   w48D, w51, w52, w57P:
        Je vais à ces Titans qui gémissent pour nous,
        Je dois soulager leurs chaînes.
        Si des infortunés je négligeais les peines,
        Je serais indigne de vous.
7   MS2: leur peine
14a-17   MS1: [absents]
15   MS2: vous croyez...

[1] 'Quoi! tu as tout à craindre des vengeances d'un rival tel que Jupiter, tu crains tout pour une amante telle que Pandore, et pour toi-même; tu n'as rien de plus pressé et de plus pressant que de rester auprès d'elle, et tu la quittes pour *soulager* les Titans! et qu'est-ce que tu peux faire pour *soulager leur chaîne*, quand le Destin vient de prononcer leur condamnation éternelle, et qu'ils doivent *gémir à jamais sous leurs monts renversés*? Quelle extravagance! quel champ pour la parodie critique, si souvent exercée sur les folies de l'opéra! Jamais elle n'en eut un plus beau qu'un départ si insensé, justifié par une maxime de philosophie adressée à *la race humaine*' (La Harpe, *Commentaire*, p.455).

402

PROMÉTHÉE

Songez à ma prière,   15
Songez à l'intérêt de la nature entière,
Et du moins attendez mon retour en ces lieux.

PANDORE

Eh bien, vous le voulez ? il faut vous satisfaire.
Je soumets ma raison; je ne veux que vous plaire.
Je jure, je promets à mes tendres amours   20
De vous croire toujours.

PROMÉTHÉE

Vous me le promettez?

PANDORE

J'en jure par vous-même.
On obéit dès que l'on aime.

PROMÉTHÉE

C'en est assez, je pars, et je suis rassuré.
Nymphes des bois, redoublez votre zèle,   25
Chantez cet univers détruit et réparé.

22a-24   MSI:

PANDORE
Mon amour est docile
A mon maître, à mon vainqueur
Ah! Qu'avec tant d'ardeurs
L'obéissance est facile!
PROMÉTHÉE
Vous m'aimez, il suffit, et mon âme est tranquille.   5
Permettez qu'un moment, non loin de cet asile,
Je coure à ces titans qui gémissent pour nous.
Je dois soulager leurs chaînes.
Si des infortunés je méprisais les peines
Je serais indigne de vous.   10

PANDORE

Que tout s'embellisse à son gré,
Puisque tout est formé pour elle.
(*Il sort.*)

UNE NYMPHE

Voici le siècle d'or, voici le temps de plaire.
Doux loisir! Ciel pur, heureux jours,   30
Tendres amours,
La nature est votre mère,
Comme elle durez toujours.

UNE AUTRE NYMPHE

La discorde, la triste guerre
Ne viendront plus nous affliger: 35
Le bonheur est né sur la terre;
Le malheur était étranger.
Les fleurs commencent à paraître;
Quelle main pourrait les flétrir?
Les plaisirs s'empressent de naître;   40
Quels tyrans les feraient périr?

28a   w51: *SCÈNE II* / PANDORE, LES NYMPHES, etc
28a-b MS2: [*entre ces lignes, ajoute*] *SCÈNE II* / PANDORE, LES
NYMPHES, FAUNES ET SYLVAINS
32   MS1: Dont la nature est l'adorable mère
33a   MS1:
                           AUTRE
         Prométhée est heureux, il aime, il est aimé.
              Que tout soupire à son exemple,
              Que cet univers soit un temple
         De l'encens de l'amour à jamais parfumé.
       MS2: CHŒUR / Voici, etc. / LA NYMPHE
41-41a MS1:
              Quel tyran les ferait périr?
              Quels ennemis fiers et sauvages
              De ces eaux suspendraient le cours?
              Oteraient aux bois leurs feuillages
              A tous nos bergers leurs amours.   5

LE CHŒUR *répète.*

Voici le siècle d'or, etc.

UNE NYMPHE

Vous voyez l'éloquent Mercure;
Il est avec Pandore, il confirme en ces lieux,
De la part du maître des dieux,   45

Si l'on avait un autre maître
Que le dieu charmant du plaisir
A quoi nous servirait-il d'être?
Le [*illisible*] serait à choisir.

CHŒUR

41a-42 MS2: CHŒUR / Voici, etc. / (*On danse.*)
42a   MS1: PREMIÈRE NYMPHE
43-44   MS1: Mais j'aperçois Pandore et l'éloquent Mercure
43-46b MS2:

L'amour, le tendre amour
Nous appelle à sa cour;
Il veut que l'on aime,
Et notre cœur même
Le veut à son tour.   5

CHŒUR

L'amour, etc.

UNE NYMPHE

Quand ce dieu nous suit
Devons-nous le craindre?
Non, l'on n'est à plaindre
Que quand il nous fuit.   10
Ses nœuds sont si doux,
Doit-on redouter ses chaînes!
Ah! s'il a des peines
Ce n'est pas pour nous.

CHŒUR

Ses nœuds, etc.   15
(*On danse.*)

SCÈNE III

PANDORE, NÉMÉSIS *sous la figure de Mercure.*
(*Les nymphes s'éloignent.*)

45-46 MS1: [*entre ces lignes, ajoute*] Vient confirmer dans ces beaux lieux

PANDORE

La paix de la nature.
(*Les nymphes se retirent. Pandore s'avance avec Némésis,
qui paraît sous la figure de Mercure.*)

NÉMÉSIS

Je vous l'ai déjà dit, Prométhée est jaloux;
Il abuse de sa puissance.

PANDORE

Il est l'auteur de ma naissance,
Mon roi, mon amant, mon époux.   50

NÉMÉSIS

Il porte à trop d'excès les droits qu'il a sur vous.
Devait-il jamais vous défendre
De voir ce don charmant, que vous tenez des dieux?

PANDORE

Il craint tout; son amour est tendre,
Et j'aime à complaire à ses vœux.   55

NÉMÉSIS

Il en exige trop, adorable Pandore;
Il n'a point fait pour vous ce que vous méritez.
Il put en vous formant vous donner des beautés,
Dont vous manquez peut-être encore.

PANDORE

Il m'a fait un cœur tendre, il me charme, il m'adore;   60
Pouvait-il mieux m'embellir?

46a-b   MS1: [*absent*]
46b   w51: *la forme de*
46b-c w51: [*entre ces lignes, ajoute*] SCÈNE III / PANDORE, NÉMÉSIS
60-61 MS1: Je pourrais, dites-vous, briller de plus d'appas?

ACTE V

NÉMÉSIS
Vos charmes périront.

PANDORE
Vous me faites frémir.

NÉMÉSIS
Cette boîte mystérieuse
Immortalise la beauté.
Vous serez, en ouvrant ce trésor enchanté,   65
Toujours belle, toujours heureuse.
Vous régnerez sur votre époux;
Il sera soumis et facile.
Craignez un tyran jaloux,

62a-62   MS1:
                    PANDORE
                Que dites-vous hélas!
64   MS1: Eternise la beauté.
68-78   MS2:
            Vous ne connaîtrez pas les larmes,
            Craignez un tyran jaloux,
            Qu'il soit soumis à vos charmes.
                    PANDORE
                    (*Air*)
            Non, je ne veux point de sujet,
            Je ne veux qu'un amour fidèle;   5
            Si je prétends être immortelle
            C'est pour l'adorer à jamais.
            Qu'il soit blessé des mêmes traits,
            Qu'a ses yeux je sois toujours belle,
            Non, je ne veux point de sujet,   10
            Je ne veux qu'un amour fidèle.
                    NÉMÉSIS
        C'est pour le mieux charmer qu'il vous faut plus d'attraits.
            Je viens des cieux pour vous apprendre
            L'art de plaire et d'aimer toujours.
                        J'éternise vos amours,
            Et vous craignez de m'entendre!   15

Formez un sujet docile.   70

PANDORE

Non, il est mon amant, il doit l'être à jamais;
Il est mon roi, mon dieu, pourvu qu'il soit fidèle.
C'est pour l'aimer toujours qu'il faut être immortelle;
C'est pour le mieux charmer, que je veux plus d'attraits.

NÉMÉSIS

Ah! c'est trop vous en défendre;   75

PANDORE
Moi lui désobéir!
NÉMÉSIS
Si vous obéissez,
Pandore, vous le trahissez.
70   MSI: Faites un esclave docile.
72   MSI: Qu'il soit toujours mon maître et qu'il me soit fidèle.
73-74 MSI: [*intervertit ces deux lignes*]
75-89 MSI:
Il peut vous quitter un jour.
PANDORE
Il cesserait, pour moi, d'être fidèle et tendre?
NÉMÉSIS
C'est ici qu'il vous faut apprendre
Le secret de fixer l'amour.
PANDORE
Je vous crois mais je tremble...
NÉMÉSIS
Ayez plus d'assurance   5
PANDORE
Mais n'abusez-vous point de ma simple innocence?
NÉMÉSIS
Je n'ai point d'intérêt à tromper votre cœur
Je ne veux que votre bonheur
Que craignez-vous?
PANDORE
Je crains de lui déplaire
Et je n'ai point d'autre terreur.   10

Je sers vos tendres amours;
Je ne veux que vous apprendre
A plaire, à brûler toujours. [2]

PANDORE

Mais n'abusez-vous point de ma faible innocence?
Auriez-vous tant de cruauté? 80

NÉMÉSIS

Ah! qui pourrait tromper une jeune beauté?
Tout prendrait votre défense.

PANDORE

Hélas! je mourrais de douleur,
Si je méritais sa colère,
Si je pouvais déplaire 85
Au maître de mon cœur.

NÉMÉSIS

Au nom de la nature entière,

NÉMÉSIS
Ne redoutez point sa colère.
S'il en est plus heureux, peut-il être irrité?
PANDORE
Il faut désobéir pour sa félicité!
81 MS2: Eh! qui

[2] D15907:
NÉMÉSIS, *sous la figure de Mercure.*
Confiez-vous à moi, je viens pour vous apprendre
Le grand secret d'aimer et de plaire toujours.
PANDORE
Ah! si je le croyais!
NÉMÉSIS
C'est trop vous en défendre;
J'éternise vos amours, 5
Et vous craignez de m'entendre, etc.

Au nom de votre époux, rendez-vous à ma voix.

PANDORE

Ce nom l'emporte, et je vous crois;
Ouvrons.

(*Elle ouvre la boîte. La nuit se répand sur le théâtre, et on
entend un bruit souterrain.*)
Quelle vapeur épaisse, épouvantable, 90
M'a dérobé le jour et troublé tous mes sens?
Dieu trompeur! Ministre implacable!
Ah quels maux affreux je ressens!
Je me vois punie et coupable.

NÉMÉSIS

Fuyons de la terre et des airs. 95
Jupiter est vengé, rentrons dans les enfers.

90a-b   MS1: [*absent*]
92-93   MS1: [*intervertit ces deux lignes*]
94-94a   MS2: [*entre ces lignes, ajoute*] (*Elle tombe évanouie.*)
94a-104a   MS2:
SCÈNE IV
LES PRÉCÉDENTS, PROMÉTHÉE *arrivant.*
PROMÉTHÉE
Je ne vois point Pandore, elle ne répond pas
Aux accents de ma voix plaintive.
Quels monstres déchaînés volent dans ces climats
Du fond de l'infernale rive!
NÉMÉSIS *retombant aux enfers.*
Quittons la terre et les airs, 5
Jupiter est vengé, rentrons dans les enfers.
PROMÉTHÉE
Je t'y suivrai, cruelle... ô nuit fatale et sombre,
Je percerai tes voiles ténébreux...
Quel jour nouveau! quel jour affreux
Vient éclairer ton ombre! 10
SCÈNE V
(*Des feux sortent des enfers, on entend une musique souterraine, les furies et les démons se
font entendre sans être vus.*)
CHŒUR *sous le théâtre.*

(*Némésis s'abîme. Pandore est évanouie sur un lit de gazon.*)

PROMÉTHÉE *arrive du fond du théâtre.*

O surprise! ô douleur profonde!
Fatale absence! horribles changements!
    Quels astres malfaisants
    Ont flétri la face du monde?   100
Je ne vois point Pandore, elle ne répond pas
    Aux accents de ma voix plaintive.
Pandore! mais hélas! de l'infernale rive
Les monstres déchaînés volent dans ces climats.

LES FURIES ET LES DÉMONS *accourant sur le théâtre.*

    Les temps sont remplis;   105
    Voici notre empire;
    Tout ce qui respire,
    Nous sera soumis.
    La triste froidure
    Glace la nature   110
    Dans les flancs du Nord.
    La crainte tremblante,

96a MS1: (*Elle s'abîme. Pandore est évanouie.*)
96a-b W51: [*entre ces lignes, ajoute*] SCÈNE IV / PROMÉTHÉE, PAN-
DORE, CHŒUR DE NYMPHES
96b MS1: [*sans indication scénique*]
100-101 MS1: [*entre ces lignes, ajoute*]
    Les airs jadis si doux sont troublés par les vents.
      Les frimas, la nuit, les tempêtes,
      Tous les fléaux accourent sur nos têtes.
104a MS1: FURIES ET DÉMONS [*sans indication scénique*]
112-16 MS1:
      La guerre sanglante,
      Arbitre du sort,
      La crainte tremblante,
      Pire que la mort,
      L'injure arrogante,   5
      Le sombre remord,

L'injure arrogante,
Le sombre remord,
La guerre sanglante,   115
Arbitre du sort;
Toutes les furies
Vont avec transport
Dans ces lieux impies
Apporter la mort.   120

PROMÉTHÉE

Quoi! la mort en ces lieux s'est donc fait un passage!
Quoi! la terre a perdu son éternel printemps,
          Et ses malheureux habitants
          Sont tombés en partage
A la fureur des dieux, de l'enfer et du temps?   125
Ces nymphes de leurs pleurs arrosent ce rivage.
Pandore! cher objet, ma vie et mon image,
Chef-d'œuvre de mes mains, idole de mon cœur,
          Répondez à ma douleur.
Je la vois, de ses sens elle a perdu l'usage.   130

PANDORE

          Ah! je suis indigne de vous;
J'ai perdu l'univers. J'ai trahi mon époux.
     Punissez-moi: nos maux sont mon ouvrage.

120   MS1:

          D'un nouvel effort,
          D'une aveugle rage
          Apporter l'orage
          Sans qu'il soit de port.
126   MS1: Les nymphes
129-30   MS2: [*entre ces vers, ajoute*] (*Il l'aperçoit.*)
133-37a   MS1:
          Tous nos malheurs sont mon ouvrage.
          Frappez, je tombe à vos genoux.
               NYMPHES

Frappez!

PROMÉTHÉE

Moi la punir!

PANDORE

Frappez, arrachez-moi
Cette vie odieuse,   135
Que vous rendiez heureuse,
Ce jour que je vous dois.

CHŒUR DE NYMPHES

Tendre époux, essuyez ses larmes,
Faites grâce à tant de beauté;
L'excès de sa fragilité,   140
Ne saurait égaler ses charmes.

PROMÉTHÉE

Quoi! malgré ma prière, et malgré vos serments,
Vous avez donc ouvert cette boîte odieuse?

PANDORE

Un dieu cruel, par ses enchantements,
A séduit ma raison faible et trop curieuse.   145
O fatale crédulité!
Tous les maux sont sortis de ce don détesté:
Tous les maux sont venus de la triste Pandore.

137a-43   MS2:

PROMÉTHÉE
Vous avez donc ouvert cette boîte trompeuse,
Et vous avez trahi mes vœux et vos serments?
148-48a   W51: [*entre ces lignes, ajoute*] SCÈNE V / L'AMOUR, PANDORE,
PROMÉTHÉE

PANDORE

L'AMOUR *descendant du ciel.*

Tous les biens sont à vous, l'amour vous reste encore.
(*Le théâtre change, et représente le palais de l'amour.*)

L'AMOUR *continue.*

Je combattrai pour vous le destin rigoureux.   150
        Aux humains j'ai donné l'être;
    Ils ne seront point malheureux,
    Quand ils n'auront que moi pour maître.

PANDORE

Consolateur charmant, dieu digne de mes vœux,
Vous, qui vivez dans moi, vous l'âme de mon âme,   155
Punissez Jupiter en redoublant la flamme,
        Dont vous nous embrasez tous deux.

PROMÉTHÉE ET PANDORE

    Le ciel en vain sur nous rassemble
Les maux, la crainte et l'horreur de mourir.
    Nous souffrirons ensemble,   160
    Et c'est ne point souffrir.

148a   MS1: [*sans indication scénique*]
       MS2: *SCÈNE DERNIÈRE* / L'AMOUR *descendant du ciel,* ET LES
PRÉCÉDENTS
149a-b   MS2: [*absents*]
149a-150   MS1: Je serai votre appui contre les autres dieux
151-52   MS1: [*entre ces lignes, ajoute*] Je serai toujours avec eux
153   MS2: Tant qu'ils
156-57a   MS1:
            Tendre amour, charmant espoir,
        Je me livre à jamais à votre heureux pouvoir.
157a-161   MS2: [*absents*]

414

ACTE V

L'AMOUR

Descendez, douce espérance,
Venez, désirs flatteurs,
Habitez dans tous les cœurs,
Vous serez leur jouissance.   165
Fussiez-vous trompeurs,
C'est vous qu'on implore;
Par vous on jouit,
Au moment qui passe et qui fuit,
Du moment qui n'est pas encore.   170

PANDORE

Des destins la chaîne redoutable
Nous entraîne à d'éternels malheurs:
Mais l'espoir à jamais secourable,
De ses mains viendra sécher nos pleurs.

162-70   MS1:

Désirs flatteurs, charme de l'espérance,
Venez combler les mortels.
Les dieux ont la jouissance
Des plaisirs éternels
Désirs etc   5
L'ESPÉRANCE ET AUTRES DIVINITÉS
CHŒUR
Triomphez âme du monde,
Source toujours féconde
Des plaisirs et de la paix.
Régnez par vos bienfaits.
Triomphez âme du monde.   10

169   W51: Du moment
170a   MS2: (*Le théâtre représente le palais de l'Amour.*) / (*Dernier divertissement*) /
(*Trio*) / (*On danse.*) / PROMÉTHÉE, L'AMOUR, PANDORE
172   MS2: { Nous
           { Vous
174   MS2: { nos
           { vos

Dans nos maux il sera des délices,   175
Nous aurons de charmantes erreurs,
Nous serons au bord des précipices,
Mais l'amour les couvrira de fleurs.

Fin du cinquième et dernier acte.

175   MS2: { nos
              { vos

176   MS2: { Nous aurons
              { Vous aurez

177   MS2: { Nous serons
              { Vous serez

178-78a   MS1: [*entre ces lignes, ajoute*]

PROMÉTHÉE

La paix fuit, le tonnerre gronde,
La terre est maudite des cieux,
Mais l'amour règne dans le monde.
Qu'est-il besoin des autres dieux?
     Les éléments se font la guerre   5
Les nuits viennent après les jours
Les saisons partagent la terre
Mais nos cœurs aimeront toujours

CHŒUR

     Les éléments etc

178a   MS2:

(*L'opéra finit par une chaconne qui finit elle-même par le chœur suivant.*)
(*Tous*)
Charmant amour, tout l'univers t'implore,
     Tout n'est rien sans tes feux;
On craint les autres dieux, mais c'est toi qu'on adore.
Ils règnent sur le monde, et tu règnes sur eux.

Fin

416

WORKS CITED

Aquin, Pierre-Louis d', *Lettres sur les hommes célèbres* (Amsterdam and Paris, 1752).

– *Le Siècle littéraire de Louis XV* (Amsterdam and Paris, 1753).

Argenson, René Louis de Voyer de Paulmy marquis d', *Notices sur les œuvres de théâtre*, ed. H. Lagrave, *SVEC* 42-43 (1966).

Bartlet, Elizabeth C., 'Beaumarchais and Voltaire's *Samson*', *Studies in eighteenth-century culture* 11 (1982), p.33-49.

Beaumarchais, Pierre-Augustin Caron de, *Œuvres*, ed. P. Larthomas (Paris, 1988).

Benoit, Marcelle (ed.), *Dictionnaire de la musique en France aux dix-septième et dix-huitième siècles* (Paris, 1992).

Bernard, Pierre-Joseph, *Castor et Pollux* (Paris, 1737).

Bibliothèque dramatique de Pont de Veyle [...] vente le lundi 10 janvier 1848 (Paris, 1847).

Bouissou, Sylvie, and Denis Herlin, *Jean-Philippe Rameau: catalogue thématique des œuvres musicales* (Paris, 2003).

Brenner, Clarence D., *The Théâtre italien: its repertory, 1716-1793* (Berkeley and Los Angeles, 1961).

Brown, Andrew, 'Calendar of Voltaire manuscripts other than correspondence', *SVEC* 77 (1970), p.11-101.

[Bruzen de La Martinière, Antoine-Augustin (ed.)], *Anecdotes ou lettres secrètes sur divers sujets de littérature et de politique*, 5 vol. ([Amsterdam], 1734-1736).

Castel, Louis-Bertrand, *Lettre philosophique pour rassurer l'univers contre les bruits populaires d'un dérangement dans le cours du soleil* (Paris, 1736).

– *Mathématique universelle abrégée à l'usage et à la portée de tout le monde* (Paris, 1728).

– *Seconde lettre philosophique pour rassurer l'univers contre les critiques de la première* (Paris, 1737).

– *Traité de physique sur la pesanteur universelle des corps* (Paris, 1724).

Catalogue des livres imprimés et manuscrits de Monsieur le comte de Pont-de-Vesle (Paris, 1774).

Cataneo, comte de, *Lettres du comte de Cataneo à l'illustre Monsieur de Voltaire sur l'édition de ses ouvrages de Dresde* (Berlin, 1754).

Caussy, Fernand, *Inventaire des manuscrits de la bibliothèque de Voltaire conservée à la bibliothèque impériale publique de Saint-Pétersbourg* (Paris, 1913).

Chaponnière, Paul, *Piron, sa vie, son œuvre* (Geneva, 1910).

Chouillet-Roche, Anne-Marie, 'Le clavecin oculaire du Père Castel', *Dix-huitième siècle* 8 (1976), p.142-47.

Cicero, *Entretiens de Cicéron sur la nature des dieux*, trans. d'Olivet (Paris, 1721; Paris, 1732).

Clément, Jean Marie Bernard, and

Joseph de La Porte, *Anecdotes drama-tiques*, 3 vol. (Paris, 1775).

Clément, Pierre, *Les Cinq années litté-raires, ou lettres* [...] *sur les ouvrages de littérature qui ont paru dans les années 1748, 1749, 1750, 1751 et 1752*, 2 vol. (Berlin, 1755).

Collé, Charles, *Journal et mémoires*, ed. H. Bonhomme, 3 vol. (Paris, 1868).

Conlon, P. M., *Voltaire's literary career from 1728 to 1750*, *SVEC* 14, 1961.

Cucuel, Georges, *La Pouplinière et la musique de chambre au dix-huitième siècle* (Paris, 1913).

Cyr, Mary, 'The Paris Opéra chorus during the time of Rameau', *Music and letters* 76 (1995), p.32-51.

Decroix, Jacques-Joseph-Marie, *L'Ami des arts, ou justification de plusieurs grands hommes* (Amsterdam, 1776).

Desné, Roland, 'Helvétius, fermier-général', *Beiträge zur französischen Aufklärung und zur spanischen Literatur: Festgabe für Werner Krauss zum 70. Geburtstag* (Berlin, 1971), p.48-81.

– 'Remarques sur deux épîtres d'Helvé-tius', *Dictionnaire général de Voltaire*, ed. R. Trousson and J. Vercruysse (Paris, 2003), p.236-38.

Dictionnaire de Trévoux, 7 vol. (Paris, 1752).

Didier, Béatrice, 'Représentations du sacré dans le livret d'opéra: *Samson*', *SVEC* 358 (1997), p.237-46.

Dubuisson, Simon-Henri, *Lettres du commissaire Dubuisson au marquis de Caumont, 1735-1741*, ed. A. Rouxel (Paris, 1882).

Duvernet, T., *Vie de Voltaire* (Geneva, 1786).

Ehrard, Jean, 'Une "amitié de trente

ans"': Castel et Montesquieu', *Etudes sur le dix-huitième siècle* 23 (1995), p.69-81.

Ferrier, Béatrice, 'La Bible à l'épreuve de la scène: la métamorphose du sacré dans l'histoire de Samson (1702-1816)', (doctoral thesis, Lyon III, 2007).

Flaubert, Gustave, *Le Théâtre de Vol-taire*, *SVEC* 50-51 (1967).

Fletcher, Dennis J., 'Voltaire et l'opéra', *L'Opéra au dix-huitième siècle* (Aix-en-Provence, 1982), p.547-58.

Fontaine, Léon, *Le Théâtre et la philo-sophie au dix-huitième siècle* (Paris-Versailles, 1879).

Foster, Donald H., 'The oratorio in Paris in the eighteenth century', *Acta musicologica* 47 (1975), p.67-133.

Garasse, François, *La Doctrine curieuse des beaux esprits de ce temps, ou pré-tendus tels* [...] *combattue et renversée* (Paris, 1623).

Gaudriault, Raymond, *Filigranes et autres caractéristiques des papiers fabri-qués en France aux dix-septième et dix-huitième siècles* (Paris, 1995).

Girdlestone, Cuthbert, *Jean-Philippe Rameau: his life and work*, 2nd ed. (New York, 1969).

– 'Rameau's self-borrowings', *Music and letters* 39 (1958), p.52-56.

– *La Tragédie en musique (1673-1750) considérée comme genre littéraire* (Geneva, 1972).

– 'Voltaire, Rameau et Samson', *Recherches sur la musique française classique* 6 (1966), p.133-43.

Gougenot, Louis, *Vie de Monsieur Oudry, Mémoires inédits sur la vie et les ouvrages des membres de l'Académie Royale de peinture et de sculpture (Paris, 1854).

Graffigny, Françoise de, Correspondance, ed. J. A. Dainard and others (Oxford, 1985-).

Green, T. R., 'Early Rameau sources: studies in the origins and dating of the operas and other early works' (PhD thesis, Brandeis University, 1992).

Gregor, Joseph, Kulturgeschichte der Oper (Vienna, 1941).

Grimm, Friedrich Melchior, Correspondance littéraire, philosophique et critique, ed. M. Tourneux (Paris, 1877-1882).

Guibert, Noëlle, and Jacqueline Razgonnikoff, Le Journal de la Comédie-Française, 1787-1799: la comédie aux trois couleurs (Antony, 1989).

Guitton, Isabelle, 'Un avatar de l'oratorio en France à la veille de la Révolution: l'hiérodrame', Dix-huitième siècle 23 (1991), p.407-19.

Gunny, Ahmad, Voltaire and English literature, SVEC 177 (1979).

Haeringer, Etienne, L'Esthétique de l'opéra en France au temps de Jean-Philippe Rameau, SVEC 279 (1990).

Hallays-Dabot, Victor, Histoire de la censure théâtrale en France (Paris, 1862).

Hellegouarc'h, Jacqueline, 'Les Aveugles juges des couleurs: interprétation et essai de datation', SVEC 215 (1982), p.91-97.

Helvétius, Claude Adrien, Correspondance générale, ed. David Smith and others, 5 vol. (Toronto and Oxford, 1981-2004).

– Œuvres complètes, 3 vol. (Paris, 1818).

Herodotus, trans. A. D. Godley, 4 vol. (Cambridge, MA and London, 1981).

Horace, De l'art poétique; épître d'Horace aux Pisons, trans. Lefebvre-Laroche (Paris, 1798).

Jacob, Paul Lacroix, Bibliothèque dramatique de Monsieur de Soleinne, 5 vol. (Paris, 1843).

Jam, Jean-Louis, 'Castel et Rameau', Etudes sur le dix-huitième siècle 23 (1995), p.59-67.

Journal de la cour et de Paris, ed. H. Duranton (Saint-Etienne, 1981).

Jullien, Adolphe, La Musique et les philosophes (Paris, 1873).

Keim, Albert, Helvétius, sa vie et son œuvre (Paris, 1907).

Kintzler, Catherine, 'Rameau et Voltaire: les enjeux théoriques d'une collaboration orageuse', Revue de musicologie 67 (1981), p.139-68.

Krakovitch, Odile, Les Pièces de théâtre soumises à la censure (1800-1830) (Paris, 1982).

La Harpe, Jean François de, Commentaire sur le théâtre de Voltaire (Paris, 1814).

– Lycée ou cours de littérature ancienne et moderne, 16 vol. (Paris, 1818; Paris, 1825).

Le Conservateur, ou recueil de morceaux inédits d'histoire, de politique, de littérature et de philosophie, ed. Nicolas-Louis François de Neufchâteau (Paris, An VIII [1800]).

Le Magasin encyclopédique, ou journal des lettres et des arts (Paris, 1814).

LeClerc, Paul, Voltaire and Crébillon père: history of an enmity, SVEC 115 (1973).

Legrand, Raphaëlle, Rameau et le pouvoir de l'harmonie (Paris, 2007).

Leijonhufvud, Sigrid, *Omkring Carl Gustaf Tessin*, 2 vol. (Stockholm, 1917-1918).

Léris, Antoine de, *Dictionnaire portatif historique et littéraire des théâtres*, 2nd ed., 2 vol. (Paris, 1763).

Prévot, Jacques (ed), *Libertins du dix-septième siècle*, 2 vol. (Paris, 1998-2004).

Locke, John, *An Essay concerning human understanding*, ed. P. H. Nidditch (Oxford, 1975).

Loty, Laurent, 'Optimisme, pessimisme', *Dictionnaire européen des Lumières*, ed. M. Delon (Paris, 1997), p.794-97.

Mat-Hasquin, Michèle, 'Voltaire et l'opéra: théorie et pratique', *L'Opéra au dix-huitième siècle* (Aix-en-Provence, 1982), p.527-46; *Studi Francesi* 25 (1981), p.238-47.

Mayer, Ewa, 'La Variété générique dans *Tanis et Zélide* et *Les Scythes* de Voltaire', *Revue Voltaire* 6 (2006), p.145-153.

Mellot, Jean-Dominique, and Elisabeth Queval, *Répertoire d'imprimeurs-libraires (vers 1500 - vers 1810)* (Paris, 2004).

Menant, Sylvain, *L'Esthétique de Voltaire* (Paris, 1995).

Mondorge, Antoine Gaultier de, *Les Fêtes d'Hébé* (Paris, 1739).

Monod-Cassidy, Hélène, *Un Voyageur-philosophe au dix-huitième siècle: l'abbé Jean-Bernard Le Blanc* (Cambridge, MA, 1941).

Mortier, Roland, 'Un adversaire vénitien des Lumières: le comte de Cataneo', *SVEC* 32 (1965), p.91-268.

Moureau, François, 'Dans les coulisses de *Samson*: Voltaire et le nouvelliste',

Voltaire en Europe: homage à Christiane Mervaud, ed. M. Delon and C. Seth (Oxford, 2000), p.321-39.

– (ed), *Répertoire des nouvelles à la main* (Oxford, 1999).

Mozart, Wolfgang, *The Magic Flute*, trans. Edward J. Dent (London, [n.d.]).

Naudeix, Laura, *Dramaturgie de la tragédie en musique (1673-1764)* (Paris, 2004).

Naves, Raymond, *Le Goût de Voltaire* (Paris, 1938).

Origny, Antoine d', *Annales du théâtre italien depuis son origine jusqu'à ce jour* 3 vol. (Paris, 1788).

Orléans, Elisabeth Charlotte von, *Briefe der Herzogin*, ed. Wilhelm Ludwig Holland, 6 vol. (Stuttgart, 1867-1881).

Palissot de Montenoy, C., *Le Génie de Voltaire* (Paris, 1806).

Pellegrin, Simon Joseph, *Jephté, tragédie tirée de l'Ecriture Sainte* (Paris, 1732).

Pope, Alexander, *The works of Alexander Pope [...] with notes and illustrations by Joseph Warton D. D. and others*, 9 vol. (London, 1797).

Postigliola, Alberto, 'Helvétius da Cirey al *De l'esprit*', *Rivista critica di storia della filosofia* 25 (1970), p.25-47; 26 (1971), p.141-61, 271-301.

Prod'homme, Jacques-Gabriel, 'Un musicien napolitain à la cour de Louis XVI', *Le Ménestrel* (1925).

Quinault, Philippe, *Livrets d'opéra*, ed. B. Norman, 2 vol. (Toulouse, 1999).

Ramsey, Warren 'Voltaire and *l'art de peindre*', *SVEC* 26 (1963), p.1365-77.

Rapin, René, *Réflexions sur la poétique*, ed. E. T. Dubois (Geneva, 1970).

Ridgway, Ronald, 'Voltaire's operas', *SVEC* 189 (1980), p.119-51.

– *La Propagande philosophique dans les tragédies de Voltaire*, *SVEC* 15 (1961).

Role, Claude, *François-Joseph Gossec, 1734-1829: un musicien à Paris, de l'Ancien Régime à Charles X* (Paris, 2000).

Rollin, Charles, *Histoire ancienne des Égyptiens*, 10 vol. (Paris, 1731-1737).

Rougemont, Martine de, 'Bible et théâtre', *Le Siècle des Lumières et la Bible*, ed. Y. Belaval and D. Bourel (Paris, 1986), p.269-87.

Rousseau, Jean-Jacques, *Œuvres complètes*, ed. B. Gagnebin and M. Raymond (Paris, 1964-1995).

Sadler, Graham, 'A Re-examination of Rameau's self-borrowings', in *Jean-Baptiste Lully and the music of the French baroque: essays in honour of James R. Anthony*, ed. H. H. Heyer (Cambridge, 1989), p.259-89.

– 'Patrons and pasquinades: Rameau in the 1730s', *Journal of the Royal Musical Association* 113 (1988), p.314-37.

– 'Rameau, Pellegrin and the Opéra: the revisions of *Hippolyte et Aricie* during its first season', *The Musical times* 124 (1983).

– 'Rameau's singers and players at the Paris Opera: a little-known inventory of 1738', *Early music* 11 (1983), p.453-67.

Saint-Simon, *Mémoires*, ed. Yves Coirault, 8 vol. (Paris, 1983).

Salinger, Nicole, and H. C. Robbins Landon (eds), *Mozart à Paris* (Paris, 1991).

Scheffer, Carl Fredrik, *Lettres particulières à Carl Gustaf Tessin, 1744-1752*, ed. Jan Heidner (Stockholm, 1982).

Schier, Donald S., *Louis-Bertrand Castel, anti-newtonian scientist* (Cedar Rapids, Iowa, 1941).

Schneider, Herbert, 'Rameau et sa famille: nouveaux documents', *Recherches sur la musique française classique* 23 (1985), p.94-130.

Sève, Marie-Madeleine, 'L'Oubli de Rameau: sanction de l'esprit révolutionnaire?', *Rameau en Auvergne*, ed. J.-L. Jam (Clermont-Ferrand, 1986), p.143-63.

Sgard, Jean, and Françoise Weil, 'Les anecdotes inédites des *Mémoires de Trévoux* (1720-1744)', *Dix-huitième siècle* 8 (1976), p.193-204.

Sgard, Jean, *Dictionnaire des journaux, 1600-1789*, 2 vol. (Oxford, 1991).

– 'Le premier *Samson* de Voltaire', *L'Opéra au dix-huitième siècle* (Aix-en-Provence, 1982), p.513-25.

Shaftesbury, *Soliloquy, or advice to an author* (London, 1710).

Smith, David, *Bibliography of the writings of Helvétius* (Ferney-Voltaire, 2001).

– *Helvétius: a study in persecution* (Oxford, 1965).

Smith, David and others, 'Robert Machuel, imprimeur-libraire à Rouen, et ses éditions des œuvres de Voltaire', *Cahiers Voltaire* 6 (2007), p.35-57.

Smither, Howard E., *A History of the oratorio*, 4 vol. (Chapel Hill, 1977-2000).

Taylor, Samuel, 'The definitive text of Voltaire's works: the Leningrad *encadrée*', *SVEC* 124 (1974), p.7-132.

Terrasson, Jean, *Sethos, histoire ou vie tirée des monuments et anecdotes de l'ancienne Egypte*, 3 vol. (Paris, 1731).

Tessin, Carl Gustaf, *Tableaux de Paris et de la cour de France, 1739-1742: lettres inédites de Carl Gustaf, comte de Tessin*, ed. G. von Proschwitz (Göteborg, 1983).

Tomkins, Henry George, 'Notes on the Hyksôs or Shepherd Kings of Egypt', *The Journal of the Anthropological Institute of Great Britain and Ireland* (1890), p.183-99.

Trotier, Rémy-Michel, 'Rapports de la musique au texte dans *Samson* de Voltaire et Rameau: prolégomènes à l'exercice de reconstitution-reconstruction', (*mémoire de maîtrise*, Paris IV, 2005).

– *Samson* (Paris, 2005).

Trousson, Raymond, *Thème de Prométhée dans la littérature européenne*, 3rd ed. (Geneva, 2001).

– 'Trois opéras de Voltaire', *Bulletin de l'Institut Voltaire de Belgique* 6 (1962), p.41-46.

Vander Straeten, Edmond, *Voltaire musicien* (Paris, 1878).

Vauvenargues, Luc de Clapiers, marquis de, *Œuvres complètes*, ed. J.-P. Jackson (Paris, 2000).

Vendrix, Philippe, 'Castel et la musique. Quelques aspects inédits', *Etudes sur le dix-huitième siècle* 23 (1995), p.129-37.

Vercruysse, Jeroom, *Les Editions encadrées des œuvres de Voltaire de 1775*, *SVEC* 168 (1977).

Verèb, Pascale, *Alexis Piron, poète (1689-1773) ou la difficile condition d'auteur sous Louis XV, SVEC* 349 (1997).

Villars, Claude Louis Hector, maréchal de, *Mémoires du maréchal de Villars publiés d'après le manuscrit original pour la Société de l'histoire de France et accompagnés de correspondances inédites*, ed. Melchior de Vogüé, 6 vol. (Paris, 1884-1904).

Voisenon, Claude Henri de Fusée, abbé de, *Anecdotes littéraires* (Paris, 1880).

Voltaire, *Œuvres de Voltaire, avec préfaces, avertissements, notes, etc, par M. Beuchot*, 72 vol. (Paris, 1829-1834).

– *Œuvres de Voltaire. Nouvelle édition avec des notes et des observations critiques de M. Palissot*, 55 vol. (Paris, Servière, 1792-1802).

Wahlund, Carl, *Un Acte inédit d'un opéra de Voltaire* (Uppsala, 1905).

Weller, Philip, 'Voltaire's intervention in the stage practice of his time: encounters with stage declamation in *tragédie* and *tragédie en musique*', *Voltaire et ses combats*, ed. Ulla Kölving and Christiane Mervaud, 2 vol. (Oxford, 1997), vol.2, p.1457-69.

Williams, David, 'Voltaire and the language of the gods', *SVEC* 62 (1968), p.57-81.

– *Voltaire: literary critic, SVEC* 48 (1966).

Wirz, Charles, 'L'Institut et Musée Voltaire en 1985', *Genava*, nouvelle série, 34 (1986), p.193-216.

INDEX

423

below.